# 立德树人五育并举的理论与实践

## 四川基础教育的创新探索

四川省教育学会 编著

四川教育出版社

**图书在版编目（CIP）数据**

立德树人五育并举的理论与实践：四川基础教育的
创新探索 / 四川省教育学会编著. —— 成都：四川教育
出版社，2024. 11. —— ISBN 978-7-5408-9371-2

Ⅰ. G639.2

中国国家版本馆 CIP 数据核字第 20242HP906 号

# 立德树人五育并举的理论与实践：四川基础教育的创新探索

LIDESHUREN WUYUBINGJU DE LILUN YU SHIJIAN: SICHUAN JICHU JIAOYU DE CHUANGXIN TANSUO

四川省教育学会　编著

| | |
|---|---|
| 出 品 人 | 雷　华 |
| 责任编辑 | 赵若竹　高　玲 |
| 责任校对 | 刘正含 |
| 封面设计 | 四川云猫创意文化传播有限公司 |
| 版式设计 | 武　韵 |
| 责任印制 | 李栩彤 |
| 出版发行 | 四川教育出版社 |
| 地　　址 | 四川省成都市锦江区三色路 238 号新华之星 A 座 |
| 邮政编码 | 610023 |
| 网　　址 | www.chuanjiaoshe.com |
| 制　　作 | 四川胜翔数码印务设计有限公司 |
| 印　　刷 | 成都兴怡包装装潢有限公司 |
| 版　　次 | 2024 年 11 月第 1 版 |
| 印　　次 | 2024 年 11 月第 1 次印刷 |
| 开　　本 | 787mm×1092mm　1/16 |
| 印　　张 | 25 |
| 字　　数 | 490 千 |
| 书　　号 | ISBN 978-7-5408-9371-2 |
| 定　　价 | 78.00 元 |

如发现质量问题，请与本社联系。总编室电话：(028) 86365120

# 立德树人五育并举的理论与实践：四川基础教育的创新探索

## 编　委　会

# 序

党的二十届三中全会提出，教育是中国式现代化的基础性、战略性支撑之一，应深化教育综合改革，完善立德树人机制，健全德智体美劳全面培养体系。在2024年召开的全国教育大会上，习近平总书记在讲话中指出，要紧紧围绕立德树人这个根本任务，着眼于培养德智体美劳全面发展的社会主义建设者和接班人，坚持不懈用新时代中国特色社会主义思想铸魂育人，实施新时代立德树人工程。他还强调，坚持不懈用新时代中国特色社会主义思想铸魂育人，实施新时代立德树人工程。这一系列重要论述为教育发展指明了前进的方向。

在落实立德树人根本任务过程中，四川省深入学习贯彻习近平总书记关于教育的重要论述和来川视察重要讲话精神，全面贯彻落实党的教育方针，聚焦解决教育发展不平衡不充分与人民群众"上好学"的迫切需要的矛盾，全面深化教育改革，努力办好更加公平、更加优质的基础教育。第一，优化教育供给机制，主动适应人口变化和城镇化的新态势，按照"幼儿园就近就便、小学向乡镇集中、初中向中心城镇集中、高中向县城集中、资源向寄宿制学校集中"的思路，优化调整学校布局，不断提升教育公共服务的普惠性、可及性、便捷性。第二，创新办学模式，积极推进学区制治理和集团化办学，在全省划分县域内义务教育学区732个，遴选1000所义务教育优质发展共同体领航学校，推动城乡学校共同体建设，激发办学活力，着力构建良性互动、优势互补的学区发展和学校发展关系，不断提升教育公共服务的普惠性、可及性、便捷性。第三，持续夯实"双减"成效，推进教育教学改革，提高课堂教学质量，规范课后服务管理，拓宽实践育人渠道，学生作业总量和完成时长得到有效调控。第四，实施教育数字化战略行动，扩大优质教育资源受益面，构建"四川云教"新型远程教育教学模式，建立"全学段、多模式、高质量、广受益"的远程教育协作联盟，建成从幼儿园到高中全覆盖的48个教学联盟，上线课程资源18万余节，惠及民族地区、偏远地区薄弱学校2000余所，赋能教育提质增效。目前，四川省义务教育全域实现基本均衡，学前教育如期完成"80·50"发展目标，高中阶段普及率高于全国平均水平，民族地区教育实现跨越式发展，特殊群体公平接受教育机会得到有效保障，人民群众"有学上"的需求得到满足。全省基础教育走向逐步实现优质均衡发展的新阶段，为培养德智体美劳全面发展的人才提供了更加完善的教育保障和丰富优质的教育资源。

在立德树人的教育创新与实践中，四川省涌现出了一大批优秀典型案例。四川省教育学会通过每年举办立德树人优秀创新实践案例征集与展示活动，共同研讨教育改革发展关键问题，取得了良好的社会反响。在2019—2024年，四川省教育学会举办了六届立德树人优秀创新实践案例征集活动，共评出优秀案例5732个（其中，一等奖944个，二等奖2022个，三等奖2766个）；举办了五届立德树人优秀创新实践案例展示活动，32所中小学（幼儿园）的60余名校（园）长、教师作案例交流分享，300余名教师提供观摩课和活动展示，15名全国知名专家先后作大会主旨报告，70余名专家学者参与学术论坛、进行学术点评和指导，4300余名中小学（幼儿园）校（园）长、教师参加现场活动，80000余名中小学（幼儿园）校（园）长、教师线上收看活动实况。五年间，四川省教育学会组织专家从获得一等奖的案例中精选出318个优秀案例，结集出版《四川省基础教育立德树人创新实践》（4辑），切实固化和推广了四川省立德树人成果和经验，在全国产生了广泛的影响。

《立德树人五育并举的理论与实践：四川基础教育的创新探索》是对五年间四川省立德树人优秀实践创新案例征集评审与交流展示活动在理论层面的思考与总结。四川省教育学会组织20余名省内外高校专家和基础教育领域优秀研究人员，在对立德树人创新案例进行整理、归纳、概括、分析的基础上撰写了《立德树人五育并举的理论与实践：四川基础教育的创新探索》。本书分析了立德树人的科学内涵及实践路径，涵盖了课程育人、活动育人、文化育人、实践育人、管理育人、协同育人、整体育人等领域的理性思考和实践成效，在全国立德树人研究领域具有创新性和领先性。在此，我向参与编辑出版本书的专家学者表示崇高的敬意。

新征程上，我们要牢牢把握"培养什么人、怎样培养人、为谁培养人"这一教育的问题，通过明确教育方向、探索教育方法路径以及坚守教育宗旨使命，全面落实立德树人根本任务，为实现中华民族伟大复兴的中国梦培养出更多优秀的人才。

《立德树人五育并举的理论与实践：四川基础教育的创新探索》是我省在教育改革和创新实践中取得丰硕成果的例证。期待这些成果能够在更大范围得到推广应用，为四川省乃至全国基础教育的改革与创新提供有力支持和参考，推动更多地区和学校探索符合教育规律、满足自身发展需求的教育教学改革路径与模式，助力区域基础教育高质量发展。

中共四川省委教育工委副书记，
四川省教育厅党组成员、副厅长，一级巡视员
2024 年 9 月 19 日

# 打造基础教育立德树人四川名片

　　终身之计，莫如树人；育人之本，莫如铸魂。党的十八大报告首次把立德树人确立为教育的根本任务；党的十九届五中全会提出了推动高质量发展、建设高质量教育体系的发展目标；党的二十大报告明确要求落实立德树人根本任务，加快建设高质量教育体系，办好人民满意的教育。五年来，四川省教育学会（以下简称"学会"）全面贯彻落实党中央决策部署，深入学习习近平新时代中国特色社会主义思想、习近平总书记关于教育的重要论述和习近平总书记对四川工作系列重要指示精神，秉持规范建会、学术立会、服务兴会、开放办会、创新强会理念，以服务教师专业成长、服务学校改革发展、服务政府教育决策为目标，坚持"繁荣群众教育科研，服务建设教育强省"宗旨，积极推动学会理念创新、制度创新、机制创新、治理创新，努力打造"立德树人优秀创新实践案例展示活动"名片，全面落实立德树人根本任务，为奋力谱写中国式现代化四川新篇章集聚新动能、开辟新赛道、贡献新力量。

　　学会坚持职能科学定位，狠抓工作治理创新，主动把工作放在百年未有之大变局的世界潮流中去思考，放在国内国际两个大局中去谋划，放在省委、省政府的战略部署中去安排，以立德树人优秀创新实践案例展示活动为抓手，着力彰显工作特色，积极落实办会宗旨，深刻回答"强省建设、教育何为"时代课题，奋力开创工作全新局面。

2019年5月6日，学会圆满换届。5月20日，换届后的第一次会长办公会在成都召开，会长刘东主持会议，副会长周雪峰、刘涛、魏成松、李化树、易国栋、杨松林、熊方军与会。经会议审定，确立了2019年学会工作要点，明确了学会工作定位——繁荣学术、推动实践、服务决策，提出了学会工作的指导思想——为治蜀兴川、推进四川教育现代化提供智力支撑、决策咨询服务。会议对学会工作做了五年规划：①确定学术品牌，总结历史，摸清家底，凝练学术领域、学术方向，包括民族教育、农村教育、社区教育和网络教育；②制订学会中长期规划，近期、中期和长期发展目标；③开展学术活动、专题调研，做到早布置、早安排、早落实；④开展学术培训，包括学术研究方法、学术课题研究、学术课题申报、学术成果申报等专题培训，举办校长论坛、会长论坛、教师论坛和局长论坛。会议强调，要注重思想宣传，建好网站、微信公众号，办好学术期刊、领导参阅、工作简报。重视人才培养、学术课题申报、学术平台搭建，设立学会基金，支持学会学术活动开展。会上明确指出，新一届学会要坚持有影响、高品质、最规范的办会原则；摸清两头：上层最关心、关注的问题，基层领航、引领的课题；区分两点：学会与行政单位的区分，与纯科研单位的区分。要坚持正确定位，进一步明晰学会工作方向，即举旗帜、树品牌、强推广、服好务。根据新时代新形势新要求，新一届学会班子明确提出要以立德树人为主题，开展好立德树人优秀创新实践案例评选展示活动，着力打造具有广泛影响力的学术品牌，带领学会工作开创新局面、展现新气象、做出新贡献。

截至2024年5月，学会先后举办了六届立德树人优秀创新实践案例征集活动。第一届评选出优秀案例323个，其中一等奖53个，二等奖177个，三等奖93个。第二届评选出优秀案例114个，其中一等奖21个，二等奖23个，三等奖70个。第三届评选出优秀案例112个，其中一等奖25个，二等奖47个，三等奖40个。第四届评选出优秀案例191个，其中一等奖42个，二等奖66个，三等奖83个。第五届评选出优秀案例945个，其中一等奖167个，二等奖312个，三等奖466个。第六届评选出优秀案例4047个，其中一等奖636个，二等奖1397个，三等奖2014个。学会先后于2019年11月27日—29日在成都、2020年10月25日—27日在南充、2022年11月16日—18日在泸州、2023年10月26日—28日在广元，成功举办了四届立德树人优秀创新实践案例展示活动。这些案例紧紧围绕充分发挥基础教育在全面建设社会主义现代化四川新篇章中的基础性、战略性支撑作用，加快建设教育强省，办好人民满意的教育，遵循党的教育方针，全面落实立德树人根本任务，以活动育人、课程育人、文化育人、劳动育人、管理育人和协同育人为重点，从不同视角回答了如何在实践中全面坚持党的领导、落实五育并举和五育融合、建设高质量教育体系、推动四川教育现代化等热点、难点问题，有力地推进了四川基础教育在新时代新征程中深化改革、高质量发展。

## 一、强化政治担当，坚定正确办学方向

五年来，学会坚持以案导向，引领全省中小学校、幼儿园遵循党的教育方针，坚持党对教育工作的全面领导，坚定正确办学方向，努力培养担当民族复兴大任的时代新人。

教育是党之大计、国之大计。全省中小学校、幼儿园在立德树人优秀创新实践案例的征集与展示活动过程中，深入学习贯彻习近平总书记关于教育的系列重要论述和关于四川工作系列重要指示精神，始终牢记习近平总书记"必须坚持党对教育事业的全面领导"的重要嘱托，紧紧围绕"培养什么人、怎样培养人、为谁培养人"这个教育的根本问题，聚焦"教育强国、四川何为""强省建设、教育何为"政治考题，坚持高质量发展主题。在北京师范大学公民与道德教育研究中心主任、教育学部教授、博士生导师檀传宝，教育部人文社会科学重点研究基地南京师范大学道德教育研究所所长、南京师范大学教育科学学院副院长、教授、博士生导师冯建军，华东师范大学终身教授、教育学部主任袁振国，成都师范学院教授、四川省教育学会学术委员会主任李小融等专家的专业引领和指导下，深刻把握《富裕时代对于德育的挑战与应对》《立德树人的时代内涵与学校落实机制》《健全立德树人的落实机制》和《立德树人根本任务的落实需要加深对其内涵的理解》等专家报告的深刻内涵、基本要义，以立德树人优秀创新实践案例展示活动为抓手，坚持为党育人、为国育才，培根铸魂、启智润心。弘扬伟大建党精神，深化"四史"教育，抓好党风政风、校风学风建设。不断提高政治站位，从政治高度来看待学校办学治校各项工作，不断增强政治判断力、政治领悟力、政治执行力，强化政治担当，担负政治责任，全面落实立德树人根本任务。成都市第七中学初中学校《多维一体的德育管理创新与实践》、南充市五星小学《五星精神铸师魂 五育并举树新人》、南充市涪江路小学《抓住融合并举关键 实施全育课程体系》、南充市西河路小学《水润生命 让每一滴水都折射出七彩光芒》和武胜县教育科学研究室《五育合一 立心铸魂育新人》等优秀创新实践案例，系统阐释了立德树人和五育并举的思想内核、本质特征，充分展示了立德树人的鲜明办学特色。

引导中小学校认真贯彻落实中央组织部、教育部党组《关于加强中小学校党的建设工作的意见》，中共中央办公厅《关于建立中小学校党组织领导的校长负责制的意见（试行）》，以及中共四川省委组织部、中共四川省委教育工作委员会《贯彻落实〈关于

建立中小学校党组织领导的校长负责制的意见（试行）》工作方案》精神，进一步坚持和加强党对中小学校的全面领导，健全体制机制，完善思路举措，将党的领导、党的建设贯穿办学治校、立德树人全过程，发挥中小学校党组织领导作用，支持和保证校长行使职权，建立健全议事决策制度，完善协调运行机制，保证党的教育方针和党中央、中共四川省委的决策部署在中小学校得到贯彻落实。

学习贯彻习近平总书记"基础教育是立德树人的事业，要旗帜鲜明加强思想政治教育、品德教育，加强社会主义核心价值观教育，引导学生自尊自信自立自强"的重要指示精神，遵照《中小学德育工作指南》，系统构建中小学德育工作体系，在中小学校深入实施时代新人铸魂工程、课程思政百千万工程，推进课程思政、思政课程建设，创新"三全育人"工作实践。组织开展"学习新思想、做好接班人"主题阅读活动。积极开展"从小学党史 永远跟党走"系列主题教育活动，有效组织每年秋季学期"开学第一课"。泸州市教育和体育局《立德树人践初心 五育并举担使命》、成都市东光实验小学《以知识培根 让素养铸魂——成都市东光实验小学的立德树人实践之路》、内江市教育和体育局《中小学"三生·绿色"德育实施体系》、四川省广元外国语学校《以生为本 修行育人》、广元市特殊教育学校《关爱生命 全纳育人》、剑阁县龙江小学校《向上向善 家风育人》、四川省泸县第二中学《以心育心，为学生终身发展奠基》等优秀创新实践案例，将德育与思想政治教育、心理健康教育、生命生活生态"三生教育"有机融合，让学校德育落地落实、落小落细，全面提升德育工作的针对性、实效性、时代性和亲和力。

切实加强中小学劳动教育和社会实践，贯彻落实新时代党的教育方针和中共中央、国务院《关于全面加强新时代大中小学劳动教育的意见》精神，引导学生弘扬劳动精神，崇尚劳动、尊重劳动，以劳立德、以劳增智、以劳强体、以劳健美，推动中小学、幼儿园劳动教育蓬勃开展。积极开展研学实践、志愿服务等综合实践教育，不断增强中小学生的社会责任感，促进创新精神和实践能力的提升，涌现出成都市棕北中学《开劳动之源 育完整之人——劳动教育特色实践育人体系构建》、四川省南充高级中学《执劳动之手 培五育之花》、泸州市纳溪区教育科学研究中心《劳动教育区域协同推进的纳溪实践》、邛崃市教研培训中心《中小学研学课程"三方·三化"开发》、青神县学道街小学《依托基地做劳动 塑魂育能谱新篇》、成都市金牛区教育局《探索建立劳动清单制度》、广元市朝天区羊木镇小学《耕读传承 劳动育人》的"劳动＋"教育模式、泸州市教育实践基地《融合共生的"营地教育"育人生态》、广元市示范性综合实践基地《劳以润心 实践育人》的实践教育体系等优秀案例，中小学劳动教育、研学实践深入实施、健康发展。

## 二、站稳人民立场，办好人民满意教育

五年来，学会坚持以案说理，深刻诠释以人民为中心的发展思想，秉持为党育人、为国育才、为民服务的初心使命，牢牢把握教育为人民服务的立教兴国宗旨，突显教育的功能功效，努力增强广大人民群众的安全感、幸福感和获得感。

坚定建设教育强省、建设高质量教育体系、办好人民满意的教育发展方向，围绕教育"举旗帜、育新人、聚民心、促发展"历史命题，牢牢把握教育的政治属性、战略属性和民生属性，坚持基础教育在国民教育体系中的基础性、先导性、战略性地位，持续践行教育为人民服务、以人民为中心的发展理念，纵深推进教育领域综合改革，进一步构建教育高质量发展新格局，办老百姓"家门口"的新优质学校，努力促进教育公平优质均衡发展，不断解决人民群众急难愁盼的教育问题，坚定不移促进更多发展成果更公平惠及广大人民群众。电子科技大学附属小学《动起来，让每个生命更精彩——推进"活动育人"的创新实践》、成都大学附属中学《"感恩伴我成长"课程开发与实践》、四川省剑门关高级中学《铭记党恩 全面育人》、叙永县摩尼镇新苗实验学校《一个也不能少 一个也不能差》等优秀创新实践案例，生动书写了以教育强省建设引领中国式现代化四川新篇章，积极回应党和国家之需、时代和人民之问。

明确学前教育普及普惠发展方向，努力实施学前教育行动计划，实施学前教育普惠保障行动，优化学前教育公办民办结构，推动各地市州大力发展公办园，鼓励社会力量办园，加大对普惠性民办园扶持力度，治理城镇小区配套幼儿园，积极优化普惠性学前教育资源，提高普惠性学前教育保障水平，有效缓解长期以来学前教育"入园难、入园贵"问题。剑阁县普安幼儿园、大英县象山镇幼儿园、泸州市龙马潭区小市幼儿园《胸怀家国，乡土育人》学前教育立德树人优秀创新实践案例，宜宾市教育科学研究所《解锁儿童成长密码 构建幼小衔接"新样态"》，成都市第四幼儿园《创变多维空间 赋能儿童未来——成都市第四幼儿园环境课程功能实践》，何云竹《内外兼修——基于品德启蒙的幼儿园园本课程构建》，广元市市级机关幼儿园《习家乡文化育家国情怀——幼儿园园本课程德育探索与实践》，分别在第四届立德树人优秀创新实践案例展示活动、四川省教育学会2022—2023学术年会"内外兼修——四川省高质量基础教育体系建设实践"上得到充分交流、全面分享，深刻引领全省学前教育优质普惠发展方向。

抓扩优提质，提升教育公共服务水平。贯彻落实中共中央办公厅、国务院办公厅《关于构建优质均衡的基本公共教育服务体系的意见》，教育部、国家发展改革委、财政部《关于实施新时代基础教育扩优提质行动计划的意见》精神，努力推动全省基础

教育由大变强、由强变优。进一步扩大学前教育普惠性资源规模，全面推进县域义务教育优质均衡发展。促进普通高中、县中振兴，加快推进普职融通。推进特殊教育融合发展，普通教育、职业教育、医疗康复与特殊教育深度融合。四川省教育学会组织学会学术委员会、二级分会德育与心理健康分会、农村教育分会、学前教育分会、小学教育分会专家团队，积极开展《四川省中小学立德树人生态体系调研》《四川省县以下农村教育现状及乡村温馨学校建设的地方实践》《民族地区学前教育发展的四川模式》《四川省小学落实五育并举促进课程建设的现状与对策研究》等专题调研。研制发布《四川省乡村温馨学校建设指南》，推广乡村温馨学校建设成果经验，组织开展"我的农村教育故事"农村教师叙事专题研究，全面服务全省基础教育扩优提质行动计划实施。

实施高中阶段教育普及攻坚计划，进一步加强县域普通高中建设。落实《国务院办公厅关于新时代推进普通高中育人方式改革的指导意见》、由教育部等九部门印发的《"十四五"县域普通高中发展提升行动计划》，以及四川省颁布的《四川省"十四五"县域普通高中发展提升行动计划实施方案》《四川省中小学教育信息化应用及环境建设指南》《四川省深化普通高等学校考试招生综合改革实施方案》《四川省普通高中学生综合素质评价实施办法》等文件精神，立足省情，多措并举，激发县域普通高中办学活力，着力推进县域普通高中育人方式改革、多样化特色发展，全面提高全省县域普通高中教育质量。

树立扎根巴蜀大地发展素质教育的教育思想，抓住为党育人、为国育才这个根本，紧扣以人为本、五育融合这条主线，以协同育人、贯通培养为路径，抓住教育评价"牛鼻子""指挥棒"，积极推动以发展素质教育为导向的教育质量评价。贯彻落实中共中央办公厅、国务院办公厅《关于全面加强和改进新时代学校体育工作的意见》和《关于全面加强和改进新时代学校美育工作的意见》精神，加强中小学心理健康教育，深化体教融合，加强美育课程和课堂体系的构建，建设完善全过程的劳动教育体系，实施青少年读书行动计划。南充市第五中学校《文明其精神 野蛮其体魄——南充五中"体美"并举育全人的实践探索》、达州市通川区七小新锦学校《立德树人理念下的小学科技教育实践探索》、德阳市教育科学研究院《师生心理健康服务"校医共建"的德阳实践》、成都市泡桐树小学（天府校区）《看见生命 遇见未来——小学生命教育核心主题课程》等优秀创新实践案例，涵养健全人格、提升综合素养，创新发展了科技赋能、包容共享的素质教育。

推进家校社联动协同育人。落实教育部等十三部门《关于健全学校家庭社会协同育人机制的意见》，中共中央办公厅、国务院办公厅《关于构建优质均衡的基本公共教育服务体系的意见》，积极实施《中华人民共和国家庭教育促进法》，进一步明确家庭启蒙教育、学校奠基教育和社会拓展教育的时代使命，坚持把高质量发展作为学校教育、家庭教育和社会教育三大教育的生命线，同心聚力构建政府统筹协调、学校积极主导、家庭主动尽责、社会有效支持的协同育人新格局。泸州市纳溪区英才外国语学校《家校协同 让家庭劳动教育顺势回归》、成都市草堂小学《馆校协同育人的"宽领域'立体化'实践模式"》、泸州市龙马潭区尹吉甫学校《凯风沐浴 家校共育》等优秀创新实践案例，健全了学校家庭社会协同育人机制，营造了良好办学治校教育环境、育人生态。中国教育学会副秘书长高书国专家报告《立德树人：家庭学校社会协同育人的价值引领与实效探索》，四川省教育科学研究院曾宁波专家报告《中小学立德树人生态体系建构及实施》等理论指导、思想引领，有力推动了全省中小学校开创家校社协同育人的良好局面。

### 三、推进治理创新，激发办学生机活力

五年来，学会坚持以案促改，破除壁垒，守正创新，深化教育"放管服"改革，全面推动依法治理、智慧治理、协同治理，落实政府办学主体责任，突显学校办学的主体地位，激发学校办学的生机和活力，助力学校高质量发展，为新时代全面推进教育现代化、建设教育强国贡献"四川方案"和"四川经验"。

推进教育治理体系和治理能力现代化。认真贯彻《中共教育部党组关于教育系统学习贯彻党的十九届四中全会精神的通知》精神，以及由中共中央办公厅印发的《关于建立中小学校党组织领导的校长负责制的意见（试行）》精神，坚持和加强党对中小学校的全面领导。立足省情、区情、教情，探索立足巴蜀大地、科学高效的，以章程为基础，以党组织领导的校长负责制为核心，以群团组织和教职工大会（教职工代表大会）等为支撑，党组织统一领导、党政分工合作、协调运行的新型学校治理机制。加快以章程为核心的中国特色现代学校制度建设，落实中小学办学主体地位，激发中小学办学活力，增强学校发展动力，提升办学支撑保障能力。

深化教育"放管服"改革，优化教育发展生态环境。全面贯彻教育部等八部门《关于进一步激发中小学办学活力的若干意见》，明晰政府、学校权责边界，正确处理政府办学主体责任和学校办学主体地位关系，着力解决管得太多、动力不足、保障不够、管理不善等突出问题，大力激发中小学办学活力，增强学校发展动力，提升办学支撑保障能力，为推动全省基础教育公平发展和质量提升、加快现代学校制度建设、推进四川教育现代化、建设教育强省奠定坚实基础。

保障中小学校办学自主权，保证教育教学自主权，强化学校课程实施主体责任，

严肃校规校纪，依法保障学校和教师对学生的教育管理。大力精简、严格规范各类"进校园"专题教育活动，有效排除对学校正常教育教学秩序的干扰。扩大人事工作自主权，加大学校行政领导人员聘任制推行力度，完善教师"县管校聘"具体实施办法，落实经费使用自主权。增强学校办学内生动力，构建完善的教师激励体系，增强教师职业荣誉感和幸福感。

强化学校文化引领作用。坚持以社会主义核心价值观为引领，大力构建富有时代气息、健康向上、特色鲜明的学校文化。注重创建学校党建工作品牌，全面加强中小学校章程建设，推进学校教育制度创新，在师生中深入开展"一训三风"（校训，校风、教风、学风）征集提炼、培育弘扬活动。强化师德师风建设、班集体建设，打造丰富多彩的班级文化、寝室文化、社团文化、网络文化，塑造良好的教书育人人文环境。加强校园绿化、美化和亮化建设，深入开展校园文化活动，切实增强学校文化的感染力、凝聚力。成都市娇子小学《整合视野下"文化育人"的探索与实践》、成都市金沙小学《追逐梦想 从心绽放——基于金沙文化背景下的"协同育人"机制》、苍溪县唤马镇小学校《传承非遗文化 践行立德树人》、旺苍县东河小学《根植红色 文化育人》、重庆市人和街小学《基于人和文化 切实立德树人——百年未有之大变局背景下的教育反思与实践》等优秀创新实践案例，让校园文化之花在巴蜀大地璀璨夺目、熠熠生辉。

深化学校办学机制改革，制订新优质学校成长发展规划，积极推进集团化办学、学区化治理，强强联合、以强带弱、对口交流，统筹区域、学校干部配备，推动优秀教师交流，完善联合教研制度，深化教学改革，增强内生动力。做好"两项改革"后半篇文章，优化集团化办学机制，优化学区治理体系，科学规划全省学校布局，综合治理农村小规模学校建设。统筹学区资源，促进学区内学校多样化、特色化优质均衡发展。加快推进基础教育信息化，深化现代信息技术与教育教学有机融合，积极推动教育数字化转型发展。

以教育部基础教育综合改革实验区——成都市、广元市为龙头，深入贯彻党的二十大报告关于"深化教育领域综合改革"的决策部署，认真落实中共中央办公厅、国务院办公厅印发的《关于构建优质均衡的基本公共教育服务体系的意见》，围绕服务国家和全省战略需要，聚焦人民群众所急所需所盼，结合四川基础教育实际，不断深化基础教育综合改革，积极探索以综合改革推进全省基础教育高质量发展的实践路径，发挥示范引领作用。

推进义务教育教学改革实验区——成都市高新区、绵阳市涪城区建设，树立义务教育教学改革实验校四川省成都市石室联合中学、成都市电子科技大学附属实验小学、眉山市东坡区苏祠初级中学、宁南县朝阳小学、绵竹市遵道学校、高县嘉乐镇初级中学校标杆，贯彻落实中共中央、国务院《关于深化教育教学改革 全面提高义务教育质量的意见》和教育部《基础教育课程教学改革深化行动方案》文件精神，深化义务教育教学改革，深入落实课程方案和课程标准，全面推进教学方式变革，积极探索深化课程教学改革的有效实践模式，总结典型经验，努力发挥先行先试、示范引领作用。

## 四、坚守初心使命，筑牢教育强省根基

五年来，学会坚持以案督战，顺势而为，谋势而动，准确识变，科学应变，主动求变，全面打赢脱贫攻坚战、新冠肺炎疫情防控阻击战、"公民同招"生态战、"双减"落地阵地战，努力在危机中育新机，于变局中开新局。

面对"两个大局"，服务国家人口发展、乡村振兴、共同富裕、人才强国等重大战略需求，面临脱贫攻坚、疫情大考、"公民同招"、"双减"落地一系列重大课题，坚持从政治上看教育、从民生上抓教育、从规律上办教育，胸怀"国之大者"，善谋"党之大计"，力行"省之要事"，勇担为党育人、为国育才崇高使命，着力培养堪当民族复兴大任的时代新人，为建设教育强省、科技强省和人力资源强省，奋力谱写中国式现代化四川新篇章积蓄力量。

打赢教育脱贫攻坚战，持续巩固脱贫攻坚成果。学会以立德树人优秀创新实践案例展示活动为抓手，推动会员单位按照教育部、国务院扶贫办《深度贫困地区教育脱贫攻坚实施方案（2018—2020年）》，中共中央、国务院《关于打赢脱贫攻坚战三年行动的指导意见》，以及《四川省教育脱贫攻坚（2017—2020年）实施方案》《四川省深度贫困地区教育脱贫攻坚实施方案（2018—2020年）》工作部署，聚焦"两不愁三保障"，抓控辍保学、校舍条件改善、贫困学生资助、教师队伍建设和职业教育发展五项工程。打好打赢四川教育脱贫攻坚战，全面完成"义务教育有保障"重大政治任务。聚焦相对贫困，坚持贫困治理与乡村振兴有效衔接，积极引导广大中小学校执行就业创业能力培育计划、基础教育巩固提升计划、乡村教师支持计划、民族地区十年行动计划、民族地区十五年免费教育计划、大小凉山彝区教育扶贫提升计划、涉藏地区千人支教十年计划、深度贫困地区本土人才培养计划、深度贫困地区中小学对口帮扶计划、"一村一幼"计划等十大计划，推动深度贫困地区以高质量的教育助推高质量脱贫，消除相对贫困，实现个体能力发展，增进民生福祉，促进区域全面振兴。

积极应对新冠肺炎疫情，坚决贯彻落实党中央、国务院和省委、省政府决策部署，遵照省教育厅和省卫生健康委《四川省中小学幼儿园防控新型冠状病毒感染肺炎疫情工作指南》，以及省教育厅《关于疫情防控期间中小学开展网络教学的指导意见》《关

于切实做好新冠肺炎疫情防控期间学校教育教学组织与管理工作的通知》要求，建立联防联控工作机制，"一地一校一策、一班一案"，通过调整开学时间、指导学校教育教学组织与管理、开通心理支持热线和网络辅导服务、制定开学安全工作预案、开展线上学习指导与服务等举措，有效组织"德体美劳教育"网上教学，突出生命健康、疫情防控、爱国主义、经典诵读、习惯养成等主题的教育教学，有效支撑"停课不停学"工作和疫情防控工作。西昌阳光学校《疫情火情是教材 空中课堂来育人》等优秀创新实践案例，对全面打赢疫情防控保卫战做出了生动诠释。

坚持"全部、齐步、稳步"要求，推进义务教育"公民同招"改革全面落地。根据省教育厅《关于规范全省普通中小学招生入学工作的通知》要求，全面实行同步登记报名、同步招生录取、同步注册学籍的公办民办学校同招政策，坚决贯彻国家对义务教育招生改革进行的决策部署，积极推进免试就近入学全覆盖、民办学校与公办学校同步招生，持续开展义务教育学校违规考试招生、提前掐尖招生、违规编班等违规办学行为专项整治，有效遏制民办学校掐尖考试、跨区域招生等违规行为，有效缓解"择校热"，推动公办民办学校潜心育人，打造公办民办学校公平发展良好生态，为推进四川基础教育高质量发展营造良好制度和社会环境。

推动"双减"政策落地落实、落小落细。遵循中共中央办公厅、国务院办公厅《关于进一步减轻义务教育阶段学生作业负担和校外培训负担的意见》精神，按照四川省委办公厅、省政府办公厅《关于进一步减轻义务教育阶段学生作业负担和校外培训负担的实施方案》要求，把推动学校落实"双减"作为重大政治任务，坚持把校内减负提质作为"双减"工作的根本之策，采取一系列有效措施，指导学校建立健全教学管理规程，推进中小学生作业管理、睡眠管理、手机管理、课外读物管理和体质健康管理"五项管理"工作，推行课后服务"5＋2"模式，努力提高作业管理水平、提高课后服务水平、提高课堂教学质量，切实强化学校教育主阵地作用。坚决压减学科类校外培训机构，坚持校外培训公益属性，规范校外培训行为。成都市金沙小学《回归儿童真实生活》、泸州师范附属小学城西学校《课后服务助成长 五育之花并蒂开》、营山县教育科技和体育局《下足"四个功夫"，打好课后服务组合拳》、仪陇县金城小学校《让课后服务成为学生的美味"加餐"》等优秀创新实践案例，充分展示了四川抓"双减"落实、减轻学生过重学业负担、促进学生身心健康发展、为建设高质量教育体系强基固本的丰硕成果。

### 五、坚持多元评价，深化优质均衡发展

五年来，学会坚持以案铸强，坚持破立并举，深化新时代教育评价改革，发挥教

育评价"指挥棒"作用，确立科学育人目标，确保正确发展方向。强化政府保障，扩大优质资源，优化育人生态，全力推进基础教育高质量发展。

围绕建设高质量教育体系，以教育评价改革为牵引，统筹推进育人方式、办学模式、管理体制、保障机制改革。广元市教育局《立德树人 五育并举 奋力推进广元区域教育高质量发展新高地建设》，四川大学附属中学（成都市第十二中学）《促进学生在学会研究中全面发展——普通高中学科育人方式改革的校本实践》，绵阳市教育科学研究所《创新班主任工作研究 赋能区域教育质量提升》，四川省广元外国语学校《创新育人模式 赋能高质量发展》等优秀创新实践案例，积极落实中共中央、国务院《深化新时代教育评价改革总体方案》部署，严格执行《义务教育质量评价指南》《普通高中学校办学质量评价指南》《幼儿园保育教育质量评估指南》，按照《四川省贯彻落实〈深化新时代教育评价改革总体方案〉工作清单（2022—2025 年)》要求，以立德树人为主线，强化过程性和发展性评价，改进结果评价，探索增值评价，健全综合评价，注重评价学校提高办学质量的实际成效，引导和促进学校持续改进和提高办学水平。坚决纠正"唯升学""唯分数"的倾向，以基础教育质量评价改革促进树立科学的教育质量观和正确的教育政绩观。

"快、准、实"地推进各项重点任务教育评价工作，构建良好教育评价生态和教育发展环境。案例展示活动精心安排分管厅领导讲话、专家专题学术报告、学术委员会领题调研，聚焦科学履职改革党委和政府评价、立德树人改革学校评价、教书育人改革教师评价、全面发展改革学生评价，以及科学选人用人、改革用人评价，深入落实四川省《对市（州）人民政府履行教育职责评价工作规程》，以及示范性幼儿园、义务教育优质发展共同体领航学校、示范性普通高中遴选管理办法，积极引导教育工作者压实工作责任，破除教育内卷，端正育人理念，努力探索具有四川特色的教育评价改革实践路径。

扎实开展教育督导、督政、督学及评估监测。学会及督导评价分会认真贯彻《四川省深化新时代教育督导体制机制改革的实施意见》《四川省教育督导问责实施细则》精神，积极参与四川省人民政府教育督导委员会办公室系列活动，严格执行国家和省级标准，建立分级分类督导工作制度。构建教育督导部门归口管理、第三方专业机构和社会组织等多方参与、贯通大中小幼的教育评估监测机制，强化督政、督学、评估监测职能，将教育评价改革列为教育督导重要内容，为改进教育管理、优化教育决策、指导教育工作提供科学依据，用督导"指挥棒"引导教育评价改革深化发展。

强教必先强师，把加强教师队伍建设作为建设教育强省最重要的基础工作来抓，教师队伍建设得到全面加强。大力弘扬教育家精神，努力培养造就为学、为事、为人的新时代"大先生"。积极实施省级师范生公费定向培养计划、农村教师"特岗计划"、银龄讲学计划，深入实施教师教育振兴行动计划。全面落实中共四川省委、四川省人民政府《关于全面深化新时代教师队伍建设改革的实施意见》精神，加强师德师风建设，改革教师培养补充模式，加强民族地区"双语"教师培养工作，建立健全地方教师发展机构，积极探索"人工智能＋教师培训"教学模式，大力推行线上线下混合式研修和跟岗学习。实施名师、名校长和名班主任培养计划，建设"名师名校长工作室"，壮大中小学骨干教师和领军人才队伍。实行义务教育教师"县管校聘"，深入推进县域内义务教育学校教师、校长交流轮岗，实行教师聘期制、校长任期制管理、学区（乡镇）内走教制度。高素质、专业化、创新型中小学教师队伍建设全面加强。

统筹推动城乡义务教育一体化，基础教育优质均衡发展。顺应城乡融合发展要求和人口变化趋势，着眼促进教育公平、加快推进基本公共服务均等化，学会组织重大专题调研、二级分会专题会议，以及川渝学校、学会结对发展，引导推动全省中小学、幼儿园深入贯彻落实中共中央办公厅、国务院办公厅《关于构建优质均衡的基本公共教育服务体系的意见》，四川省政府《关于统筹推进县域内城乡义务教育一体化改革发展的实施意见》，四川省教育学会、重庆市教育学会《推动成渝地区双城经济圈基础教育学术协同创新合作协议》精神，统筹推进基础教育学校布局调整，着力推进全面改薄工作、学前教育行动计划、民族地区教育发展十年行动计划、大小凉山彝区教育扶贫提升工程、民族地区"一村一幼"计划，有序推进义务教育学区制治理，全省183个县（市、区）共划分县域内义务教育学区732个，形成从幼儿园到高中全覆盖的44个教学联盟。优化调整中小学（幼儿园）4644所、教学点4262个，建设200所公办幼儿园。打造义务教育优质发展共同体153个，建设成渝地区城乡义务教育一体化发展试验区10个，首批6个义务教育优质均衡发展县（市、区）通过国家评估认定实地核查。遴选26所学校，建成川渝中小学协同创新结对发展学校13对，6个市、区教育学会结对3对。成都市武侯区推行城乡学校捆绑式发展，"一对一"建设城乡教育共同体，集成推进城乡教育一体化。成都市双流区以"两自一包"改革为核心，区域推进现代学校制度建设改革，落实和扩大学校办学自主权。借力教育数字化转型，鼓励和支持中小学校积极探索未来学校的新样态、未来学习的新样态、未来学生成长成才的新样态。成都七中积极建设面向广大偏远地区"异地同堂"的"七中闻道"均衡教育模型，成都市石室中学构建"石室祥云"，甘孜藏族自治州"高中直播、初中录播、小学植入"全覆盖，推动教育优质均衡不断深入。

2024年，是中华人民共和国成立75周年，是实现"十四五"规划目标任务的关键一年。教育改革春潮涌动，时代画卷徐徐铺展。做好新一年学会工作，我们始终要坚持问题导向、需求引领，坚定以习近平新时代中国特色社会主义思想为指导，全面贯彻落实党的二十大精神和全国教育工作会议精神，深入学习贯彻习近平总书记对四川工作系列指示精神，增强历史自觉，坚定教育自信，坚持政治建会理念，确保学会工作政治方向；坚持学术立会理念，明晰学会工作根本性质；坚持服务兴会理念，担负学会工作职责使命；坚持开放办会理念，深化学会工作合作发展；坚持创新强会理念，增强学会工作生机活力。努力推进学会理念创新、制度创新、机制创新和治理创新四个创新，深化学会工作发展。坚持服务教师专业成长、服务学校改革发展、服务政府教育决策三个服务，提高学会工作质效，全面擦亮立德树人优秀创新实践案例展示活动名片。扎根巴蜀大地，聚焦抓党建德育落实立德树人根本任务、抓布局规划优化区域教育资源配置、抓扩优提质提升教育公共服务水平、抓五育并举进一步发展素质教育、抓科学教育厚植创新人才培养沃土、抓"双减"落实减轻学生过重学业负担、抓教育数字化赋能基础教育高质量发展、抓协同育人促进家校社形成育人合力、抓国际交流合作提升四川基础教育国际影响力、抓校园安全守住学生生命安全底线等热点难点问题，深入开展调查研究、理论探讨、决策咨询，高处站位，深处扎根，远处着眼，实处用力，发现新问题，总结新经验，探索新规律，谋好"强省建设、教育何为"时代课题，写好"教育改革、高质发展"四川篇章，答好"服务社会、助推发展"历史答卷，为谱写中国式现代化四川新篇章贡献学会力量。

四川省教育学会会长

2024 年 9 月 13 日

# 目录

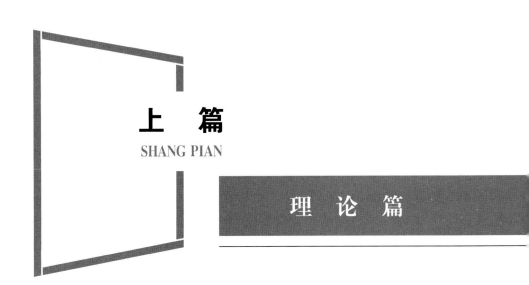

# 上　篇
SHANG PIAN

理　论　篇

# 立德树人的内涵解析及本质要求

立德树人作为教育的根本任务，是党和国家教育方针政策的体现，揭示了教育的本质和基本规律。围绕立德树人根本任务的落实，对立什么德、树什么人、怎样立德树人有了一系列的理论认识和具体举措。培养德智体美劳全面发展的社会主义建设者和接班人的目标已经清晰，基于五育并举的思路和做法得到贯彻并取得成效。但是，"立德树人"怎样落地，怎样具体体现在学校教育教学活动的方方面面，仍然是大家关注的重点。有人认为"立德树人"原则性强，与当下学校教育现实有距离。"立德树人"各项举措的落实不够，具体原因固然有很多，对其内涵的理解不够深刻和全面，是主要原因之一，需要对其进一步解构、延展、细化或具体化。

古人云："十年树木，百年树人。"其逻辑深刻之处在于：虽然人的寿命最多百年，但大者如继承或塑造一种人类的精神财富，小到要转变或形成一些具体的行为习惯（如科学地刷牙），并使其蔚然成风，往往要经过数代人的艰苦努力。由此可见教育要落实立德树人根本任务需要在对其本质内涵及意义深入研究的基础上，从更多的方面揭示其基本规律，解决怎样树人的问题。四川省教育学会和四川省教育科学研究院近五年联合开展的立德树人创新实践案例的征集与展示活动（以下简称"五年活动"），实质上就是要解决在具体的学校教育实践中，结合具体场景，从各个方面探索解决立德树人根本任务在一个区域或一所学校"落地"的问题。为此，必然要面对和解决现实教育中出现的热点难点问题，从而实现教育的高质量发展。"五年活动"的探索所提供的大量具体生动的案例不仅是一种示范，也有助于深化对这一重大问题的理性认识。

## 一、立德树人的提出与发展

20 世纪 50 年代，党中央提出了德智体全面发展的教育方针，毛泽东用"又红又专"来概括教育目标和人才标准，意即培养思想政治素质和专业素质都过硬的共产主义事业接班人和社会主义建设者。[①] 80 年代，邓小平提出了培养有理想、有道德、有文化、有纪律的"四有"新人的教育目标。[②] 新旧世纪之交，江泽民将立德树人纳入"依法治国"和"以德治国"相结合的治国方略中，提出坚持学好科学文化与加强自身思想修养相统一的教育方法。21 世纪以后，胡锦涛提出"以人为本""全方位育人"的教育理念，主张以人为中心，把教育与人的发展、人的自由、人的幸福、人的价值和人的尊严联系起来。

2012 年 11 月，党的十八大明确提出，"全面贯彻党的教育方针，坚持教育为社会主义现代化建设服务、为人民服务，把立德树人作为教育的根本任务，培养德智体美全面发展的社会主义建设者和接班人"[③]。党的十八大之后，习近平总书记在多个场合强调立德树人的重要性。2016 年 9 月 9 日，习近平总书记在北京市八一学校考察时指出，基础教育是立德树人的事业，要旗帜鲜明地加强思想政治教育、品德教育，加强社会主义核心价值观教育，引导学生自尊自信自立自强。2016 年 12 月 7 日，习近平总书记在全国高校思想政治工作会议上指出，高校立身之本在于立德树人。他同时强调，要坚持把立德树人作为中心环节，把思想政治工作贯穿教育教学全过程，实现全程育人、全方位育人，努力开创我国高等教育事业发展新局面。

2017 年 10 月，党的十九大提出，"要全面贯彻党的教育方针，落实立德树人根本任务，发展素质教育，推进教育公平，培养德智体美全面发展的社会主义建设者和接班人"。

党的十九大之后，习近平总书记对如何落实立德树人提出了具体要求。2018 年 5 月 2 日，他在北京大学师生座谈会上的重要讲话中指出，大学是立德树人、培养人才的地方，要把立德树人的成效作为检验学校一切工作的根本标准，真正做到以文化人、以德育人，不断提高学生思想水平、政治觉悟、道德品质、文化素养，做到明大德、守公德、严私德。要把立德树人内化到大学建设和管理各领域、各方面、各环节，做到以树人为核心、以立德为根本。

2018 年 9 月 10 日，习近平总书记在全国教育大会上的重要讲话中多次提到"立德树人"，并强调："要把立德树人融入思想道德教育、文化知识教育、社会实践教育各环节，贯穿基础教育、职业教育、高等教育各领域，学科体系、教学体系、教材体系、管理体系要围绕这个目标来设计，教师要围绕这个目标来教，学生要围绕这个目标来学。凡是不利于实现这个目标的做法都要坚决改过来。"

① 黄月细，聂英华."立德树人"的内涵辨析与新时代要义[J].深圳社会科学，2020（2）：8.
② 詹玉荣.按照保持共产党员先进性的要求加强党性修养[J].学习论坛，2009，25（4）：21-24.
③ 冯建军.立德树人的时代内涵与实施路径[J].人民教育，2019（18）：6.

2019 年 3 月 18 日，习近平总书记在主持召开的学校思想政治理论课教师座谈会上强调，思想政治理论课是落实立德树人根本任务的关键课程，办好思想政治理论课关键在教师，关键在发挥教师的积极性、主动性、创造性。

落实立德树人根本任务，是新时代贯彻党的教育方针的重要体现。为此，2017 年 9 月，中共中央办公厅、国务院办公厅印发了《关于深化教育体制机制改革的意见》，提出健全立德树人系统化落实机制。2019 年 6 月，中共中央、国务院印发的《关于深化教育教学改革 全面提高义务教育质量的意见》再次强调落实立德树人根本任务，健全立德树人落实机制。国务院办公厅印发的《关于新时代推进普通高中育人方式改革的指导意见》明确提出，"到 2022 年，德智体美劳全面培养体系进一步完善，立德树人落实机制进一步健全"，明确了健全立德树人落实机制的时间表。2019 年 8 月，中共中央办公厅、国务院办公厅印发《关于深化新时代学校思想政治理论课改革创新的若干意见》，提出教育是国之大计、党之大计，承担着立德树人的根本任务。思政课是落实立德树人根本任务的关键课程，发挥着不可替代的作用，强调了思政课在落实立德树人根本任务中的重要作用。

立德树人是对我国传统教育思想的传承与发展，是中国特色社会主义教育的本质体现，是新时代贯彻党的教育方针的要求。"五年活动"展现了大批优秀案例，它们从不同角度回答了如何在实践中落实立德树人的重点、热点与难点问题，特色鲜明，操作性强，非常值得学习借鉴和推广。

## 二、立德树人内涵的解构与延展

"立德"和"树人"的思想古已有之，最早分别出现在《左传》和《管子·权修》中。[①] 中华人民共和国成立以来，德育被反复强调。"立德"与"树人"被合体使用始于当代。2012 年 11 月，党的十八大首次将"立德树人"写入大会报告并将其确定为教育的根本任务。落实立德树人这一根本任务，必须对其内涵进行解构与延展，厘清"立德"与"树人"的关系，进一步明确"立什么德""树什么人"及"怎样立德树人"。

### （一）立德与树人的关系

目前对两者间的关系有四种理解：第一种是"并列关系说"，认为立德与树人是并列并重关系；第二种是"因果关系说"，认为立德是因，树人是果，只有立德才能树

---

① 谢冰松. 厘清立德树人内涵 实现立德树人任务［EB/OL］. 大河网，（2022-11-15）［2024-04-15］. https://news.dahe.cn/2022/11-15/1133353.html.

人；第三种是"主次关系说"，认为立德树人重在立德，立德比树人重要，所以要前置，而不能说"树人立德"；第四种是"一体关系说"，认为立德与树人是一体的。上述观点要么忽视了立德与树人之间的逻辑关系，要么忽视了立德树人提出的具体语境。

在本质上，"立德树人"这个概念是对立德与树人内在关系的理论自觉。"立德"一词最早出现在《左传·襄公二十四年》，其中讲到"太上有立德，其次有立功，其次有立言，虽久不废，此之谓不朽"，意为个体要"身死名不朽"，需要达到的最高层次是具备高尚品德，并能在个体发展过程中实现自己的理想。"树人"一词最早出现在《管子·权修》，其中说"一年之计，莫如树谷；十年之计，莫如树木；终身之计，莫如树人。一树一获者，谷也；一树十获者，木也；一树百获者，人也"，这一论述以"树谷"与"树木"作喻，突显了人才培养的长期性和艰巨性。今天我们所强调的"立德树人"概念，不仅包含对传统思想的传承，也随时代发展而被赋予了更加深刻的内涵。

推进新时代立德树人工作，需要深入领会立德与树人之间的逻辑关系。关于这个问题，习近平总书记有过深刻论述。在同北京大学师生座谈时，总书记引用"才者，德之资也；德者，才之帅也"的论断并进一步阐述人才培养的辩证法，指出育人和育才是相统一的，育才以育人为本，育人以立德为本，立德树人的落实是检验学校教育工作的根本标准，是各级各类教育教学工作开展必须遵循的规律。[①]

以上论述表明：其一，立德与树人是一个有机的整体。育人与育才是辩证统一的，离开人才培养谈立德，德就成了无根之木；抛开立德谈人才培养，人就成了无源之水，二者互为依存。其二，立德是根本，树人是核心。立德是树人的前提所在，树人是立德的最终旨归；不立德就难以树人，离开树人，立德就失去了意义；立德才能树人，立什么德决定树什么人，树什么人取决于立什么德；树人先立德，立德为树人。其三，要把立德树人贯穿人才培养全过程，立德树人是检验教育工作的根本标准。一切教育工作归根结底都是为了树人，只有把立德与树人、育人与育才的工作同时做好，才能实现真正意义上的人才培养。作为中国特色社会主义教育事业发展的核心工作，立德树人是培养德智体美劳全面发展的社会主义建设者和接班人的本质要求。

### （二）立什么"德"

由于"德"的时代性内涵各有不同，立德树人所立之"德"在当代中国具有其特殊内涵。"明大德、守公德、严私德"，全新阐释了新时代"德"的含义和要求。

明大德，就是要筑牢理想信念，坚定只有中国共产党才能救中国、才能发展中国，

---

① 王慧霞.立德树人目标下学校育人方式的转变[J].天津教育，2021（1）：34-35.

在大是大非面前旗帜鲜明，在风浪考验面前无所畏惧，在各种诱惑面前立场坚定。坚持践行社会主义核心价值观，树立正确的世界观、人生观。增强以爱国主义为核心的民族精神和以改革创新为核心的时代精神。21世纪以来，国际形势日益复杂，国际竞争更加激烈，随着信息传播的加速以及技术的革新，国际正义和非正义的斗争已经深入到政治、经济、文化、教育等各个领域。日益分化的国际利益阵营使人们的价值观念、生活方式等发生了巨大变化，尤其是对青少年的世界观、人生观、价值观等产生了更加深远的影响。教育领域也是"意识形态斗争的主战场"。因此，教育在大力提高学生科学文化素质的同时，更需要大力提高其思想政治素质。

守公德，就是要增强为人民服务的意识，增强社会责任感。在中国传统价值观发展过程中，群己之辩、义利之辩精要地概括了"德"的含义，即德是处理社会生活中集体与个人、理想与利益关系的品质。① 集体主义是社会主义核心价值观的本质体现，是以大局为重、以集体为重、以他人为重的奉献精神和牺牲精神，是"人人为我、我为人人"的道德风尚。现代社会如何以社会主义集体主义精神为指导，处理好争取个人自由与尊重他人自由、维护个人权益和利益与尊重他人权益和利益、追求个人发展与集体共同发展等关系，是守好公德的关键。

严私德，就是要严于律己，遵守社会规范，遵守集体纪律，尊重他人感情，严格约束自己的操守行为。崇尚文明高尚的行为，脱离低级趣味，做有理想、有道德、有文化、有纪律的新人。

### （三）树什么"人"与怎样立德树人

对作为"人"的学生的具体分析和认识是落实各项举措的基本前提，应进一步扩大对"树人"主体的认识——从抽象人回归到具体人，进而加深对具体人（学生个体）的理解。

党的二十大报告指出，中国式现代化是物质文明和精神文明相协调的现代化，必须促进物的全面丰富和人的全面发展。关于人的全面发展理论是落实立德树人根本任务的理论基础。德与人应该是统一的整体，作为人的青少年学生是落实立德树人根本任务的基本前提，应该成为研究、探索和实践的主体。除了生物学意义理解，我们还应该扩大对"树人"主体的认识层面，从抽象人回归到具体人。

立德树人所说的人是全面发展的人，必然涉及关于人的发展的各个层面。人的全面发展是马克思主义理论研究追求的最高价值命题。从教育角度看，德智体美劳全面发展涉及马克思主义关于人的全面发展理论指引下的多学科研究。进一步结合"五年

---

① 袁振国.立德树人的理论内涵与落实机制建设［J］.人民教育，2021（23）：41-44.

活动"案例，可以尝试从以下方面分析和概括。

**1. 马克思主义哲学层面关于人的发展理论是立德树人研究和实践的指导思想**

如前所述，作为马克思主义追求的最高价值命题，也是社会主义的根本价值和中国式现代化蕴含的重要价值观之一，人的本质问题是人学理论研究的核心范畴。马克思主义哲学层面从人的整体角度抽象出了人的本质、特质。马克思在《关于费尔巴哈的提纲》中论述人的本质时指出，"人的本质不是单个人所固有的抽象物，在其现实性上，它是一切社会关系的总和"。这是从整体的角度把握人的本质，由此可以看到作为调整人与人关系、行为和能力规范的"德"与"人"的本质的统一，也是立德树人实践的原则依据。

立德树人回应了马克思关于人的社会属性的论述，人与其他动物之间的最根本区别就在于人的本质，而人的本质就是人作为人而存在的根据和原因，人所具有的区别于自然界其他动物的社会性和精神性即是人的本质。[①] 立德树人的"德"正是人的社会性和精神性的体现。

马克思主义认为，人的价值包括人的自我价值和社会价值两个方面的内容。通过立德树人，能够有效地把人的自我价值和社会价值紧密联系起来，并促使两者在一定条件下相互转化、相互促进、共同发展。立德树人一方面通过学生个性和品格的发展塑造个体自我，实现"立德"，同时也借助个体的自我完善，通过学校班级及其他社会活动，将自我的完美人格和崇高品质传递给更多人，完成"树人"的过程，促进集体乃至社会"真善美"的实现。

综上所述，马克思主义哲学从整体的角度把握人的本质，由此可以看出，作为调整人际行为关系和伦理规范的道德与"人"的本质的统一，也是"立德树人"的原则依据，我们可以做出如下基本概括：

立什么德——社会主义核心价值观（当代社会道德规范基础）与传统美德（继承和弘扬）。

树什么样的人——社会主义的建设者和接班人，即"时代新人"。

怎样立德树人——德育为先，五育并举，全面发展，素质教育。

对立德树人的理解深入到以上层面，有助于具体落实。

在新时代，立德树人就是要使学生成为有益于人民、有益于社会和有益于国家的人，从而实现人的价值。

---

① 薛新国.论社会主义价值与制度统一的内在逻辑[J].西华大学学报（哲学社会科学版），2022，41（1）：1-8.

"五年活动"所展示的大量案例，正是上述理论应用和实践的生动体现，遍布城乡各类学校的社会主义核心价值观的实践是四川立德树人最基本的形式、内容和样态。

马克思认为"人以一种全面的方式，也就是说，作为一个完整的人，占有自己的全面的本质"。我们所提倡的人的全面发展，就是要通过"全景"的教育使学生成为具备适应新时代各种需求的基本素质的"全人"。"五年活动"中的大量案例恰好是对这方面的理论途径方法的具体诠释，构成了展现"四川样态"的另一方面。中国式现代化的高质量教育要求落实立德树人的根本任务，就是要进一步明确和实现德智体美劳全面发展的目标，培养学生在实现中国式现代化和中华民族复兴的伟业中，实践和实现人的全面发展。在现实教育活动的场景中，还存在着一些背离社会主义核心价值观主流和传统美德的现象，针对新规范的确立和实践还存在着某些失落和失范甚至混乱，"五年活动"的探索在一定程度上提供了可借鉴的解决方案和示范。

**2. 教育学和社会学层面的理解——群体、家庭和学校班级中的人**

立德树人不应是局限于抽象意义上的论述，而应该在具体的教育和社会生活情境中展开。在现实生活和教育活动中就是要培养超越片面图谋简单物质享受的人，完善的人格需要将个人发展主动融入国家社会时代发展的潮流之中，而非成为游离于社会之外的冷眼旁观者。立德树人之德不仅是个人的私德，而是要遵循社会发展基本规律的"大德"。在"五年活动"的案例中，学生以"群"形成关系，他们在以学校班级、共青团及社团为主体的正式群体和除此之外的大量正面的非正式群体中活动并接受教育，在其中形成的师生关系和同学关系使他们形成了新时代的集体、民族和国家意识。学生们赖以生存的学校、家庭和社区的性质以及其间形成的各种关系的状况，势必影响立德树人的价值取向和有效性。课堂、班级、家庭和社区是"树人"的主阵地，有其各自特殊的作用，应该用更加细致和专业化的方式来处理其中的方向内容和方法策略问题。现代教育学和社会学的理论和方法必不可少。

例如，在课程实施和改革、学校文化建设与活动开展、家校协同育人与"双向开放"办学等方面都需要探索并实践。"五年活动"所提供和展示的创新实践案例在教育实践中理所当然地占据了最大的部分。

不容否认，现代社会生活复杂性增加。快速的发展变化，尤其是网络信息和人工智能技术的迅速进展，为基础教育带来了具有根本性的巨大挑战，学校难以紧跟社会步伐全面满足社会、家庭和学生发展的多样化和个性化需要。这些都给落实立德树人根本任务提出了很多新的具有挑战性的问题。如怎样在利用网络信息和人工智能等现代技术提高教育效率的同时避免"网瘾"等负面影响，怎样有效地激发学生的学习动机和学习积极性，怎样正确处理"校园霸凌"和其他不良现象等都需要进一步的探索。

我们期待着未来在这些方面有更多新的实践和创新。

**3. 心理学层面的理解——作为个体人和具体人的学生**

从面对和服务于作为整体人、抽象人和群体人的学生到针对作为具体人和个体人的"每一个"学生的转变，体现了现代学校教育面临的具体挑战，也体现了"人是具体的人的本质"。中国式现代化进程中的高质量教育应该也必须完成从"百分比"（一部分或大多数）到"每一个"的时代变化。这无疑是一场伟大的教育变革，也是落实和最终完成立德树人根本任务的前提基础。由此催生教育价值观、教育体制、教育管理和评价、教育教学的内容和方法全方位的改革。当前现实中所有的教育工作者都不可能不感受到所面临的这一巨大转变带来的困难和压力。

遵循教育的基本规律，必须做到把适应和促进社会政治经济的需要与学生个人全面发展的双重目标相统一。为此，落实立德树人必须适应学生的年龄心理特征、群体心理特征和个性心理特征，这是"树人"的科学基础。从心理学层面准确地把握学生的这些基本的心理特征，才能在正确理解每一个学生的基础上有效地把握和教育每一个学生，才能从根本上解决"高高在上，先入为主"的成人化教育的问题。

正是在这个层面上，当前基础教育出现了一些受到高度关注的重点、难点和热点问题。新时代"以人民为中心"的发展思想要求办人民满意的教育，这决定了中国式的现代化教育必须实现教育公平与教育均衡，必须振兴乡村教育，为此必须正确处理教育发展进程中所面临的常常带有阶段性的各种矛盾关系，如大众教育与精英教育、普通教育与职业教育的关系等。面对"百年未有之大变局"，我们比任何时候都需要大批的科学家、艺术家、工程师、教育家、外交家等各方面的卓越人才，同时也需要更多的具备新时代所要求的核心素养的普通劳动者和一般社会成员。在学校的具体教育教学活动中，针对不同学生的多样化、个性化、个体化发展需求和学生之间的个别差异以及未来社会变化中的新问题，分层分类教育、小班化教育及个性化教育等已逐渐成为教育改革的潮流，凸显了传统的班级授课制与因材施教的矛盾。在教育改革和发展的进程中，优质教育资源供给不足与人民群众接受高质量教育之间的矛盾仍然明显，甚至演变为家庭和社会特别是学生的重负，不仅可能导致严重的"内卷"或与之相反的"躺平"现象，也可能导致学生产生大量的心理问题，甚至发生一些令人不能接受的心理危机事件。教育现实中存在的问题提示我们必须加快教育改革的步伐，也必须加强包括有效心理健康教育在内的各项"育人"的任务的落实。"五年活动"中所涌现的这方面的大量案例显现了对这方面的重视和探索。

落实立德树人根本任务的关键在于教师，面对新时代要求和纷繁复杂的具体问题，今天的教师职业已经或正在成为社会上最困难和最复杂的职业之一。以教师专业化发展为导向的教师队伍建设更显重要，教师群体和个体的发展走向与途径也备受关注。从研究和重视研究教师心理入手，教师的心理建设更显必要，也期望未来在这方面有新的突破和展现。

## 三、立德树人的本质要求

立德树人在教育中具有根本性、基础性的地位和作用。落实立德树人根本任务，须深刻领悟其本质要求，即认清目标、明确途径和坚定立场。

### （一）认清目标：培养担当民族复兴大任的时代新人

实现中华民族伟大复兴是近代以来中华民族最伟大的梦想。当前，世界百年未有之大变局加速演进，中华民族伟大复兴进入关键时期①，在实现第一个百年奋斗目标的基础上，我国实现中华民族伟大复兴进入了不可逆转的历史进程②。由此，对高质量教育和高素质人才提出了更高要求。

民族复兴，基础在教育，核心在人才。习近平总书记提出并在不同语境中多次强调"培养担当民族复兴大任的时代新人"，主要有两方面原因。一是当前人才培养存在一些突出短板。相当长时期以来，我国教育中存在"疏于德、偏于智、弱于体、少于美、缺于劳"的现实问题。五育并举的提出，是为了进一步落实教育促进人的全面发展目标的政策，加快建设更加高质量的中国教育人才培养体系。③ 二是确保中华民族伟大复兴后继有人。中华民族伟大复兴是一项长期的历史任务，需要一代又一代人的接续奋斗。可以说，未来 30 年左右的时间，是我国实现中华民族伟大复兴的关键期和攻坚期。从时间上来看，这一代的中小学生将成为中华民族伟大复兴的主力军。总之，时代新人的提出，既是对培养社会主义建设者和接班人的一脉相承和对现实问题的直面回应，更是实现中华民族伟大复兴对高质量人才培养的时代诉求和战略部署。④

培养时代新人，落实好立德树人根本任务，核心是要把握时代新人的科学内涵。培养时代新人不是抽象概念，它突出表现为"两个培养"，即"培养德智体美劳全面发展的社会主义建设者和接班人""培养担当民族复兴大任的时代新人"，使时代新人与

---

① 李政涛，王晓晓.高质量教育体系建设的中国特色与中国贡献[J].国家教育行政学院学报，2022（7）：27-32＋39.

② 孙迪亮，潘金倩.中国共产党对实现人的全面发展的百年理论探索[J].山东干部函授大学学报（理论学习），2021（6）：18-20.

③ 冯刚，史宏月.新时代立德树人的理论内涵及其价值意蕴[J].社会主义核心价值观研究，2019，5（5）：41-49.

④ 石中英.努力培养德智体美劳全面发展的社会主义建设者和接班人[J].中国高校社会科学，2018（6）：9-15.

社会主义建设者和接班人相互规定、相互贯通。区别于其他时期教育的人才培养目标，时代新人的本质"新"在内容观念和责任担当。一方面，从人才培养的规格来说，时代新人是德智体美劳全面发展的社会主义建设者和接班人，其中五育并举并非简单并列，德育是五育之首，发挥着"统帅"的作用。另一方面，从人才发挥的作用来看，直接着眼于中华民族伟大复兴，培养的是有理想、有本领、有担当的时代新人。

### （二）明确途径：全方位多要素协同育人

在"怎样培养人"这一问题上，应始终秉持"大教育观"。那便是学校、家庭、社会都要积极承担各自责任，发挥不同的独特功能和价值；同时加强协同联动，构建以家庭为基础、学校为主体、社会为支撑的"三位一体"的教育网络，真正形成协同育人的合力。

协同育人，主要体现在家庭、学校和社会三个层面。家庭是落实立德树人的第一所学校，要发挥家庭对立德树人的奠基作用。加强家庭教育，是落实立德树人任务的内在要求。学校是落实立德树人的主阵地，要发挥学校对立德树人的主体作用。[①] 学校是以育人为根本职责的专门场所，必须把"立什么德，怎么树人"作为学校一切工作的中心思想，把学校的课程、教学、管理、文化、教师等各要素都集中到立德树人的根本任务上，寻找最大"同心圆"。社会是落实立德树人的大课堂，要发挥社会对立德树人的支持作用。社会即学校，某种程度上说，社会上所有活动都属于教育的范畴，社会对立德树人具有非常重要的作用。习近平总书记指出："'大思政课'我们要善用之，一定要跟现实结合起来。"落实立德树人，要走出学校和课堂，引导学生走向社会，体验生活，感悟生活，在丰富多彩的生活实践中立德树人、铸魂育人。

### （三）坚定立场：为党育人、为国育才

"为党育人、为国育才"是中国共产党站在建设教育强国、实现中华民族伟大复兴的高度，对"为谁培养人"这一重大问题的时代回应。"为党育人"意指我国是中国共产党领导的社会主义国家，教育的根本任务是为中国共产党长期执政培养接班人。从政治立场看，"为党育人"体现了党全面领导教育的坚定立场。培养德智体美劳全面发展的社会主义建设者和接班人，是我国教育事业发展的根本目的，也是评价我国未来教育事业改革创新成败的根本标准。[②] 习近平总书记从党的历史使命的高度出发，提出培养"拥护中国共产党领导和我国社会主义制度、立志为中国特色社会主义事业奋

---

① 王秋辰.创新发展高校思想政治理论课的新时代意识与路径探析[J].思想政治课研究，2020（5）：99-104+71.

② 冯建军."培养什么人、怎样培养人、为谁培养人"的中国答案[J].教育研究与实验，2021（4）：1-10.

斗终身的有用人才"，更加突出了立德树人在"为党育人"中的首要作用。

从理论依据看，马克思主义关于政党的阶级属性学说决定了我国教育必须坚持"为党育人"，这是在新的历史方位与时代条件下对马克思主义的中国化创新性发展，拓展和丰富了马克思主义关于教育的社会性和阶级性的理论内涵。"为党育人"直击了人才培养的首要问题，进一步明确了立德树人在中国特色社会主义事业中的战略地位，是新时代党对教育事业全面领导的集中体现。

"为国育才"意指立德树人事关国家繁荣和民族复兴。"为国育才"是百年未有之大变局下应对复杂的国际环境，中国发展抢占先机、赢得人才的战略部署。人才培养的重点在于加强爱国主义、集体主义、社会主义教育，引导青少年树立正确的历史观、民族观、国家观、文化观。

"为国育才"是全面建设社会主义现代化国家的紧迫任务。习近平总书记指出，党和国家事业发展对高等教育的需要，对科学知识和优秀人才的需要，比以往任何时候都更为迫切。培育优秀建设者和接班人，必须从国家事业发展全局的高度，引导学生以实现中华民族伟大复兴为己任，不断增强服务于社会主义现代化建设的使命感，增强做中国人的志气、骨气、底气。

"为国育才"是"实现中华民族伟大复兴"和"第二个百年奋斗目标"的关键所在。中国特色社会主义教育必须把立德树人根本任务与中华民族伟大复兴紧密结合起来，为广大青年打好中国底色、筑牢中国"基因"，为实现中华民族伟大复兴的奋斗目标铸魂育人。[①]

## 四、当前落实立德树人根本任务应关注的一些具体举措

综上所述，不论是对抽象的整体人、社会人、群体人还是对具体的个体人的多学科深入认识，都是建立在马克思主义对人的本质的根本认识基础之上的。如果说马克思主义哲学以整体人为对象揭示了人的本质并奠定了关于人的全面发展的理论基础，那么社会学的对象是社会各群体中和各类关系中的人，教育学的对象则是学校组织尤其是班级教育活动中的人，心理学的对象则偏重于具体和个体的人，它们都是"人学"体系的重要组成部分，其理论和方法体系均可作为学校教育落实立德树人根本任务的科学基础。在当前教育活动中应特别重视以下方面的举措：

一是对学生生命安全的最大关注。这是真正落实"育人""树人"的关键一步。"有人可树"是树人的前提，对此应形成最大的共识。提高学生对生命意义和生活价值

---

① 宋洁绚.教学学术：课程思政教师评价的逻辑起点[J].教育科学探索，2022，40（1）：6.

的认识与改善教育活动的方方面面紧密相关，是教育改革的一个重要"抓手"，也是使立德树人落地的具体途径之一。生命教育具有的根本意义绝不止于安全管理，应从生命的产生和过程等方面全面展开，使学生深刻认识生命产生的伟大意义和生命历程的波澜壮阔，以产生铸牢根基之效。

二是关注、重视和促进每一个学生的生理和心理健康，这也是根本性和前提性的"树人"任务。学生心理健康教育和心理压力、心理障碍的有效疏解是当前教育的难题，应有更多的研究和实际探索。

三是重视学生人格的养成。从良好的行为习惯入手成为品德高尚的人，形成正确人生观、价值观、世界观，做有理想和信念的"一代新人"，激发学习动机和提高学习积极性，促进学习兴趣和爱好的发展。自尊和自信是健全人格的两根重要支柱，也是当前教育"树人"的短板，应成为教育的主要目标。应树立先进的学生观，把每一个学生看作是有无限发展潜力的生动个体；在任何时候、任何情况下，不能以任何理由放弃或伤害任何一个学生。学生素质的提高和良好性格的形成非一日之功，针对社会"加速度"式变化导致的道德缺失和养成良好品德行为的困难，应有更多的路径探索和实践探讨。

四是知识的掌握、技能的形成与能力的培养，是与上述各点并进的，尤其是要重视新的科学技术和人工智能快速发展条件下以启发式思维为核心的高阶思维的培养，应注意各项发展的逻辑顺序关系。

新时代决定学生发展状况的三大核心应该是：以学习能力为核心的适应性的发展，创新品质和创新能力的形成，心理平衡能力的提升。

（撰稿人：李小融，成都师范学院教授、四川省教育学会学术委员会主任）

# 五育并举、五育融合的内涵、关系及方式

　　培养德智体美劳全面发展的社会主义建设者和接班人是立德树人的核心，落实立德树人根本任务的关键在五育的"并"，难点在五育的"融"。理清五育的发展脉络，把握融合与并举的内涵，定位当前要解决的问题，分析当下主流的模式与载体，对于五育并举与融合的进一步实施、构建落实立德树人根本任务新生态新格局具有重要价值。"五年活动"在客观上形成了以各种不同具体场景为基础的五育并举、五育融合的四川样态，也可被看作是一场大规模地落实立德树人根本任务、促进中国式教育现代化建设和教育高质量发展的地方实践。有必要从历史与现实、理论与实践相结合的角度进行梳理和总结概括，以促使这些宝贵的实践与认识成果能够得以延续、应用、复制和发扬。

## 一、简要回顾——五育的历史发展脉络

　　五育，即德育、智育、体育、美育和劳动教育，是教育体系中全面发展教育的五个方面。其由来和发展大致可以分为以下四个阶段：

### （一）初见雏形：古代教育中的三育

　　五育的概念在中国古代教育中已有雏形。德、智、体等教育的早期表现可以追溯到先秦时期，尤其是儒家和墨家的教育思想。

　　在德育方面，孔子作为儒家学派的创始人，认为教育的首要目的是培养德行。《论语》记载了孔子关于德育的思想，如"君子务本，本立而道生"，强调修身齐家治国平天下的根本在于个人的道德修养。孔子提倡仁、礼、孝、忠等道德规范，强调通过教育来培养人的品德。在智育方面，孔子认为"学而不思则罔，思而不学则殆"，强调学习不仅仅是为了知识的积累，更是为了智慧的提升，需要学习与思考结合。在体育方面，古代的体育教育并不像今天这样系统，但仍然有其独特的形式。如古代的射箭、

驾车等都包含了体育的元素。在军事训练中，体育也占据了重要位置。孔子本人就非常擅长射箭和驾车，他也强调身体锻炼的重要性。墨子也重视逻辑和科学知识的教育，他的思想体现了对实用技术和科学探索的重视。

中国古代教育中的德、智、体教育是相互融合的，没有严格的分界。孔子和墨子的教育思想不仅强调了道德修养的重要性，也注重智力发展和身体素质的提升。这些教育思想对后世产生了深远的影响。

### （二）奠定基础：近现代教育改革

清末民初，中国社会经历了巨大的变革，这一时期的教育改革对五育的概念进行了初步探索。在这一时期，清政府推行了一系列教育改革措施，如废科举、设学堂、派留学等。这些改革措施虽然没有直接提到五育，但为五育的形成奠定了基础。例如，废科举后，学堂不仅教授传统的儒家经典，还开设了数学、物理、化学等课程，这有助于智育的发展。派遣留学生到国外学习，使得中国的教育开始接触到西方的教育理念和实践，为五育概念的引入提供了条件。

民国时期，教育改革继续深入。1912年，蔡元培在《对于新教育之意见》中，首次表达了作为"教育方针"的"五育并举"主张，即军国民教育、实利主义教育、公民道德教育、世界观教育、美感教育。[①] 此外，民国政府还颁布了一系列教育法规和政策，如《国民教育宗旨》《国民学校令》等，这些法规和政策都体现了五育的思想。

新文化运动期间，提倡民主、科学、自由、平等等思想，强调了个体的价值和尊严。这种思潮推动了教育领域对个人全面发展的关注，为五育的提出提供了思想基础。在这一背景下，教育不再仅仅局限于传授知识，而是开始注重培养学生的综合素质和能力。此外，新文化运动期间涌现出了一批杰出的教育家，如蔡元培、陶行知等，他们的教育思想和实践对五育并举产生了积极的影响。蔡元培提出"以美育代宗教"的思想，强调美育在人的全面发展中的重要性；陶行知则倡导"生活即教育""社会即学校"的理念，强调教育应与生活、社会紧密结合。这些思想和理念为五育并举提供了有益的启示。

这一时期，由于社会动荡、经济困难等，五育概念在教育实践中并没有得到很好实施，但关于人的全面发展的教育观念对五育并举产生了深远的影响。这一影响不仅体现在思想的推动上，还体现在实践探索和教育家的贡献上。这一时期的探索和实践为后来五育概念的形成和发展奠定了基础，同时也为中国教育改革提供了宝贵的经验和启示。

---

① 培兰.蔡元培"五育并举"的教育思想[J].历史教学，1995（3）：44-45.

### （三）逐步形成：教育体系建立

1957 年，毛泽东针对中华人民共和国成立初期教育工作中出现的实际问题，在《关于正确处理人民内部矛盾的问题》中提出，"我们的教育方针，应该使受教育者在德育、智育、体育几方面都得到发展，成为有社会主义觉悟的有文化的劳动者"。[①] 在此时期，教育为社会主义建设服务，德、智、体三育得到了长足的发展，尤以德育和智育为重，健康的身体则是进行生产建设的保障，三者共同构成了党的教育方针的主要内容，为中国教育事业的发展奠定了坚实的基础。

进入改革开放时期，党在社会主义初级阶段的基本路线逐渐形成，我国教育事业也进入了改革与发展的新阶段。1992 年，党的十四大确立了建立社会主义市场经济体制的目标，我国改革开放和社会主义现代化建设事业进入全面深化的新阶段，把教育摆在优先发展的战略地位成为我国社会主义现代化建设的基础，素质教育成为面向 21 世纪教育改革与发展的主旋律。1995 年 3 月，《中华人民共和国教育法》在"德、智、体"后加上了"等方面"，反映了这一时期党的人才培养观的不断深化，以及马克思主义"人的全面发展"理论与中国国情的深入结合，也为下一阶段美育的纳入奠定了基础。[②]

1999 年，中共中央、国务院在《关于深化教育改革全面推进素质教育的决定》中指出"实施素质教育，必须把德育、智育、体育、美育等有机地统一在教育活动的各个环节中"，还指出"美育不仅能陶冶情操、提高素养，而且有助于开发智力，对于促进学生全面发展具有不可替代的作用。要尽快改变学校美育工作薄弱的状况，将美育融入学校教育全过程"。将美育纳入人才培养的新要求，体现出新时期美育工作的重要性。正是基于上述提法，党的十六大报告再次强调，教育要培养德智体美全面发展的社会主义建设者和接班人。自此，我国正式把美育纳入人才培养目标，美育与德育、智育、体育形成一个有机整体。

### （四）发展深化：新时代教育根本任务的提出

进入新时代，德智体美劳五育并举的教育要求，在 2018 年 9 月召开的全国教育大会被首次提出。2019 年，中共中央、国务院出台《关于深化教育教学改革全面提高义务教育质量的意见》，提出了"坚持五育并举"，强调"突出德育实效""提升智育水平""强化体育锻炼""增强美育熏陶""加强劳动教育"，以此"全面发展素质教育"。该意见不仅提出了五育要全面发展，而且对德智体美劳每一方面都提出了更为具体的

---

① 中共中央文献研究室.毛泽东文集：第七卷[M].北京：人民出版社，1999：226.

② 朱开轩.关于《中华人民共和国教育法（草案）》的说明[J].人大工作通讯，1995（7）：31-34.

要求。2021 年 4 月，新修订的《中华人民共和国教育法》第一章第五条提出"教育必须为社会主义现代化建设服务、为人民服务，必须与生产劳动和社会实践相结合，培养德智体美劳全面发展的社会主义建设者和接班人"，健全了对劳动教育的法律保障，使得新时代教育方针的内涵得以丰富和深化。至此，德智体美劳五育均被纳入党的教育方针，这不仅是对民国时期蔡元培五育并举思想的呼应，更是马克思主义"人的全面发展观"在我国教育领域的一次创新性发展。

总的来说，"五育"的历史沿革反映了教育理念的变迁和发展，从古代的道德与智慧并重，到近现代的全面教育理念，再到当代的素质教育和五育融合，这一过程展现了教育对于培养全面发展人才的不懈追求。

## 二、理论探讨——五育并举与五育融合的内涵、关系及需要解决的问题

2019 年 2 月，中共中央、国务院印发了《中国教育现代化 2035》，要求"更加注重全面发展。大力发展素质教育，促进德育、智育、体育、美育和劳动教育有机融合"，打造中国特色世界先进水平的优质教育。2020 年 3 月，中共中央、国务院印发《关于全面加强新时代大中小学劳动教育的意见》，强调"把劳动教育纳入人才培养全过程，贯通大中小学各学段，贯穿家庭、学校、社会各方面，与德育、智育、体育、美育相融合"，以劳树德、以劳增智、以劳强体、以劳育美，发挥劳动的综合育人功能。2020 年 10 月，中共中央办公厅、国务院办公厅又印发了《关于全面加强和改进新时代学校体育工作的意见》和《关于全面加强和改进新时代学校美育工作的意见》，进一步强调"推动青少年文化学习和体育锻炼协调发展""加强各学科有机融合"，整合资源，补齐短板。至此，德智体美劳全面发展的教育思想逐步实现从五育并举到五育融合的全面转向。

### （一）什么是五育并举与五育融合

五育并举与融合实质是一种教育价值观、创新思维方式和新的教育实践道路，反映了育人和人的发展规律。五育并举是指德育、智育、体育、美育和劳动教育五个方面的教育应该同时推进，不应片面强调某一方面而忽视其他方面。其涵盖了人的全面发展的各个方面，也强调了各方面教育的平衡和协调。它要求教育工作者在教学过程中注重德育的引领作用，同时兼顾其他各方面的教育，以形成全面发展的教育格局。而五育融合是更深层次的整合，它要求在不同教育领域之间建立联系，形成有机的整体，通过打破传统教育中各育之间的界限，实现教育的全面性和协同性。五育融合的核心在于"融合"，它强调的是教育过程中各育之间的相互渗透、相互促进。这种融合

不仅仅是课程内容的简单叠加，而是通过有机整合，使得各育之间相互支撑、相互补充，共同促进学生的全面发展。

### （二）为什么要进行五育融合

对当前德智体美劳在教育教学实践中相互分离的现状需要深入反思，需要具体化和提升五育并举，而不是将五育并列、补齐与拉平。五育融合是对五育分离或五育割裂的回应，是对"疏德""偏智""弱体""抑美""缺劳"导致的"片面发展""片面育人"教育现状的纠偏，是"全面发展""全面育人"教育宗旨落实的现实需要。①

### （三）立德树人、五育融合与五育并举三者是什么关系

立德树人是教育的根本任务，它规定了教育的方向和最终归宿。为了落实立德树人这一根本任务，必须实施五育并举，即在教育过程中均衡发展德育、智育、体育、美育和劳动教育。而五育融合是实现五育并举的具体途径和方法，它通过打破传统教育中各育之间的界限，实现教育的全面性和协同性。

## 三、需要解决的问题及其理论认识——五育并举与五育融合的理论基础

五育融合被提出后在学界引发了一些争论，有的人认为五育融合这个说法是个伪命题，真正好的教育教学活动哪怕从一个方面入手也会带有整体的融合性，但现实中的确普遍存在五育分离并严重影响教育质量的现象，需要予以重视并加以改变。还有的认为五育融合在实际操作中存在较大的困难和挑战。例如，如何在课程设置和教学实践中实现五育的有机融合；如何避免将五育融合简化为单纯的课程叠加；如何在不同学科之间建立联系，形成一个有机的整体；等等。此外，还有一些人认为五育融合在理论上也存在一些问题。例如，五育之间的界限并不清晰，它们的融合可能会削弱各自的特性和功能，可能会忽视学生的个性差异和兴趣特长，导致教育的标准化和模式化。

尽管存在一些质疑和争论，但五育融合作为推进五育并举的重要途径仍然具有极其重要的意义。它强调了教育的全面性和协同性，旨在培养学生的综合素质和能力。在实践中，教育工作者需要不断探索和实践，解决实际操作中的问题，推动五育融合从理念到实践转变。为此，四川面向全省开展的"五年活动"，通过学校申报、市（州）初评，共向省上推荐了 2635 个立德树人创新实践案例，评出优秀案例 1685 个，其中一等奖 308 个、二等奖 625 个、三等奖 752 个，发掘了大量具有探索性和创新性

---

① 宁本涛，杨柳.以"五育融合"之力撬动基础教育高质量发展：来自第二届全国"五育融合"研究论坛的观点[J].教育探究，2021，16（6）：60.

的实践案例，伴随四川各地学校进行的广泛探索，基本形成了"立德树人、五育并举"的四川样态。与此同时，在五年的落实和实践中也发现了一些实际问题，如整体设计和模式选择的问题、融合与并举的体制和机制问题、融合与并举的操作策略和方法问题等。

## （一）整体设计和模式选择

整体设计和模式选择的问题主要体现在五育之间协调和整合不够，缺乏整体规划；忽视学科、学生特点，模式选择单一或不适当；过于强调理论指导，可操作性不足等。主要原因是，一些学校对立德树人、五育并举、五育融合三者的关系认识不清，未能紧扣立德树人根本任务实现对五育的系统和整体架构。同时，对学校基本情况和学生起点能力系统分析不够，未能选择最适合的模式。这些原因导致了五育并举与融合的实施未能有效改善五育割裂的境况，缓解德智体美劳之间相互排斥的情形。因此，需要分析五育特点，进行整体设计，结合学校实际进行模式选择。

## （二）五育并举与五育融合的体制和机制

五育并举与融合的体制和机制问题集中体现在过程机制不畅、评价机制不融、保障机制不足。

### 1. 过程机制：阶段、步骤、载体与方式

五育并举与融合在实施前要经历规划、实施、评估和反馈调整等阶段，这些阶段的缺失或不明确导致了五育融合的实施缺乏系统性和连贯性。同时，在实施前需要经历需求分析、目标设定、资源整合、课程开发、教学实施、参与培训、效果评价和经验总结等步骤，这些步骤的不清晰或缺失，导致了五育并举与融合的实施缺乏条理性。此外，五育并举与融合的实施需要通过课程、活动、项目和社团等载体来实现，这些载体不合理或不充分，导致了五育融合的实施无法达到预期效果。具体实施还需要采取渗透式、综合式、项目式、参与式和合作式等方式。这些方式不得当或单一化，就会无法激发学生的主动性和创造性。

### 2. 评价机制：融合度及成效

有效评价需要建立科学的评价标准、系统的评价方法、全面的评价指标，同时还需要在实施过程中加强评价结果的分析和应用，及时调整和优化。当前，五育并举与融合的评价机制不健全，导致五育融合的实施效果无法得到有效评估。评价机制主要包括融合度和成效两个方面。融合度是指五育融合的程度和深度，包括五育在教育目标、内容、方法、手段等方面的融合程度。当前评价机制中五育的融合度评价不完善，导致五育融合的实施缺乏系统性。成效是指五育融合实施后的实际效果，包括学生德

智体美劳等方面的发展情况。成效的评价指标不全面或评价方法不科学，直接导致五育融合的实施效果无法得到有效评估。

**3. 保障机制：学校、家庭、社会的责任与配合**

五育并举与融合的实施需要完善的保障机制，需要加强学校、家庭和社会之间的沟通与合作，形成共同推进五育融合的良好氛围。保障机制不健全，可能会导致五育融合的实施缺乏有效的支持和配合。保障机制主要包括学校、家庭和社会的责任与配合等方面。

学校的责任不明确可能导致五育融合的实施缺乏主导性。学校是五育融合的主要实施场所，其责任包括制订顶层设计、组织、实施、评价等。学校的责任未能明确和落实，会导致五育融合的实施无法有序进行。家庭的责任不明确可能导致五育融合的实施缺乏支持性。家庭是学生的重要教育场所，其责任包括支持学校的五育融合工作、参与学校的相关活动、评价学校的实施效果等。家庭的责任不明确或不落实，就会导致五育融合的实施缺乏必要的支持。社会的责任不明确可能导致五育融合的实施缺乏广泛性。社会是学生的重要教育资源，其责任包括提供五育融合的资源、支持学校的五育融合工作、参与学校的五育融合活动等。

**（三）五育并举与五育融合的操作策略和方法**

五育并举与融合的操作策略和方法的问题主要体现在以下几个方面：一是缺乏具体操作方案。虽然五育并举与融合的理念被广泛提倡，但在学校实际操作中可能缺乏具体的执行方案和操作指南，导致理念难以落地。二是教学活动设计不合理。在课堂教学和课外活动中，五育融合可能仅仅停留在表面，没有真正设计出能够有效融合德育、智育、体育、美育和劳动教育的活动。三是教师专业发展不足。教师可能缺乏将五育并举与融合落实到教学中的能力和技巧，需要更多的专业培训和支持。四是课程设置不协调。课程设置可能偏重某一育，例如过分强调智育而忽视体育或美育，造成五育之间的不平衡。五是有的学校或教师有了一些经验和做法，但是缺乏对这些策略的梳理和提炼。

## 四、重要的成果——五育并举与五育融合的模式与载体

新时代的五育融合是在五育并举的基础上，以发展素质教育、实现学生完整生命为目标，对五育中不同学科、不同领域、不同学段的内容、知识、思想、经验，以适合学生发展的方式有机融合为一体的实践。[①] 当前，全国各地已经开展了广泛的探索，

---

① 郝志军. 新时代五育融合的路径与方式[J]. 新华文摘，2022（20）：5.

概括来看主要可以分为：学科、课程、课堂教学主渠道模式；"六个方面"育人模式；"大德育"统领的融合模式；"某某＋"的融合模式；以点带全、以实践活动为载体的模式；以"学习空间"为载体的模式；融创教育与跨越（科）式学习模式。

### （一）学科、课程、课堂教学主渠道模式

在学校层面，学科、课程与课堂教学的融合是最普通、最直接、最基本的推进五育融合的路径。如德育类课程教学的融合、学科类课程教学的融合和体艺类课程教学的融合。

（1）德育类课程教学的融合。这种模式按照德育的总体要求，依托思政课程，构建一体化的德育课程体系，统筹各学段设计德育目标，开展递进而连贯的教学活动，能够帮助青少年"扣好人生的第一粒扣子"，使学生成为未来的合格公民。这种模式需要较强的顶层设计能力，强调教育目标的一体化，即总体目标和阶段目标相结合。

（2）学科类课程教学的融合。分为学科间的融合、领域内的融合和领域间的融合。学科间融合的方式主要是通过学科中探究活动的主题和问题进行，必须围绕学生的生活经验展开。领域内的融合，如划分"任务群""大单元主题设计""大观念主题设计"等课程理念和教学设计思路，强化课程综合育人功能，注重学科间、跨学科知识之间的内在关联。领域间的融合是大范围的多方位融合，也是融合程度比较高的形态，一般在高中以上的学段进行，如 STEAM 课程等。学科类课程教学的融合对于打破知识碎片化、学科分离化，促进知识融通，培养完整的人具有重要的启示意义。这种模式在实施时必须围绕学生的生活经验展开，否则容易导致学科知识僵化。同时，由于各学科之间的差异，融合的程度和要求也有不同，不能为融合而融合，搞学科融合的机械主义和形式主义。

（3）体艺类课程教学的融合。主要包括体育课程一体化设计和艺术课程一体化设计。依托体育和艺术课程，强化体艺课程与其他学科的内在关联，实现五育融合。在五育中，体育和艺术具有基础性和高阶性的地位和作用，直指人的生命健康和审美素养。需要注意的是，体育课程一体化设计中需要充分挖掘"育体"与"育心"的综合育人价值，既不能弱化体育和艺术的内涵，也不能窄化其功能。

学科、课程、课堂教学主渠道模式是一种大课程观，以一育为切入点，以课程为载体，构建新型课程体系，目前已经开展了广泛而富有实效的实践，还需要不断创新机制，整合课程资源。

### （二）"六个方面"育人模式

为把德育的目标和内容落实到学校日常管理的各方面和各环节中，教育部印发了

《中小学德育工作指南》，提出了六大实施途径，包括课程育人、文化育人、活动育人、实践育人、管理育人、协同育人。四川"五年活动"的大量优秀案例对此也有体现。

在课程育人方面，发挥课堂教学的主渠道作用，将五育的目标融于学科课程的教学目标之中，渗透到教育教学全过程。如绵竹市清道学校开发的"年画校本课程"，打造年画育人特色；南充市西河路小学以"品德与人文课程"引导"润德美行"，以"科创与劳技课程"引导"润智美劳"，以"艺体与健康课程"引导"润艺美健"，充分发挥美育的独特功能和价值，创建了美育系列校本课程，取得丰硕的"以美育人"成果。又如成都市泡桐树小学（天府校区）开发的"生命新语课程"，有效地提升了生命教育效能；简阳市射洪坝水东小学开发的"麻编课程"，帮助学生树立了正确的劳动态度，培养了审美情趣。

在文化育人方面，从优化校园环境、营造文化氛围、建设网络文化等方面加强校园文化建设，让校园处处成为育人场所。如广元市旺苍县东河小学坚持"红色领航促发展，培根铸魂育新人"的治校方略，以"一城一校一精神，读书立品，红色育人"的理念为引领，构建了"红色＋"育人模式，形成了红色文化的校园十景；又如绵阳市机关幼儿园将川剧文化融入课程目标，渗透进幼儿的一日生活，取得了显著的育人成效。

在活动育人方面，利用节庆纪念日、仪式教育活动、校园节（会）、团队活动等，开展形式多样、主题鲜明的教育活动，以鲜明正确的价值导向引导学生。如广元市剑阁县龙江小学立足校情，借助本土名人李榕及其"古德树人"的教育理念，凝练成以"礼"为核心的活动育人主题，探索出"3831"家风育人体系，打造了主题鲜明的育人环境，构建了独具特色的家风传承育人课程，开展了丰富多彩的家风育人活动，把学校建成了传播优秀家风文化的中心，取得了丰硕的育人成效；四川省安岳中学通过活动设计、组织，营造了"人人有事做，事事有人做，人人事事时时依公约做"的班级文化氛围，有效地培养了学生的规则意识和契约精神。

在实践育人方面，通过开展各类主题实践、劳动实践、研学旅行、志愿服务等，增强学生的社会责任感、创新精神和实践能力。如泸州市教育实践基地秉承"乐学无界，践知有为"的理念，开设有百余门综合实践课程和20余条研学实践活动线路，在实践中及时捕捉德育元素，有针对性地进行德育渗透，探索形成了"一核引领、三为育人、四链支撑、五维聚力"的实践育人模式。

在管理育人方面，推进学校治理现代化，从完善管理制度、明确岗位责任、加强师德师风建设、细化学生行为规范、关爱特殊群体等方面，将中小学德育工作的要求贯穿学校管理的细节之中。如成都市第七中学初中学校，坚持管理是育人的前提，也是育人的保障，围绕滋养生命德行，塑造高尚品格，聚焦学生成人成才，以多维一体的思路构建管理育人模式，强化"德范""学范""行范"三位一体特色育人课程实施，运用大数据落实激励性发展性评价，完善育人治理体系，提升育人治理能力，努力构建方向正确、内容完善、载体丰富、常态开展的德育工作管理体系，形成了全员育人、全程育人、全方位育人的德育工作格局，促进了师生道德自觉。

在协同育人方面，加强家庭教育指导，构建社会共育机制，争取家庭、社会共同参与和支持学校德育工作。如泸州市龙马潭区尹吉甫学校针对城乡接合部生源的实际情况，通过建设"凯风家长学堂"，畅通德育管理路径，解决协同育人落地困难的问题。学校针对不同的家长群体采取不同的策略：一是校风家风融通。用学校"崇德善行"的校风带动良好家风的形成，解决家长对子女"不愿管"的问题。二是线上线下互补。开设家长课堂，提升家庭教育水平，解决家长对子女"不会管"的问题。三是校内校外齐动。开展亲子活动，为家长和孩子搭建"心桥"，解决家长对子女"不敢管"的问题。

总体来说，"六个方面"育人模式的每个方面在当前的研究和实践中都取得了一定的进展，但六个方面的教育内容如何有效融合仍是需要进一步研究的重点，否则可能会导致学生的知识体系过于零散，影响整体学习效果。

### （三）"大德育"统领的融合模式

2024 年全国教育工作会议强调，要着力构建落实立德树人根本任务新生态格局，启动实施立德树人工程，全面加强教材建设和管理，以身心健康为突破点，强化五育并举，促进高校毕业生高质量充分就业。"立德树人根本任务新生态格局"的构建能够为五育并举的有效实施和推进提供全面、均衡的发展环境和有力的支撑保障机制。"以身心健康为突破点"为接下来"大德育"统领的融合模式的实施指明了方向。

"大德育"强调了德育工作的全面性和系统性，它要求从多个角度出发，综合运用多种教育资源和手段，共同促进学生的全面发展。"大德育"统领的融合模式是以思想政治、思想品德、学生管理与班主任工作、心理健康教育、安全管理等学科为载体，引导学生树立正确的世界观、人生观和价值观；帮助学生形成对国家、民族的认同感和归属感，以及对社会主义核心价值观的深刻理解；教育学生了解和遵守国家的法律法规，培养学生的法治意识和良好的公民素质；关注学生的心理健康和情感发展，帮助学生建立积极的自我认知，学会管理情绪，培养抗挫折能力和人际交往等能力。如绵阳中学将德育融入学校工作的全过程，创新德育形式、丰富德育内涵、提升德育品质，构建了"绿色德育"校本体系；成都市七中育才学校以"让生命精彩"的德育理念，以"着匀底色，让人生基础厚重""增添亮色，让人生精彩纷呈"为路径，构建了"双色"德育内容体系。

"大德育"统领的融合模式，需要注意的是不能只强调德育而忽视了其他教育内容的重要性。此外，教学资源的整合和多元教学方法的创新以及评价体系的构建是这种模式的难点。

### （四）"某某＋"的融合模式

#### 1."劳动＋"的融合模式

2020年3月，中共中央、国务院印发了《关于全面加强新时代大中小学劳动教育的意见》，明确以习近平新时代中国特色社会主义思想为指导，坚持立德树人，把劳动教育纳入人才培养全过程，与德育、智育、体育、美育相融合，促进学生形成正确的世界观、人生观、价值观。2022年4月，教育部印发了《义务教育劳动课程标准（2022年版）》，明确提出"劳动是创造物质财富和精神财富的过程，是人类特有的基本社会实践活动。劳动教育是发挥劳动的育人功能，对学生进行热爱劳动、热爱劳动人民的教育活动。劳动教育是中国特色社会主义教育制度的重要内容，是全面发展教育体系的重要组成部分，对全面贯彻党的教育方针、落实立德树人根本任务、培养德智体美劳全面发展的社会主义建设者和接班人具有重要的意义"。

"劳动＋"的融合模式是强调将劳动教育与其他教育内容相结合，如把劳动教育与思政课、文化课、体育课、美育课、技能课结合起来，以劳动教育升华五育目标，以劳动教育深化五育内涵，进而实现教育的全面性和协调性。如四川省南充高级中学坚持探索"以劳立德、五育并举"的创新劳动教育模式，把劳动教育纳入人才培养全过程，以劳动体验、劳动收获、劳动感悟来引导、激励、塑造学生，助推学生德智体美劳的全面发展；成都市棕北中学以"开生命之源，育完整之人"为劳动价值观，构建了内涵丰富的"劳动＋"育人体系。

#### 2."美育＋"的融合模式

2020年，中共中央办公厅、国务院办公厅印发《关于全面加强和改进新时代学校美育工作的意见》，明确指出要"有机整合相关学科的美育内容，推进课程教学、社会实践和校园文化建设深度融合，大力开展以美育为主题的跨学科教育教学和课外校外实践活动"。2023年12月，教育部印发《关于全面实施学校美育浸润行动的通知》，强调进一步加强学校美育工作，强化学校美育的育人功能。

美育是重要且基础的人生观教育，是培养人认识美、感知美、鉴赏美、创造美的能力的教育。"美育＋"的融合模式是指以美育为统领，使美育贯穿各学科之中，实现美育课程与课程美育的有机统一。如上海市徐汇区爱菊小学不断探索"以美育人"的艺术教育，坚持教育生活以"美育"为主线展开，美育贯穿了学校教育的全过程及各方面，追求学校全部教育生活的审美化；成都市成华小学坚持"以美育人"，以艺术教育为突破口深化素质教育，坚持"美浸生活 美润人生"的理念，通过"尚美课程"进行了系统实施。

无论是我们开展的"五年活动"还是省外对于"某某＋"的融合模式的实践均有大量探索，这种模式需要注意的是一定要充分发挥其统领作用，挖掘背后的育人元素，实现融合育人的效果。

### （五）以点带全、以实践活动为载体的模式

"以点带全"模式的特点主要是以五育融合理念形成育人新体系。目前主要有三种类型。第一种为"一育引领，诸育融合"。如上海市山阳中学等学校架构起"以艺育德、以艺启智、以艺培能、以艺促美、以艺养心"艺术育人体系。第二种为"资源引领，诸育融合"。如上海市金卫中学利用海洋资源提出了"以海正德、以海启智、以海强体、以海践劳"海防育人体系。第三种为"理念引领，诸育融合"。在融合育人探索中，学校主动对办学理念内涵进行梳理，并逐步使其完善，使办学哲学与五育融合更加贴切。如上海市金山区亭林小学在对学校历史进行梳理的基础上，对校训"文义兼融"进行诠释，文义指向德智体美劳。

以"实践活动"为载体的模式，是相对于课堂教学的另一种途径，主要选择以某一活动作为载体来融合"各育"①。一是区域研学活动的品牌开发。如广元市示范性综合实践基地已建有"人防科普""科技创新""生态环保""民间非遗"等 16 个体验场馆和 35 个实训功能室，开设各类实践课程 260 余门，探索形成了"一核引领、两向延伸、三链植入、四方共育、多维评价"路径的"探寻五迹"研学品牌，围绕"探寻红军长征足迹、探寻自然生态奇迹、探寻科技发展轨迹、探寻川北文化印迹、探寻三国蜀道古迹"5 个主题，打造研学精品线路 20 余条，开发课程 170 余门。二是主题教育活动的内涵发掘。在融合育人项目推进下，很多学校的主题活动注重内涵发掘，呈现出五育融合的教育意义，如上海市张堰中学开展的"唱舞戏曲传承经典"越剧文化活动等②。

以点带全、以实践活动为载体的模式，强调的是以一育、一类资源、一个理念或

---

① 顾宏伟.坚持以党建引领育人 推动区域"五育融合"新发展[J].上海教育，2020（19）：30-31.

② 顾宏伟.聚焦艺术人文素养 传承优秀戏曲文化：上海市金山区探索"戏曲进校园"的实践与思考[J].上海教育，2017（19）：68-69.

者一项活动作为载体，进而融合各育。这种模式需要避免过于依赖载体、过于强调载体，需要加强理论学习，强化设计融合。

### （六）以"学习空间"为载体的模式

以"学习空间"为载体的模式，主要结合学校校园文化或创新实验室建设等推进五育融合，以更好地发挥学习空间的育人功能。如成都市龙泉驿区第一小学校与四川省博物院深度合作，探索出了馆校合作的有效途径，充分利用博物馆所承载的人文教育资源优势，提升学科素养，传承优秀传统文化基因；上海市金山区海棠小学创建一系列模拟真实社会职业场景的体验场馆——"星天地"，学生在这里可以体验银行职员、蛋糕师、售货员、拍卖员等角色；上海师范大学第二附属中学以校园"标本馆"为载体，打造科技生态教育；上海市同凯中学创设玻璃艺术微馆，为学生表现创意、表达自我提供了丰富的空间。

以"学习空间"为载体的模式，通过设计特定的空间来创造一个有利于学生主动学习、合作交流和创新思考的环境，能够在一定程度上推动五育并举与五育融合的实施。但是，学习空间设计与实施的难度以及学习空间中教师的角色转型、学生的学习适应性、学生的数据隐私与安全等问题也是当下面临的重大挑战。

### （七）融创教育与跨越（科）式学习模式

融创教育与跨越（科）式学习模式的本质特点是"跨界融合"，意在打破学段间、学科间、班级间、课内外的界限，突破课堂的时空壁垒，着力实现学科的渗透和融通，促成思维的跨越和创新，不断丰富学生的学习经历，实现课堂的再生与丰盈，推动核心素养有效达成。[1] 如成都高新新华学校坚持以融创教育思想为引领，提出了"融合创生，协调发展"的课程目标，创造了充满活力与个性的现代学校高质量教育体系；浙江省嵊泗县菜园镇第三小学以"船来船往"为主题，开展融创跨学科主题学习，打破了学科壁垒，实现了融合语文、科学、美术、体育、音乐等为一体的全科项目化学习。

融创教育与跨越（科）式学习模式旨在把德、智、体、美、劳五育融入课堂教学的各环节，将学生核心素养的培育落实到每门学科的每节常态课中。[2] 这种模式蕴含着巨大的可能性，但同时对资源要求较高，教学难度较大，成果评估也较困难。

以上 7 种模式和载体从不同视角讨论了新时代可以如何推进五育并举与五育融合，

---

① 王建强，张显国.融创课堂：探究课堂教学深层变革[J].中国教育学刊，2022（6）：5.
② 颜源.融创课堂，开启教学"新境界"：记四川省"融创课堂"的校本实施与区域推进[J].教育家，2021（22）：29-33.

且在先前的研究和实践中也已经开展了大量卓有成效的探索，可供大家借鉴。未来五育并举与五育融合的实施，可能会随着教育数字化的进程更加注重技术应用，如人工智能、大数据、虚拟现实等技术，根据学生的兴趣和需求，帮助学生个性化地选择模式和载体实现五育的有机融合。同时，随着家校社协同育人的深度推进，未来社会实践和社区服务可能成为五育融合的重要组成部分。

（撰稿人：李小融，成都师范学院教授、四川省教育学会学术委员会主任；

蒋学强，四川省教育学会学术助理）

# 五育融合：发展历程、实然现状与实践对策①

　　立德树人关乎党的事业后继有人，关乎国家前途命运。在基础教育实践中，五育融合是立德树人、五育并举的实现路径。审视五育融合的教学现状，发现其还存在教学目标低层化、教学方式碎片化、知识内涵贫乏、教学评价方式单一等问题。在教育教学实践中，可采取的对策有确立崇高的教学目标，运用知识大概念教学，赋予知识丰富的育人内涵，建立科学的教育评价机制等。

## 一、五育融合的发展历程

　　现代意义上的五育融合是经过一个多世纪的探索，逐步形成的以培养全面、协调发展的人为宗旨的教育理念。

### （一）从"三育并举"到五育并举

　　五育并举是近现代我国面临民族危机之时，众多思想家、教育家对救亡图存、"新民"以及人的全面发展思考、探索的结晶。严复提倡要鼓民力（体育）、开民智（智育）、新民德（德育）②，这是最早的"三育并举"，其目的是通过"新民"以"新制""新国"③。王国维从"使人为完全之人物"的角度提出德、智、体、美"四育统合"④，可以说是"四育并举"。1912 年，蔡元培提出"注意道德教育，以实利教育、军国民教育辅之，更以美感教育完成其道德"的教育宗旨⑤。其中，"实利教育"相当于智育和劳动教育，"军国民教育"相当于体育和军事技能教育，"美感教育"相当于美育。这就在理论上形成了五育并举的概念。这个时期，五育并举的内涵始终围绕两条线索

---

　　① 原载《课程·教材·教法》2024 年第 3 期，略有修改。
　　② 王栻.严复集：第一册[M].北京：中华书局，1986：18.
　　③ 梁启超.新民说[M].北京：商务印书馆，2016：4.
　　④ 姚淦铭，王燕.王国维文集：第三卷[M].北京：中国文史出版社，1997：59.
　　⑤ 舒新城.中国近代教育史资料：上册[M].北京：人民教育出版社，1981：503.

发展：一是从"新民"到"新政""新国"的救亡图存的教育目的；二是从"三育"到"五育"逐步完善人格的教育内容。但是，这只是近代以来资产阶级教育思想萌芽时期的一种幻想，并没有严密的论证以及实验研究或实践研究，更没有落实到实践中去。

### （二）从抽象的五育并举到实然的五育并举

近现代意义上的五育并举只停滞在理念上。随着马克思主义思想的传入，中国的新民主主义革命朝气蓬勃地发展起来，五育并举被赋予了新内涵。最早以马克思关于人的全面发展学说为指导，赋予五育新内涵的是杨贤江。他倡导青年要在品行、智慧、健康、劳动、审美等方面全面发展。[①]

中华人民共和国成立以后，作为社会主义教育方针的五育并举思想才真正成为教育实践的行动指南。1952年，教育部颁发的《小学暂行规程（草案）》《中学暂行规程（草案）》《幼儿园暂行规程（草案）》等都规定了对学生实施智育、德育、体育、美育等的全面发展教育。1957年，毛泽东发表《关于正确处理人民内部矛盾的问题》的讲话，指出"我们的教育方针，应该使受教育者在德育、智育、体育几方面都得到发展，成为有社会主义觉悟的有文化的劳动者"。[②] 1958年，中共中央、国务院发布了《关于教育工作的指示》，指出党的教育工作方针是教育为无产阶级政治服务，教育必须与生产劳动相结合。[③] 至此，五育并举不仅有了马克思主义关于人的全面发展学说的理论指导，更形成了党的教育工作方针，在培养社会主义建设者和接班人的实践中进行了一系列的探索。

### （三）从五育并举到五育融合

改革开放以来，德智体美劳全面发展的提法得到了强调。1977年，邓小平重申了毛泽东关于"德智体全面发展"的方针。[④] 1981年的《中国共产党中央委员会关于建国以来党的若干历史问题的决议》再次强调要坚持"德智体全面发展"的方针。1992年，原国家教委颁布了《中华人民共和国义务教育法实施细则》，其中第十九条明确提出了"实行教育与生产劳动相结合，对学生进行德育、智育、体育、美育和劳动教育"。[⑤] 1993年颁布的《中国教育改革和发展纲要》强调"要提高认识，发挥美育在教育教学中的作用"。[⑥] 1999年，中共中央、国务院颁布《关于深化教育改革全面推进素

---

① 杨贤江.杨贤江全集：第二卷[M].郑州：河南教育出版社，1995：625.
② 中共中央文献研究室.毛泽东文集：第七卷[M].北京：人民出版社，1999：226.
③ 中共中央，国务院.关于教育工作的指示[J].北京师范大学学报（办学经验总结专号），1958（S1）：1-5.
④ 邓小平文选：第二卷[M].北京：人民出版社，1993：54-55.
⑤ 中华人民共和国国家教育委员会.中华人民共和国义务教育法实施细则[J].人民教育，1992（5）：2-5.
⑥ 中共中央，国务院.中国教育改革和发展纲要[J].中国高等教育，1993（4）：8-17.

质教育的决定》，在总结以往教训和改革经验的基础上提出实施素质教育改革，要求德智体美有机统一于教育活动各个环节。学校教育在抓德育、智育的同时，"还要加强体育、美育、劳动技术教育和社会实践"，各方面教育"相互渗透、协调发展"。① 这标志着五育融合的真正确立，意义重大：一是对五育之间的关系有了新认识；二是把五育融合的教育理念真正转化为教育实践，并不断发展与完善。

进入 21 世纪，为进一步推进五育融合，相关部门颁布了一系列政策文件，包括2004 年颁布的《关于进一步加强和改进未成年人思想道德建设的若干意见》、2019 年颁布的《关于深化教育教学改革全面提高义务教育质量的意见》等，全面阐述了德智体美劳五育融合的基本方针、基本原则和具体要求。这标志着五育融合理念逐渐成熟，其教育实践进入新阶段。

## 二、五育融合的现实困境

### （一）教学目标低层化

五育融合实质上是指向立德树人的教学目标。但是，现实中还存在一些教育管理者、教师、家长和学生停留在功利化的教学目标上，表现为教学目标低层化。低层化的目标让五育融合失去了立德树人的崇高灵魂。一方面，表现为用实用主义、个人主义、功利主义的价值观来选择课程内容，削弱其丰富内涵和崇高的价值取向；另一方面，表现为用可计算的、程式化的、技术化和工具化的操作程序来评判教学的质量或教学目标的达成情况。教学目标、教学内容的功利化，教学方法、教学评价的技术化等都指向看得见的效益或客观的、显性的、精准的结果。因此，各育目标只能在低层化的水平上相加与融合，从而忽视了教与学的理想、信仰等精神性的内涵。

### （二）知识内涵贫乏

五育融合既包括五类学科知识齐全、结构合理，也包括五种教育全面与协调，还包括学生素养的全面、和谐、统一发展。教学就要把各类教育与学生的素养结合起来，设计教学方案、组织教学活动，引导学生与知识丰富的内涵、复杂的结构互动。而当前的教学存在窄化学科知识内涵的现象，这就造成学科知识包含的教育性及其素养内涵被有意无意地忽略了。具体表现为教师只重视单一学科知识、单一性质的知识、单一性质的教学，从而造成学生不能把各学科知识与各种教育要求、各种素养协调起来。同样一本教材，被一些教师当作单一性质的知识来教，程序性知识被当作陈述性知识

---

① 中共中央，国务院.关于深化教育改革全面推进素质教育的决定[J].人民教育，1999（7）：4-7.

来教。教学内容的内涵贫乏造成五育不能融合或者只是低水平简单相加，造成学生学习后"既不能结合主体身体产生行动，也无法激发主体的情感、意义、价值、信念产生行动的动机与克服困难坚持行动的毅力与信仰"[①]。

### （三）教学方式碎片化

碎片化的教学方式过于强调各学科之间、各知识点之间的条块分割、僵硬界限、绝对独立等，不利于学生建立结构灵活、相互关联、边界开放的整体知识结构，以及运用知识的智慧与能力。其实，教学就是通过模拟实践情境，运用符号知识解决问题，推动学科知识内、学科知识间、学科知识同生活与实践间形成不同角度、不同方式的联系与灵活运用，把身体之外的符号知识转化为身体之内的素质。皮亚杰强调，知识是经过不断"顺应"与"同化"的方式增长的，而实现这种增长的手段须通过"主体自己动作的内化运算"实现。[②] 怀特海认为"零零碎碎的信息或知识对文化毫无帮助"，"那些仅仅被大脑所接收却没有经过实践或验证，或与其他东西进行融会贯通的知识"就是"呆滞的思想"（inert idea），真正的教学是发展学生的智慧与生命。[③] 然而，教育教学中过于细分的学科知识、知识点以及各自为政的知识训练，造成不同教育间、学科间的分化，使五育没有融合的途径与方式。

### （四）教学评价单一

五育融合需要建立教育评价机制，既通过教学评价来引导教师的教学，也通过教学评价激励学生的学习内化。当前教学评价存在围绕智育评价、终极评价（中考、高考）转的状况，表现出教学评价的内容单一、主体单一、方法固定、功能单一等现象。学生要全面发展就需要全面的评价反馈与多方面的激励。如果整个教育过程指向单一的智育评价，就必然影响学生的全面发展；如果整个教育过程都指向终极的功利目的，强调筛选与竞争，那么必然影响学生学习动力的激发，甚至使其产生学习焦虑、抑郁等心理障碍。可以说，单一的教学评价导致五育融合实施全面性、协调性缺失。

## 三、五育融合的实践对策

### （一）确立崇高的教学目标

实现立德树人根本任务是五育融合的终极价值追求。五育融合的教学目标是通过

---

① 陈理宣.论知识的整体性及其教育策略：基于实践教育哲学的视角[J].中国教育学刊，2015（12）：26-31.

② 皮亚杰.皮亚杰教育论著选[M].卢濬，译.北京：人民教育出版社，2015：1.

③ 怀特海.教育的目的[M].庄莲平，王立中，译.上海：文汇出版社，2012：1-3.

学科知识及其所呈现的价值取向表现出来的。因此，教学要通过正确理解与把握国家课程的丰富内涵，明确各学科的教学目标。

首先，要理解教学目标与知识融合的原理。如果能力与情感目标没有与具体知识相结合，那么教学目标就是一句空话。学科知识是学科内的事实或概念性知识、方法性知识与价值性知识的层级性发展的系统或体系结构。学科素养呈现为内化在学生身体之内的由学科事实或概念、学科核心概念、学科方法、学科思想、学科思维与学科价值观构成的[①]，与身体机能特别是大脑神经系统机能相结合的逻辑结构体系。它一旦外化为行为，就转化为实践能力。因此，教师要让学生利用知识"站立起来""强大起来""活起来"[②]。其次，发掘知识的社会性思想、道德、情感、价值观等精神素养内涵。虽然知识教学的逻辑起点是学习者价值的实现，但是不能简单地赋予知识个人的、物质的、功利主义的内涵，而要引导学习者将学习知识、锻炼能力的目的建立在符合伦理道德、法律法规的基础上，并上升到作为社会主义建设者与接班人的崇高理想境界。

### （二）赋予知识丰富的育人内涵

所谓赋予知识丰富的育人内涵，是指课程大纲制订、教材编写、教学实施等环节不仅要揭示知识的科学认知逻辑，还要揭示其所潜藏的人文意义逻辑（历史与传统、情感体验与价值观、运用伦理等），设置丰富的学习活动与实践操作形式，从而使学生通过学习获得丰富的人性内涵。

首先，教学大纲的制订、教材的编写要丰富课程知识内容的内涵。教学大纲和教材编写是教学实施的指南，因此，要写出知识的历史与传统、原理与功能、伦理与道德、思想与价值、情感体验与审美等丰富的内涵，而不仅仅是知识的原理与功能，即不能仅重视知识的本身，还要赋予知识丰富的科学与人文内涵。其次，教师在教学中，要引导学生科学地求知。教师要做到把知识的内涵、功能、应用联系起来，即在教学中引导学生将知识进行关联，既要重视学科内知识点之间的关联，又要强调学科知识之间的关联，还要进行科学知识与生活经验以及生产实践的关联。通过问题式、项目式的教学，真正把知识转化为做事的素养。最后，教师要引导学生把知识转化为实践能力，即具体做事。一方面要引导、启发学生智慧地做事，通过做事把知识及其学科素养转化为实践能力，实现实践育人。另一方面，要引导学生做有益于国家、社会、他人的事，而不是只做有益于自己的事。

---

① 李润洲.学科核心素养的培育：知识结构的视域[J].教育发展研究，2018，38（Z2）：43-49.
② 成尚荣.学科育人：教学改革的指南针和准绳[J].课程·教材·教法，2019（10）：82-89.

### （三）实施大概念教学

所谓大概念是指科学知识、生活与生产实践经验的相对完整的最小节点或片段（drop or episode），由于相互之间有一定的联系，可以构成不同程度的、相对完整的大点或大片段，即由多个下位概念组成一个上位概念。它有学科内的大概念、学科间大概念、超学科大概念、实践大概念等不同形式。人的各种素养（德、智、体、美、劳）的培养分别由相应的学科或学科群承担，然后再由教学的不同环节组合实施。因此，可以通过知识的大概念教学促进各种素质教育的融合。

首先，将所教知识在学科内关联、融合，即"育内"融合，形成学科内的大概念，培养学生学科关键能力与必备品质；其次，将所教知识在学科间关联、融合，即"育间"融合，形成跨学科大概念，实现知识整体的思想、理念、方法、伦理以及情感体验与价值观的关联与融合；再次，将所教知识与生活、生产实践关联、融合，即"跨育"融合①，形成实践的大概念，培养学生将知识学习转化为生活与生产实践的能力；最后，将前三者融合到实践中，上升到掌握世界的多样化方式及其在各种实践活动之间相互转换与融合，形成人生大概念，实现马克思说的"随我自己的心愿今天干这事，明天干那事，上午打猎，下午捕鱼，傍晚从事畜牧，晚饭后从事批判"②，即人的解放与自由。因此，教师通过大概念的不同形式，引导、启发学生，并给学生创造机会与平台，让他们整合、优化各种知识、各种生活实践活动的思维方式，实现各种素养的内化，形成具有个性化特征的五育融合式素质结构。

### （四）建构科学的教学评价机制

全面、科学的教育评价机制是五育融合实施的根本保障。因此，需要建构内部评价与外部评价相结合、过程评价与结果评价相统一、鉴定评价与改善评价相协调的评价机制。

首先，建立教学的内部评价与外部评价相结合的评价机制。教学活动的内部主体即直接主体，包括教师、学生、家长、教育教学管理者；教学评价的外部主体即间接主体，包括教育行政管理者、社会用人单位等。内部评价主体与外部评价主体有各自的价值标准、评价方式、评价途径。因此，必须建构一个以政府为主导、以学校为轴心的多主体教学评价体系，以防止不同主体的评价标准、功能、结果（不同主体可能对于五育的内涵有所侧重）所固有的不全面性而造成对学生发展的影响。其次，建立

---

① 刘登珲，李华."五育融合"的内涵、框架与实现[J].中国教育科学，2020（5）：85-91.

② 马克思，恩格斯.马克思恩格斯全集：第三卷[M].中共中央马克思恩格斯列宁斯大林著作编译局，译.北京：人民出版社，1979：37.

过程评价与结果评价相统一的评价机制。教学过程中的评价对学生的学习动机与兴趣激发具有增值性，对学习方法的改进与完善具有启发性，对学习进度与学习态度的监测具有督促性。过程评价可以随时根据实际情况从各育的要求引导、调节学生的学习行为，带有教学艺术的特征，更能体现五育融合的特点。结果评价更倾向于目标的达成与效果的检测，是教学过程某一阶段结束时的质量评价，带有科学的特征，教学外部主体和内部主体均可以参与。因此，教学过程评价与教学结果评价相统一，可以避免一些外部评价主体因不同角度与不同利益考量造成评价不全面的影响。最后，建立鉴定评价与改善评价相协调的机制。鉴定评价是对学生学习后达成目标的评价，更多被运用在教育教学质量评估以及人才筛选方面，比如对教学质量的合格评估，对学生的升学、就业等的评价。而改善评价则是对教与学的内容正确性、全面性，教学过程、方法、具体措施的可行性等的评价，旨在指出问题、提高质量等。总之，教学评价具有多功能（质量鉴定、人才选拔、激励增值、改进完善等）、多主体（教师、家长、教育行政管理者、学校教育教学管理者、用人单位等）、多方法（学习内容考试、能力测试、档案过程、工作试用等）、多维度（道德品质、知识技能、身体素质、审美修养、劳动能力与态度等）相统一的特点，应以促进学生发展为中心，形成有序、协调的结构体系。

（撰稿人：陈理宣，内江师范学院教授、四川省教育学会学术委员会副主任；

姜若梅，重庆江南艺术学校教师）

# 中国式现代化与立德树人

教育兴则国家兴，教育强则国家强。不忘立德树人初心，牢记为党育人、为国育才使命，建设教育强国，是全面建成社会主义现代化强国的战略先导，是实现高水平科技自立自强的重要支撑，是促进全体人民共同富裕的有效途径，是以中国式现代化全面推进中华民族伟大复兴的基础工程。习近平总书记指出，"千秋基业，人才为本"。面对百年未有之大变局，要有效应对风险和挑战，牢牢把握中国式现代化的基本特征，在危机中育先机、于变局中开新局，需要充分认识人才对高质量发展的支撑作用，以立德树人作为有效路径，着力发挥我国人力资本和人才资源优势，大力激发各类人才的创新创造活力，为中国式现代化注入强劲动力，不断开创教育强国建设新局面。[①]

## 一、高质量发展的根本动能在于人才支撑

高质量发展，是体现新发展理念的发展，是生产要素投入少、资源配置效率高、生态环境成本低、经济社会效益好的发展，是能够满足人民群众日益增长的美好生活需要的发展。推动和实现高质量发展，需要以创新作为第一动力，以人才作为第一资源，将强大的人力资本和人才资源作为支撑。当前，人力资本对经济增长的贡献率逐步提高，对国家的国际竞争力提升越来越重要。不论是纵向看王朝兴衰、中华复兴，还是横向看列国成败、东升西降，不论是理论演绎、逻辑推测，还是现实案例、具体实践，人才的作用、人才资源的竞争、人力资本的博弈都显得尤为关键。

### （一）纵向看历史脉络：人才多寡是改革发展成败的关键因素

先秦时期是我国历史上最长的历史时期之一，也是中华文明产生的重要阶段。这个时期，诸侯争霸、战国争雄，儒家、道家、法家、墨家、兵家、阴阳家等百家争鸣，孔子、墨子、老子、韩非子、鬼谷子、孙武、孙膑、吴起、白起等大师云起。夏商西

---

① 陈清，陈林.把人才优势转化为高质量发展动力[N].人民日报，2020-11-10（09）.

周时期通过塾庠序学和稷下学宫等，培养了大批人才①。春秋战国时期，大争之世产生了大量人才，推动了时代的繁荣、社会的发展。汉唐时期是我国历史上的黄金时期，也是封建文明和中华文化的鼎盛时期。这个时期，政治稳定，经济、文化繁荣，为人才发掘、培养和生成提供了土壤。秦朝统一文字、严禁私学、以吏为师。汉朝废黜百家、独尊儒术、重视玄学、任贤使能。汉唐盛世时期，刘邦、韩信、刘彻、卫青、霍去病、曹操、诸葛亮、颜真卿、李白、杜甫、白居易、李世民、李靖等杰出的政治家、军事家、文化大家和科学家不断涌现，人才辈出，推动了国家统一、文化昌明、武功强盛、国威远播，在中国社会发展和中华民族形成的历史中有着重要的地位。南北宋时期是我国重要历史时期之一，它既是一个政治动荡、军事战乱不断的时期，也是中华文化和科学技术的重要发展阶段。社会经济和文化环境的复杂多样，为人才发掘和培养提供了广泛的机会和条件。这个时期，教育处于大变革、大转轨时期，在教育思想、教育内容、教育方法以及学校类型上均有显著变化，苏东坡、王安石、欧阳修、辛弃疾、张载、程颐、朱熹、沈括等许多杰出的思想家、文化大家和科学家不断涌现，推动南北宋成为中国封建社会发展的顶峰，在世界舞台扮演领先角色。综上，先秦时期、汉唐时期和南北宋时期都是中国历史上重要的历史阶段，多样的人才选拔制度使得许多优秀的人才得以发掘和培养，推动了社会不断发展。

**（二）横向看大国博弈：人才资源是国际竞争的重点内容**

人类社会迈入知识经济和人才时代，拥有人才多的国家也将是经济实力、发展潜力和综合国力强大的国家。新经济的发展极大地刺激着西方发达国家对人才的需求，对国际化人才的争夺日益白热化，人才资源竞争成为国际竞争的重点内容，人才资源质量成为事关国家兴衰的最重要因素之一。近年来，西方发达国家对人才资源的需求急剧增长，国家越是发达，需求增长速度越快，它们的教育体系也在不断完善。美国拥有完整的教育体系、高质量的人才培养环境、富有竞争力的人才吸引制度。1901年至2024年，美国共有约400人次获得诺贝尔奖。近年来，在世界大学排名的激烈竞争中，美国有11所大学进入前20名，有31所学校进入百强。同时，美国一直对计算机人才敞开大门，向具有学士及以上学历，并具有特殊技术能力的外国人发放临时工作签证，期限为3年，并可延长3年，因此持证者可在美国工作6年。在硅谷的程序设计人员中，一半的人出生于外国，其中大多数人通过HIB签证就业，并以此为契机获得定居权。② 英国作为第一个工业化国家，对国家现代化、教育现代化率先开展了探

---

① 孙培青，杜成宪.中国教育史[M].上海：华东师范大学出版社，2021：11-199.
② 嵇立群.西方大国的人才攫取与发展中国家的人才流失[J].中国人才，2000（9）：52-53.

索。1649 年，英国国会同意在威尔士设立免费学校。18 世纪，英国创办星期日学校，实施导生制，逐步建立与工业化生产和生活需要相匹配的初等教育体系。1833 年，英国制定《教育补助金法案》，国家开始干预教育事业。通过加快教育强国建设，英国涌现了牛津大学、剑桥大学等一批顶尖大学，以及约克大学、萨里大学等一批新型大学，建立起了世界范围内具有领先地位的高等教育体系。通过工业革命催生教育强国，并通过教育强国建设培养了大批优秀人才。启蒙运动后，法国先后出台系列法案，加强和推动了教育强国建设，法国的高等教育开始不断发展壮大并凸显其强大的优势。当时，巴黎大学被誉为"世界大学""大学之母"，更是先后涌现出以居里夫人、李普曼等为代表的一批顶级科学家。1935 年至 1939 年，法国平均每年授予博士学位的人数达到 1500 人，高层次人才培养进入高峰期。1806 年，德国也明确提出教育救国和教育强国主张。2004 年，德国推出"大学卓越计划"，旨在提升一流大学建设水平。2007 年，德国制定《高等教育协定 2020》，明确提出"确保年轻一代接受高等教育的机会，培养科学研究所需要的后备人才，提升德国的国家创新力"。目前，"卓越计划"的实施已进入 2019 年至 2025 年的第三阶段。[①]

### （三）突出看理论体系：人力资本是经济增长的真正动力

根据党的二十大做出的战略决策，高质量发展是中国式现代化的首要任务，是我国提高国民经济收入和跨越中等收入陷阱的关键，能够为中国全面建设社会主义现代化国家提供高度发达的生产力和丰富的物质资料。[②] 现代社会，不论是经济学家、政治家、教育学家，还是战略思想家，普遍认为人力资本是国民经济增长的主要动力。人力资本是一个古老概念，早在中国古代，人们就认识到了人对促进经济社会发展、建设富强国家的重要性。著名的政治家管仲曾说："一年之计，莫如树谷；十年之计，莫如树木；百年之计，莫如树人。一树一获者，谷也；一树十获者，木也；一树百获者，人也。"他强调培养人会带来很高的社会收益。英国古典政治经济学家配第（William Petty）也认为，人的素质的差异会导致生产力发展的不同。法国古典政治经济学家魁奈（Francois Quesnay）曾说，构成国家强大的因素是人。英国著名的政治经济学家斯密（Adam Smith）认为，通过对教育的投入，人们所获得的知识技能会转变为学习者的潜在资本，因为知识技能作为个人的一部分，会同机器等生产资本一样成为劳动生产中的固定资本。马克思则从人类社会发展的高度，阐述了人作为劳动的主体，

---

① 高书国.世界教育强国的形成与发展：以英、法、德、美为例［J］.教育研究，2023，44（2）：15-29.

② 罗哲，张云具.建设高技能人才队伍的历史脉络、理论逻辑与路径构思：以中国式现代化为视角［J］.社会科学辑刊，2024（1）：161-170.

是劳动生产中最积极活跃的因素。现代人力资本理论强调，人通过教育获得的知识和能力，也是一种积极的人力资本，是与物质资本有很大区别的；从另外一个角度来看，人力资本与物质资本也具有相同性，因为两者都能带来未来的收益。但由于人力资本收益率更高，因此人力资本是更重要的一种资本。美国著名经济学家舒尔茨（Theodore W. Schultz）在《教育的经济价值》中写道，教育的经济价值是这样体现的：人们通过对自身的投资来提高其作为生产者和消费者的能力，而学校教育则是对人力资本的最大投资。美国著名经济学家贝克尔（Gary S. Becker）在《人力资本》中则分析了人力资本投资对就业和经济收入的影响，提出了估算人力资本投资量及其收益的若干方法。明塞尔（Jacob Mincer）从微观经济分析的角度把受教育年限纳入收入方程，建立了以他名字命名的收入方程，并以此计算教育投资的收益率[①]。人力资本理论的创立是人类思想的一次深刻革命，具有重大的理论意义和直接的现实意义，特别是对于正处于经济增长方式转型发展关键阶段的中国，加大人力资本投资，优先发展教育，进一步开发人力资源，形成发展新动能，是实现经济长期可持续增长的关键。[②]

## 二、中国式现代化的基本遵循在于以人为本

江山就是人民，人民就是江山，打江山、守江山，守的是人民的心。在中国式现代化新的征程上，我们必须践行以人民为中心的发展思想，坚持全心全意为人民服务的根本宗旨，站稳人民立场，紧紧依靠人民创造历史。习近平总书记指出："人才是衡量一个国家综合国力的重要指标。没有一支宏大的高素质人才队伍，全面建成小康社会的奋斗目标和中华民族伟大复兴的中国梦就难以顺利实现。"

### （一）人的现代化是中国式现代化的突出特征

习近平总书记指出，"中国式现代化是全体人民共同富裕的现代化"，要"坚持把实现人民对美好生活的向往作为现代化建设的出发点和落脚点"，"现代化的最终目标是实现人自由而全面的发展"，"现代化道路最终能否走得通、行得稳，关键要看是否坚持以人民为中心"。习近平总书记的系列重要论述，一针见血地指出了中国式现代化的最本质、最突出的特征——人的现代化，体现了中国特色社会主义的根本逻辑。唯有深刻认识和理解这一逻辑特征，才能在新时代新征程上加快推进教育现代化、建设教育强国、办好人民满意的教育。与西方国家"以资为本"的现代化发展道路不同，

---

① 王明杰，郑一山. 西方人力资本理论研究综述[J]. 中国行政管理，2006（8）：92-95.

② 李晓曼，曾湘泉. 新人力资本理论：基于能力的人力资本理论研究动态[J]. 经济学动态，2012（11）：120-126.

"以人为本"是中国式现代化的鲜明特征。中国式现代化的"以人为本"，要求紧紧围绕"人"这一个核心要素，在实践探索中不断发挥人的能动作用、尊重人的合法权利、满足人的正当需求，时刻保持现代化与人民根本利益的一致性，促进人的全面发展，满足人民群众对美好生活的需要。例如，中国式现代化中的终极目标，就是要通过推动经济社会的高质量发展来实现共同富裕；中国式现代化中的重要路径，就是要通过推进教育、人才、科技一体化发展，激发人民群众创新创造活力；中国式现代化的重要基础，就是通过打造全过程民主的政治体系和法治体系，充分保障人民主体地位；中国式现代化的重要支撑，就是通过推动绿色发展，实现人与自然和谐共生。① 从这些中国式现代化的目标、路径、基础和支撑，可以清晰地看到中国式现代化与西方式现代化的本质区别：中国式现代化的背景下，人民群众不是资本剥削的对象，而是驾驭和使用资本的主人，资本是满足人民群众对美好生活的需要、实现共同富裕的重要手段。就中国式现代化的五大特征而言，贯穿其中的一个重要脉络就是人的现代化，体现了现代化为了人民、现代化依靠人民、现代化建设成果由全体人民共享的发展逻辑。首先，中国式现代化是人口规模巨大的现代化，这是对我国十四亿余人口整体迈进现代化社会的高度概括，既展示中国式现代化面临的现实困境和重大挑战，更彰显党推进现代化的强大动力和卓越成效，体现对人的现代化的整体描述；其次，中国式现代化是全体人民共同富裕的现代化，这是中国特色社会主义的本质要求，表明新时代党面对地区差距、城乡差距和收入分配差距这些现实问题，敢于通过系统性的扶贫政策、收入分配政策，调节社会差距，体现了人的现代化的公平均衡要求；再次，中国式现代化是物质文明和精神文明相协调的现代化，这是人类社会永续发展的基本要求，说明中国式现代化在推进社会经济发展的同时，也非常注重通过文化艺术、政治思想、道德面貌、社会风尚等领域的引领，促进人的全面发展，展示人的全面发展要求；然后，中国式现代化是人与自然和谐共生的现代化，这是中国发展的必由之路，中国式现代化坚持绿水青山就是金山银山的理念，把推动城乡人居环境明显改善、美丽中国建设作为重要使命担当，既保障当下人民群众生活的美好环境，又为子孙后代负责，彰显人的现代化的长远指向；最后，中国式现代化是走和平发展道路的现代化，这是中国式现代化对世界负责的根本要求，中国式现代化追求和平共处、睦邻友好的原则，以人类命运共同体建设为目标，着力追求人类的共同利益和共同价值，彰显人的现代化的世界追求。②

① 刘守英，范欣，刘瑞明.中国式现代化[M].北京：中国人民大学出版社，2022：6-202.
② 郭春丽.中国式现代化的中国特色和世界意义[N].经济日报，2023-11-29（11）.

### （二）人才的现代化是中国式现代化的本质要求

党的二十大报告提出要"深入实施人才强国战略。培养造就大批德才兼备的高素质人才，是国家和民族长远发展大计"。人才是第一资源，是实现中国式现代化最宝贵的战略资源，是展现中国综合实力非常关键的指标。进入新时代，中国式现代化迎来了关键的发展时期，需要大量在各行各业引领社会发展的创新人才。人才的现代化就是基于现代经济社会高质量发展的需要，依托最新、最前沿的人才理论研究成果，采用大数据、人工智能等前沿手段，不断建立完善人才的选拔、培训、管理、使用等系列的制度体系，激发人才的创新力和干事创业活力，促进人才队伍结构不断优化，推动中国式现代化的蓬勃发展。人才的现代化与中国式现代化相互支撑、相互交融。一方面，中国式现代化需要人才现代化的有力支撑。在推进中国式现代化的进程中，人才作为创新活动中最活跃、最积极的因素，无论是载人航天、探月探火、深海深地探测、超级计算机、卫星导航、量子信息、核电技术、新能源技术、大飞机制造、生物医药等领域关键核心技术实现突破[①]，还是制造业、农业、建筑业、交通运输业、商业、食品加工业、纺织服装工业、林业与畜牧业等传统产业的变革发展壮大，都需要人才素质整体提升，以符合和满足现代经济社会发展的需要。另一方面，中国式现代化为人才的现代化打下了坚实基础。过去几十年中国式现代化的快速发展，为人才培养、人才教育提供了全新的视角、全新的手段和全新的思路。中国式现代化带来了教育的现代化，国家开始用现代先进教育思想和科学技术武装教师队伍，从运用项目式、体验式等教育教学新理念、新方法，到在教育教学中引进多媒体、远程教育等现代信息技术，再到开展分层教学、实践研学、走班上课等新教学实践，人才的现代化培养体系得以组建确立，大量优秀人才在中国式教育现代化的体系中被培育出来。

### （三）人力资源的现代化是中国式现代化的目标任务

自改革开放以来，中国社会经济实现了快速发展，究其原因离不开过去几十年中国巨大的"人口红利"。但随着产业迭代升级和全球需求的变化，中国的经济发展开始由劳动密集型产业带来的高速增长转向主要依靠技术创新的高质量发展。而技术创新需要大量的高素质劳动者，需要从原来依赖充沛的、简单的劳动力向优质的人力资源转变，需要充分发挥"人"这个生产要素在经济社会生活中的关键作用。因此，推进人力资源的现代化，是中国式现代化的重要目标任务，两者相辅相成。根据国务院发展研究中心发布的《中国发展报告 2023》，近十二年来中国先后出现了劳动年龄人口

---

① 宁国良，沈昊飞.中国式现代化的人才支撑：内涵、逻辑与路径[J].湖南社会科学，2023（1）：1-8.

达峰和人口总量达峰两个重大转折点，当前我国的劳动年龄人口总量正处于下降趋势，"人口红利"时代已悄然结束。[①] 2023 年 5 月，二十届中央财经委员会第一次会议强调要以人口高质量发展支撑中国式现代化。要实现人口的高质量发展，首先必须清醒认识到当前我国人口的发展新形势，努力保持适度生育水平和人口规模，在现有人力资源的总量、素质、结构、分布等工作上下功夫，才能有效支撑中国式现代化。保持适当的人力资源总量，是实现中国式现代化的重要基础和前提。[②] 随着我国整体经济水平的提升，企业用工成本迅速增加，急需为后续的产业发展提供充足的人力资源供给，保证产业现代化的稳步推进。优良的人力资源素质是中国式现代化的迫切需要，人工智能、现代信息技术在现代产业中被广泛运用，对于劳动者的素质要求也越来越高，这就意味着需要通过教育、培训等手段，全面提升劳动者驾驭现代技术的能力，保持人力资源现代化与中国式现代化的协同推进。中国式现代化也要求人力资源结构要不断优化，特别是解决劳动力文化水平不高、技能相对单一的问题，有效突破企业招工难和青年劳动者服务意愿低、高水平工程师和技能人才供给不够等发展瓶颈。中国式现代化追求的是均衡发展的现代化，目前由于经济基础、教育资源差异等原因，人力资源区域布局相当不均衡，劳动力在行业间也有从实业向服务业转移的趋势，这极不利于中国式现代化的推进，需要政策引导和驱动，让人力资源的分布回归现代化建设需要。

## 三、实现中国式现代化的有效路径之一在于立德树人

中国式教育现代化是中国式现代化的重要组成部分，而立德树人是教育工作的核心任务。进入新时代，教育面临着异常复杂的环境和挑战，肩负着为党育人、为国育才的使命，通过全面落实立德树人根本任务，我们才能通过中国式教育现代化，为党和国家培养全面发展的堪当民族复兴大任的时代新人，为中国式现代化提供源源不竭的动力。

### （一）坚持为党育人，为中国式现代化夯实人才支撑

落实立德树人根本任务，其核心就是在教育过程中，坚持以马克思主义为指导，培养学生的社会主义核心价值观，使他们成为社会主义事业的合格建设者和可靠接班人。[③] 这是中国共产党的一贯主张，也是中国式现代化的重要组成部分。中国式现代

① 国务院发展研究中心.中国发展报告 2023［M］.北京：中国发展出版社，2023：2-260.
② 高文书.以人口高质量发展支撑中国式现代化［N］.经济日报，2023-10-26（9）.
③ 田学军.积极培育和践行社会主义核心价值观，培养德智体美劳全面发展的社会主义建设者和接班人［J］. 中国德育，2019（12）：6-10.

化是中国共产党领导的社会主义现代化，这是因为中国共产党的领导是中国历史和中国人民的选择，是党和国家的根本所在、命脉所在，是全国各族人民的利益所系、命运所系，直接关系到中国式现代化的根本方向、前途命运、最终成败。① 教育是国之大计、党之大计。加强党对教育工作的全面领导，是办好教育的根本保证。为党育人，是党和国家赋予教育的崇高使命，是中国式现代化的必然要求。坚持为党育人，就是明确人才培养的政治要求和价值导向，帮助青少年树立正确世界观、人生观和价值观，为实现中华民族的伟大复兴提供源源不断的强大动力。通过在学生中传播伟大的建党精神、革命精神，可以教育引导学生向革命先辈学习，坚定理想信念，树立对马克思主义的信仰、对中国特色社会主义的信念、对中华民族伟大复兴中国梦的信心。② 因此，要保证中国式现代化在社会主义的道路上顺利推进，坚定为党育人的决心绝不可少。但是，在日常教育教学中，个别教师存在重学科知识、轻思想政治的错误人才观，对自己作为青少年成长成才的领航者和引路人的认识不够，对当前意识形态领域斗争的尖锐性和复杂性估量不足，立德树人根本任务具体落实不够理想。因此，全面加强和改进思想政治教育，是落实为党育人要求、确保中国式现代化的接续推进的重要举措。第一，要持续推进习近平新时代中国特色社会主义思想进教材进课堂进头脑③，完善思政必修课和选修课课程体系。第二，要坚持利用重大活动、开学典礼、毕业典礼、重大纪念日、主题党团日等契机，整合博物馆、烈士陵墓、科技馆等重点文化基础设施，健全思想政治教育实践教学体系。第三，要利用好微信、微博、视频号、抖音、小红书等新媒体平台，提升服务力、吸引力和黏合度，形成线上育人矩阵体系。第四，要推动大中小学思政课一体化建设，推动思政课教学方法改革创新，落实全员全过程全方位育人，构建落实"大思政"工作格局，培育担当民族复兴大任的时代新人。第五，要加强思政课教师队伍建设，切实提高思政课教师政治素养和专业能力，不断增强他们的使命感和责任感，充分调动思政课教师铸魂育人的主动性和创造性。

**（二）突出为国育才，为中国式现代化提供智力支持**

培育中国式现代化所需的各类人才，是各级各类学校落实立德树人根本任务的重要使命。一直以来，中国共产党始终重视培养、团结、引领和成就各类人才，推动各类人才助力社会主义建设。党的十八大以来，党中央做出了人才是实现民族振兴、赢得国际竞争主动的战略资源的重大判断，做出全方位培养、引进、使用人才的重大部

---

① 郗戈."驾驭资本"与中国式现代化的理论思考[J].中国社会科学，2023（11）：4-18.
② 马跃.新时代中国特色社会主义青年观研究[D].长春：吉林大学，2021.
③ 吴储岐.让党的创新理论入脑入心[N].人民日报，2023-04-25（17）.

署，推动新时代人才工作取得历史性成就、发生历史性变革，[①] 为中国式现代化提供有力的智力支持。过去十年，我国的教育大环境已经得到了很大的改善，教师素质显著提高，学校设施明显改善，学生机会持续增加，我国的义务教育普及率已经达到了95.5%，高等教育规模已经跃居世界第一，[②] 大学的数量和质量都有了显著的增加和提高。在为国育才思想的指导下，我国的人才队伍快速壮大，各类研发人员全时当量达到635.4万人年，居世界首位。人才对国家经济社会发展的贡献日益凸显，在创新驱动发展、脱贫攻坚、小康社会建设、区域协调发展和抗击新冠肺炎疫情等国家重大工作中成效显著。中国的科技发展正逐渐从量的积累迈向质的飞跃，从点的突破迈向系统能力的提升。教育肩负着人才培养的重要使命，必须牢记培养人才是国家和民族长远发展的大计，努力培养造就大批优秀人才，为中国式现代化建设服务。第一，坚持思想引领为先，坚持"三全育人"、五育并举，将"听党话、跟党走"作为人才培养的重要基础性要求，培养青少年的爱国主义情怀。第二，坚持分类施策，在基础教育阶段注重培养孩子们的探索精神和创新精神，高等教育阶段要更加重视青少年的科学精神、创新能力、批判性思维的培养教育。第三，建好人才培养的基地，重点依托大中小学校，打造一大批优质的实验室、图书馆、博物馆，为青少年开展科学研究提供优质的平台。第四，坚持"教育者先受教育"的原则，加强教师队伍建设，大幅提升教师的综合素质、专业化水平和创新能力，推动广大教师主动适应信息化、人工智能等新技术变革，培养造就数以百万计的名优教师、教育家，为国家的人才培养打下坚实基础。

### （三）建设教育强国，为中国式现代化强基赋能

教育强国的建设是社会主义现代化强国的重要先导性战略，能够有效支撑科技创新，实现自立自强，能够促进全体人民实现共同富裕，为中华民族伟大复兴奠定坚实的基础。教育强国的建设目标是提高教育质量，教育质量的提高中创新能力培养尤为重要。历史证明，无论是哪一个世界强国，都必须首先是教育强国。因此，中国近年来在教育强国的建设上不断加大经费、政策投入，努力提升我们的教育办学水平。中国教育科学研究院发布的2023年度教育强国指数测算结果显示，我国目前的教育强国指数居全球第21位，是2012年以来进步最快的国家。如此的鲜明成绩，有效地证明了中国的教育发展道路既是正确的，也是成功的。在推进中国式现代化进程中，教育发挥了关键性的支撑作

① 习近平.深入实施新时代人才强国战略 加快建设世界重要人才中心和创新高地[J].求是，2021（24）：1-12.

② 国家统计局.中华人民共和国2022年国民经济和社会发展统计公报[M].北京：中国统计出版社，2023：1-75.

用，因为教育正聚焦民族复兴的伟大使命，以前所未有的使命担当培养一批又一批的时代建设者和接班人，为中国式现代化强基赋能。近年来，中国教育坚持把数字化作为推动教育发展的创新路径和深化教育改革的重要突破口，通过不断地推动教育数字化，让优质教育资源覆盖越来越多的学校、越来越多的学生。同时，中国教育坚持把高质量发展作为教育工作的生命线，大力推进基础教育、高等教育、全民终身学习的教育体系建设，努力打造学习型社会、学习型大国，不断通过教育实现国家整体素质的提升。过去十年，中国有 2.4 亿人接受了高等教育，新增劳动力的受教育年限突破了十三年，劳动力的整体素质得到有效提升，劳动力结构与国家经济社会发展的需求不断吻合。各类自主培养的人才，为高铁、核电、生物育种、疫苗研发、国防军工等重点领域提供关键技术支持，参与研制超级计算机、北斗卫星导航系统、神舟系列飞船等国家利器，支撑引领文化强国、人才强国、体育强国、健康中国、美丽中国、平安中国建设。[①] 然而，建设教育强国并非一蹴而就的事情，它需要全社会的持续共同努力。第一，扎实搞好基础教育，继续巩固我国基础教育优势，深化基础教育供给侧结构性改革，做大优质教育资源"蛋糕"，让高质量的基础教育更公平可及。第二，强化高等教育的龙头作用，全面提升高等教育服务高质量发展的能力，充分发挥高校基础研究主力军作用，进一步深化产教融合，通过校、研、企、政多方协同，实现人才、资本、信息、技术的优势互补，促进创新要素的深度融合。第三，增强职业教育适应性和吸引力，加快构建现代职业教育体系，加大职业教育供给侧结构性改革，深化职普融通、产教融合、科教融汇，努力培养造就更多大国工匠、产业大师和高技能人才。第四，进一步推进数字教育，充分利用大数据、AI 等技术，全面推进教育数字化转型，把制度优势、规模优势、数字技术优势转化为推动教育高质量发展的新优势，以"数"赋能教育强国建设，走出一条具有中国特色的教育数字化之路。[②]

（撰稿人：罗哲，四川大学教授、四川省教育学会学术委员会副主任；

唐晓辉，四川大学公共管理学院博士研究生；

冯野林，四川大学公共管理学院硕士研究生）

---

① 孟庆伟. 十年建设"创新高地"：中国高校对接国家战略需求 [N]. 中国经营报，2022-05-23（A02）.

② 弋凡，周潜，陈香好，等. 以数字化赋能职业教育高质量发展 助力教育强国建设 [J]. 中国职业技术教育，2023（7）：18-25.

# 教育生态与立德树人

立德树人是一项系统工程。习近平总书记指出，"要从党和国家事业发展全局的高度，坚守为党育人、为国育才，把立德树人融入思想道德教育、文化知识教育、社会实践教育各环节，贯穿基础教育、职业教育、高等教育各领域，体现到学科体系、教学体系、教材体系、管理体系建设各方面，培根铸魂、启智润心"。当前，面向立德树人的学校育人实践有诸多亟待改进之处，部分学校以书本知识的单向传授代替潜移默化的道德生成，只重知识学习，不重切身实践，脱离学生的实际生活；社会整体育人环境功利色彩浓厚，忽视学生全面发展、多样化发展的需求等。因此，落实立德树人根本任务，需要着力构建良好的教育生态。

## 一、中小学立德树人生态体系及其构成要素

一般意义上，"生态"是指系统中各因子之间的相互联系、相互作用以及功能上的统一，含有系统、整体、联系、和谐、共生和动态平衡之意。人类发展生态学理论认为儿童的发展受到与其有直接或间接联系的生态环境的制约，这种生态环境是由若干个相互镶嵌在一起的系统所组成，表现为一系列的同心圆。[①] "发展来自人与环境的相互作用，相互作用的过程设定了人的发展路线"，正如布朗芬布伦纳所说，"主要的影响是相互作用"。立德树人生态体系是一个有机的、复杂的、统一的系统，各要素以及与之相关的社会都有机地联系着，这种联系又动态地呈现为一致与矛盾、平衡与不平衡。[②]

立德树人生态体系是指学生发展所需要的环境条件。马克思指出，"人的本质不是

---

① 朱砽. 近 50 年来发展心理学生态化研究的回顾与前瞻[J]. 心理科学，2005，28（4）：922-925；刘杰，孟会敏. 关于布郎芬布伦纳发展心理学生态系统理论[J]. 中国健康心理学杂志，2009，17（2）：250-252.

② Bronfenbrenner U. The ecology of human development[M]. Cambridge，MA：Harvard University Press. 1979：5

单个人所固有的抽象物，在其现实性上，它是一切社会关系的总和"①。在立德树人生态体系中，以学生为中心，围绕对学生发展影响的直接程度（即从直接到间接分界），由小到大分别由微观系统、中观系统、宏观系统和时代背景构成。该体系具有整体性与关联性、复杂性与生成性、开放性与自组织性等主要特征。

第一个系统是微观系统，它处于最里层，主要是指与学生个体有着直接而紧密联系的环境，如学校、家庭、同伴及媒体等，学生身在其中并产生体验。微观系统中的每一个因素都处在不断变化和发展中，都会对学生个体的发展造成积极或消极的影响。如，学校这个微观系统中的五育课程设置、课堂教学及其相关的评价制度等因素，都会相互影响，共同作用于学生成长；又如，家庭这个微观系统，主要由子女与家长以及其他家庭人员组成，在不同的家庭，由于父母的教养行为和方式不同，子女个体的发展机会和状况也就不同。特别是留守儿童与父母生活空间上的割裂，常常导致儿童在心理、行为及安全方面的诸多问题。而良好的家庭环境、亲密的亲子关系是个体思想道德和身心健康发展的重要因素。

第二个系统是中观系统，指学生个体所处的两个或两个以上相互联系的微观系统组成的环境，如学校和家庭、家庭与邻居等。中观系统对学生个体发展的影响取决于微观系统之间发生相互联系的数量、质量及程度。如关于家庭与学校的互动，家长与教师共同积极参与和双向沟通交流，可以更全面地了解学生，有针对性地对其开展教育，促进学生良好习惯的养成和学习成绩的提高。学校和家庭的相互作用过程对中小学生发展的影响大于家庭和学校的单独影响。如果学校和家庭等微观系统在对中小学生的教育方式或要求上存在差异，会使他们无所适从，并对学校和家庭的要求产生困惑，有可能对学校失去兴趣、对家庭缺乏亲近感。

第三个系统是宏观系统，指在学生个体成长的生态环境中，并不直接接触或参与，但会对学生个体产生直接或间接影响的一些环境因素。包括父母工作单位、当地教育主管部门、公共服务机构等。这些部门或机构往往会通过一些规章、政策或行为对学生的思想行为发展产生影响。如父母的工作单位能够给员工提供良好的福利和充足的休息时间，社会救助机构对困难家庭的帮扶，等等，都会在一定程度上加深父母与子女之间的亲子关系，进而有利于中小学生的身心健康发展。

第四个系统是时代背景，指个体所处的整个社会的政治、经济、文化背景、社会形态以及社会结构等，微观系统、中观系统和宏观系统均处在时代背景中。如当前社会多元价值观状况及主流价值观体系、民族的风俗习惯和道德风尚、人们的教育观念

---

① 马克思，恩格斯，列宁，等.马克思恩格斯选集：第一卷[M].北京：人民出版社，1995：56.

和生活方式等，都会作用于其他三个系统，影响到学生个体的健康发展和立德树人根本任务的落实。

如果要改变人的行为，就必须改变其生存的环境。积极心理学理论认为，个人的经验获得与成长是在与环境的积极互动中体现的，因此应十分重视构建积极的社会支持系统，如健康家庭、良好社区和有效能的学校系统等。有关研究显示，我国学生幸福感与家长、教师以及同伴情感支持显著正相关。育人生态系统作为一个社会生态系统，具有系统性、整体性和动态平衡性等特征，其内部诸要素与环境因子之间联系紧密、运行有序，发挥着整体育人功能。可见，只有中小学立德树人生态体系内的微观系统、中观系统、宏观系统和时代背景及其内部诸多要素之间相互协调、相互交流，才能促使立德树人生态系统维系平衡与协调发展，实现育人生态体系良好运行。

## 二、四川省中小学立德树人生态体系基本状况

为了解四川中小学立德树人生态体系现状，分析存在的问题，推动良好育人生态建设，构建高质量教育体系，四川省教育学会德育与心理健康教育分会承担完成了四川省教育学会重大调研课题"四川省中小学立德树人生态体系现状调研"。[①] 课题组从立德树人生态体系的微观系统、中观系统、宏观系统中选取对学生发展影响较大的要素，确定了中小学立德树人生态体系状况的分析维度，重点围绕以德为引领，指向人的全面发展，坚持五育并举，对德智体美劳全面培养的育人机制进行考察分析。一是聚焦微观系统中的学校要素，从全员育人、全程育人、全方位育人入手，重点把握学校内部课程育人、文化育人、活动育人、实践育人、管理育人、协同育人各要素整合育人情况；二是聚焦中观系统中的家庭、学校协同育人情况；三是聚焦宏观系统中的政府、教育管理部门、社会与学校有机衔接的协同育人情况。课题组对 20 个市州的 287 所中小学校的校领导进行了问卷调查，对 6 个市 12 个区县课堂教学开展实地调研，对中小学生的学习状况及心理健康进行了问卷调查，对 307 篇农村教师的教育叙事进行了分析，现将调研结果报告如下。

### （一）中小学立德树人生态体系总体良好

课题组围绕立德树人生态体系中微观系统的学校要素，从全员育人、全程育人、全方位育人维度，对学校内部的课程育人、文化育人、活动育人、实践育人、管理育人、协同育人各要素整合育人情况进行了问卷调查。

① 曾宁波，刘怀明，罗媛，等.中小学"三全"育人生态体系现状调研报告[J].全视界·教育，2022（11）：33-36.

　　问卷的一级指标分为全员育人、全程育人、全方位育人、立德树人有效性。结果显示：全省中小学校内部育人生态体系的一级指标平均分为 3.99，育人成效介于一般和较高之间。全程育人得分最高，平均分为 4.08，全员育人平均分为 4.05，全方位育人平均分为 3.98，立德树人成效满意度平均分为 4.03。[①] 总体处于良好水平。

　　对全省 287 所中小学校的校领导分层抽样的调查显示，认为本校学生德智体美劳全面发展的实现程度处于"成效较高、成效很高"的合计为 80.48％；"双减"工作效果的达成度处于"成效较高、成效很高"的合计为 82.93％；"双减"工作的条件保障程度"成效较高、成效很高"的合计为 79.79％；教育主管部门抓立德树人工作的自觉性程度处于"成效较高、成效很高"的合计为 80.84％；当地现有的教育规定与立德树人要求的一致性程度处于"成效较高、成效很高"的合计为 75.61％。全省中小学立德树人生态体系总体运行状态良好。

　　问卷的二级指标——课程育人、文化育人、活动育人、实践育人、管理育人、协同育人六大实施途径的成效中（见图1），活动育人、管理育人和文化育人的平均分分别为 4.32、4.07、4.01，育人成效较高。平均分低于 4 分的有：课程育人（均分 3.95）、实践育人（均分 3.61）、协同育人（均分 3.93），育人成效介于一般和较高之间。

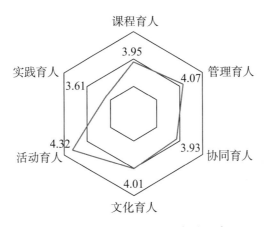

**图1　六大实施途径指标成效得分雷达图**

　　从问卷的三级指标看，活动育人、教育教学内容及方法、校内工作协同的得分较高（平均分为 4.32、4.21、4.19），育人成效较高。实践育人、家校社一体育人、考试评价的平均分分别为 3.61、3.65、3.77，育人成效介于一般和较高之间。

---

　　① 按照 1~5 赋值，分值含义：1 为成效很低，2 为成效较低，3 为成效一般，4 为成效较高，5 为成效很高。

## （二）不同类型（学段）学校立德树人生态体系各有千秋

对全省 287 所中小学校的校领导分层抽样的调查显示，从不同类型（学段）学校立德树人生态整体情况看，高完中平均分最高，为 4.12，成效较高；普通高中平均分最低，为 3.81。全员育人方面，高完中得分分别超过普通高中和九年一贯制学校 0.32、0.2；全程育人方面，高完中最高，超过最低的九年一贯制学校 0.28；全方位育人方面，普通高中、初中得分低于其他类型学校，高完中、九年一贯制学校成效较为突出。立德树人有效性方面，高完中超出最低的普通高中 0.22。

## （三）城乡小学和初中立德树人生态体系各有所长

从小学看，城市小学得分最高，县城小学得分排第三位。（见图 2）

城市小学平均分 4.02，得分最高；乡镇小学平均分 3.99；县城小学平均分 3.97，在三类学校中得分排第三位。在教育教学内容及方法、活动育人、文化育人、实践育人等方面，城市小学得分最高；在学生达成度上，城市小学平均分 4.13，得分最高。

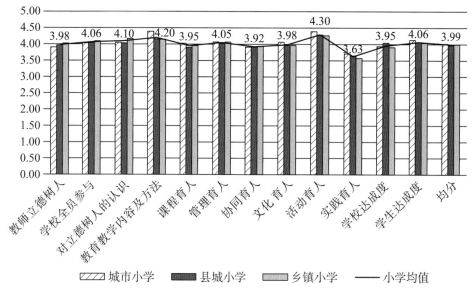

图 2  城乡小学立德树人生态体系二级指标得分柱状图

从初中看，乡镇初中得分最高，县城初中得分居第三位。（见图3）

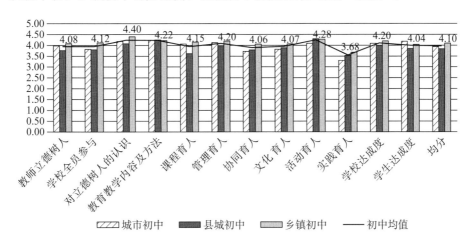

图3　城乡初中立德树人生态体系二级指标得分柱状图

在城乡初中立德树人生态体系二级指标方面，乡镇初中平均分4.1，得分最高；城市初中平均分3.94；县城初中平均分3.83，包括在课程育人、对立德树人的认识等方面得分均居第三位。

### （四）学校落实课程方案、实施五育并举的成效总体介于一般至较高之间

中小学课程设置方案具有系统性，体现了德智体美劳五育并举的要求。是否"开齐、开足、开好"课程方案规定的课程，反映了一个地方、一所学校的课程实施运行状况。对全省287所中小学校的校领导分层抽样的调查结果显示，"学校开齐开足课程的实现程度"处于"成效较高、成效很高"的合计为89.89％。

对义务教育阶段学校五年级、八年级课程实施情况的调研（见表1）显示，学生对"所在班级严格按周课表进行教学"，回答完全符合、比较符合的，五年级分别为66.2％、13.8％；八年级分别为47.6％、29.3％。小学执行课程方案好于初中。

表1　五年级、八年级课程实施情况

| 年级 ＼ 所在班级严格按周课表进行教学 | 完全不符合 | 比较不符合 | 不能确定 | 比较符合 | 完全符合 |
|---|---|---|---|---|---|
| 五年级 | 9.8％ | 5％ | 5％ | 13.8％ | 66.2％ |
| 八年级 | 8.8％ | 8.3％ | 5.8％ | 29.3％ | 47.6％ |

调查结果显示，近一年在学生参加相关拓展课程方面，五年级、八年级学生中绝大多数同学有校外开展调查、参加学校组织的研学旅行、到校外参加公益活动、到校

外参加志愿服务活动、进行勤工俭学、活动课上完成设计作品、运用有形材料进行创作、参加军训、参加学校组织的职业体验等经历。

### （五）不同类型（学段）中小学课堂教学育人达成度介于一般至较高之间

课堂是学生成长的主渠道，构建五育融合的课堂生态，是实现五育并举、全面育人的关键。良好的课堂育人生态体现在教师教书育人、言传身教，进行情感态度、价值观培养，落实学科核心素养等方面。

不同类型中小学课堂教学育人达成度（见图 4），城市初中平均分为 4.31，平均分最高；县城初中平均分为 3.79，排名最后。不同学段中小学课堂教学育人达成度，高完中平均分为 4.26，平均分最高，成效较高；普通高中平均分为 3.8，排名最后。课堂教学育人达成度总体介于"成效一般"至"成效较高"之间。

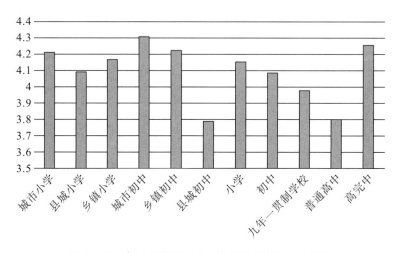

图 4 不同类型（学段）中小学课堂教学育人达成度

课题组对 24 所小学和初中的学生的学习状况进行了抽样问卷调查①，结果显示，97.62％的学生喜爱其科任教师；91.6％的学生充满学习信心；87.6％的学生积极回答问题，不用担心说错了会被教师批评；96.06％的学生在学完课程后，感觉很有收获。可见，在课堂学习中，学生对教师的感受总体是积极的，课堂学习氛围是安全、和谐的，课堂学习质量和获得感整体较好。

通过学生问卷，课题组试图了解小学和初中教师的教学情况。结果显示，97.96％的学生认为教师在课堂上鼓励学生独立思考和解决问题；96.32％的学生认为，教师在课堂上多采用体验、讨论、探究等多种方式教学；92.74％的学生表示科任教师在课堂上关注学生课堂状态；94.93％的学生认为自己在取得进步时，教师会及时进行鼓励；94.49％

---

① 曾宁波，朱远平.立德树人课堂育人生态：现状、问题与对策[J].全视界·教育，2023（1）：39-44

的学生表示教师经常指导自己怎样做笔记；81.96％的学生认为自己在请教问题时，教师会耐心解答；86.8％的学生认为教师尊重学生的自尊，不会任意责罚学生。

对全省 287 所中小学校的校领导分层抽样的调查显示，"学校教育方法尊重学生身心特点的程度"处于"成效较高、成效很高"的合计为 83.97％。学生问卷结果显示，85.63％的小学三年级及以上学生认为每天书面作业完成时间平均不超过 60 分钟，79.59％的初中生认为每天书面作业完成时间平均不超过 90 分钟。可见，在课堂教学中，教师尊重学生，营造愉悦的课堂氛围，注重发挥学生的主体性，关注学法指导，鼓励有效率地学习。重视采取自主、合作、探究等学习方式，培养学生解决问题的能力。学校作业管理取得实质性成效。

### （六）学校、家庭、政府及社会协同育人实现程度总体介于一般和较高之间

"心灵世界是由林林总总的心理单元构成的生态群落，各单元之间一刻不停地发生着相互作用，它们的冲突、叠合、替代、汇聚、松懈犹如生物世界中生命个体之间的互动，构成了具有历史性、层次性和系统性的生态的世界。""就心灵世界与外在世界（物质的、社会的、文化的世界）的关系而言，理解这两个世界的相互影响，也应该持有生态的观点，应把心灵世界这个'内在生态系统'看成是与外部世界这个'外在生态系统'互动的产物。"[①] 学校、家庭、政府、社会协同育人是促进学生健康成长的必然要求。对 287 所中小学校的校领导分层抽样调查显示，学校、家庭、政府及社会协同育人整体实现程度均分为 3.93，介于一般和较高之间（见图 5）。其中高完中、九年一贯制学校均分高于 4，协同育人实现程度处于"成效较高"水平；普通高中协同育人实现程度均分为 3.66，介于一般和较高之间，排名最后。

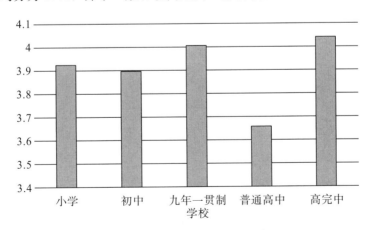

**图 5　中小学协同育人实现程度**

---

① 訾非. 走向生态主义的心理学[J]. 北京林业大学学报（社会科学版），2014，13（2）：1-8.

值得注意的是，调查显示，"学校与家庭协同育人的实现程度"处于"成效较高、成效很高"的合计为 63.06％；"学校与街道、乡镇协同育人的实现程度"处于"成效较高、成效很高"的合计为 49.48％。协同育人的这两个具体指标亟待加强。

## 三、中小学立德树人生态体系存在的问题及原因分析

根据 287 所中小学校的校领导关于"当前学校立德树人面临的主要问题及挑战"的作答（共 524 条），课题组归类总结了立德树人生态系统中微观系统、中观系统和宏观系统存在的主要问题和挑战，其主要集中在教育观念、教育评价、家校协同育人、教育方法及策略、学科育人、课程建设、条件保障、上级支持、社会环境等方面。在这些要素中，或存在相互矛盾和冲突，或功能失衡，导致育人生态系统运行不畅，陷入恶性循环的泥沼。

### （一）立德树人的教育观尚未牢固树立，立德树人成效有待进一步提升

一是立德树人的思想自觉与行动自觉有待加强。287 所中小学校的校领导认为，"教育行政人员对立德树人含义的理解程度"处于一般及以下的合计为 19.17％；"教育主管部门抓立德树人工作的自觉性程度"处于一般及以下的合计为 19.16％；"教师对立德树人含义的理解程度"处于一般及以下的合计为 19.86％；"科任教师教学中体现立德树人的自觉性程度"处于成效较高、成效很高的合计为 59.93％；"当地现有的教育规定与立德树人要求的一致性程度"处于成效一般及以下水平的合计为 24.39％；"现有学校规章与立德树人要求的一致性程度"处于一般及以下水平的合计为 18.12％。数据提示，实践行为低于理性认识，存在知行脱节的现象，立德树人的思想自觉与行动自觉有待加强。

二是教育评价方式单一。参与问卷调查的各校领导均认为，教育主管部门在办学质量评价中对五育并举考虑不全，考试分数是评价学校的主要依据。高中学校最害怕领导一来就问北大清华苗子有没有、重本率多少。287 所中小学校的校领导认为"当地现有评估检查内容与立德树人要求的一致性程度"处于一般及以下水平合计有 28.22％，立德树人评价导向发挥不充分。家长及社会普遍以考试成绩好作为评价办学质量高的标准。升学考试压力之下，相关各方在评价学校及学生时分数至上，对学生身心健康成长关注不够。

三是部分学校立德树人效果有待进一步提升。从 287 所中小学校的校领导"对本校立德树人效果的评价"看，合计有 25.79％的学校立德树人成效处于一般及以下水平。2021 年，某县区对 12368 名中小学生的心理健康状况进行了调查，数据显示（见

表2），2.85％的人存在严重心理问题。分量表问卷结果显示，学习焦虑、过敏倾向、自责倾向、身体症状四个因子检出率较高，分别为 48.05％、17.05％、14.27％、12.52％。学习焦虑表现在学生害怕考试、害怕学校、害怕老师，甚至讨厌学习。学习焦虑高与学生生活环境的变化、竞争性学习排名、学习任务的增加所带来的不适应及紧张有关。过敏倾向多是家庭原因造成的，如面对神经质父母，或者家庭关系紧张、家庭状况恶劣等。自责倾向的形成与家长的严厉惩罚、教师的歧视和同学的嘲笑等有关，自责倾向的基础是对失去别人的爱的不安。

**表2　中小学生心理健康状况**

| 测评总人数 | 健康人数 | 百分比 | 一般心理问题倾向人数 | 百分比 | 严重心理问题倾向人数 | 百分比 |
|---|---|---|---|---|---|---|
| 12368 | 11399 | 92.16％ | 617 | 4.99％ | 352 | 2.85％ |

### （二）五育并举课程生态实施失衡，普遍存在弱化非考试学科的现象

课程体系作为学校立德树人生态体系的子系统，居于核心位置。是否"开齐、开足、开好"课程方案规定的课程，反映了一个地方、一所学校的课程生态运行状况。调研中发现，全省中小学虽都按照五育课程安排实施教学，但存在五育课程实施失衡，重智育，德育、美育、体育等课时被占用（见表3、4、5、6），落实不到位的情况，少数学校还存在"阴阳"课表现象。究其根源在于教育评价这根指挥棒未能导向五育并举。

调研结果显示，五年级小学语文、数学学科课程的周课时普遍超过规定课时1—2课时，挤占了其他课程的课时，如数学课时规定每周4节，但开设5节及以上的有53.4％。道德与法治、音乐、美术及地方课程的课时普遍不足。五年级有78.6％的学生每周达到上2节音乐课要求，八年级79.3％的学生每周达到上1节音乐课要求；五年级79.5％的学生每周达到上2节美术课要求，八年级80.6％的学生每周达到上1节美术课要求。

对五年级、八年级学生所在班级道德与法治、体育、音乐、美术课程是否经常被其他课占用的调查结果显示，五年级、八年级分别有12％、11.2％的学生认为所在班级道德与法治课经常被其他课占用；分别有13.5％、18.6％的学生认为所在班级体育课经常被其他课占用；分别有12％、22.8％学生认为所在班级音乐课经常被其他课占用；分别有12.4％、21.6％学生认为所在班级美术课经常被其他课占用。这一结果与国家义务教育质量四川监测结果一致。

问卷调查结果显示，"通过社会实践活动育人的实现程度"处于成效较高、成效很

高的合计为 60.28%，"运用博物馆纪念馆等文化设施育人的实现度"处于成效较高、成效很高的合计为 47.73%。实践育人课程亟待加强。

表 3　所在班级道德与法治课被其他课占用情况

| 年级＼所在班级道德与法治课经常被其他课占用 | 完全不符合 | 比较不符合 | 不能确定 | 比较符合 | 完全符合 |
|---|---|---|---|---|---|
| 五年级 | 74.6% | 6.1% | 7.1% | 4.9% | 7.1% |
| 八年级 | 72% | 9.3% | 7.3% | 5.8% | 5.4% |

表 4　所在班级体育课被其他课占用情况

| 年级＼所在班级体育课经常被其他课占用 | 完全不符合 | 比较不符合 | 不能确定 | 比较符合 | 完全符合 |
|---|---|---|---|---|---|
| 五年级 | 71.2% | 7.9% | 7.1% | 7.3% | 6.2% |
| 八年级 | 53.1% | 17.9% | 10% | 11.6% | 7% |

表 5　所在班级音乐课被其他课占用情况

| 年级＼所在班级音乐课经常被其他课占用 | 完全不符合 | 比较不符合 | 不能确定 | 比较符合 | 完全符合 |
|---|---|---|---|---|---|
| 五年级 | 73.2% | 7.3% | 7.2% | 7% | 5% |
| 八年级 | 50.4% | 16.8% | 9.8% | 13.7% | 9.1% |

表 6　所在班级美术课被其他课占用情况

| 年级＼所在班级美术课经常被其他课占用 | 完全不符合 | 比较不符合 | 不能确定 | 比较符合 | 完全符合 |
|---|---|---|---|---|---|
| 五年级 | 73.1% | 7.5% | 6.8% | 6.8% | 5.6% |
| 八年级 | 51.1% | 17% | 10% | 12.6% | 9% |

### （三）家—校—社各生态子系统连接不畅，协同共育链亟待加强

一是家庭教育与学校教育连接不畅，家校共育面临困难。对全省 287 所中小学校

的校领导分层抽样的调查结果显示，"学校与家庭协同育人的实现程度"处于成效一般及以下水平的为 36.94％。在小学、初中、九年一贯学校，校领导认为"家长不支持"均位列第一。家校协同共育面临挑战，具体表现在，家长重智育、轻德育的现象还比较普遍，对孩子行为规范的要求和孩子价值观的引导不够。

二是学校与社会协同育人连接较弱，社会教育资源利用不够。调查结果显示，"学校与街道、乡镇协同育人的实现程度"处于成效一般及以下水平为 50.52％，"通过社会实践活动育人的实现程度"处于成效一般及以下水平的为 39.72％，"利用博物馆、纪念馆等文化设施育人的实现程度"处于成效一般及以下水平的为 52.27％，"利用网络空间进行立德树人的实现程度"处于成效较高、成效很高的合计为 54.35％，"立德树人的经费、空间、设备等保障程度"处于成效较高、成效很高的合计为 62.72％。

三是留守儿童家庭教育缺位，社会支持不够，生存状态堪忧。对 307 篇农村教师教育叙事文章的分析发现，教师视野下的留守儿童对学校、社区、政府三个关爱主体的关爱感知较少。采用质性研究方法结合大数据分析工具，将案例中留守儿童生存状态按分类、词频进行统计，发现 307 篇文章中出现生存状态关键词描述的共计 2481 处，将这 2481 处描述视为教师视野下留守儿童生存状态的全貌，绘制留守儿童生存状态的系统热度视图（见图 6），其中，图形面积与关注的频次成正比，即面积越大，案例中出现该类的词语越多；内圈描述生存环境分类，最外圈呈现该分类中提到的高频关键词。

2021 年，民政部的统计数据显示，96％的留守儿童由祖父母隔代监护和亲友临时看护[1]。四川省义务教育阶段在校农村留守儿童共 40 余万人，也面临缺少父母的陪伴和监管问题。留守儿童缺乏安全感、感到被抛弃、自卑敏感、不合群等心理问题也给教师留下深刻印象（见表 7）。困境留守儿童指自身或家庭原因导致基本生存状况恶劣、身心健康出现严重危机的留守儿童。[2] 不同教师在叙事中写到了学生的家庭情况及对孩子的影响，诸如"父亲需坐牢 5 年，母亲已改嫁 7 年，奶奶腿脚不便，爷爷酗酒""父母离异，再婚的父母常年外出务工""姐弟俩的爸爸智力低下，妈妈是精神病人"等。这类留守儿童往往生活极端困难，"穿着不合适的衣服和裤子""浑身散发臭味、不洗头、不洗澡"等。他们往往存在家庭监护缺失，影响了心理健康，如"他长期一人待在家里、奶奶一周来看望一次""他的母亲偶尔回来"，性格发展受阻，轻者

① 钟焦平. 提升乡村家庭教育质量迫在眉睫[N]. 中国教育报，2022-5-20（1）.
② 王丹，潘璐. 困境留守儿童的生存现状与支持体系探究[J]. 中国农业大学学报（社会科学版），2020，37（2）：106-113.

"孤僻、自卑、不愿与人说话"，重者"自残""仇恨父母"。

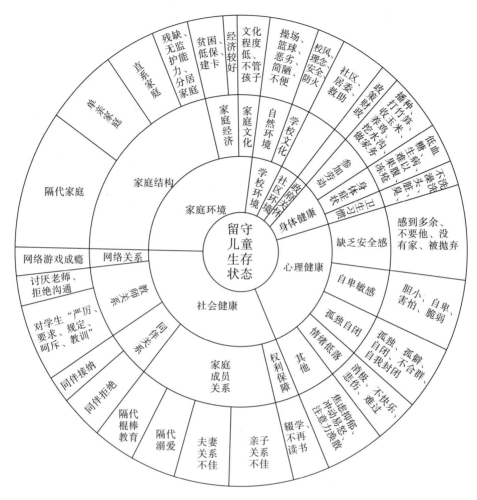

**图6 教师视野下的留守儿童生存状态系统分析图**

**表7 教师教育叙事案例中涉及留守儿童心理健康问题的频次统计**

| 类别 | 叙事中的文本描述 | 频次 |
|---|---|---|
| 缺乏安全感 | 感到多余、不要他、没有家、没安全感、被抛弃 | 190 |
| 自卑敏感 | 胆小、自卑、害怕、不敢看人、不敢说话、敏感、脆弱 | 182 |
| 孤独自闭 | 孤独、孤僻、自闭、不合群、自我封闭、沉默寡言 | 178 |
| 情绪低落 | 消极、不快乐、悲伤、难过、哭泣 | 66 |
| 焦虑抑郁 | 焦虑、抑郁、忧愁、想死、自虐、跳楼、自杀 | 39 |
| 冲动易怒 | 过激行为、引起注意、人来疯、大喊大叫 | 39 |
| 注意力涣散 | 分心、注意力不集中 | 18 |

### （四）教师立德树人意识及能力有待进一步提升，师资队伍建设亟待加强

一是教师立德树人认识模糊，共育意识不强。一些教师认为育人是班主任、政治教师和德育处的事。全省287所中小学校的校领导分层抽样调查结果显示，"全体教职员工参与立德树人工作的程度"处于成效一般及以下水平的有25.08％。2021年成都某区对辖区每所中小学的班主任（其中，小学班主任711名，中学班主任254名，占全区中小学班主任总数的65％）进行了问卷调查，就班主任工作获得其他教师支持情况看，59.07％的班主任表示副班主任及科任老师对班主任工作"非常配合"，27.46％的班主任表示配合度"一般"，12.75％的班主任认为"一部分老师不配合"班主任工作。

二是立德树人能力不足。教师对立德树人理解不深，教育方式方法单一，能力有待提高。全省287所中小学校的校领导分层抽样调查结果显示，"科任教师教学中进行立德树人的能力程度"处于一般及以下水平的为40.07％。学科育人能力不强，教师忽视必备品格培养，习惯于以书本知识的单向传授代替潜移默化的道德生成，将立德树人简化成显性知识为核心的人才培养。班主任"在班级管理中进行立德树人的能力程度"处于一般及以下水平占19.51％。

三是人员保障方面，师资配备存在老龄化倾向，德育教师队伍水平参差不齐。义务教育阶段学校思政课专职教师配置不足，兼职情况普遍。调研结果显示，"立德树人的人员保障程度"处于一般及以下水平的为25.78％。

当前学校立德树人面临的主要问题及挑战统计情况见表8。

**表8 当前学校立德树人面临的主要问题及挑战统计表**

| 类型（学段） | 问题 | | | | | | | | | |
|---|---|---|---|---|---|---|---|---|---|---|
| | 家长不支持 | 评价体系冲突 | 观念未改变 | 缺乏专业教师 | 缺少方法策略 | 学科育人不足 | 硬件保障不足 | 期待上级支持 | 缺乏课程建设 | 社会环境不好 |
| 小学 | 39 | 27 | 24 | 26 | 24 | 20 | 15 | 5 | 3 | 2 |
| 初中 | 14 | 13 | 14 | 8 | 6 | 3 | 3 | 3 | 2 | 3 |
| 九年一贯制学校 | 7 | 5 | 5 | 6 | 3 | 6 | — | 1 | 2 | — |
| 高完中 | 7 | 11 | 6 | 5 | 6 | 1 | 3 | 1 | — | — |
| 普通高中 | 1 | 4 | 3 | 1 | 3 | 2 | 3 | — | — | — |
| 合计 | 68 | 60 | 52 | 46 | 42 | 32 | 24 | 10 | 7 | 5 |

中小学立德树人生态体系存在的问题及挑战，有其深刻的内部和外部原因。从教

育内部讲，主要是职普协调发展和中高考竞争性选拔，不科学的教育观、人才观和评价观；从教育外部讲，主要是就业竞争压力以及收入分配、社会保障制度不完善，发展不平衡、不充分等问题。这些内外部问题层层传导，导致立德树人生态体系失衡，教育行为扭曲，致使学生学业压力较大，家长产生教育焦虑，发展素质教育困难重重，需要进一步加大力度，全面系统深化改革。

## 四、完善中小学立德树人生态体系的建议

针对中小学立德树人生态体系中存在的问题，结合全省 287 所中小学校的校领导"对加强学校立德树人工作建议"的问卷调查结果，课题组认为必须站在为党育人、为国育才的战略高度，坚持系统思维，着力转变观念，克服当前功利化、短视化教育行为，改善教育生态，补短板、强弱项、优师资、提质量，不断推进四川中小学教育高质量发展，让优质教育资源惠及所有家庭和孩子。

### （一）坚持系统思维，树立协同共育的教育生态理念

一是必须进行系统改革。我国是一个发展中大国，仍处于社会主义初级阶段，正在经历广泛而深刻的社会变革，推进改革发展、调整利益关系往往牵一发而动全身，因此必须系统改革。党的二十大报告提出"必须坚持系统观念。万事万物是相互联系、相互依存的。只有用普遍联系的、全面系统的、发展变化的观点观察事物，才能把握事物发展规律"。学生的发展与其所处环境密切相关。关于如何培养人、如何落实立德树人根本任务，社会各界和学术界应形成共识，即从构建良好育人生态入手，破解和摆脱长期困扰中小学育人中存在的问题和面临的困境，这是中国式教育现代化的必然要求。

二是要进行全局性谋划，增强教育改革的整体性、系统性和协调性，再造良好教育生态。教育中出现的问题，从来不只是教育本身的问题，而是社会问题的投射。2023 年 5 月 29 日，习近平总书记在中共中央政治局第五次集体学习时强调"要在全社会树立科学的人才观、成才观、教育观，加快扭转教育功利化倾向，形成健康氛围的教育环境和生态"。中小学生的认知能力、社会经验等生态因子具有独特个性，由于不断受到来自外部环境的影响，成为立德树人生态系统中最活跃和个性化的变量。因此，立德树人要立足于学生所处的生态位，即每个学生个体在学校、家庭、社会中的时空位置及功能关系。重视育人生态体系内直接作用于学生个体的微观系统，如学校、家庭、同伴及班级；中观系统，如家校关系、家庭经济状况、家庭与工作的平衡等；宏观系统，如社会保障、就业形势等。立足时代背景，促进其内部诸多要素之间紧密

联系和关系融洽，使整个育人生态系统始终保持开放的姿态与外界进行信息、能量、物质的良性互动，在动态发展中求得平衡，让各育人子系统的功能聚焦立德树人，尽量降低育人子系统间的力量耗散或相互抵消，增强育人的有效性。如学校在课程实施中，要以促进学生全面而有个性地发展、健康成长为目标，完整落实国家课程，建设校本课程，将课程理念、原则要求转化为具体的育人实践活动，构建体现办学特色的课程育人体系。

### （二）推进教育评价改革，修复立德树人生态链

评价具有"指挥棒"作用。完善立德树人评价体系是修复立德树人生态链的关键。要按照《义务教育质量评价指南》和《普通高中学校办学质量评价指南》的要求，以教育评价改革牵引教育生态体系修复，充分发挥评价的导向、鉴定、调控等作用。

首先，以评价改革牵引管理方式改革。引导各级政府树立正确的教育政绩观，全面贯彻党的教育方针，以科学的评价导向，强化教育评价的标准引领，扭转教育功利化倾向，营造良好的教育生态。各地不得下达升学指标或以中高考升学率考核教育部门、学校和教师。要改革学校评价制度，落实立德树人根本任务。针对基础教育"唯分数、唯升学"的功利做法，主管部门要切实转变教育质量观，在办学评估中把立德树人、五育并举成效作为检验学校一切工作的根本标准。应结合当地实际，制订相应的立德树人考核办法，加快建立以发展素质教育为导向的学校办学质量评价体系。

其次，以评价改革引导教师教书育人。要进一步改革教师评价制度，坚持把师德师风作为第一标准，突出教育教学实绩，强化一线学生工作。通过评价，引导教师潜心教书育人，做到每一堂课不仅传授知识，而且传授美德，每一次活动不仅健康身心，而且陶冶性情。要完善考评激励机制，给学校和教师队伍减负，减去一些不必要的学校事务，让教师有时间、空间、精力去安心从教、静心从教，去落实立德树人根本任务。将立德树人开展情况纳入年度考核，并与评优、评先、评职挂钩，将立德树人工作与学科成绩同等对待，改变简单以考分排名评老师、以考试成绩评学生的导向和做法，把学生从海量做题的苦海中解放出来，把教师从以简单的考试排名的束缚中解放出来。

最后，以评价改革牵引办学模式改革。坚持以评促建、以评促发展，改变以升学率评学校的简单做法。改进结果评价，强化过程评价，探索增值评价，健全综合评价。积极探索"以入口定出口""从起点看变化"的增值评价，用不同尺子衡量基础不同的学校，激发不同生源、不同类型学校的办学活力。完善升学及招生模式，构建引导学生德智体美劳全面发展的考试内容体系，把五育课程体系落到实处。"教育是人的灵魂

的教育，而非理智知识和认识的堆集"，中高考命题中要加大和落实立德树人导向，为学生的全面和谐发展创造条件。

### （三）强化学校－家庭－社会联系，完善协同育人运行机制

习近平总书记在全国教育大会上指出，"办好教育事业，家庭、学校、政府、社会都有责任"。为积极构建学校、家庭、社会协同育人格局，完善学校积极主导、家庭主动尽责、社会有效支持的工作机制，要按照《中华人民共和国家庭教育促进法》的有关规定，切实增强工作合力，实现最佳育人效果，需要做好以下工作：

一是要做好家校有效沟通，建立深度信任与合作关系，让教师和家长心往一处想、劲往一处使。在现代教育体系中，家校合作对教育生态有特殊的重要意义，是维持教育生态平衡、促进生态优化的基础条件。家长和学校有着不同角色、不同立场，决定了学校与家庭之间存在着利益和立场差异。在承认不同的前提下，需要寻求各方利益的"最大公约数"。因此，家校合作的前提是要建立家校之间的信任关系，加强彼此之间的理解。学校要根据实际需要，探索多种形式的家校合作。可通过开办"家长学校"，帮助家长认识自己的角色使命，改进教育方法，纠正家庭教育中存在的问题，提高教育子女的能力。教师要开展常态化的家访活动，了解家庭状况，增进双方感情，督促家长严格履行第一监护人职责。同时充分利用家访、家长会、微信、电话等交流方式，让家长认识到孩子成长的更多可能性，更切实地体会到素质教育带给孩子的好处，使更多家长认同并支持教育改革。

二是党委政府要加强统筹协调，各部门相互联动，分工负责，筹措经费，做好管理保障。各类社会公共文化教育服务机构同学校教育和家庭教育一样，都承担着立德树人的重要使命。因此，要贯通校内外多种教育形式，把少年宫、博物馆、图书馆、美术馆等各类校外文化体育场所建设成为开放多元、充满活力的教育平台，与学校和家庭一起形成教育合力共同育人，为培养一代新人提供更大空间。

三是政府要发挥牵头组织作用，教育、妇联等部门要统筹协调社会资源支持服务家庭教育，加快形成家庭教育社会支持网络，推动家庭、学校、社会密切配合，共同促进少年儿童身心健康成长，特别是对留守儿童要给予更多关怀。研究表明，留守儿童的社会支持系统应与他们的生存环境实现"时空一体"，政府的政策支持、财政扶持，社区和志愿者的思想教育、代理监护、帮扶活动等行为应尽量"定人、定期"发生在学校或家庭环境中，与被关怀者直接互动、高频联系，以直接改善儿童的身体健康、心理健康及社会关系健康。[①] 目前对留守儿童关怀主体中的政府、社区、学校、

---

① 张学浪.创新社会治理体制下的农村留守儿童关爱服务体系构建[J].农村经济，2018（2）：99-104.

群团、社会组织等分工有余、协作不够，资源整合不足，导致实际帮扶效果不佳，难以满足留守儿童需求。政府可鼓励成立专门的留守儿童关爱组织，吸纳社会、群团和公益组织的人力物力并统筹调配，向政府提供第三方服务；组织面向社会的独立经营，有利于科学总结经验、持续提升服务质量；地方政府组织购买第三方服务，既可节约人力物力，又能监管服务质量。通过留守儿童关爱组织实现代管监护、补贴辅助发放，落实政府的监管和服务职责，整合社会志愿者的支持力量，与学校、教师共同形成互为补充的两大关爱主体，避免学校应对无限责任。对事实无人监护儿童、父母违法不能履行监护职责的真实困境留守儿童，依法安排专人实施替代监护，并与学校紧密合作，从根本上实现"儿童有人监护、监护受法律保护"，解决最紧要的留守儿童监护缺位问题，让所有孩子都能感受到党和政府的温暖，都能有一个幸福美好的童年。

### （四）提升教师立德树人的意识及能力，夯实课程育人主阵地

习近平总书记指出，"教师承载着传播知识、传播思想、传播真理，塑造灵魂、塑造生命、塑造新人的时代重任"。因此，必须把教师队伍建设作为基础工作来抓，让课堂成为立德树人的主阵地。

一是牢固树立教书育人理念，实现价值塑造与知识传授和能力培养的协调统一。课程是开展立德树人工作的主阵地。学科课程育人强调在德育课以外的课程中融入德育，培养学生的正确价值观、必备品格和关键能力。这就要求教师切实转变育人观点，做到"经师"与"人师"的统一，既教书又育人，在课堂教学中积极探索实质性介入学生个人日常生活的方式，将教学与学生当前的人生遭际和心灵困惑相结合，有意识地解答学生在学习、生活、社会交往和实践中遇到的真实问题和困惑，真正触及他们默会知识的深处，亦即他们认知和实践的隐性根源，从而对学生发挥积极的影响。因为，"在学习中，唯有被灵魂接纳的事物才能成为自身的财富"①，才能获得真正的理解。

二是要加强新课程标准培训，让教师理解新课标，用好新教材。各课程标准基于培养目标，将党的教育方针具体化、细化为本课程应着力培养的学生核心素养，体现正确价值观、必备品格和关键能力的培养要求。教育部发布的义务教育课程方案和课程标准（2022版）、普通高中课程方案和课程标准（2017年版2020年修订）从指导思想、修订原则、主要变化的具体内容等方面，从不同角度贯彻落实立德树人根本任务。所有学科课程标准的内容，都把课程方案的思想性、方向性要求统一编排在最前面。各中小学校校长要提升课程教学领导力，关注教育主业、学校正事，专业地领导教书

---

① 雅斯贝尔斯.什么是教育[M].童可依，译.北京：生活・读书・新知三联书店，2021：5.

育人工作，引导教师认真钻研教材，创造性地理解和使用教材；积极开发、合理利用课程资源，灵活运用多种教学策略和现代教育技术，努力探索网络环境下新的教学方式；精心设计和组织教学活动，重视启发式、讨论式教学，启迪学生智慧，提高课堂教学效率。

三是改变"控制型"的课堂教学模式，课堂教学实现由工具性教育向主体性教育转变、由知识性教育向文化性教育转变。教师、学生、教学内容是课堂育人生态三大基本要素。课堂中学生是学习的主人，教师是学习活动的组织者和引导者，教学应在师生平等对话的过程中进行。课堂教学应激发学生的学习兴趣，注重培养学生自主学习的意识和习惯，引导学生掌握学习的方法，为学生创设有利于自主、合作、探究学习的环境。教师应尊重学生的个体差异，鼓励学生选择适合自己的学习方式。校长在教学管理过程中，要引导教师在课堂教学中成为塑造学生品格、品行的"大先生"。

（撰稿人：曾宁波，四川省教育科学研究院研究员、四川教育学会学术委员会副主任）

# 教育数字化转型与立德树人

数字技术应用于经济、社会、科技等领域取得的巨大成功，引起了教育工作者的广泛关注。当前，如何利用数字技术推动教育深刻变革，成为学界关注的热点话题。在此背景下，"推动教育数字化转型"成为教育改革发展的重要话题，人们期待依托数字技术激发教育改革发展动力，让教育数字化转型支撑和引领教育改革创新和落实立德树人实践，促进五育融合，为教育现代化发展提供可靠保障。

## 一、教育数字化转型的内涵特征

从 2010 年 7 月中共中央、国务院发布《国家中长期教育改革和发展规划纲要（2010—2020 年）》，对教育信息化发展做出总体部署，经历"十三五""十四五"时期，至党的二十大报告中明确提出"推进教育数字化"，推进教育数字化转型已经成为新时代教育发展的趋势。

作为教育信息化的特殊阶段，教育数字化转型是在 5G 环境下，以互联网、物联网等为载体，以数据资源为关键要素，教育要素融合数字技术，发展数字化能力和方法，培养数字化意识和思维，构建智慧教育发展生态，形成数字治理体系和机制的过程。北京师范大学黄荣怀教授等指出，教育数字化转型包括四重内涵：在战略层面上，其根本任务是价值观优化、创新和重构，以形成组织和机构的数字化意识和数字化思维为目标；在系统性变革上，涵盖教育全要素、全流程、全业务和全领域的数字化转型，其核心要义是推动智慧教育生态的形成和发展；在核心路径上，要兼顾学生、教师、教育管理人员的数字能力建设；在关键驱动要素上，数据是基础，易用、可用、好用的数字教学平台和工具的广泛采纳是数据采集基础，平台的互操作性是基本保证。[①]教育数字化转型是教育信息化发展的新阶段，信息时代教育体系雏形将逐渐显

---

① 黄荣怀，杨俊锋.教育数字化转型的内涵与实施路径[N].中国教育报，2022-04-06（4）.

现。教育数字化转型涵盖教育空间、教育服务、教育治理的转型。

一是教育空间的转型，由线下"物理－社会"二元空间转向线上"物理－社会－信息"三元空间以及线上线下融合空间。传统教育空间是指教室、实验室等学校实体物理空间，教师与学生同处一个实体空间，以面对面的交流方式，在课堂上进行小群体之间的交流。互联网、人工智能等数字技术引发了一系列的教育环境变革，深刻影响着教学育人形态，颠覆着人们过去对教育空间的认识。数字技术的发展与成熟，促使物理实体与虚拟数据之间的交织融合越来越频繁。数字化转型背景下，不同类型教育空间在数字技术影响下，包括数字基础设施为基础的物理空间、数字算法为中介的社会关系空间、数字平台为载体的虚拟信息空间，正悄然改变自身空间形态，潜移默化地形塑着教育实践。数字化转型背景下的教育空间是"持续建构、动态多变、边界模糊"的形态。[①]

二是教育服务的转型，由主体有限、标准僵化转向共建共享、需求驱动。在传统教育中，人才大规模培养的教育服务主要由学校和政府通过统一标准来提供，这种僵化统一的服务供给模式无法满足数字化时代下灵活的教育需求，以需求为立足点的新型教育服务供给迫在眉睫。需求驱动的教育服务强调基于教育主体的需求，提供多样化、智能化、多元化的教学服务方式。[②] 这意味着教育服务的提供者需要根据学生、教师和其他相关者的需求，基于教学目标、学生学情的资源共建共享，提供定制化的教育服务，倡导创新应用和融合管理，推进"教—学—管—测—评"一体化全流程的需求导向转型。

三是教育治理的转型，由个人主观、静态监管转向技术赋能、多元共治。传统的教育数据采集与治理管理具有随意性、松散性等不足。教育数字化转型强调利用新一代信息技术，依托大数据、云计算、人工智能等数字技术，打造"数据驱动＋多元共治"治理路径，构建数据支撑的评估、决策、管理体系，实现教育流程可视化、治理决策精准化、治理主体多元化、治理方式科学化。充分发挥数据作用与社会力量，实现由"经验驱动"转向"数据驱动"、由"单向层级管理"转向"多部门和多主体协同治理"，[③] 从而形成多主体共同参与、权责分明、协同治理的新局面。

---

① 王兴宇. 数字化转型对教育空间的塑造逻辑[J]. 高等工程教育研究，2023（3）：108-113.
② 陈丽，张文梅，郑勤华. 教育数字化转型的历史方位与推进策略[J]. 中国电化教育，2023（9）：1-8+17.
③ 同②.

## 二、教育数字化转型的实施进路

在教育数字化转型背景下，教育呈现出复杂系统的规律，需要从全局角度，用系统思维来理解和阐释教育系统中各种因素的交互作用、系统与外界的交互作用，以揭示其演变规律。

### （一）基于"网络—平台—终端"建设，构建三元共建融合的教育环境

为适应数字化时代教育空间的变化，应加快建设基于三维立体空间的新环境。在网络方面，将互联网办学要求纳入学校办学条件建设标准，建设教育专用网络，加快推进学校无线网络全覆盖，促进数字终端的接入和互联。基于此，构建立体融合、感知交互的立德育人空间，拓展实体学校边界，允许学校以"空中学校""学习社区""数字校园"等多元形态存在，以适应不同类型、不同学段教育对象的特定需求。在云平台方面，建立完善共享规则和数据标准，统筹各级各类政府引导的云端平台，构建一体化大平台，移除平台间的非必要壁垒，打造开放协同、平台互联、数据互通、安全有序的云平台服务体系，让各级各类平台有机配合、错位发展。在教育终端方面，逐步普及符合技术标准与教学需要的个人终端，让每个学生实现网络的常态化应用，积极探索未来教育新模式。同时，开发适用于学习终端、自主探究、团队合作、深度体验、知识建构类的认知工具，丰富学习内容表现形式，帮助教师创设情境、互动引导、仿真模拟，帮助学生进行知识构建、自主学习、协作共享，服务和支持教与学方式变革。

### （二）基于供给侧改革，构建共享适切的教育服务体系

当前我国教育服务的供给，多为学校或市场的标准化供给，难以满足教师和学习者的多元化需求；同时，由于缺乏持续迭代优化的长效机制，在现有的数据库中，常存在着"常建而不用"和"不好用"的问题[①]。教育服务适切，要求强化教育投入体制改革，实现教育供给侧改革，从根本上转变原有供给驱动的服务逻辑，以服务主体的需求和满意度为出发点和落脚点。基于此，一方面应坚持需求牵引，供给主体由单一主导转向多元发展。充分发挥市场机制的作用，建立教育服务的市场供给机制，合

---

① 郑勤华，陈丽，郭玉娟，等.推动"互联网＋教育"创新发展的着力点——"互联网＋教育"创新发展的理论与政策研究（二）[J].电化教育研究，2022，43（3）：12-17＋59.

理运用市场机制来配置教育资源[1]；建立政府、市场主体、非营利机构的多元化供给体系，调整教育服务供给结构和方式，满足人民对教育公共服务的多样化、个性化需求。另一方面要着力建立资源服务动态优化的长效机制，密切重视用户反馈，通过对教育资源服务的评价、反馈、推荐，促进服务的动态升级和服务品质的提高，突破建而不用、建设方与使用主体貌合神离的窘境，让使用主体在教育服务的设计、开发、实施、评价的全过程中拥有更大话语权。

### （三）基于数据治理，推动教育治理体系现代化

目前，我国教学数据的来源、种类和内容越来越多，在不同的平台和体系下，存在着"数据孤岛"现象，数据难以同步更新，且存在数据质量低等问题。因此，亟须提升教育治理能力。一是打破数据壁垒，促进多区域、多主体、多部门、多层级、多领域数据无缝流转与融通共享。建设和应用各级各类标准规范，聚合各类教育数据和服务，推进跨平台跨区域融合。在此基础上，构建一体化大平台，推动以数据为基础的过程重组，使管理工作在信息化进程中得以顺利进行。面向实际问题，融合专家智慧和机器智能，建立具有科学性、可解释性、可理解性的教学模式，为学生成长、学校管理、区域治理等提供服务，推动基于经验的管理决策向基于数据的管理决策转型。二是充分利用海量、多维、过程性、多模态数据揭示深层次的复杂教育规律，充分利用互联网，聚焦教育变革过程中的真问题，通过多学科协作的组织模式和基于数据循证的研究模式，聚集多领域智慧，探索揭露多样复杂的教育现象。理论和实践探索双向发力、相互支持，形成具有中国特色的数字教育新理念、新方法和新模式，为实际教学提供范例与启迪。

### （四）基于协同机制，构建支持教育创新的生态环境

要推动数字化教育健康发展，政府和社会各方必须共同努力，共同推动数字化教育的发展，将社会各界力量都调动起来，增强彼此之间的协作与交流，构建起多部门、多系统间的协调互动机制，让各个方面作用都能得到最大限度的发挥。具体而言，包括两个方面：一是政府、企业、学校和社会各界合力建立互惠共赢的权责机制，共建优质数字资源，汇聚全社会力量，以解决单一主体资源建设能力不足的问题；二是利用互联网平台，扩大高质量的教学资源覆盖面，以实现校际、区域、社会层面的优质资源共享，而优质教育资源不只包括数字教育资源，还包括师资资源和物理空间资源。

---

① 车富川，祁峰.教育服务供给侧结构性改革的思考[J].现代教育管理，2017（5）：33-37.

在此基础上，进一步完善数据资产、数据安全、信息安全等方面的法律法规，构建安全的网络环境，从而促进新的生态体系的构建。

### （五）基于思想解放，营造资源共享与教育创新文化

在数字化转型推动教育改革的进程中，对教育资源共享形式的探索与随之而来的创新，都对已有逻辑和规律有所违背，势必会产生新的问题。改革者、管理者乃至整个社会，都应该以开放的心态对待有价值的教育资源共享与创新，在确保基本认知和战略方向正确、绿色安全发展的前提下，直面数字化教育资源共享驱动创新过程中出现的各种矛盾和问题，而不是"一刀切"式地否认。始终坚持解放思想，鼓励"摸着石头过河"，激发和增强创新活力，坚持立破并举，营造一个有利于释放创新内生动力、服务创新生根成长的数字化教育资源共享生态和社会氛围，倡导大胆探索、先行先试，提炼经验，实现共享共建，切实推动教育系统历史性变革。

## 三、教育数字化转型赋能立德树人实践的价值要义

随着数字化技术的发展，教育数字化转型必然催生教育现代化发展过程中的教育新形态，而立德树人和五育融合的教育变革必然也离不开数字化技术的深度参与。以互联网、人工智能等信息技术为驱动力，教育与信息技术深度融合，落实立德树人根本任务。

### （一）彰显"全人发展"的育人目标

随着数字技术的快速发展和数字化学习资源的逐渐丰富，学生知识获取的方式发生了巨大变化，这就要求教育工作者重新思考人才培养目标，不应再去训练学生做机械、重复的事情，而应着力培养学生的价值观、创造力、思维力等，帮助学生形成完善的人格，促使学生具备善良的品质，成为富有学识、感情、智慧的"完整的人"。[①]

### （二）开发基于数据支持的五育融合课程

在数字化技术支持下，课程形态更加丰富，包括线上与线下结合、虚拟与现实结合等多种形式。因此，学校应根据学校办学目标，基于五育融合理念，融合多种课程形态，因地因校因人开发特色课程，满足学生多元化发展需求。

以成都师范银都紫藤小学为例，学校着眼于学生全面发展，充分认识五育融合课

---

① 刘晓凡，钟柏昌.基于"五育融合"的智慧教育实现路径[J].江苏教育，2022（36）：37-39.

程的综合育人功能，形成基于数据支持的五育融合课程，构建以"蔓生命、蔓生长、蔓生活"为主要内容的"蔓·生"国家课程校本实施体系（见图1）。

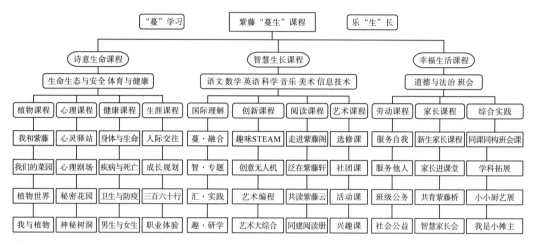

**图1 成都师范银都紫藤小学"蔓·生"五育融合课程体系**

### （三）创新五育融合教学模式

数字化转型背景下，应注重培养学生的高阶思维，努力构建以"学"为中心的创新型教学模式，达成智慧教育环境下的深度学习。

以成都市龙江路小学武侯新城分校为例，学校坚持以"高效课堂"为目标，按照"精准教学"的理念，借助智慧教学系统，以精准化了解学情、精细化组织教学、个性化指导作业、及时性评价反馈、全程性综合评价五大要点打造高效智慧课堂，逐步实现智慧化"教"、精准化"研"、个性化"学"。学校以教育部《关于实施全国中小学教师信息技术应用能力提升工程2.0的意见》为基础，利用智慧教学系统搭建了课前、课中、课后"三环一体"的智慧教育生态。以数据分析为依据，精准研判学生的学业水平和学习能力，实施"以学定教"，构建个性化、精准化的"135"智慧课堂教学新模式。"1"指一中心，即以学生为中心。"3"即"课前""课中"及"课后"三环节。"5"即五要点，一是课前收集学生自主学习情况；二是通过分析数据找出教学中存在的共性问题和个性问题，精准设计教学重难点；三是课中通过数据反馈，精准分析学情，有效设计课堂活动及相关练习；四是课后作业的个性化布置，突出分层设计；五是资源推送，反思提升。这种教学模式，通过数据分析，让教与学的行为都更加精准，更强调激发教师的主观能动性，依托信息技术手段进行课堂观察，提高课堂评议的客观性，充分发挥精准化教学效能，让师生智慧得到了更充分彰显。（见图2）

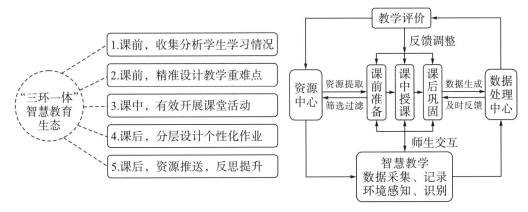

**图 2　成都市龙江路小学武侯新城分校"三环一体"**
**智慧教育生态和智慧课堂教学模式**

### （四）开展基于"全人发展"的综合素质评价

2020 年 10 月，中共中央、国务院印发的《深化新时代教育评价改革总体方案》指出，要"创新评价工具，利用人工智能、大数据等现代信息技术，探索开展学生各年级学习情况全过程纵向评价、德智体美劳全要素横向评价"。在数字化转型背景下，教育评价需要从主观经验判断转向客观数据支持，评价内容从单一评价转向综合素质评价，评价方式从总结性评价转向过程性评价。例如，四川省教育科学研究院附属实验小学开发出"AI 杏运"学生评价平台，覆盖学生成长和全面发展的全过程。通过搭建信息平台、智慧运用结果、数据伴随集成、成长情况分析、及时实施干预等方式，聚焦赋能学生核心素养的研究实践，构建起"做学生真实成长的观察者"数字化评价模式。平台以"动态的评价赋能动态的成长"为主旨，以"让每种成长被记录、让每段努力被赞许、让家校合力更有效"为目标，应用以教育大数据及人工智能技术为支撑的创新评价工具，支持各学段学生全过程纵向评价、德智体美劳全要素横向评价。

### （五）落实公平高质量的教育现代化要求

技术赋能是实现教育公平的重要助力。教育数字化转型强调以应用为王，构建数字化、科学化、终身化的教育体系，服务差异化教学、个性化学习和精细化管理①，推动大规模在线教育人才培养模式创新，满足师生日益增长的教育需求。利用信息化手段扩大优质教育资源覆盖面是教育信息化于教育均衡、教育公平的应然责任和基本价值，也是实现共享教育的重要路径。信息化传输有助于实现"人人皆学、处处能学、时时可学"的学习型社会。教育数字化转型将现代信息技术深度融入教育教学，促进

---

① 周佳峰. 人工智能助推教育数字化转型路径与实践研究[J]. 中国教师，2023（3）：31-34.

新兴技术与教育的深度融合，扩大了教育的覆盖面和受益面，有利于构建学习型社会和实现教育的公平与普及。

同时，信息技术推动教育流程再造、结构重组和文化重构。教育数字化转型注重从教育流程、结构和文化方面进行数字化转型和升级，通过构建数字化、科学化、现代化的教育体系，推动教育教学的创新发展，提高人才培养质量和效益。在推进立德树人实践中，教育实践者要注重技术发展规律和教育规律，通过现代信息技术与教育教学的融合创新，实现"学"与"教"的效果、效率与效益提高，促进教育公平与教育质量提高。

## 四、教育数字化转型赋能立德树人的实践样态

### （一）共享教育"七朵云"——打造五育融合的资源协同生态

在数字化技术支持下，学校的办学空间不再局限于物理空间，还包括数字化技术支持下的虚拟空间乃至虚实结合的混合空间，是人人皆学、处处能学、时时可学的智能化学习环境。例如，共享教育探索构建"三全一常、三元协同"实践操作样态。共享教育聚焦师生成长发展，充分利用信息技术，逐渐在信息空间建构起"全学段、全时空、全覆盖、常态化"的共享教育样态。

"全学段"即幼儿园、小学、初中、高中、职教，"全时空"即全日制及周末寒暑假，"全覆盖"即教育教学活动中的教学、学习、教研、培训、评价等，"常态化"即持续稳定的时间保障和教学安排，以"三全一常"共享教育样态助力"物理－社会－信息"的教育空间转型。共享教育注重"物理－社会"空间的学校教育发展，以成都市教育科学研究院为核心，聚集全市各类优质学校，借助互联网资源平台，将"物理－社会"空间的优质资源数据化，汇集起信息空间的"七朵云"。[①] 通过多种方式将优质资源辐射到其他学校，实现了传统学校"物理－社会"与信息空间的三元协同。线下"教学研培评"与线上信息空间资源连接，构建起成都共享教育新生态，助力教育优质均衡发展。

### 1. "数校云"

2017 年，为满足大众对优质教育日益增长的需求，成都聚合全市 600 余位名师资源，成立了为中小学生免费提供优质教育服务的数字化虚拟学校，将专业课程体系、直播（录播）教学示范、云技术支撑数据流动有机融合，实现了优质教育全域共享。

---

① 罗清红，李沿知，高瑜，等.三类三层四步六环：成果推广应用的创新机理——"大数据背景下的远程教育模式"成果推广应用总结[J].中国教育学刊，2022（S1）：37-40.

2022年，开展"中小学名师在线答疑"专项，以"名师导学＋在线答疑"的模式，学生提出的具有共性的问题由答疑教师通过成都数字学校平台直播的方式集中讲解，个性化问题则通过直播连线实时为学生解答。"数校云"积极探索在立德树人以及五育并举背景下数字化转型的实施路径，可以总结为以下两方面：

（1）数字化优质教育资源开发。

近年来，"数校云"提供五类资源。一是常态化直播资源。每年按计划面向义务教育学段学生，开展春季、暑假、秋季、寒假四期直播课程，课程涉及劳动教育、体育、美育、心理健康及家庭教育等方面。二是成都市中小学"名师导学＋在线答疑"专项直播资源。在春秋两个学期中，除周末普适的直播课程之外，2022年新增服务于个性化学习需求的"中小学名师在线答疑"专项服务，于每周二、四晚间及周六开展答疑服务，旨在解决学生在学习过程中遇到的个性化问题。三是快乐假期系列课程。为丰富学生的寒暑假生活，新增快乐寒假、快乐暑假系列课程，包含劳动教育、趣味体育、美术鉴赏、音乐鉴赏、国际理解、职普融通等15门素质教育课程。四是专项提升点播课程。以不同的专题组织教学资源，方便学生按需点播。五是大中衔接系列课程：除义务教育阶段之外，针对高中学段的学生，开展大中衔接系列课程，邀请大学教授参与直播讲座，旨在帮助高中学生了解大学专业设置，合理规划学习路径，发展专长。

（2）个性化学习探索。

开展"中小学名师在线答疑"专项活动，利用信息化手段，提前收集学生在学习中的问题，并将学生提问分类，其中共性问题由答疑教师通过成都数字学校平台直播的方式讲解，个性化问题则通过直播连线实时解答。同时根据学生学习情况，每节课设置"基础"与"培优"两个层次的直播间，初步实现个性化学习。未来计划利用大数据技术与人工智能技术，结合学生学习行为画像，实现个性化学习路径的制订，实现更细致的个性化学习内容推荐以及个性化作业练习，使每名学生能够根据自己的兴趣和学习进度进行学习，满足学生多元个性的学习需求。

**2. "继教云"与"培通云"**

2010年，为突破传统教师培训的局限、构建开放灵活的教师终身学习体系，"继教云"正式上线。"继教云"旨在通过将信息化技术融入教师培训，共筑网上教师家园；着眼教师专业成长，刻画教师专业成长轨迹；收集教师基础信息数据，实现教师成长档案管理；全记录教师专业成长轨迹，形成教师数据档案，凸显教师专业成长之"共"。截至2023年9月，"继教云"用户已达18.6万人，注册学校3900余所，网络课程5056门，在线资源超过12500个；移动端"培通云"的日均点击量超过 10 万次。

### （二）立德树人背景下学生德育画像的数字化平台建设案例

为贯彻落实国家立德树人根本任务，践行五育融合德育为先理念，破解评价指标单一、评价过程单一、评价主体单一的问题，成都市教育科学研究院基于德育数字化平台，全方位深层次构建科学、可持续发展的德育评价体系。

以德育课程"道德与法治"中"政治认同、道德修养、健全人格、法治观念、责任意识"五大维度和 30 余个二级维度作为评价指标体系的框架（见图 3）为例，其运用大数据技术采集、存储、传递、整理、反馈学生在道德认知、行为、价值观等方面的数据，形成指标体系下的个人、班级、学校的多类别记录册，通过不同时间段的数据截图描绘学生的成长趋势，形成学生的立体、动态发展数据库，实现德育数字画像，"描绘"出某一品德发展指标下学生群体发展的"画像"以及学校、年级、班级学生品德发展群体"画像"，从而激发学生自身道德发展的内驱力，提升学生内省和品德发展的主观能动性。

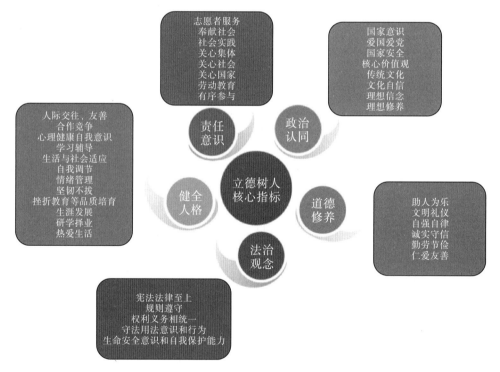

**图 3 立德树人背景下的学校德育评价指标体系框架**

学生德育画像是基于大数据对学生过去、现在的表现数据进行全周期分析，在尊重教育规律和着眼于学生发展的基础上，以教育评价推进教学与德育改进，从而为立德树人提供数据支撑，为学生提供个性化教育评价诊断与服务，为学校教育决策、教学创新和学生成长提供实证数据支撑。构建学生德育画像，一是激励、肯定、强化学生行为。以德先行，建立学生好习惯，这有助于落实国家教育全面评价改革，促进学生身心健康成长。二是帮助学生发现自己的闪光点，促进差异发展。通过数据画像，让学生了解自己的擅长点，以德育核心素养为基石，建立学生个性化发展目标，培养每个学生独立的、独特的必备品格与关键能力。

例如，成都市娇子小学运用德育大数据提升了德育实效性，评价统计便捷高效，评价过程及时生动，德育评价从"杂乱"变得"体系"。四川交响乐团附属小学采用新平台，让德育评价从"烦琐"到"简单"，新场景让德育评价尊重儿童生活逻辑。天府新区第四小学全体班级加入平台实践，从德育巡查值周的便捷性、教师日常家访的预约与实践、师生和生生之间基于平台的互动交流、学生个体成长报告的丰富多彩四个维度，展示了学校前期研究中取得的"学校德育管理细、班级德育常规实、个体多元评价多而准、个体成长日常记录全"的育人实效，德育工作借助数字化平台获得了新成长。

综上可见，德育数字画像推进智慧德育，赋能立德树人，有利于让德育评价从"突击"走向"常态"、从"平面"走向"立体"、从"管理"走向"育人"，助力探索数字化背景下的智慧德育发展模式，助推立德树人根本任务的落实。

### （三）数智赋能区域中小学生音乐学业测评实践案例

教育数字化转型对五育融合发展具有重要意义，五育融合是新时代人才培养的重要目标，旨在实现学生德智体美劳全面发展。数字化技术的应用可以为学生提供个性化、差异化、多样化的教育，从而更好地实现五育融合的目标。

首先，数字化技术可以帮助学校在管理、教学、学习、测试、评价等环节中实现精准化、高效化的管理和服务。例如，利用人工智能、大数据等技术对学生进行精准画像，有助于科学评价学生特点及教育效果。同时，数字化技术可以为学生提供更加丰富多彩的学习资源和个性化的学习路径，满足不同学生的需求。

其次，数字化转型可以促进学校与家庭、企业、政府等协同合作，共同推进五育融合。例如，搭建家校协同育人数字化智能平台，借助融媒体的呈现和交互方式，实现家庭与学校之间主体互联、资源共享、信息流动。数字化技术的应用还可以促进学校与企业、政府等方面的合作，共同推进教育现代化。

再次，数字化转型可以促进五育融合的发展，实现培养高质量人才的目标。数字化技术的应用可以帮助学生更好地掌握知识和技能，提高他们的综合素质和创新能力。同时，数字化技术可以帮助学校更好地了解市场需求和人才培养方向，为培养高质量的人才提供更加精准的支持和服务。

在具体落实中，成都各中小学在音乐、体育、美术、劳动、德育、心理教育等方面均取得可观进步。以数字化转型助推音乐学业测评为例，成都大力开展数智赋能区域中小学生音乐学业测评的实践研究，以研究推进实践的开展。该研究基于 2020 年 10 月 15 日中共中央办公厅、国务院办公厅印发的《关于全面加强和改进新时代学校美育工作的意见》精神要求，针对音乐学科自身的特殊性、我国音乐教育发展的不平衡性、监测样本量巨大、时间和资金有限、硬件设备不足等制约因素，针对不同区域音乐教育发展状况而进行的个性化、多维度、深层次的教育质量测评仍需进一步探索和加强，且一直没有形成完善系统的评价标准和测评工具等问题，运用人工智能技术，极大程度促进了音乐教育学业测评的开展。

在具体操作中，人工智能助力音乐测评体系通过对大量样本的采集分析，组织大批相关学者，从认知与神经科学角度制订出尽可能科学客观且周全的音乐学业测评的标准。人工智能的助力作用体现在按照标准实施、判断、分析，节省大量人力，测评过程更加简约、测评结果更为清晰客观，提高了音乐学业测评考试这一"硬指标"的效率。这为成都音乐进中考从"知识"和"技能"两方面做了准备，为更快更好地实现以美育人、以文化人、立德树人、五育融合的新时期育人目标提供了保障条件。

在这一案例中，从理论价值来看，人工智能技术的运用助力学校美育评价体系的规范与完善，助力实现新时期育人目标，促进了学校实现"育分"与"育人"的统一，规范并量化了中小学学业测评标准体系，促进了学业测评的高质量与科学性。同时，人工智能介入后的测评结果，横向促进各相关板块的教学反思及其他研究。从实践价值来看，人工智能技术的运用为中小学音乐教学实践质量提升提供了多样化选择，人工智能歌唱能力测评的研发完善了测评工具，为全面监测中小学生音乐素养提供了保障，促进每个测评环节的公平性和科学性。

整体而言，该实践为形成成都中小学音乐学业水平测评方案、制订中小学生音乐学业水平测评标准和测评内容、细化测评内容标准、形成测评指标框架体系、探索人工智能技术在中小学音乐教学与学业测评中的积极运用、研发指向全体学生音乐核心素养培育的智能测评工具、完善中小学音乐课堂质量管理标准、建立中小学音乐学业测评网络平台，提供了典型示范作用。

**（四）五育融合，智慧育人——数据驱动学校变革与创新实践案例**[①]

成都师范银都紫藤小学建校以来，常态化实施信息技术与教育教学深度融合，用数据驱动学校变革与创新，形成紫藤"蔓·生"五育融合课程体系，构建了"一核四环"教师专业发展框架和"五步三要素"智慧课堂模式。

**1. "蔓·生"课程，五育融合为未来而育**

"蔓·生"国家课程校本实施体系，以思政课程、习惯养成课程作为德育课程的主要载体，突出德育实效；以无人机课程、STEAM课程、学科游戏课程、阅读课程作为多学科融合的创新教育突破口，提升智育水平；以智慧跳绳课程、智能锻炼课程作为体育特色，坚持体育锻炼；以藤编课程、绘声绘色课程发挥美育熏陶的强大功能；以"我与植物共生长"课程打开劳动的全域育人视角，落实劳动教育。

同时，学校将运动监测设备引入智慧体育课堂教学，实施大数据分析和智能算法，为学生的体质锻炼提供个性化的运动处方，体育教学变得更高效、更精准。教师手持平板电脑，学生手腕佩戴智能手环，绿茵操场上的屏幕上显示着学生的实时心率数据。学生通过智能体测设备"刷脸"测试，实现体测程序规范化、成绩数据化。智慧体育课不仅有运动的"热度"、因材施教的"温度"，还有学生阶段性成长可视化的"能见度"。

**2. 数据驱动教与学方式改变，推动优教优学**

（1）"五步三要素"课堂，培育"五力"学子。

学校探索构建新型育人空间，常态化开展混合教学，采集五万余节智慧课例，不断优化高质量课堂的校本表达，减负提质，落实"双减"政策。"五步三要素"智慧课堂模式中"五步"指五个步骤：课前翻转、开课前测、合作探究、反馈后测、课后补救；"三要素"指智慧课堂的三个重要理念：数据决策、合作探究、差异教学。通过信息技术与课堂教学深度融合，及时反馈学习数据，基于真实问题合作探究，实现差异化、个性化教学。

（2）"一核四环"体系，培养综合育人教师队伍。

高质量教师是高质量教育的基础。学校构建数据支持的"一核四环"教师专业发展体系，充分挖掘教学教研数据价值，让教师专业成长可视化，从而凝聚"自觉、互助、共好"共同体研修文化，实现高效个性化发展（见图4）。在信息技术与教育教学深度融合的背景下，针对传统研修无法数据量化教师专业发展过程及效果等问题，整合教师智慧与机器智能所形成的研修活动新样态，激发教师专业发展内驱力，将教师专业发展可视化，为教师专业发展提供更广阔的空间。

---

① 该案例由成都师范银都紫藤小学马宏韬、黄丽霞、周芳明提供。

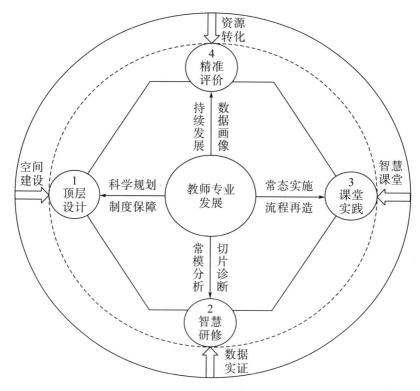

**图4 "一核四环" 教师专业发展体系**

### 3. 五育融合数据画像，推动教育评价改革

（1）数据汇流，从"结果"到"过程"。

学校借助网络学习空间，常态化开展智慧教学，学生课前翻转、课中互动、课后反馈数据均自动上传平台，成为过程性评价数据。平台自动生成个性化数据雷达报表，精准反馈学生知识掌握情况，为学业水平评价提供数据实证，也为学生个性化学习精准导航。

（2）融合情境，从"量化"到"质性"。

每学期的"紫藤季"主题不同、活动多样，围绕学科素养开展融合型素养测评活动。学生在情境中游园闯关，"智慧体测室""智慧朗读亭""智能机器人"等自动记录学生实践探究数据，形成五育融合学业测评报告。学生学习兴趣持续激发，合作交流意识和挑战进阶学习品质都得到提升。

（3）增值进阶，从"育分"到"育人"。

学生学业数据，不仅用于学业水平评价，还用于家校协同教育改进优化。如根据一学期体育课堂、体质健康监测、体育活动参与等数据形成的"紫藤小学个性化运动建议"，既是学生的个人体育成绩单，也是定制的假期亲子运动作业，还是"复评增值"的进阶挑战任务单。学生可自主选择是否"复评"，教师和家长可协同指导，直至达到自我满意等级。数据画像评价，有据可依，有迹可循，是学生的综合素养表征，更能帮助学生自我认同、个性成长。

学校借助信息技术不断改进结果评价，强化过程评价，探索增值评价，健全综合评价，提高了学生五育融合数据画像的科学性、专业性、客观性，推动了教学评一体化。

### 4. 构建学习空间，实现协同育人

学生五育融合发展是无时不在、无处不在的。然而，育人环境及时空场域的限制，阻碍了学生五育融合发展的情境互联、资源融通、评价伴随，导致五育融合的育人过程无法开展因人而异的真情境、具身式体验，难以进行差异化资源推送并实施伴随式、个性化精准评价。构建融通成长平台、实施个性化精准评价是促进学生五育融合发展的重要手段。基于学习共同体的"学习空间"实践，包含泛在式学习空间的打造和学习共同体课程体系建设，还包括智慧化的五育融合育人模式。

智慧教育环境是数字教育和未来教育环境的一种形式，是一种新型的教育形式和现代化教学手段，也形成了一系列协同育人课程。如亲子沟通课程之"沟通，从心开始"，通过课堂语音采集、视频记录、文字云呈现聚焦亲子沟通问题，让家长和孩子在安全自由的学习空间流露真情，换位思考，打破沟通壁垒。

建立家校社企教育共同体，发挥家校合作的作用，把家庭教育与学校教育、社会教育紧密结合起来，帮助、引导家长树立正确的家庭教育观，使学校、家庭、社会形成德育合力，让学生享受家庭幸福的魅力。

### （五）数据赋能，精准育人——五育融合下的数字画像助力学生全面发展案例①

2020 年 10 月，中共中央、国务院印发的《深化新时代教育评价改革总体方案》指明了学生评价改革的方向要关注过程性评价，整合学生纵向学习的全过程与横向发展的全要素，建立促进学生全面发展、覆盖教育教学全场景的学生成长综合评价体系。四川大学附属实验小学南区地处全国首批"智慧教育示范区"成都武侯区，学校自筹备之初即秉持立德树人的教育初心，遵循"儿童事大"的教育理念，为实现学校"小小我、日日新"的育人目标，培养学生成为审辨问学、合作共情、温暖有爱的人，将学校数字化转型下的评价改革作为赋能发展的重要抓手，以五育融合下的数字画像助力学生全面发展。

### 1. 建设方案："一台三维五环"

学校的儿童成长数字画像建设是建立在学校生态系统变革的基础上的，现已建立了"一台三维五环"的模型，即以"云上南区"数据应用平台为基础，以"审辨、合作、温度"三维教育理念为核心，以"定指标—建模型—做课程—采数据—做分析"

---

① 该案例由四川大学附属实验小学南区学校提供。

的数据应用完整闭环为行动指南，逐步形成主体多元、内容多维、方法多样、成长多态的立体、科学、精准评价体系。

（1）打造"云上南区"数字应用平台，连通学校数据全场景。

"云上南区"是一套校级数字基座，支持多种教育教学场景的应用在上面运行和产生数据（见图5），用数据驱动教学和学校管理，强调各场景学习成长过程中伴随性数据的采集与分析，建成基于儿童成长数字画像体系的数字模型。通过教育数据的设计和动静态混合的评价工具，构建精准分层的多元主体数据反馈机制，多维呈现学生学习效度，让学习过程清晰可见。

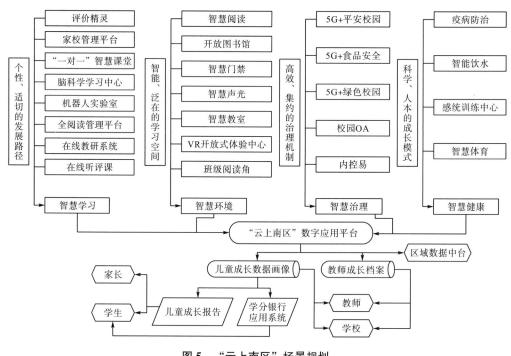

**图5 "云上南区"场景规划**

（2）聚焦"三个符号"指标体系建设，培养全面发展的学生。

学校教育理念是培养具有学校特质的面向未来的人，为保证指标体系的科学性和可行性，通过邀请相关专家对评价指标进行修正，一线教师全部参与，最终形成了4层5维144个面向不同学段的具体指标。

（3）基于五育融合的数据评价，打造"以终为始"的课程体系。

秉持育人目标，学校课程建设在3年内迅速发展，形成课程建构角度"目标－课程－评价－目标"的操作闭环和智慧教育生态角度"定指标—建模型—做课程—采数据—做分析"的数据应用完整闭环，使课程的研发和优化具备组织、管理、人员、技术的保障，儿童数字画像成为育人效果达成的"质检仪"和"指挥棒"。

（4）构建丰富多彩的学习生活场景，汇聚学生伴随式数据。

一是打造 5 个沉浸式实践应用场景。学校儿童成长数字画像系统涵盖了"脑科学＋感统""班级评价""在线教研""体质健康""全阅读"五大场景，通过数字化过程，打破学科界限，以课程为依托，聚焦五大核心学习能力的提升，关注学生心理、生理全方位的健康发展，促进良好行为习惯养成，推动教师更深层次地准确把握教学定位。

二是以多元途径为手段，采集学生过程性数据。在"云上南区"平台，教师通过教室大屏、手机 APP 端、家长扫随堂发放的二维码卡片三种途径对学生进行随堂或周期性的增值性评价。教室大屏可以实现对学生表现进行即时评价，手机 APP 方便进行周期性批量评价，而二维码卡片可促进家校联动并成为"学分银行"的"货币"之一。

三是形成五育融合的学生数字画像。学期末，每位家长都会收到专属于自己孩子的数字画像。这份长达 20 余页的数字画像有 5 个功能：一是五育融合，覆盖德智体美劳五育下的全部学科和活动；二是全面覆盖，整合了学生学习实践五大运用场景、获奖和活动记录、实践记录、作品照片等；三是育人目标的校本化表达，"三个符号"下的数据呈现，体现育人目标的校本化表达；四是多元评价主体，融合学生自评、家长评和老师评等；五是教师评语参考，智能评语系统能依据学生评价记录为教师提供个性化的评语参考。

**2. 应用情况：画现在，更画未来**

（1）数据分析反馈，看见儿童成长新可能。

针对学生个体，可以针对异常数据进行规律总结、教育启示或异常现象行为预警。"学习困难户"小 Y 的转变就是例子。从小 Y 的成长数据来看，学期初仅有少量的学习兴趣增值性评价记录，但团队合作的评价指标得分较高。学校教师团队分析认为，需要进行教学的优化和采用多元激励的策略，进一步激发小 Y 的学习兴趣，同时还应重视同伴影响，在班级里发展"同学夸夸群"，让小 Y 感受到班级的温暖。

随着相关教育措施的落实，小 Y 的成长数据在学习习惯和学习兴趣方面显著提高，学业成果相应增长，各项评价指标趋好。小 Y 终于从"学习困难户"成为"学习成长之星"，家长的焦虑也得到减缓，班级的氛围更加融洽。

（2）数据分析反馈为教师提供更精准有效的策略参考。

体育组教师通过对体育学科在小学低段的课程标准、素养培养要求和课堂实施实际需求的分析，制订了"运动技能、运动参与、团结合作、遵守规则、身体素质、敢于展示"6 项评价指标。在具体的实施中，通过对 2 个年级共 8 个班具体评价数据的分析，发现以下问题：第一，根据各评价次数的排名分析，二年级更注重"规则"类评价，一年级更注重"运动技能"类评价；第二，一年级各指标分布相对平均，二年级课堂"规则"类指标明显偏高。评价次数高说明了教师对该指标对应的行为关注度高。因此，针对二年级体育学科中出现的课堂"规则"类指标偏高的情况，建议学科组进行二年级课堂常规管理情况的专项教研，对近期课堂中出现的相关规则问题和当前教学策略及措施进行分析，并提出下一步优化方案。

**3. 基于数字画像的育人模式构建**

（1）构建"三元四同五化"家校企协同育人新模式。

校园一体化智慧平台的开发需要基于长期的工作方式、心态和情况，深入学校开展项目工作，促进家校企共同成长。在学生数字画像建设过程中，逐步形成"三元四同五化"家校企协同育人模式（见图6）。其中，"三元"是学校、家庭和合作企业三方参与的运行机制；"四同"是校企双方共同建设符合育人需求的平台、共同实施育人目标实现的过程、共同改进过程中遇到的问题、共同发展实现合作共赢的可持续；"五化"是为了儿童数字画像更客观和立体，最终实现育人目标，以专业化的评价指标体系为基础、常态化使用平台为根本、场景化丰富多维度的应用为关键、数据化伴随式的收集为核心、多元化的学生发展路径为目的，通过每月的数据反馈、定期的项目组工作会和家校沟通会，建立起家校企合作桥梁。

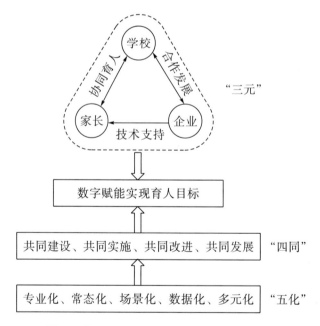

**图6 "三元四同五化"家校企协同育人模式**

（2）搭建基于真实教育需求的功能可变性模块。

教师成为"产品经理"，与技术团队一道梳理业务流程、整理需求、共同开发。例如，在新冠肺炎疫情期间有大量个人健康信息需要收集，数据量大，排查难度高，需要全员收集，但因涉及隐私，不便使用未经认可的第三方平台，学校迅速联系技术企业，和负责防疫的教师一道梳理学校"晨午检"和"健康信息填报"工作要求，开发适用的模块模板。

（3）聚焦育人目标，重视过程数据的指标体系。

评价指标直接反映学校育人目标和评价导向，直接指导学校各项课程实践，直接决定了所收集的评价数据的分析价值和反馈意义，因此"定指标"在项目中具有关键意义。学校总结出了"三符合""三结合""三可以"的具体设计原则。

一是体现目标导向的"三符合"：指标设计必须符合立德树人的根本目标，必须符合"为党育人，为国育才"的使命，必须符合基本的政策标准和区域相关标准。二是体现校本特色的"三结合"：指标设计要结合学校育人目标，结合学生实际情况。结合课程开展的实际情况。三是体现精准分析价值的"三可以"：数字画像要对学生日常学习进行过程性评价，为了实现精准分析和反馈，所设计的指标必须指向具体的行为，实现"可聚焦、可观察、可分析"。

（4）关注基于数字画像的智慧运用场景的课堂变革。

校内常态化的智慧运用场景也可以延伸到校外的网络空间，两者相互融合形成了学生的个人学习空间，支持学生个性化学习，促进深度学习发生。例如，教育机器人是人工智能教育应用的代表之一。机器人天然会引起学生的好奇心，从而激发其学习兴趣，更重要的是，机器人成为教师的助理、学生的学伴，也是学习情境的扮演者。在机器人课堂中，机器人部分替代教师进行旁白强化和学习评价，针对学生的学习活动给出反馈。同时，机器人本身可以成为学习情境的一部分，成为学生学习的"脚手架"之一。

（5）形成自我赋能、合作共生的数字时代教师队伍。

技术创新必须服务于育人。在实施数字画像项目的过程中，形成了由首席信息官牵头、学科教师提出具体需求、技术支持与管理组直接回应教师或向相关企业反馈的校内合作模式。在此基础上，信息技术的运用和创新符合教师的真实需求，接受度和利用率高；同时，教师主动思考和探索技术在教学中的应用，数字素养显著提高，形成了智慧课堂备课规范程序——"五步走"，即专向培训、双向优化—准备磨课—"1+1"及时教研—录制课例、教师共享—典型课例组内"循"课，并沉淀了一批优质课例。

（撰稿人：罗清红，成都市教育科学研究院院长）

# 教师教育改革与立德树人

党的十八大以来，以习近平同志为核心的党中央，强调全面贯彻党的教育方针，坚持教育为社会主义现代化建设服务、为人民服务，把立德树人作为教育的根本任务。五育并举是立德树人的重要实施途径。师范院校和部分综合院校的教师教育学院承担着教师教育的职责。教师教育是教育事业的工作母机，是提升教育质量的动力源泉。如何改革教师教育、促进五育并举、实现立德树人根本任务，是加快推进教育现代化、建设教育强国背景下一个极为重要的时代课题。

## 一、立德树人：教师教育的逻辑理路

### （一）立德树人是中国特色社会主义教育的根本任务

新中国成立以来，尤其是改革开放以来，我国取得了许多举世瞩目的成就。站在时代节点，百年屈辱的教训与中华民族伟大复兴的梦想汇成巨大动力，激励着我们奋力前行。21世纪第四次科技革命方兴未艾，人才竞争成为国家竞争的关键要素。人才的培养依靠教育。党和国家在长期的探索中确立了立德树人这一教育的根本任务和根本指向。

立德树人作为中国特色社会主义教育事业发展的根本任务，其内涵的形成与发展经历了从德育发展方针的提出，到德智体全面发展的确立，再到德育为先方针的实施，最后明确立德树人是教育的根本任务等不同阶段。[1] 2007年，党的十七大报告提出要"坚持育人为本、德育为先"。2010年，《国家中长期教育改革和发展规划纲要（2010—2020年）》再次强调要把育人为本作为教育工作的根本要求。2012年，党的十八大首次提出教育的根本任务是立德树人，明确了教育的本质要求和根本使命。2014年，教育部发布《关于全面深化课程改革 落实立德树人根本任务的意见》，明确指出立德树

---

[1] 王嘉毅，张晋. 立德树人的科学内涵与现实要求[J]. 中国电化教育，2020（8）：1-6＋40.

人是发展中国特色社会主义教育事业的核心所在。2017 年，习近平总书记在党的十九大报告中对我国教育事业做出全面部署，明确指出要全面贯彻党的教育方针，落实立德树人根本任务，培养德智体美全面发展的社会主义建设者和接班人。在 2018 年 9 月举行的全国教育大会上，习近平总书记再次强调"坚持把立德树人作为根本任务"。以习近平总书记关于立德树人的重要论述为根本遵循，落实立德树人根本任务，是发展中国特色社会主义教育事业的根本指向。

立德主要包含：坚持社会主义核心价值观教育为立德之基，明确中华优秀传统文化教育为立德之要，倡导公民道德教育为立德之核。"为谁培养人、培养什么人、怎样培养人"是我国社会主义教育事业发展必须解决好的根本问题。树人主要是培养坚定拥护党的领导和社会主义制度、以民族复兴大任为己任、为中国特色社会主义事业奋斗终生的社会主义建设者和接班人。立德与树人是一个有机的整体。立德是根本，树人是核心。立德是树人的前提所在，树人是立德的最终旨归；立德才能树人，立什么德决定树什么人，树什么人取决于立什么德；树人先立德，立德为树人。一切教育工作的最终目的都是为了树人，只有把立德与树人、育人与育才齐头并进抓好，才能实现真正意义上的人才培养。作为中国特色社会主义教育事业发展的核心工作，立德树人是培养德智体美劳全面发展的社会主义建设者和接班人的本质要求。[①]

教师教育是在终身教育思想指导下，按照教师专业发展的不同阶段，对教师实施职前培养、入职培训和在职研修等连续的、可发展的、一体化的教育过程。作为教育的重要组成部分，教师教育当然也必须落实立德树人根本任务。同时，由于教师教育是教育事业的工作母机，是提升教育质量的动力源泉，因此更需要将立德树人贯穿其中，与时俱进地努力改革，发挥其应有的作用。

**（二）五育并举是落实立德树人根本任务的关键途径**

立德树人与五育并举相辅相成、相互依存，是目的与手段的关系。一方面立德树人是教育的根本任务，是五育并举的目标；另一方面，五育并举是实现立德树人根本任务的关键途径。

五育并举在历史发展中形成，是历史的选择，与党的教育思想一脉相承，在国家人才培养的素质结构中得以充分体现。1951 年 3 月，教育部召开的第一次全国中等教育会议提出，教育要培养在德、智、体、美等方面获得全面发展的新民主主义社会自觉的青年一代，这是新中国成立后我国首次确立德育、智育、体育、美育全面发展的要求。1995 年颁布的《中华人民共和国教育法》明确规定要培养德、智、体等方面全

---

① 王嘉毅，张晋.立德树人的科学内涵与现实要求[J].中国电化教育，2020 (8)：1-6＋40.

面发展的社会主义事业的建设者和接班人。1999年，《中共中央 国务院关于深化教育改革全面推进素质教育的决定》将"美育"正式纳入全面发展教育之中。2012年，党的十八大报告将人才培养目标明确为德智体美全面发展的社会主义建设者和接班人。2018年，习近平总书记在全国教育大会上第一次将劳动教育纳入人才培养全过程，提出培养德智体美劳全面发展的社会主义建设者和接班人，构建德智体美劳全面培养的教育体系。由此，"四育"提升为"五育"。这是对党的教育理论的继承弘扬与发展创新，是对我国教育改革发展实践经验的深度思考和提炼升华。值得一提的是，习近平总书记强调将劳动教育纳入全面发展教育，新时代劳动教育的任务包括弘扬劳动精神，引导学生崇尚并尊重劳动，从内心深处认同劳动最光荣、最崇高、最伟大、最美丽的道理，并从实际行动上辛勤、诚实、创造劳动[①]。这些素质正是当前部分青少年较为缺失的方面。

五育并举的灵魂是育人，是为了培养德智体美劳全面发展的社会主义建设者和接班人。"社会主义建设者和接班人"是对人才培养的总体规格和价值方向的明确表述，"德智体美劳全面发展"则是对人才培养的素质结构的具体目标要求。"五育"对应"德智体美劳"，"并举"指向全面发展。五育并举的路径，既可包含德育铸魂、智育固本、体育强健、美育浸润、劳育淬炼等每个独立实践路径，更强调五育相互融合的实践路径。在落实立德树人根本任务的过程中，应根据具体教育情况，选择和运用不同路径，形成全员育人、全程育人、全方位育人的五育并举工作格局。

### （三）教师教育是推动国家教育发展的强大引擎

教师教育是教育事业的工作母机，是提升教育质量的动力源泉。强国必先强教，建设教育强国必须办好教师教育，为此，应该加强教师培养管理，健全以卓越教师培养为引领、以"双一流"建设高校培养优秀教师为突破、以师范院校培养高素质教师为依托的培养体系，着力造就一支师德高尚、业务精湛、结构合理、充满活力的高素质专业化教师队伍。[②] 在教师的培养和管理中，五育并举是培养优秀教师的重要途径。师范院校和综合院校的教师教育学院的五育并举不仅促进了自身的内涵式发展，而且发挥了辐射和带动作用，促进了基础教育和其他教育的发展。第一，开展五育并举，将师范生直接培养成具有德智体美劳全面发展的人，使这些准教师师德高尚、身心健康、创新能力和审美能力强、具有劳动精神和劳动能力，同时使这些准教师还在教师教育的过程中耳濡目染，学习和掌握开展五育并举的方式方法。第二，全面发展的师

---

① 坚持中国特色社会主义教育发展道路[N].人民日报，2018-09-13（10）.

② 余孝其.打造加快教育强省建设的四川路径[N].中国教育报，2024-02-26（4）.

范毕业生进入基础教育学校，必将培养出大量德智体美劳全面发展的中小学生，为这些中小学生在未来成为全面发展的人才奠定基础。第三，通过各种教师培训，培养在职教师的五育并举能力，助推基础教育立德树人。第四，教师教育在五育并举方面的探索经验可以为基础教育开展五育并举提供借鉴和指导。第五，通过与家长交流以及中小学生与家人、社区其他人士的交流，可以将五育并举的理念传播于家庭与社会，让立德树人成为全社会共同参与的事。

在这些关系中，每一个师范生就是一颗立德树人、五育并举的种子，师范院校（包括综合性高校的教师教育学院）既是播种机，也是孵化器。师范院校通过培养和培训全面发展和懂得五育并举方式方法的人，将立德树人和五育并举辐射至基础教育学校，为培养未来全面发展的人才做充分准备，在空间上将五育并举的理念和举措由学校向家庭和社会逐步延伸。对于师范院校来说，其自身的教育性、示范性更决定了它的立德树人会对全社会的教育产生极大的影响。因此，教师教育的五育并举如引擎一样推动基础教育、高等教育、社会教育中五育并举的实施，对立德树人根本任务的落实来说至关重要。教师教育的五育并举成败会直接关系国家整个教育的成败，影响中华民族的伟大复兴。

## 二、基于立德树人的教师教育基本原则

### （一）融合共进原则

落实立德树人根本任务，须构建实现德智体美劳全面培养的教育体系。德智体美劳是一个完整的要素体系，是相互联系的内容体系，是涉及多层面、多系统的综合体系，是阶段连续、渐进发展的过程体系，应该把握好德智体美劳"五育"之间的内在联系与相互融合、相互促进的发展规律。[①] 立德树人与五育并举相辅相成、相互依存。坚持立德树人根本任务，构建德智体美劳五育并举的人才培养体系，是全面贯彻党的教育方针，解决"为谁培养人、培养什么人、怎样培养人"这一根本问题的重要抓手。在教育体系建构过程中，五育都将围绕立德树人开展，教育体系的系统性决定五育并举绝非互不干涉的独立存在，而是相互关联、互相促进的。从全国教育大会到《中国教育现代化 2035》，五育融合已成为新时代中国教育改革的基本理念。[②] 人的发展本就是整体的、连续的，很难将此完全分割为单个的要素。德国心理学家马克斯·韦特海

---

① 张俊宗.努力构建德智体美劳全面培养的教育体系[J].中国高等教育，2019（Z3）：70-72.

② 李政涛，文娟."五育融合"与新时代"教育新体系"的构建[J].中国电化教育，2020（3）：7-16.

默曾说，整体的行为不是被单个的元素决定，整体的内在的性质决定着部分的运作。[①] 五育并举之中的五育，是基于育人功能的划分，不是德育、智育、体育、美育、劳动教育五个方面的简单相加，而是五育的相互融合，必须坚持融合共进原则。华东师范大学李政涛教授也指出，"融合"不是做加法，不是以"某一育"为基础，再分别叠加其他"各育"；真正的"融合"是融通、整合，是"各育"之间的彼此渗透。因此，教育者对"五育"应同等重视，在此基础上进行融合，既要做到五育中一个都不能少，又要各具特色、保持平衡、互相促进、共同发展，进而实现五育之间的共进、共美。[②]

### （二）和而不同原则

五育并举强调五育之间的联系与融合，但绝不是忽略五育各自的特点。五育融合是在尊重特色和差异基础上的有效融合。德智体美劳这五育有着不同的功能、价值、任务，在五育并举的实施过程中可采取不同的路径、策略与方法。如在功能上，德育教人为善，智育教人求真，体育教人健体，美育教人臻美，劳动教育教人生活；在实施路径上，以德立人，以智育人，以体健人，以美化人，以劳塑人；在目标任务上，德育铸魂，智育固本，体育强健，美育浸润，劳育淬炼。同时，学校的教育活动具有多维性和整体性的特点，如果把五育机械地混在一起、综合应对，那么就有可能导致整个教育教学目标不明确，缺少着力点。这就要求教育工作者要充分尊重五育的特点和差异，首先以主题切入的方式，着力于某一育，发挥其优势，然后吸纳其他育于其中，博采众长，长善救失，扬长补短，在与其他育融合过程中和而不同、求同存异，发挥其应有的独特价值。

### （三）衔接一致原则

习近平总书记在全国教育大会上指出，要把立德树人融入思想道德教育、文化知识教育、社会实践教育各环节，贯穿基础教育、职业教育、高等教育各领域。教师教育是对教师实施职前培养、入职培训和在职研修等连续的、可发展的、一体化的教育过程，是教育事业的工作母机，引领和服务基础教育，应该在教师教育的五育并举问题上坚持衔接一致原则。

师范院校（包括综合性高校的教师教育学院）和中小学幼儿园有着各自的优势，应该发挥各自的作用。如果双方能够扬长避短、加强合作和交流，必将促进共同发展，实现新的跨越。立德树人教育思想始终统一于、服务于大中小一体化人才培养目标之中，不仅要关注人才培养一体化中德育育人的整体性，还要整合大中小各教育学段资

---

① 李抗，叶浩生. 论格式塔心理理论中的系统科学思想[J]. 社会心理科学，2011（8）：12-17.
② 陈晓辉. "五育融合"推动教育高质量发展的原则与路径[J]. 辽宁教育，2022（6）：53-56.

源，在培养内容、培养路径、培养方法等要素上做到具有连贯性。<sup>①</sup> 基于立德树人的教师教育开展五育并举应该在人才培养模式改革、党建与思想政治建设、课程设置、教材建设、教学方法改革、教育评价、校园文化建设、校风学风、网络建设、教师培训、教学研究等方面与基础教育衔接。师范院校的五育融合在整体上应与中小学的五育融合保持一致，师范院校各个学科专业与中小学幼儿园相应专业的课程教学应保持一致，从而从多维角度加强大中小幼五育并举一体化建设。

### （四）全面参与原则

开展五育并举本来就是一项复杂的综合性工程，关涉学校的党建、学风建设、教学改革、课程设置、教材编写、教学改革、科学研究、校园文化建设、师资队伍建设、基地建设、职后培训、网络建设等多个方面，涉及学校教学、职能、教辅、科研等几乎所有部门。五育包含着德智体美劳，涉及学校所有的学科、专业、课程。五育并举活动的开展必须是学校领导干部、专任教师、辅导员、相关部门员工、学生、家长和校外育人资源等多个育人主体的全面参与。如德育方面，2017 年 2 月，中共中央、国务院颁布的《关于加强和改进新形势下高校思想政治工作的意见》提出，要坚持全员全过程全方位育人。其中的全员育人，就是指由学校、家庭、社会、学生组成的"四位一体"的育人机制。又如，在劳动教育上，构建"家、校和社会一体化"的劳动教育格局，确定各主体的责任，实现以学校为主体、家庭和社会为两翼的有效联动模式。不同育人主体处于教师教育中的不同层次、不同角色，要结合各自岗位的工作职责，发挥相应的育人作用，营造"人人都是参与者，个个都是主力军"的良好氛围。五育并举应是德智体美劳五育的相互融合，这就要求各主体之间应该加强合作和交流，各部门之间应该协同开展工作。

### （五）知行合一原则

知行合一是中国古代哲学的一个重要思想，也是中华优秀传统文化的核心之一，它强调理论和实践的统一，主张将思想与行动统一起来。知行合一的来源可以追溯到《易经》和《老子》等古代哲学经典，意味着认识与行动的统一。黄济先生信奉张栻所言"若如今人之不践履，直是未尝真知耳"（《南轩文集·答朱元晦》），认为中国古代社会在知和行的关系上"重实践是其主要特点"<sup>②</sup>。在党和国家重视传承和弘扬中华优秀传统文化的今天，师范院校开展基于立德树人的五育并举也应该坚持知行合一原则。

---

①　田鹏颖，单旖旎.把立德树人放在首位——深入学习习近平总书记关于教育的重要论述[J].中国教育学刊，2020（8）：1-5.

②　黄济.教育哲学通论[M].太原：山西教育出版社，1998：21.

一方面加强五育并举和各个学科专业知识的理论学习；另一方面注重理论联系实际，将理论学习和实践锻炼结合起来，加强实践的锻炼。以五育的实践活动为依托，构建第一课堂和第二课堂相互结合、文化知识教育和社会实践教育相互融通的现代化五育并举体系；深入挖掘课程中的五育元素，实现基于五育融合的新型教学方式，构建新型课堂教学模式，提高学生在教学活动中的参与度，提升学生的技能；发挥学科专业优势和特色，引导学生大胆将所学的新知识、新技术、新工艺、新方法应用到创新实践中，创造性地解决实际问题，提升自我实践能力。

### （六）与时俱进原则

任何事物的发展都必须紧跟时代，在改革与前进的过程中吸纳新的时代因子，丰富自身的内涵。基于立德树人的教师教育五育并举也必须坚持与时俱进原则，根据新政策、新理念、新技术、新问题不断调整发展的策略与方法。关于新政策，可从最近的党的代表大会报告，全国教育大会的会议内容，中共中央、国务院、教育部等印发的政策文件中寻找到相应的政策依据。通过研读政策，寻找当前理论研究与实践探索的热点、焦点、难点，在此基础上，将当前一些新的政策、理念，如乡村振兴、"四史"教育、研学旅行、党史学习教育、优秀传统文化、中小学 STEAM、跨学科学习、项目式学习、"双减"政策、科学家精神、教育家精神、中小学创新教育、拔尖创新人才、高质量教育、中国式现代化、新质生产力等相关内容融入五育并举之中。同时，运用"互联网＋"、大数据、数字化、人工智能等先进的技术开展五育并举，更新育人手段，加强资源库的建设。

### （七）凸显特色原则

基于立德树人的教师教育之五育并举应该凸显特色。"特色"主要包括专业特色、地域特色、学校特色。师范学院（包括综合性高校的教师教育学院）的五育并举只有立足于专业、学校、地域的独特性，才能真正扬长避短，发挥自身的优势，并找到自我的生长点。首先，师范院校的五育并举应该考虑到学校自身的办学传统与现实情况，如学校的校风校训、党建、教学、科研、师资、培训等方面的特色优势等。其次，师范学院不同的院系开展五育并举一定要根据自己的专业特点来开展，如汉语言教育应注重从文学和语言文字的角度来开展德育工作，而音乐专业应注重从歌的旋律和歌词的内涵角度去进行。最后，师范学院开展德智体美劳教育一定要考虑到所处地域的相关情况，将该地域的自然条件、历史文化、经济发展、教育现状等特点与五育并举结合起来，这有利于充分挖掘和利用乡土教育研究资源。如绵阳师范学院开展五育并举就可以围绕着中国科技城文化、成渝副中心、李白文化、羌族文化、"两弹一星"文化、"三线"文化、嫘祖文化、文昌文化等地域特色来展开；在大中小幼一体化进程中，要深入挖掘所在地域的基础教育实习基地学校的特色和优势。

## 三、基于立德树人的教师教育主要策略

### （一）优化课程结构，实施"专门课程设置＋多样课程融入＋综合实践活动课程融合"的建设路径

课程的类型是遵循一定的标准划分的课程种类。根据课程内容自身固有的属性，课程可以分为学科课程与活动课程；根据课程的组织方式，课程可以分为分科课程与综合课程；基于对学生的学习要求的角度可划分必修课程和选修课程；依据课程开发和管理主体的不同，可将课程分为国家课程、地方课程与校本课程。从学科专业性来讲，课程又可分为通识性课程、专业课程、集中实践课程等。而对于师范院校来说，专业课程包括学科专业课程和教师教育课程。

师范院校开展基于立德树人的五育并举活动，应该将立德树人理念融入各类课程之中，通过优化课程结构，加强德体美劳专门课程建设，注重五育在各类课程中的融入，加强综合实践活动课程的五育融通，使五育并举落地落实。

#### 1. 优化课程体系结构，加强德体美劳专门课程建设

我国历来重视德育和智育，从新中国初期培养德才兼备、又红又专的人才定位，到当前培养德智体美劳全面发展的人才，德育、智育都受到高度重视。高校教师教育的课程大都为智育方面的课程，智育独大，存在各育课程间均衡度不够从而制约整体融合的进程等问题。德育方面课程在近十余年来得到进一步加强，如"中国近现代史""习近平总书记关于教育的重要论述研究"等进入师范院校通识课程板块的思想政治课程之中，夯实了德育课程的内容。虽然师范院校长期以来也开设了体育和美育课程，但美育课程几乎仅限于美术学院和音乐学院，极少作为公共课开设；作为公共必修课的体育课程力度较小；劳动课程长期在课程体系中缺失。2020 年，中共中央、国务院印发《关于全面加强新时代大中小学劳动教育的意见》《关于全面加强和改进新时代学校美育工作的意见》《关于全面加强和改进新时代学校体育工作的意见》，这些文件为我们加强劳动教育、美育和体育提供了政策支持和指导。当前的师范院校应该加强公共体育和艺术教育，增加体育课程，要求所有师范生都修一定学分的艺术课程，提升其艺术修养。进一步优化体育课程体系，学校可开展丰富多彩的体育特色课程，如全校篮球课程、年级特色课程，以及新兴体育项目，如射击、攀岩、定向越野等。[①] 此

---

① 黄红波.可见的成长："五育并举"视域下的综合实践活动[J].教育家，2023（33）：60-61.

外，尤其要加强劳动课程的建设，学校可设置劳动教育方面的必修课程、选修课程、综合实践课程，根据学校的实际情况，多元化构建劳动育人课程体系。如学校设置一门劳动教育课程作为必修理论课，开展劳动思想、劳动精神、劳模精神、工匠精神及其榜样人物等专题教育；各二级学院结合学生所学专业开设限定选修课程，让学生选修其中一至二门。

**2. 优化课程内部结构，注重在多样课程中融入各育**

师范院校的五育并举应该将德智体美劳融入通识性课程、专业课程、集中实践课程等多类课程之中，融入思政教育课程、军事理论课程、大学体育课程、大学语言课程、信息技术课程、创新创业课程、教师教育课程以及教育实习、见习、研习和毕业论文等实践课程之中，融入"国培""省培"等各级各类职后培训课程之中。如德育方面，习近平总书记曾强调指出："要坚持把立德树人作为中心环节，把思想政治工作贯穿教育教学全过程，实现全程育人、全方位育人，努力开创我国高等教育事业发展新局面。""教学全过程"包括课程建设这一过程。五育并举，德育先行。不仅需要加强专门的德育课程建设，还要将德育融入智育、美育、体育、劳动教育等相关课程中。同时，科学设计"课程思政"的工作体系，提炼智育、体育、美育、劳育等"课程思政"育人元素[①]，润物无声地将马克思主义理论融入各门课程。

**3. 优化课程内容结构，加强综合实践活动课程中的五育融合**

综合实践活动课程是指在教师的指导下，由学生自主进行的综合性学习活动，从学生的真实生活和发展需要出发，将生活情境中发现的问题转化为活动主题，通过探究、服务、制作、体验等方式，培养学生综合素质的跨学科实践性课程，也可以说是活动课程和综合课程的融合。

师范院校中的通识性课程、专业课程几乎都是分科课程或学科课程。五育并举的重要原则是融合共进，德智体美劳五育只有相互融合，才能共生共进，而学科渗透、学科交叉所体现的综合性也是任何问题、事物存在的本质属性，也是解决问题和事物发展的必然要求。因此，师范院校开展五育并举活动应该优化组合各个学科专业课程的内容，打破学科壁垒，使学科相互渗透，探索五育融合课程建设的有效路径。为此，可以多开设相关的综合实践活动课程，结合学校和院系专业特点选择主题，将其他学科的专业内容有机融入。在自主探究实践中，以某育发展为中心带动多育发展。如师范院校园林专业可以选择种地、植树、园林维护为主题来开设综合实践活动课程。该课程主要培养学生的劳动精神和劳动技能（劳动教育），同时要求学生了解种植等相关

---

① 何悦，刘瑞儒. 课程思政与"五育并举"融合发展的思路与措施[J]. 教育观察，2022（11）：39-41.

知识、劳动技能和探究能力（智育）；学会欣赏花草树木的美丽，提升审美素养（美育）；多参加植树、培土，锻炼身体（体育）；培养学生在劳动过程中热爱劳动、热爱大自然、珍惜自然资源、热爱祖国、像园丁一样热爱工作的精神，提升思想政治素养（德育），一定程度上实现五育融合。

当然，国家高度重视教师教育大中小幼一体化建设，师范院校的有关五育并举的课程应该考虑与基础教育各级各类学校的衔接。当前，越来越多的综合性院校也在办教师教育，其在五育并举上的探索既与师范院校有共同点，也有其独特之处，如学术性强，但往往忽视教师教育技能训练。这就需要它们与师范院校的五育并举互通有无、取长补短，在课程建设上发挥自身的优势。

**（二）改革课堂教学，采用"项目式学习、跨学科学习、探究式学习"相结合的五育融合学习方式**

课堂教学是指在课堂情境中教师的教与学生的学构成的双边活动，是教学过程的中心环节，课程理念与目标和教材价值最终落实于课堂教学。五育并举是德智体美劳全面培养的一个完整的教育体系，是相互关联的内容体系，必须遵循融合共进原则。当前的五育并举大多存在着五育简单相加、片面发展、彼此分离的问题，不能实现真正的融合。为此，我们不仅要在课程上加强五育融合方面的综合实践活动课程建设，在教学和学习方式上也要做出一些相应的改革。课堂教学应该以学生发展为中心，更要关注学生的学。因此，我们可以采用"项目式、跨学科、探究式"的学习方式。

项目式学习能让学生在真实的情境中创造性地解决问题，因其具有研究主题问题化、探究情境真实化、学习内容综合化、学习形式多样化、学习过程主动化、项目评价多元化等特征，因而能成为联结五育的关节点和融通五育的切入点。[①] 在五育融合的总体目标下，以解决真实问题为出发点，通过设计融合日常的情境、开展联结主体的活动、设计指向综合的评价等项目式学习，有机整合主题、资源、活动、情境和评价等各要素，打破学科和领域的界限，在发现、探究、设计、制作、展演等过程中自然整合五育要素，达到树德、增智、健体、育美、强劳的效果。在项目式学习中，可设置确定项目主题内容、设计项目主问题和分支子问题、参与项目制作和实践、进行项目成果展示交流等具体实践环节。[②] 以项目入手，申报相应课题，开展理论研究和实践探索，形成一定的教学成果或科研成果，然后进一步将成果运用于教学改革之中，产生新的问题，形成新的项目，如此构成了五育教育的生态。

---

① 周群.项目式学习视角下"五育"融合策略分析[J].教育科学论坛，2022（16）：14-16.
② 陈青妹.五育并举视角下高中物理项目式教学探究[J].中学理科园地，2023，19（2）：29-30.

不同的学科承担着不同的教育责任，五育并举要实现融合共进，就必须开展跨学科学习。跨学科学习主要基于学习者的立场，强调学习者创造性地联结某一主题的多个学科专业知识，对主题属性进行多维整合，是培养学生综合素质的重要载体，可以带动课程综合化实施。① 针对当前跨学科教学面临着主题泛化、跨而不合，跨学科学习可以开展任务化学习，通过把握不同学科专业的核心素养，实现跨学科学习的目标指向；关注学科现象的情境性，优选适切的跨学科学习主题，以学科所关注的现象为起点，来决定跨学科学习的主题。依据跨学科学习的主题，将关涉的问题进行生活境脉化；理解学科知识的耦合性，建构系统的跨学科学习内容。以跨学科大概念为核心统整相关学科知识，并基于问题的解决，能动性地运用跨学科大概念进行学习设计；融合多元的学科方法，开展深度的跨学科教学实践。②

探究式学习是指选择某个主题，在教学中创设类似于学术研究的情境，学生通过动手做、做中学，主动发现问题，并进行实验、操作、调查、收集与处理信息、表达与交流等探索活动，获得知识，培养能力，发展情感与态度。它强调学生的自主探究、探索精神与创新能力的培养。五育融合强调以一定主题开展项目式学习和跨学科学习，必然注重学生的自主探究和合作交流，也就必须开展探究式学习。高校的师范专业开展五育并举活动，必须从学生实际出发，通过探究式学习方式来创设特有的学习情境，建立问题导向的实践探索，鼓励和组织学生根据专业特点和自身兴趣，自主选择探究主题，设计探究思路或步骤，根据探究需要寻找探究工具与材料，与同伴积极互动和交流，采用搜集资料、模仿制作、表演、采访、写作等灵活多样的探究形式，并通过汇报活动、故事讲述、文字总结等记录和展示探究式学习的成果。

探究式学习和项目式学习、跨学科学习具有交叉的关系，三者之间具有很强的关联性和互促性，在五育并举过程中三种学习方式可以从三个不同维度共同服务于德智体美劳的相互融合发展。

此外，我们也要重视德智体美劳各育在课堂教学中的融入，尤其是德育和劳动教育。德育可以通过课程思政渗透到各个学科教学和综合实践活动中。关于劳动教育，在人文社会科学类专业课程教学中，可以融入劳动价值观、劳动意识、劳模精神等相关内容；在理工类专业课程教学中，可以融入劳动技能教育，尤其注重培养大学生的工匠精神。

---

① 吴刚平.跨学科主题学习的意义与设计思路[J].课程·教材·教法，2022，42（9）：53-55.
② 李洪修，崔亚雪.跨学科教学的要素分析、问题审视与优化路径[J].课程·教材·教法，2023，43（1）：74-81.

### （三）加强实践活动，构建"'三实'＋'双创'＋校园文化浸润＋社会实践磨炼"的活动体系

高校教师教育的五育并举活动可以通过课程、教学、实践活动等多维度予以实施。通识性课程、专业课程一般承担着智育、德育、体育、美育任务，而集中实践课程基本涵盖五育。专业理论课教学中智育、德育融合较多，专业实习、实训、实验课教学中偏重智育、德育、劳动教育，各类创新创业活动有利于发展智育和劳动教育，各类文体活动涉及体育与美育，各类社团活动中主要是德育、体育、美育、劳育的有机融合。在课程思政大背景下，"德育＋"教学理念深入人心，"课程思政"已从自上而下的政策转变为自下而上的实践。为推进五育并举，尤其是加强劳动教育、体育和美育，高校应该加强相应的实践活动。为此，可以构建"'三实'＋'双创'＋校园文化浸润＋社会实践磨炼"的五育活动体系。

"三实"即加强实习、实训、实验。在"三实"中提升学生的思想道德，开发学生的智力，提高学生的劳动能力。将专业相关的实习、实验和实训与德育、劳动教育、美育等结合起来，强化专业知识和专业技能，提升学生的劳动素养。当然，师范生不仅要重视教育实习，还应该加强见习和研习。

"双创"即创新创业。在"双创"中开展劳动教育。搭建创客空间，打造创业平台，构建创业孵化基地，让学生参加机器人研制、各院校的创新设计和创业活动等，开发学生智力，培养大学生的攻坚克难精神、劳动精神，提升创新思维与实践能力。

校园文化浸润是五育并举的重要途径。高校可通过相关社团、特殊节日、典型人事、多彩活动等途径开展校园文化活动。鼓励和支持大学生社团开展与德、体、美、劳等相关的体验活动，同时学校结合学生兴趣特点，建立融合五育的学生社团，如爱心社团、啦啦操社团、篮球社团、音乐社团、美术社团、航模社团等，[①] 强化学生的自我教育，发挥学生社团的作用；组织开展"学雷锋月""劳动月""美术周""音乐节""体育运动周"等相关活动，引导学生学雷锋、做好事，亲身体验德育、劳动、美育、奥运精神等意义；开展丰富多彩的课外劳动活动。开展与五育主题相关的征文、演讲、朗诵、读书会、研讨会、劳动技能竞赛等多样化的课外活动，开展五育模范和先进人物的报告会、分享会和学习会；开展典型师德、劳动、美育、体育等事迹和人物的宣传。结合校园宣传栏、校园广播、内部刊物、宣传标语和新媒体等传播载体，宣传社会主义核心价值观、民族精神、体育精神、劳模精神、工匠精神和中华优秀传

---

① 昝胜利.以特色实践活动落实五育并举[J].河南教育（教师教育），2021（2）：50-51.

统文化，营造良好的五育并举文化氛围。

五育并举应该重视学生社会实践活动的开展。组织学生在寒暑假或其他节假日走进中小学校、医院、工厂、敬老院、社区、动物园、植物园等开展社会服务或实践活动；引导学生走入农村等开展公益服务和志愿服务；走入博物馆、革命纪念馆、历史遗迹遗址等开展研学旅行，游中有学，学中有思。在服务社会和服务他人的过程中，在走入乡野田园的探究过程中，开阔视野，增长知识，强健体魄，磨炼意志，陶冶情操，树立正确的人生观、价值观，培养社会责任感、劳动精神、体育精神，提升道德品质、审美素养和劳动能力。

### （四）重视五育评价，构建"内容融合＋主体融合＋手段融合"的"过程性＋增值性"评价机制

教育评价事关教育发展方向，有什么样的评价，就有什么样的办学导向。2020 年10 月，中共中央、国务院印发的《深化新时代教育评价改革总体方案》指出，要坚持立德树人，牢记为党育人、为国育才使命，充分发挥教育评价的指挥棒作用，引导确立科学的育人目标，还明确要求"改革学生评价，促进德智体美劳全面发展"。当前，部分学校的五育并举活动普遍存在着内容缺乏科学性、过程缺乏严谨性、结果缺乏关注度①、流于形式、参与主体单一、评价对象倾向于个人等问题。为此，承担教师教育的高校应该建立复合型、可操作的综合系统评价机制。"内容融合＋主体融合＋手段融合"的评价机制与"过程性＋增值性"评价方式相结合共同构成了有利于促进五育并举的评价体系。

#### 1. 建立"内容融合、主体融合、手段融合"的"三融评价"机制

内容融合评价一方面是指五育并举的评价在评价内容上不仅要多元多样，做到对学生德智体美劳五个方面的全面兼顾，更要融合，实现对人的整体存在和整体发展的尊重；另一方面，内容上要做到各个学科知识融合，在跨学科学习、项目式学习中，注意将相关知识紧密结合。主体融合是指评价的主体不应局限于教师，还应该将学生、家长、专家、社会人士等引入进来，形成教师评价、学生自评、同伴乐评、家长悦评、社会热评、专家测评等全员评价策略。注重个人评价与集体评价结合。在评价过程中，不搞"权威"一言堂，共同地客观公正地进行评价。手段融合是指评价要手段多样、相互补充，既要有传统的问卷调查、访谈等评价手段，又要引入智能化评价手段，比如，引入数据分析技术，构建评价模型，借助人工智能等途径提炼隐藏在这些数据中

---

① 黄艺竹，陈熹.基于"五育并举"的"1+3"综合素质评价改革[J].四川教育，2023（11）：36-38.

的关键有效信息，找出内在规律，使数据与评价之间形成链式关系，[1] 使个体五育融合发展的评价信息更具综合性和动态性。

**2. 建构"过程性＋增值性"评价方式**

《深化新时代教育评价改革总体方案》指出，要坚持科学有效，改进结果评价，强化过程评价，探索增值评价，健全综合评价，充分利用信息技术，提高教育评价的科学性、专业性、客观性。对五育并举活动进行评价也尤其应该注重过程性和增值性评价。关于过程性评价，要考察小学、初中、高中、大学五育活动的一体化情况，考察师范生大学四年在各个年级里五育开展的情况，考察每个五育活动整个过程的发生和发展情况。当前"甄别选拔"和"标准化纸笔测验"的评价模式让五育融合评价陷入了困境。采用增值性评价是解决这一问题的有效方法。因为增值性评价是一种发展性评价、形成性评价，要求教师同时关注学生发展起点、发展过程、发展变化。开展学生增值评价，既要重点关注学生学业成绩上的增值，更要全面关注学生在德智体美劳方面的增值。[2] 对五育并举活动采用增值性评价，应全面树立正确导向的增值评价理念，构建学生增值评价的数据采集系统，采用口试、课堂行为观察、情景体验、肯定性语言评价、设计个性化作业等多元方式进行，使评价目的从"甄别选拔"走向"促进发展"，学生将在学业、生活、情感、社会性发展等方面获得多元发展，教师、学校也将不断进步。

**（五）完善相关保障，构建有效的制度、经费、师资、基地、技术的综合保障系统**

基于立德树人的五育并举活动是一项综合性很强的系统工程。不管是师范院校，还是综合性高校中承担教师教育的相关部门，为了更好地落实立德树人根本任务，开展五育并举活动，不仅要在课程、教学、实践、教育评价等方面进行深入探索，还应该在制度、经费、师资、基地、技术等方面加大力度，建立多维的五育并举保障体系。

**1. 制度保障**

根据国家相关政策，结合所在地域的特点，以及学校的发展实际，规范五育并举的组织建设、课程建设、课堂教学、校园文化建设、基地建设、活动开展等各个方面的规章制度，以制度化建设确保五育并举的顺利开展。规章制度既包括五育整体的规章制度，也包括各育的规章制度；既包括高校学校层面的相关规章制度，也包括各个院校、各个专业层面的规章制度。

---

① 黄艺竹，陈熹. 基于"五育并举"的"1＋3"综合素质评价改革[J]. 四川教育，2023（11）：36-38.

② 谢小蓉，张辉蓉. 五育并举视域下学生增值评价的发展困境与破解策略[J]. 中国电化教育，2021（11）：32-38.

**2. 经费保障**

要保证开展五育并举活动所必需的场所、设备、活动、研究等方面的费用。一是学校要拨付五育并举项目专门经费，尤其是劳动教育活动经费；二是各二级部门从实践教学经费、学生活动经费中设立五育并举专项经费；三是争取校友资助、企业赞助等校外资金的援助，建立五育并举活动专项基金。

**3. 师资保障**

通过校内转岗、校内兼任、校外聘用专业技术教师等方式保障充足的五育活动师资，尤其是劳动教育、体育、美育方面的"双师型"师资。校内转岗即让部分对劳动教育有专长的专业课教师或行政人员专门从事劳动课程的教学或实训指导；校内兼任即专业课程教师兼任劳动教育课程教学；校外聘用即从基础教育界聘请教师与校内教师合作开展五育并举活动，从校外的企事业聘请能工巧匠、熟练技师、工程师等担任学校学生劳动技术课程的指导教师。

**4. 基地保障**

除了常规的教育实习基地和见习、研习基地，还应该加大德育、劳动教育、体育、美育场地和设备的投入，建立相应的基地。与校外的爱国主义教育基地、红色教育基地等加强合作，将之建成教师教育的德育基地。如绵阳师范学院将"两弹城"、汶川大地震纪念馆、黄继光纪念馆作为师范生的德育教育基地。通过与中小学、社会企业合作，建立校外实训、实验、实习基地，为学生的劳动提供科技创新、农业体验、职业启蒙的场所，积极将相关工厂、农场、草场、商场、社区和公益基地、博物馆、旅游景点等资源作为学校的实践基地，增加实践基地的数量，拓宽实践的渠道和范围，开发具有地域特色和校本特色的优质实践内容。

**5. 技术保障**

当前科技发展日新月异，大数据、云计算、人工智能纷纷涌现，促进了教育的信息化、数字化和智能化。新出现的 ChatGPT 是人工智能技术驱动的自然语言处理工具，能够基于在预训练阶段所见的模式和统计规律生成回答，还能根据聊天的上下文进行互动，甚至能完成撰写论文、邮件、脚本、文案、代码等任务。所有这些都会促进教育的发展，助推五育并举活动的开展。比如，北京市顺义区西辛小学注重信息技术与教育教学的深度融合，用人工智能、大数据等科技赋能教育，重构教育流程。可探索运用信息技术提供的丰富优质数字化学习资源，实现学生的个性化学习、精准学习资源供给、教师在线备课和精益教研，重构教育流程，为提升学生素养助力。智能时代大势所趋的"双线混融教育"模式逐渐成为促进五育融合的重要路径。[①] 例如四川省成都华西中学通过关注热点渗透德育，在游戏互动中促进智育，编写运动程序促进体育，在软件创作中促进美育，通过开展创客活动锻炼劳动能力等。[②] 这些中小学展开的有益探索，可以为高校的教师教育利用信息技术开展五育并举活动提供参考和借鉴。承担教师教育的师范院校和综合院校通过信息技术、智能科技不断加强德育、体育、艺术、劳动教育的课程建设，开齐、开足、开好国家课程和校本课程，实施现代化教学，建设"容量大、立体化、生动化、实用化"的教育资源库，为五育并举提供技术保障。

（撰稿人：张天明，绵阳师范学院教授）

---

① 朱秋庭.运用人工智能为"五育并举"赋能[J].中小学信息技术教育，2021（S1）：13-15.
② 章云凯.中学信息技术教学中的"五育并举"[J].基础教育参考，2022（7）：61-63.

# 学校文化建设与立德树人

学校本是传递文化与创新文化、培养文化人的地方，然而部分学校一度将教授知识和培养考试能力看得更重要。究其原因，是缺乏对文化和人的发展的深刻理解，缺乏文化的自觉。要彻底扭转对培养什么人、如何培养人以及用什么来培养人的认识，解决一系列实践中的错位与错误，真正贯彻立德树人的根本宗旨，就必须认真研究人的文化本质以及学校文化建设的育人本质、学校文化建设现状与学校文化建设策略。

## 一、学校文化育人的本质

学校教育的本质是立德树人，育人是用文化来培养人，即习近平总书记指出的"以文育人，以文化人"。广义的文化是除未经改造的自然环境之外，人类创造出来的一切物质产品以及精神成果，它包括语言、艺术、宗教、法律、道德、信仰、生活方式等，而科学知识、价值观、意识形态则是文化的主要构成部分。物质产品其实是精神产品的物质表达形式，没有任何一件物质产品能与人类科学文化知识分离开来。文化可以通过教育被传递或通过学习被获得，从而使得文化得以传承、创新，不仅使文化保存下来，而且还可以逐步发展。狭义的文化指与人类精神活动及其产品有关的方面，也就是人类认识自然界、社会世界以及自我世界的知识以及伴随知识产生的情感体验、价值观、道德等产品，即精神生产领域的科学文化知识，其作用是直接影响人的精神风貌和精神创造的能力，影响人类精神文明的发展。因此，学校教育以人类积累起来的知识（符号化形式）及其知识所反映的精神（包括思维、情感、价值、道德等）为教育内容，培养年轻一代能够继承与发展前人所具备的客观知识及其精神素养。

学校文化是在接受人类文化精神影响的基础上，形成的自己某一时代、某一时段的特殊文化，它主要反映学校主体（学校领导、教师、学生与家长等）在培养人方面所创造的独特教育方式、价值取向、观念体系、制度准则以及日常行为方式与精神面貌。因此，学校文化是指一所学校在长期的教育实践中积淀和创造出来的，为其成员所认同、接受和遵循的价值观念体系、行为规范准则，以及与物化环境风貌的一种整合和结晶。它是学校人群所采取的精神活动与实践活动的方式及其创造出来的精神成果与物质成果的总和。它包含物质（校园建设）、制度（规章制度）、精神（理念价值）和行为（师生作风、行为举止）四个层面，而其核心是精神层面中的价值观念、办学思想、教育理念、群体心理意识及其所表现出来的精神面貌与行为举止。

没有得到学习，没有进入学校的文化，便是静止的、物质表现形式的文化。比如没有被发现的或者被遗忘的文化，就中断了，永远无法产生活力，永远不能影响人们的生活。不仅人类从此就不知道它的来源，而且人类从此就不再接受它的影响，更没有在继承基础上的创新。因此，凡是称得上文化的东西，一定是经过学习然后创新，历代经久不衰传递并发展下去的东西。但是，教育虽然在引导人们学习文化，如果只知道传承，死记硬背，依样画葫芦，只求学会，不求经过消化并在此基础上有所发展与创新，这样的教育便是没有文化的教育，教育培养出来的人便是没有文化的人。学校教育一方面要传递人类文化中最基本的、经典的、必备的科学文化知识、技能、智慧与价值观、情感体验、道德规范等，这是理解现代新文化知识的基础，也是创新现代新文化知识的根；同时又必须传授最新的文化成果，更重要的是要理清最新的文明成果是如何从文化之中生发出来的，培养新的文化产品的创造能力、创造智慧以及创造新的现代生活。

## 二、学校文化建设的现状

学校文化建设以学校场域为起点，以育人为目的。这里应该遵循三个逻辑，即文化逻辑、学校逻辑和教育逻辑。文化逻辑体现为科学文化知识的基础性与创新性；育人逻辑体现为人的生命成长与发展性；学校逻辑体现为学校的人文历史所渗透的教育思想、教育理念与教育追求等。纵观当今部分学校的文化建设，在热闹非凡的现象背后却蕴藏着一定的危机。它们并没有遵循这三种基础的逻辑规律，使得学校只能停滞在教知识、教教材、教分数的层面。这种背离学校文化建设的种种现象，已经使得立德树人的宗旨被严重忽略了，对此我们应警醒与反思。

### （一）功利文化盛行，应试教育依然暗中作祟

教育行政管理部门、家长以及社会对于一所学校的评价，往往以最直观、最简单、最能具体量化的指标来考量。最能够满足这个要求的就只有升学指标。从家长的功利性与望子成龙的心态来看，这个指标是最能够让他们满意的。他们绝不会用教育科学和人的生命发展科学的思维、方法、工具来评价一个学校的综合质量。虽然中共中央、

国务院、教育部一再强调要加强素质教育，强调综合评价，绝不能以高考作为唯一指标评价学生、评价学校，但在一些地区、一些学校、一些家长的心里，应试教育仍然在暗中盛行，国家教育政策的落实仍然不理想，仍然难以落到实处。有了这样的背景，在不少人的心目中，学校文化建设可能就是做表面文章，即使是做学校文化建设，也是给升学"锦上添花"，学校会把力气用在看得见的建筑物、校园物质环境建设上。所谓的激励评价、过程评价、质性评价等也是为升学竞争服务的，对学校、校长、教师、学生等的考评，都会以学生的考试成绩和升学数量作为标准。因此，一些学校所谓的文化建设，只是流于形式，虽然看起来是学风、教风的建设，但其实质是围绕升学、为了考试分数的目的的规训，做得"更好"的往往会利用暗示原理进行"考试文化"熏陶。可以说，一些学校盛行的文化是一种功利文化。它或者体现的是学生、家长的升学功利文化，或者体现的是教育管理者的政绩功利文化，或者体现的是教师的工作业绩功利文化。

### （二）把学校文化建设等同于物质环境、校舍、学位建设

学校以传递、继承与创新文化为职责。人作为人的根本特性便是文化，人的成长与发展不仅是身体的变化，根本的标志是有文化的发展，文化发展使人产生文化自觉。所谓文化自觉，就是要强调"自知之明"和"自主适应"，其中的关键便是"获得身份上的归属与认同，自主地进行文化的传承与创造，实现以文化人的目的"[①]。学校教育就是促进人的文化自觉，从而不断自觉继承与创新文化，使得人类文化得以长盛不衰地发展、繁荣下去。而当前的学校文化建设，典型的问题就是缺乏文化自觉，特别是教育管理者缺乏文化自觉的意识。一些地方，干部任命实行轮换与交流制，不懂教育、不懂文化建设的人随时都有可能被轮换到教育管理岗位上来。我们经常会见到这样的管理者，抓教育就是抓教育的产出，抓教育的"GDP"，满脑子的立竿见影、及时出成果的措施，把人的发展、教育事业的发展以及人才的培养当作生产，把学校文化建设等同于学校物质环境建设，把新建或改建多少所学校、建设多少校舍面积、花费多少经费、增加多少学位等当作发展学校或学校文化建设的功绩。他们认为学校文化建就是改善学校物质环境，或者就是制造文化标记的环境。

### （三）缺乏文化自觉，盲目抄袭他人

当前部分学校轰轰烈烈地搞学校文化建设，但由于没有文化自觉，不能找准本地区、本校的人文历史资源，不能找准自己学校的文化定位，不能发掘本校、本地区的

---

① 岳伟，杨雁茹.文化自觉视域下学校文化建设的问题反思与品质重塑[J].齐鲁学刊，2023（5）：90-98.

人文故事并树立师生的精神榜样，把学校文化建设等同于学校的章程、校规、校训、办学理念以及一些管理制度等文化表征。不少人都热心于学习考察他校的文化建设，然后再加以修改，有的甚至盲目抄袭。把那些优质校或特色校作为学校文化建设的"样板间"，本校文化建设只需要进行"标准化装修"即可。[①] 他们对学校文化建设、学校育人本质、人的全面发展、人才培养等核心问题缺少独特、深刻认识，对文化缺乏深刻理解，更别提灵活运用学校文化建设。因此，即使是学校的章程、校训、校规的制订，办学理念的提炼，学校管理制度的制订等都不会经过师生教职工的讨论，而是从外面照搬过来，或者简单修改而成，也正由于此往往不能够得到师生的理解、认同和践行。于是这些就形同虚设，转换不成真正的学校文化精神与面貌。

### （四）城镇化建设进程中，新老学校兴衰使得学校文化建设缺乏历史继承性

我国现代化建设的发展，城镇化进程急速推进，大量人口迁移、变动造成入学人口变化大，也造成大量具有悠久历史和丰富人文资源的学校荒废，学校文化建设随着学校领导、教师的调离而分解，优秀的校友失去家园感和归属感，悠久的校园文化被荒废。而新兴的城镇则大量新建学校。这些新建学校，学校领导、教师都是新招聘的，学校没有办学历史，也没有杰出办学领导、优秀教师以及优秀校友，更没有学校历史故事。因此，这类学校在学校文化建设上有严重不足，即使不少学校也意识到这个问题，开始建设学校文化，但是由于既没有物质文化资源，也没有人文故事资源，更没有领导、教师与学生协同整合的独特精神与行为资源，使得学校每一个人的身份建构以及精神文化归宿都需要很长时间来积淀。

## 三、学校文化建设育人的对策

文化是人类发展与创造的物质与精神文化的结晶。年轻一代在接受学习前人创造的文化基础上不断发展与创造新的文化，使得人类文化永不停歇地发展。学校文化应该秉承文化的精髓，把人与文化紧密结合，以培养创造文化的人为己任。因此，只有加强建设学校文化，才能真正培养文化的人，培养具有传承与发展中华优秀文化，吸收借鉴人类先进文化精髓，创造现代中国特色社会主义先进文化的人。反思过去错位的、不正确的、低效的学校文化建设的现象，分析其原因，目的是围绕学校文化建设的新使命，提出改革的措施，培养新时代的社会主义事业建设者和接班人。

### （一）摒弃功利主义文化，建设崇高的学校文化

学校从来就是一个传播理想的地方。虽然个体发展具体的价值取向首先是从个人

---

① 张鸣凯. 新时代需要什么样的学校文化建设[J]. 内蒙古社会科学，2020（1）：188-193.

自身的、物质的、功利的目的出发，但是真正要实现更大发展，必须实现从个体的向社会的，从物质的、功利的向精神的、非功利的进而向理想的、崇高的价值取向的提升与超越，绝不能纯粹站在个人的角度，简单地满足其功利主义的需求。学校在提炼办学理念、制订学校章程方面要注意价值取向与精神追求的内蕴；在创造文化环境、氛围方面，要通过展示人类文明、宣传革命英雄和烈士事迹、赞扬科学家与思想家的社会情怀与精神、弘扬优秀传统与民族文化等，突显其代表的人类、国家、民族、传统、科学、社会道德以及时代背景等的精神追求与情怀的崇高性；在收集整理学校历史与传统，叙述校友发展与成才、教师育人模范、校长办学等方面，要注意从个人在当时社会条件下对人类、国家、民族、社会做出的贡献与精神追求，突出其崇高的理想、信念与精神追求，而不是宣传考上名校、当上官员、做过企业老总、有多少资产等功利主义的内容。学校是育人场域，而不是生活场域，生活中的做简单、平凡人的理念并不是不对，但学校不能倡导这样的理念。所谓的目标取向上有一个折扣效应，取乎其上，仅得其中；取乎其中，仅得其下。因此，学校教育一定是理想的教育，一定是崇高的教育。但是，学校有崇高的、理想的目标追求，又不是机械地强迫每一个学生都要达到这个要求。学校文化建设，我们一方面要警惕应试教育的功利主义文化，另一方面也要警惕机械的理想主义文化，同时还需要警惕生活平庸文化（或"躺平"文化）。

### （二）以物质文化为载体，彰显深厚的精神文化灵魂

任何物质载体都承载了相应的文化，学校的图书馆、教室、大会堂、运动场、纪念亭、宿舍、走廊、食堂等建筑及其室内的装饰图案、建筑物之间的排列布局、外形设计寓意等都要承载相应的文化，即学校的历史积淀、办学理念、思想信念、精神追求等文化价值取向，并且这些价值取向要结合国家课程实施，融合在课堂上、生活中、休闲时等，成为校本课程。如果物质文化建设所彰显的文化并没有融合于师生学习、生活之中，那就纯粹是一种视觉的生理刺激；或者物质文化所承载的精神追求与价值取向同学习生活实际情况相反，那么就会形成反差，使得某些崇高的东西失去了意义。比如教室中悬挂了科学家图像，而教学中并不介绍这些科学家的精神追求与科学精神、科学情怀等，学生根本就不知道他是谁，他有什么科学、社会贡献，他的创造价值何在。因此，学校物质文化所承载的思想、文化内涵，必须时刻融入课堂教学、综合实践活动、生活过程以及休闲调节活动之中，让革命英烈、科学家、思想家走出历史面向大家说话，让历史人物在学生心目中"复活"。

### （三）提升文化自觉程度，建设特色学校文化

文化的内容极为丰富，从个人成长的历程来看，他只要今天超越了自己成长过程

的昨天，对于他来说便是自己的内在精神的成长，也就是自我的文化生长或文化积累。人类也是这样一点点地超越昨天，今天的知识、思想、精神积累比昨天更加丰富，每一个节点的丰富就是一个文化发展的成果。文化发展与生长具有历史连续性、继承性与创新性，没有历史也就没有创新，没有历史便没有发展。发展的每一个节点都是当时具有超越的价值，而每一个超越都是基于过去的积累，同时，每一个节点对当下都有启示作用。因此，所谓文化自觉就是认知人类、国家、民族、地方以及学校自己的每一个发展阶段，认识每一个发展阶段之间的关系以及未来发展的方向。因此，相对于学校文化建设来说，文化自觉强调"自知之明"和"自主适应"。即熟知自己学校的历史人物、历史事件、历史经验、发展过程，熟知当今的时代使命、时代精神、时代追求以及当下师生、学校领导如何履行相应的职责，把过去融入当下，同时联系过去与当下，展望未来，使得过去、当下与未来联系成为一个整体，彰显当下的创新之处与理想未来，这样就自然形成了自己学校的特色文化。所谓特色，其实就是在人类、国家、民族文化的基础上，审视自身的历史事件、历史故事，展望未来想要做的、可以做的、能够做的。由于是基于自己独特的视角以及独特的能力，那便是创新与特色。因此，必须提升自身的文化自觉意识，才可能建设特色学校文化。如果照抄别人的，那就不是自己的；在别人那里是特色，在自己这里却不是特色，而是抄袭、模仿。

### （四）实施集团化与团队整体迁移，新建学校文化建设借鸡生蛋与筑巢引凤相结合

在城镇化进程中，产生了大量新建学校。这些学校中，不论是学校管理层、教师、学生，还是学校建筑、图书资料等，都是新的。其中领导与教职员工之间、领导层之间、教师之间、教师与学生之间、学生之间、全体教职员工与学校所有建筑之间等一系列关系都需要重新建立。学校没有历史积淀，学生没有以往的校友，教师没有前辈，学校没有历史事件与历史人物，大家没有共同的回忆，更没有积淀起来并得到普遍认同的办学思想与教育理念等，学校文化建设一切从零开始，可见其困难有多大。因此，新学校的文化建设，至少可以从三个方面着手。第一，激发第一代学校开创者的文化自觉，建设崭新的、具有历史原典的学校文化。这需要重视每个教职员工以及学生作为学校文化第一代人的身份建构与责任意识激发。第二，实施名校学校文化建设的"借鸡生蛋"模式，即集团办学，把名校的文化精神与文化风貌引进到新学校中来，并加以创新。一方面扩大发展集团办学的文化影响；另一方面可以借鉴集团办学的文化积淀，结合新学校、新文化建设优势，激发新生文化的力量。第三，以新建学校为主体，创造新发展空间，引进具有文化自觉与文化创新的优秀教学团队或杰出管理团队，在新时空短时间内实现对创造力的激发，产生创新的激情，产生超预期的学校文化建

设效果。这三种路径相结合，能够快速实现新建学校文化建设的突破。

（撰稿人：陈理宣，内江师范学院教授、四川省教育学会学术委员会副主任；

刘炎欣，博士，吉利学院教授；

李妍伶，吉利学院副教授；

姜若梅，重庆江南艺术学校教师）

# 学科育人：内在机制、实践环节与实施路径①

学科育人的本质内涵就是在知识传递与智慧启迪中渗透立德树人的教育思想。知识是育人的基础和前提条件。包括思想政治、数学、语文、科学等在内的各个学科，都要以知识为中介来实现这个目标。学科知识是各种实践活动的结晶，学校教育通过把已有的学科知识与相应的实践（或模拟实践，或虚拟实践）相结合，引导学生参与相应的实践，或以"同化"的方式丰富、发展已有知识结构，或以"顺应"的方式扩大、建构新的知识结构，既产生"一种新事物"，又能促进"旧的机制的延伸"，②并在获得认知性素养（包括"双基"与"智慧"、低阶思维与高阶思维）的同时，获得精神性素养（包括情感体验、价值观念、理想信仰、道德伦理等）。因此，"知识教育"与"价值教育"相互"依赖"。③研究学科育人实践的内在机制、方法和路径，是实现立德树人的必然要求。

## 一、学科育人的内在机制

学科育人是指各学科课程教师结合教学内容所蕴含的思想、情感、价值取向、道德伦理等因素进行综合教育，实现立德树人的教育教学活动。学科育人要求教学中要挖掘学科知识所蕴含的育人因素，把思想政治教育内容渗透到学科知识中，充分运用"思"对知识进行内容、内涵与性质丰富的"关联"与"拓展"，一方面促进"转识成智"，从知识上升到智慧，另一方面形成"化智育灵"，促进学生智慧与心灵的融合，实现整体人格发展的立德树人。

### （一）学科育人：让价值观与品格在学科知识中生长

所谓学科是指反映"人类认识的进程和发展水平，从人类科学门类中精选出来

---

① 本文发表在《中国教育学刊》2024年第7期。
② 皮亚杰.发生认识论原理[M].北京：商务印书馆，1989：25-26.
③ 李斌雄.论知识教育·价值教育·思想政治教育[J].思想教育研究，2001（6）：20-25.

适合儿童、青少年身心发展水平的内容而构成的新的内容体系"，它"由事实与价值、观念与思想、逻辑与方法等构成"①。各学科都有自己力图达成的"正确价值观、必备品格和关键能力"要求，都有自己独特的"育人价值"。学科知识是学科教学的基础性内容，但是学科教学在传授基本知识、锻炼基本技能的基础上，还必须启迪智慧，教会学习方法，激发学习动机，引导和规范知识运用的价值取向与行为规范等。反观以往"知识课堂"的弊端，教学中之所以会呈现"低层化"倾向②，主要在于其仅仅停滞在只"教"学生一些基本的知识、常识性知识，而没有教知识所蕴含的智慧、思想与精神。学科育人的核心理念在于教知识的同时要注重生成智慧，要引导学生使知识的思想、价值、情感与精神等与思想政治教育的"政治方向""育人方向"和"文化认同"达到一致性。③ 因此，学科育人既具有学科独特的育人价值，又通过知识素养、思维品质提升对价值观、品格内涵的认识，有助于系统化、理念化的理想、信念、道德品质、法制意识、价值观念以及较为稳定的社会主义建设者、接班人理想人格的形成。

**（二）知识、智慧、精神：学科育人的三个层次**

学术界历来有事实与价值是否统一以及科学知识是否应价值中立等争议。这不仅是一个哲学问题，也是学科育人的关键问题。

比格斯的观点为知识与智慧、精神联系在一起提供了学理上的解释。他认为根据解决问题所调用的知识及其与需要解决问题之间的关系的不同，能够"看见"知识结构的不同性质。知识之间的连接关系或结构有五种类型或水平，即前结构、单点结构、多点结构、关联结构、抽象拓展结构。前结构是指虽然有一定的知识储存，但是知识之间以及知识与当前问题之间没有关联。单点结构是指"只能联系单个素材解决问题"。多点结构是指"能够联系多个有限的、孤立的素材解决问题"，就是说，多点结构的思维运用的知识多个点之间及其与需要解决的问题之间的关联是相互孤立的，多个关联之间缺少更进一步的关联，不能形成某个知识与多个需要解决的问题或多知识点组合成解决某个问题的知识网络。关联结构是指"学习者利用问题线索、相关素材及素材的相互关系解决问题，并能在设定的情景或已经历的经验范围内利用相关知识进行概括"。关联结构水平的思维过程是多个知识点对多个问题，在特定学科视角，结合若干定律解决特定问题，多条关联之间可以发生关联，知识网络初步形成，但是还

① 郭元祥. 论学科育人的逻辑起点、内在条件与实践诉求[J]. 教育研究，2020（4）：4-15.
② 项贤明. 当代学校教育中的科学和人文危机[J]. 中国教育学刊，2020（8）：48-51+58.
③ 邱仁富. "课程思政"与"思政课程"同向同行的理论阐释[J]. 思想教育研究，2018（4）：109-113.

不能在假定之中更深刻地思考更多可能的问题，还不能把众多知识、众多现象抽象出来直观呈现等。抽象拓展结构是指"利用问题线索、相关素材、素材的相互关系及假设解决问题，能对未经历的情景进行概括"。① 这说明，智慧是通过需要解决的问题，把知识多点对多点、多角度、多层面复杂地联系起来解决具体的问题来体现的。关联程度越丰富，超越给定情景和已有经验、发生抽象概括和迁移就越好，思维或智慧发展水平就越高。

显然，问题的关键是知识之间以及知识与需要解决问题之间的联系以及联系方式、性质等。如果按照布卢姆、安德森等对思维的教学目标分类来看，大致上可以把比格斯的前三个水平看作低阶思维，其基本特征为对知识的理解、记忆、应用，而后两个阶段即关联结构和抽象拓展结构就可以看作高阶思维，其基本特征表征为综合、分析、创新等。② 一般把具有综合、分析、创新水平的思维能力视作智慧的标志，是"反省智力"；而把知识的简单运用或者熟练运用视作基本知识和基本技能，是"实践智力"。可见，"反省智力是有意识地去掌握实践智力所取得的结果"。③ 智慧是从知识运用中生长出来的，如果我们进一步探究知识运用的目的，就会发现人是从知识与智慧中生长出来的，即进入"为谁培养人"和"培养什么人"的价值取向层面了。

### （三）从"转识成智"到"化智育灵"：高阶思维的中介作用

按照比格斯的说法，简单的知识，即处于前结构、单点结构与多点结构的知识，形成了布卢姆所认为的低阶思维——知识主体只能对知识进行理解、记忆与简单应用；当知识点之间能够形成关联结构、抽象拓展结构的时候，就达到了对知识的综合、分析与创新的水平，产生了高阶思维。在认知心理学领域，思维发展是智力问题，它们不涉及情感、价值观、世界观、人生观以及道德等内涵。在中国传统哲学中，大智慧不仅有像《大学》中所提出的"格物致知"的含义，关键还在于具有"诚意正心"，并转化为"修身齐家治国平天下"的行动价值取向的标准。因此，冯锲在分析"转识成智"之后，认为知识转化为智慧便具有了领悟宇宙人生内涵之意。④ 马克思认为"认识世界"的目的在于"改造世界"，⑤ 改造世界就是"创造对象世界"，最终使人"在

① 吴有昌，高凌飚. SOLO 分类法在教学评价中的应用［J］. 华南师范大学学报社会科学版，2008（3）：95-99＋160.

② 安德森. 学习、教学和评估的分类学：布卢姆教育目标分类学修订版（简缩本）［M］. 皮连生，译. 上海：华东师范大学出版社，2008：58-60.

③ 皮亚杰. 皮亚杰教育论著选［M］. 北京：人民教育出版社，2015：57.

④ 冯锲. 智慧的探索［M］. 上海：华东师范大学出版社，1996：333.

⑤ 马克思，恩格斯. 马克思恩格斯全集（第 3 卷）［M］. 中共中央马克思恩格斯列宁斯大林著作编译局，译. 北京：人民出版社，1956：48.

他所创造的世界中直观自身"，从而使自身成为"类存在物"，产生"类生活"。[①] 这就是人的本质即人的社会性精神因素的发展。实现这种转化与升华的关键在于思维能力的发展不仅能够对知识进行综合分析与创新，而且能够分析综合知识之间的不同属性与内涵，从而产生知识与人性内涵之间的关联以及人与整个世界的高度抽象水平的拓展，产生世界观、人生观与价值观的融合与统整，以及宇宙与人生、外物与"自我"之间的关联。如果没有思维的高水平发展，仅仅局限在对对象的认知层面，那么，人是人，物还是物，人与物之间除本能的联系之外，别无其他，人不能洞察物之中的精神、社会之中的自我、宇宙自然之中的人生。因此，作为促进知识内容与内涵丰富的中介，高阶思维关联了认知性因素与精神性因素，勾连着知识与灵魂。

## 二、学科育人的实践环节

人的发展是一个整体生成的过程——机体与机能、知识量与知识结构、思维能力与智慧水平、自我与心灵都在逐步发展、成熟。这个过程是通过以知识为内容和媒介来实现的。其实现路径就是以教学引导"求知"为基础，以"做事"为根本途径，以做有益于他人、社会的事为目的，并体验快乐、产生行为动力的连续性过程。

### （一）引导求知：从生活经验到学科素养

学校教育显性的、直接的任务是传授人类社会积累的知识。学校教育超越了简单的、自然的生活经验的知识形式，使知识的学习获得量的急速增加和质的飞速提升，从而缩短了学生社会化的时间历程，缩小了社会化的空间范围。因此，教育就是引导学生求知的过程。这个过程从生活经验与学科知识的关系来看，学生每一次学习新知识，都要以已有的生活知识和学科知识为基础，总是体现为学科知识通过生活经验知识来增强理解，生活经验知识通过学科知识来提升，转化为科学化、系统化、结构化的知识系统。生活经验知识与学科知识之间会经历一个生活知识科学化和学科知识生活化的双重转化过程。[②] 从知识的结构发展与形成来看，学科知识总是表现为"事实或概念性知识、方法性知识与价值性知识"的层级性逐步发展，学科素养呈现为由"学科事实或概念、学科核心概念、学科方法、学科思想、学科思维与学科价值观构成"的客观化的素养结构和由"学科的价值旨趣＋学科问题＋学科方法、思想与思

---

① 马克思，恩格斯.马克思恩格斯全集（第 42 卷）[M].中共中央马克思恩格斯列宁斯大林著作编译局，译.北京：人民出版社，1979：96-97.

② 南纪稳.教学世界：生活实践与科学世界的双向二重化[J].华东师范大学学报（教育科学版），2015（3）：1-6.

维＋学科事实或概念性知识"构成的具体化、主体化的素养结构，<sup>①</sup> 从而在扎实"双基"的基础上，转化为主体化的学科素养、人性能力素养，形成"人—知"互动、"人—知"关系和"人—知"相遇。<sup>②</sup> 因此，求知是学科育人的逻辑起点和基础，一切人与世界的、个人与社会的、自我与本我的关系都必须通过知识为中介来联结，人要利用知识、借助知识"站立起来""强大起来""活起来"。<sup>③</sup>

### （二）引导做事：从学科教学到实践育人

知识与技能的积累来自两条相互促进、交替前行的路径：基础知识学习和生活实践活动。但其并不是简单的见闻或教师的传授、灌输，见闻或传授只是基础或前提条件，还必须通过亲知性的操作实践来实现。教学中既要引导学生把所学知识与生活经验结合进行"思"，更要引导学生把所学知识与生活、生产实践结合起来进行"做"。"做"既体现具身认知心理学所倡导的促进身体机能发育与机能智慧发展的理念，又体现中国传统"践行"文化的精髓。做事，不仅是知识学习过程中转化为能力的必经途径，更是做人的必经途径。在学校教育中表现为指向真实问题解决的综合实践活动课程，以及目前在广泛推进的项目式学习（Project Based Learning，PBL），也就是说把系统传授事实性、概念性、原理性、策略性知识，通过做事使学科知识转化为内化的价值观、必备品格和关键能力，从而产生解决问题的智慧和解决问题的情感体验，最终达成人性能力的生成与提升。

### （三）引导做人：从实践育人到立德树人

传统的教学方法把"知识教育封闭在课堂教学、学校之内"，<sup>④</sup> 教学始终局限在认知领域，与生活实践、生产实践脱节，缺乏亲知实践，因此造成学习活动没有智慧、没有激情、没有生命活力、没有意义感等一系列问题。这正是当前中小学乃至大学里"空心人""四无心理"现象逐年增多以及生命危机事件频发的根本原因。改变这种现状的根本措施是引导学生把所学知识与实践关联，慎思现实的可能性以及可能产生的价值及其与自我、社会、人类的物质利益与精神意义；在理性的反思与批判后，制订实施方案并付诸实践过程，在实施过程中学会不断调整与完善；对实践成果做出科学性、真理性、效率性、价值性、伦理道德性的检测与鉴定，使之行为符合客观规律和理性的判断标准；反思成果与自身（隐含社会、人类）之间的本质关系，体验效能感

① 李润洲.学科核心素养的培育：知识结构的视域[J].教育发展研究，2018，38（Z2）：43-49.
② 郭元祥.论学科育人的逻辑起点、内在条件与实践诉求[J].教育研究，2020（4）：4-15.
③ 成尚荣.学科育人：教学改革的指南针和准绳[J].课程·教材·教法，2019，39（10）：82-89.
④ 陈理宣.论知识的整体性及其教育策略[J].中国教育学刊，2015（12）：26-31+48.

与成就感，产生愉悦的情感体验，并为下一环节的行动储备动机与动力。虽然当前的模拟情景、虚拟情景的练习和考试还没有内在地嵌入价值判断的测试，特别是理工科知识的测试，但是至少已经引导学生的思维模式具有实践指向性，如果结合综合实践活动或实践研究活动，就会与思想、情感、价值的生成产生更丰富、深刻的联系。总之，要通过引导学生"做"对自我、社会、人类有意义的事情，把学生培养成为具有社会性、精神性的人，成为一个超越个人利益、物质利益的"类的存在物"，成为体现一切社会关系总和的本质的人，即实现了立德树人。

### （四）引导审美：从智慧做事到快乐做事

能做事，是人生存的基本要求；智慧地做事，是人发展与生存更好的基本条件；做有益于社会、他人的事，是品德良好的表现。但是，如果还能乐于做事、快乐地做事，就能产生审美体验、人生意义与人生幸福感，从根本上破解学习、生活无意义以及生命危机事件等问题，是做人的最高境界，即成为孟子所说的"充实而光辉"之人，能够产生对他人"大而化之""圣而不可知之"的潜移默化的积极影响。这样的人不仅是有益于社会和他人的人，而且是快乐幸福的人，也正是我们所要求的德智体美劳全面发展的人。因此，立德树人就要求教师引导学生能做事、做有智慧的事、做有益于社会与他人的事、快乐地做事。如何引导学生快乐地做事？其逻辑起点在于培养学生把学习、生活艺术化、审美化。学习、生活艺术化、审美化的关键是引导学生实现学习的成功，让学习活动成为一个又一个的完满的结构和连续的情节，使"知识"成为一个"艺术的事情"①，真正拥有"一个经验"②，并转化为体验与直观自身的学习、实践行为以及生命发展与社会、人类发展关联的"个人的自我实现"能力③，并在这个过程中揭示学习、工作与生活中的有意义事件及其审美规律，以此培养懂得美的规律和体验美感的能力。学习中无处不充满这些审美特征，而现实中不少教师往往因为不懂得这个审美内在机制而充当了"善意"的厌学制造者。只要学生能够体验到学习、实践中的美，做事就有意义和乐趣，也就乐于学习、做事了。

## 三、学科育人的实施路径

学科育人的本质是通过知识传授，引导智慧发展与行为的价值取向，丰富人的社会性与精神性发展内涵。从实践过程来看，则需要通过知识积累、实践操作和审美体

---

① 约翰·杜威. 人的问题[M]. 傅统先，译. 上海：上海人民出版社，1986：242.
② 约翰·杜威. 艺术即经验[M]. 高建平，译. 北京：商务印书馆，2010：35.
③ 马克思恩格斯. 马克思恩格斯全集（第 46 卷·下册）[M]. 中共中央马克思恩格斯列宁斯大林著作编译局，译. 北京：人民出版社，1980：113.

验等逐步获得积淀与提升。从具体实施的路径看，则需要进一步从知识结构的节点分解、教学方法的选择与教育价值指向来落实立德树人的具体措施。

### （一）知识点之"始"与"终"：学科育人的时间边界

知识点之间的联结、知识点与生活实践、生产实践中的问题之间的联结形成知识结构，知识点之间的联结方式、联结的数量与质量，决定了思维发展水平，它反映的是知识内容的丰富性与灵活性。同时知识还有另外一种联结，即知识与生活实践和生产实践所必然产生的结果与实践主体之间的本质关系以及与社会经济价值之间，与道德、法律、规范之间的联结，这种联结可以称之为意义联结，反映的是知识的内涵丰富性与人性的本质性。如何把这两者融合起来？融合的路径在哪里？融合的时间边界、内容边界与程度边界是什么？这是学科育人的关键。为此，我们提出以相对完整的知识点为单位进行起始阶段或结束阶段的视角转换，巧妙地插入知识导论教学；以知识相对完整的"点""节""章""学科"为单位引导学生反思、体验和直观，实现知识的逻辑结构与意义结构的关联与融合。知识基本的单位就是一个知识"点"，布鲁纳把它称之为"可长可短""思想可多可少"的学习"片段"（Episode）。[①] 它反映单一实体的单一结构形式、属性或功能。在教材编写过程中往往以知识"点"为基本单位，然后把多个相关的知识点联结成"节"，然后再把相关的"节"联结成"章"，再把多个相互联系的"章"联结为一门课程或学科。因此，教师应根据教学内容以及教与学的具体情况，确定知识的节点，在每一个节点之"始"和"终"有一个引导。"章""节"等的"始"与"终"的作用是不同的。每一"章"（知识的完整内容应包含"整体知识""学科知识""章""节""点"等）导论的"始"，主要介绍"本章所要研究的主要内容及大致的研究思路"，启迪智慧，"展示本章内容的实际应用"，传递价值等。[②] 而"章""节"的"终"则主要考虑知识的整合、应用，学习之后的思维上的反思、情感上的体验与本质的直观。

### （二）反思、体验、直观：学科育人的方法之选

知识是认知的，但知识的使用所产生的效果就不仅仅是认知的，更主要的是体验、直观的。实践结果有认知性，是因为结果与假设或预期之间的差异判断，而实践结果是非认知的，是因为结果对主体需要的满足会产生身体的或者精神的效益。主体或者直接享用其满足身体的需要，或者享用结果作为自己精神需要的意义。反思就是联结物质结果与精神需要之间的中介，体验就是身体对物质结果的直接感知或想象性感知，

---

① 布鲁纳. 布鲁纳教育文化观[M]. 宋文里，黄小鹏，译. 北京：首都师范大学出版社，2011：55.
② 邢成云，王尚志. 初中数学"章起始课"的探索与思考[J]. 课程·教材·教法，2021，41（3）：76-82.

直观是主体对实践结果的形式上的感知，即情感形式的感知，联结的是作为自身与对象之间的本质关系，获得的是主体的本质性内在认知，即马克思所说的对自我本质力量的直观。因此，在教学中，利用"反思""体验""直观"就是指向学习者对学习或实践结果的自我本质的"体验与直观"①，从而产生作为成人的人生意义，而非把知识学习或使用可能产生的结果作为功利性或一己之私的对象来进行物质性占有的感知与感受。

### （三）历史与传统、社会与经济、道德与法规：学科育人的内涵指向

在学习认知或实践操作过程中，学习者的全部注意力集中在对象的结构与功能上，教师可以引导学生在认识与实践行为的"始"与"终"进行导论性或结果性的反思、体验与直观，其内涵指向"历史与传统""社会与经济""道德与法规"。

一方面，在学生学习认知与实践行动的"始"阶段，教师要对所教知识的"学科""章""节""点"等进行导论教学，即根据知识学习的任务、目标的具体情况，帮助学生理清思路，顺应性地"安装新知识的挂钩"，同时引导、启发学生发现问题，产生创新智慧，引导学生认识其社会经济价值，激发学习动机与动力，还可以讨论其道德、法律规范等，引导学生合德、合规、合法地使用知识。这个过程重在教会学生发现问题、思考问题和探究问题的价值取向、情感动机与动力等。另一方面，在知识学习的"终"阶段，即相对完整的认知或实践任务完成后，教师要更多地引导学生体验与直观，引导学生转化视角，反思自身与认知行为、认知对象以及认知结果之间的意义关系；体验认知成果或实践成果的于己、于人以及于社会的政治经济文化价值；直观自我与认知、实践行为以及相关因素之间的情感、形式和本质关系。因此，教师需要深度挖掘所教知识包含（或隐或显）的历史与传统的发展线索——社会、经济与文化价值以及道德、伦理、法规与规范等的内涵，创新所教知识与它们的联结方式，引导、启发学生生成自己的体验形式，这样才可能把知识转化为学生内在的、有血有肉的、有意义的、有幸福感的主体化形式。

（撰稿人：陈理宣，内江师范学院教授、四川省教育学会学术委员会副主任；

刘炎欣，博士，吉利学院教授；

李妍伶，吉利学院副教授）

---

① 陈理宣，董玉梅，李学丽. 课程思政的内生机制、实现路径与教学方法［J］. 国家教育行政学院学报，2021（8）：80-86＋95.

# 自主学习能力培养与立德树人

进入 21 世纪，中国基础教育改革不断凸显、强化立德树人的教育宗旨，围绕教育"培养什么人、怎样培养人、为谁培养人"，国家颁发了一系列纲领性文件，指导教育教学改革实践扎实推进。教育改革不仅强调改革教师的教，更重视学生的学，通过激发学生的学习意愿，培养学生的主体性和自主学习能力，把教师的教转化为学生主动地学，实现立德树人的自主学习与自我修养。

## 一、当前中小学教学中存在的主要问题

### （一）教师以讲授为主，学生被动听讲现象较为严重

当前，我国仍有不少中小学的教学没有形成"以学生发展为本，以教师为主导、学生为主体"的新型教学关系。教师没有起到良好的组织、引导作用，没有从激发学生学习内驱力、培养学生良好学习习惯、改进学生学习方法、提高学生自学能力等方面去思考教学改革。课堂教学还普遍停留在以教师讲授为主的课堂教学模式，教学效率较低。

#### 1. 以教师讲授为主

有的教师对课堂的控制欲较强，很少给学生留够思考的时间，甚至担心学生突然"冒出"问题打乱自己的教学预设，以至于完不成教学任务。教师的"戏份"过多过重，学生成为"学习被动体"。我们从多年来的听课观察中发现，在大多数课堂教学中，一节课 40 分钟，学生活动在 10 分钟以内，这样的时间分配很难保证学生学习主体地位的落实，"满堂灌"等课堂教学现象随处可见。一些教师甚至从教学设计开始就不清楚自己的角色定位，教学构思以讲为主，学生学习活动设计较少，主要靠课后刷题来提高教学质量。例如，华东师范大学课程与教学研究所崔允漷教授带领团队研究了全国 10 个省、市的 1008 节语文课，从小学一年级到初中九年级，通过 AI 人工智能

分析得出，我国一至九年级语文学科的好课模型是：21 分钟教师讲授，12 分钟师生互动，5 分钟学生个人学习，2 分钟学生小组活动。讲授加互动的时间，即一节课的 33 分钟里学生都在听教师讲课，虽然有互动，也是教师设计好"圈套"，让学生往里"钻"。

**2. 教学方式基本一样**

崔允漷教授指出，40 个人一个班，就有 40 种不同的学习方式，而学生只有 7 分钟时间。从 6 岁到 15 岁，学生已经长大了 9 岁，但是我们的好课模型却没什么变化，学科实践、深度学习、跨学科主题学习在这样的课堂中没法实现。

**3. "教为中心"非常突出，教师"满堂问"现象显著**

崔允漷教授指出，以提问为例，八年级、九年级每堂课要问 100 个问题，40 分钟 100 个问题，平均每分钟就有 2.5 个问题。这些问题有思维价值吗？连想一想的空间都没有，怎么会有思维价值呢？

**（二）教师重视课堂教学，普遍认为教学环节不包括课前预习**

一些学校进行教学改革，只是推进课内改革，没有从课前、课中、课后教师怎么教、学生怎么学等诸多要素进行一体化、结构式综合改革，教学改革缺乏顶层设计、系统设计、全面设计，以致改革裹足不前、收效甚微，教学质量始终没有明显提高。一些教师甚至轻视课前的预习准备环节，把提高教学质量的重心放在课后训练上，加重了学生学业负担，严重违背了教学规律。据调查研究统计，要求学生课前预学的教师，小学只有 15%，初中有 18%，绝大多数教师不主张学生进行课前预习，个别教师上课时还不准学生翻书。有的教师说，"教学六认真"中没有课前预习的环节，指导学生预习不是教师的工作内容。

**（三）教师备课深度不够，教学针对性不强**

当前，在网上下载教案很容易，不少教师备课照搬网上成套教案，虽然从备课的形态内容看还是不错，但这缺乏教师对教材的解读和对学情的分析，不能较好地结合学生实际情况和自身教学能力来消化吸收并内化为自己的教案，课堂教学常为照本宣科。甚至一些教师不切实际地过度依赖名校资源，直接使用名校教案，导致一部分学生读"望天书"，教学质量差，课堂效率低。例如，有一次笔者到一所乡镇学校听课，他们使用的便是名校初中网络资源。课后笔者问上课教师：50 个学生中有多少人能听懂？教师回答只有 10 多个学生能听懂。这样的课堂效率就非常低。还有一些教师对教学没有更多的思考，只想着如何把教材教完，教学中经常可见教师对重要知识点和关键词句的勾画，要求学生反复朗读记忆。学生依葫芦画瓢式地照着例题反复练习，这不仅增加学生课业负担，而且无法调动学生的学习兴趣。理科教师不重视实验教学，不少教师讲实验时，直接放实验视频，也不按照教材要求做演示实验和让学生分组实验。这样学生锻炼动手实践能力和创新思维能力的机会都没有，更谈不上对学生学科核心素养的培养。

## 二、中小学教学改革发展趋势

### （一）芬兰的教育改革重视学生的自主学习能力培养

2016 年 8 月，芬兰的基础教育课程改革指出，学生评价应以引导和鼓励学习、促进学生成长进步及能力和习惯养成为根本目的。促进学生成长进步最重要的能力就是学生的自我学习能力。

### （二）美国的教育改革重视学生的自主学习能力培养

美国《2017 地平线报告（基础教育版）》提出，教师角色要从"讲台上的圣人"转变成"身边的向导"。美国学校网络联合会 2019 年发布的《基础教育创新驱动力报告（技术篇）》指出，"混合学习"必将成为推动基础教育创新的核心内容——转变教学方式，将学习体验进行数字化变革，使学生在数字世界中健康成长。美国教育家彼得·圣吉在《第五项修炼》中指出，未来唯一可持续的竞争优势是比竞争对手学习得更快。未来人才的关键能力就是学习能力。美国一线教师在教学中提出利用信息技术来实现全新教学模式，即"翻转课堂"。学生在课前或课外观看教师的微视频讲解，进行自主学习，教师不再占用课堂时间来讲授知识，课堂变成了教师与学生、学生与学生之间互动的场所。"翻转课堂"具有教师教学视频短小精悍、教学内容清晰准确、教学流程重新建构、复习检测方便快捷等优点。"翻转课堂"的支撑条件是网络技术，利用网络学习逐渐成为学生学习的重要途径，这是对传统学习方式的挑战。

### （三）中国新一轮教育改革强调改善师与生、教与学的关系

2017 年 9 月，中共中央办公厅、国务院办公厅印发的《关于深化教育体制机制改革的意见》指出，义务教育要建立以学生发展为本的新型教学关系，改进教学方式。鼓励采用启发式、探究式、讨论式、参与式等多种教学方式，鼓励教师成为学生学习的组织者、指导者和促进者；改进学习方式，引导学生运用问题导向式、小组合作式、主题探究式等多种学习方法进行学习。2019 年 6 月，中共中央、国务院印发的《关于深化教育教学改革全面提高义务教育质量的意见》明确提出，要让学生成为生活和学习的主人；坚持教学相长，注重启发式、互动式、探究式教学，教师课前要指导学生做好预习；课上要讲清重点难点、知识体系，引导学生主动思考、积极提问、自主探

究；课后要认真批改作业，强化面批讲解，及时做好反馈。

### （四）中国学生自主学习能力有所发展

中国青少年研究中心公布的《中美日韩四国高中生学习意识与状况比较研究报告》，揭示了我国高中生学习方式的改变。例如，当学习中遇到疑问时，选择"上网查询"的学生占比由 2009 年的 28.2% 上升到 2016 年的 67.9%，且该选择在所有选项按选择人数多少排序中由排名第四上升到第二，这说明网络学习已经成为高中生解决学习困难的重要方式。北京师范大学教育技术学院何克抗教授认为，"混合学习"就是把传统学习方式的优势与网络学习的优势结合起来，既要发挥教师引导、启发、监控教学过程的主导作用，又要体现学生作为学习过程主体的主动性与创造性。只有将二者结合起来，优势互补，才能让学生获得最佳的学习效果。

综上所述，未来基础教育教学改革就是要培养学生的自主学习能力。学生的自主学习能力是指学生运用科学的学习方法独立地获取信息、加工和利用信息、分析和解决实际问题的一种个性特征。影响一个人学习能力的关键是他的自学能力，主要包括自学习惯、方法和技巧。中小学阶段是培养学生端正学习态度、养成学习习惯、掌握学习方法的关键时期，在这个时候培养学生养成主动的、不断探索的、自我更新的自主学习习惯，是未来基础教育改革发展的主要趋势。

## 三、自导式教学体系是培养学生自主学习能力的重要途径

始于 2001 年的基础教育教学改革，直到 2010 年仍然没有改变教师"苦教"、学生"苦学"的教学现象，轻负担高质量的教学远景也根本看不到希望。中小学自导式教学改革始于 2011 年，一开始就是以问题为导向，采取从小切口小改快改的推进策略。改革初期只是从减轻学生过重的作业负担入手，试图通过调整教学流程及"两增两减一提高"（增加学生课前预习时间，减少学生课后作业时间；增加学生课堂自主探究时间，减少教师课堂讲授时间；提高学生自主学习能力）的教学改革，培养学生的自学习惯，增强学生的自学能力，达到减轻学生过重的学业负担、提高教学质量的目的。2017 年，在总结 6 年改革实验的基础上，我们提出了中小学自导式教学（以下简称自导式教学）构想，主要目的是将长期存在的以"教师为主导"的知识传授教学方式转变为以"学生为中心"的教学方式。2018 年，四川省教育科学研究院又在成都市西北中学外国语学校和机投小学施行自导式教学改革实验，经过近三年的反复实践、不断研究，获得明显实验效果，逐步形成了基于四川省各实验学校教学探索的中小学自导式教学基本样态，吸引了许多专家前往参观学习。10 多年前，自导式教学改革首先在

四川泸州的几所教育力量薄弱的学校展开，经过 10 多年的努力，实验学校从改革之初的几所发展到今天的全国 11 个省市的 500 多所，其中宜宾翠屏区凉水井中学、泸州市忠山学校等学校表现得尤为突出，已经从薄弱学校变为优质学校，吸引了省内外几百所学校、几万人次前去参观学习，产生了较大影响；宜宾高县嘉乐中学因自导式教学成绩显著，被教育部确定为中小学教学改革实验学校。

### （一）自导式教学的意蕴

自导式教学是一种在中小学教学改革的实践与探索中逐步形成的教学新系统，它的意蕴是指在信息技术的支撑下，教师课前精心指导学生预习、课中精心引导学生自主学习、课后精心辅导学生作业的综合化教学系统。从改变教学流程入手，建立起以学生学习为中心，以培养学生自学能力为目的，以分段式自主学习为核心，以精准导学为关键，以学习"四单"（预学指导单、预学效果检测单、课堂巩固训练单、课后作业单）为支架的课堂教学结构新范式。

### （二）自导式教学的框架

自导式教学分为课前、课中、课后三个阶段，每个阶段有三个环节。课前教师精准备课，指导学生预习，包括研制教案、研制"四单"、研读新课三个环节；课中教师精准引导，学生自主学习，包括精准检测、精准释难、精准训练三个环节；课后教师精准辅导，学生自主作业，包括认真作业、认真批改、认真订正三个环节（流程图参见图 1）。

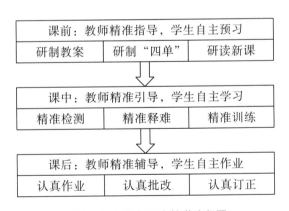

**图 1　中小学自导式教学流程图**

自导式教学是一个系统工程，其流程包括三个阶段（课前准备、课堂教学、课后巩固）和九个环节（研制教案、研制"四单"、研读新课、精准检测、精准释难、精准训练、认真作业、认真批改、认真订正），逻辑严密，依次推进，缺一不可。各环节环环相扣，相互支撑，相互联系。"三段九环"形成系统，循环往复，构成自导式教学流程体系。自导式教学改革对教师怎么教和学生怎么学进行了调整，明确了各个教学环节的主要任务都要遵循以教师为主导、以学生为主体的教学基本理念，构建"以学为中心"的教学体系，把提高教学质量的重心前移到课前和课中，重视学生自学，减少课后作业量，力求减轻学生过重的作业负担，提高学生的自学能力。自导式教学强调课堂教学的精准性，提高课堂教学的效率，减少不必要的课堂教学行为；自导式教学要求教师的教学功夫要下在课前研制教案上，课内要精讲多练，摒弃一讲到底的传统教学观念；自导式教学重视学生预习质量的检测和教师精准释难质量的当堂检测，强化了教师教学质量的过程检测。

**1. 自导式教学目标的确立**

自导式教学的根本目的是什么？有人认为，自导式教学就是"三段九环"，就是"一案四单"。这样的认识是不正确的。自导式教学的目的是培养学生的自主学习习惯和自主学习能力。"三段九环"是从时间分配上来调整教学流程，让学生课前熟读教材、课上主动积极参与小组学习和问题探究。"一案四单"是从教学任务驱动出发，将教学目的要求的内容和培养学生预习习惯、自主学习能力的要求具象化，通过"一案四单"支架，确保自导式教学改革的目标任务落到实处。自导式教学是一个教学体系，并不是简单的"一案四单"或"三段九环"。

**2. 自导式教学环节**

自导式教学备课需要重点关注哪些问题？有很多教师很认可自导式教学，想进行自导式教学改革，苦于网上没有自导式教学现成的教案，被备课难度吓退了。其实，教师备课要在认真研读教材的基础之上思考以下几个问题：

一是教学目的一定要分层制订，不能把教学目标定在优生达成上，要特别关注班上排名后 20％学生的托底目标。

二是编制"四单"。预习指导单是教师对学生预习方法的指导，教师还可以给学生提供其他拓展资料（而非导学案）。预习效果检测单、课堂巩固训练单和课后作业单既能加大训练密度、确保教学质量，又是对学生学习质量的过程检测。预习效果检测单主要检测学习内容的基础知识和基本技能，难度系数控制在 0.9 左右；课堂巩固训练单主要是检测学生对基础知识和基本技能的简单运用能力，旨在培养学生的思维能力、提升学生的学科核心素养，难度系数控制在 0.8 左右；课后作业单是学生对课堂所学知识的巩固和拓展，试题要在课堂巩固训练的基础上适当增加难度，难度系数控制在0.7 左右，特别强调分层布置作业，增加选择作业。学科不一样，预习方法就有不同，同一学科课程类型不同，如新授课、复习课等，自导式教学方法也有差异，需要学科教研组或备课组开展研究总结。

三是精准释难。这个教学过程是教师将教学内容的重点和难点，编制成 2 至 3 个探究任务群进行探究。编制探究任务群时，需要关注探究任务的难度，要分层推进，来源尽量关注生活、生产实际，强化学生的实践锻炼。课堂上，在教师的引导下，学生通过自学、对子互学、小组合学、全班展学等形式，让学生主动进入学习场景，完成课堂学习任务。

### 3. 小组合作学习设计

小组学习的目的是培养学生自主合作能力和实现优生帮扶差生。编组时，要将一个成绩好的同学与一个成绩差一点的同学结成两人对子学习组，由两个对子学习组建一个小组。课堂上，教师把探究任务群抛出后，要明确探究任务的学习要求和时间分配，然后按照个人自学、对子互学、小组合学、全班展学的教学流程来组织教学。

### 4. 自导式教学方法优化组合

如何培养学生的自主学习能力？学生的学习是在教师引导下，充分发挥学生自主学习能力去探寻新知识、提升新能力、形成新的价值观的活动过程。调动学生自主学习能力的主要方法有三种：

一是培养学生的自信心。对学生学习能力的认知，美国教育家彼得·圣吉认为教师低估了学生，教师不能完成的任务学生能完成。这一观念颠覆了过去对学生学习能力的认知。传统的教育观念认为学生始终不如教师，如果没有教师教，学生学习就不能进行。充分信任学生，就是教师要敢于告诉学生"你能行"，慢慢转化为学生的自我认知，变成"我能行"。学生一旦建立起这样的自信心，其学习的内驱力就能被慢慢培养起来，学习的主动性就会慢慢增强，获取知识的能力（自主学习能力）也会越来越强。自导式教学一开始就要求学生课前预习，改变了以前教师不要求学生预习的教学，这本身就是充分信任学生的体现，认为学生能够读懂或部分读懂教材。通过一段时间的培养，学生养成了预习习惯，逐渐提升了自己的自主学习能力。同样，教师把教学重难点设计成探究任务的小项目，也是信任学生的体现。学生自学、对子互学、小组合学、全班展学等方式，就是把过去教师大包大揽的教学内容分一部分给学生，让学生自学互学，培养学生自主学习的能力。实践证明，通过学生预习和课堂主动探究，学生的自信心明显增强，自主学习能力逐步提高，这是教师少讲的样态在实验学校的普遍现象。

二是给予学生适切的学习任务。学生的自主学习能力是随着年龄的增加由低向高循序渐进发展起来的，不同的年龄段学生自主学习的能力不同。在教学过程中，教师要恰当给予学生学习任务。只有交给学生的任务适切，才有利于培养学生的自主学习能力，学生的自信心才会增强。假如教师交给学生的学习任务过难，学生无法完成，久而久之，学生慢慢就会认为自己学习能力不行，自信心受到打击；假如教师交给学生的学习任务过于简单，学生便不易提起兴趣，这不利于学生学习能力的可持续培养。

三是教师要及时表扬、激励学生。教师在教学过程中要善于发现学生的闪光点，及时予以表扬鼓励，学生才会变得自信自强。好孩子是夸出来的，教师在教学中也要经常使用"你能行""好聪明"等表扬激励性语言，切忌用"你不行""笨蛋""弱智"等刺伤学生自尊心的不文明语言。自导式教学主张教学过程中采取小组评比等方式，激发学生学习动力。

### （三）自导式教学的理论支撑

#### 1. 从哲学角度看自导式教学

马克思主义哲学认为，内因和外因是相互贯通、相互作用、相互制约的，内因是变化的根据，外因是变化的条件，二者共同决定了事物的发展变化。在教学过程中，学生是主体，是内因；教师是主导，是外因；教师与学生相互促进、相互制约，共同决定教学质量；学生的学习质量要在"教师教"这个外因的作用下，通过学生的内因发挥主体作用。教学质量好坏是以学生获得感为标志。如果学生不积极主动（内因没有充分发挥作用）投入到教学过程中，即使教师讲得再好，教学质量也没法保证。

自导式教学就是充分发挥学生内因的作用，鼓励学生自主学习，培养学生自主学习的能力，实现"以学为中心"的教学改革。教学质量的高低是以学生获得感为依据，如果没有把学生的学习积极性调动起来，没有让学生主动融入教学情境中，即使老师讲授得很好，这样的课程教学质量也一定不高；让学生自主融入教学过程中，成为教学的主体，这样的课程教学质量一定不会差。

#### 2. 从积极心理学角度看自导式教学

积极心理学创始人马丁·塞利格曼认为，积极心理学是致力研究普通人的活力与美德的科学。积极心理学家认为，积极人格特质主要是通过对个体各种现实能力和潜在能力加以激发和强化，当激发和强化使某种现实能力或潜在能力变成一种习惯性的工作方式时，积极人格特质也就形成了。

自导式教学主张培养学生预习习惯、预习方法和自主学习能力的积极人格特质。学生预习习惯和预习方法的培养主要是通过教师指导学生课前预习，激发学生预习的主动性，再通过课堂对预学效果的质量检测，迫使学生积极开展预习活动实现的。经过一学期左右的激发和强化训练，学生课前预习的习惯基本养成，预习方法基本掌握。学生自主学习能力的培养主要通过学生个人课前在教师指导下独立预习和课堂上独立自主探究与合作探究，经过一学期左右的激发和强化训练，学生自主学习能力会明显提升。

### 3. 从教育学角度看自导式教学

美国教育家杜威指出，在儿童本性的发展上，自动的方面先于被动的方面；表达先于有意识的印象，肌肉的发育先于感官的发育，动作先于有意识的感觉。儿童被置身于被动的、接受的或吸收的状态中，情况不允许儿童遵循自己本性的法则，结果造成阻力和浪费。

杜威在一百多年前所说的"儿童被置身于被动的、接受的或吸收的状态中"，至今大多数教师教学都还处于这个状态，实属悲哀。自导式教学的目的就是通过长期不懈地要求学生课前自主预习、课中自主合作探究、课后自主作业，培养学生预习习惯，提高学生的自主学习能力，将"以教为中心"向"以学为中心"转变，落实"以教师为主导，以学生为主体"的教育理念。这符合杜威的"自动的方面先于被动的方面，表达先于有意识的印象"的基本观点。

（撰稿人：刘涛，正高级教师，四川省教育学会副会长；

吴舸，宜宾市翠屏区凉水井中学校长）

# 劳动教育与立德树人

在教育工作中，劳动是最基本的因素之一。习近平总书记在全国教育大会上的讲话中指出："劳动可以树德、可以增智、可以强体、可以育美。"① 劳动既是人类生存发展的前提，也是教育产生和发展的基础。尽管"劳动作为一种教育现象是天然的，不需要什么理由，也无须进行特别论证"②，然而，劳动之育人价值的真正实现，不可能是没有前提条件的。

教育与劳动的关系，不仅是近代以来教育学理论的基本问题，更是马克思主义关于人的全面而自由发展学说的重要命题。"劳动"一词在古汉语中很早就已经出现。"劳动"意指一般的劳作、活动。虽然"勤劳"曾被冠以美德之一，但基本上劳动还只是生存的需要、谋生的手段。古代的"劳动"观念只是基于生活经验而对某些类型的活动的类称和评价，还没有上升为边界清晰、结构确定的概念。③ 在古希腊乃至 18 世纪末的欧洲，生产劳动甚至艺术品创作都属于"卑微的行业"④。"在大多数欧洲语言里，表示拉丁语和英语中的'劳动'的词汇，都是极端努力与痛苦相结合之意。"⑤ 即便欧洲自从 18 世纪末工业革命以来，社会发生急剧变动，"昔日以劳动为卑贱下民之事而加以蔑视，及至现代完全改变了此种观念，劳动不但不是卑贱的事情，而且是最神圣的了"⑥，但亚当·斯密仍把"把劳动看作诅咒"⑦，因为"'安逸'是适当的状态，

---

① 习近平. 论党的宣传思想工作[M]. 北京：中央文献出版社，2020：350.
② 项贤明. 劳动教育的理论意蕴[J]. 华东师范大学学报（教育科学版），2023（8）：44-52.
③ 高瑞泉. "劳动"：可作历史分析的观念[J]. 探索与争鸣，2015（8）：26-28.
④ 西蒙. 劳动、社会与文化[M]. 周国文，译. 北京：中国经济出版社，2009（2）.
⑤ 同④12.
⑥ 李化方. 欧美劳作教育思想史[M]. 郑州：河南人民出版社，2016：159.
⑦ 中共中央马克思恩格斯列宁斯大林著作编译局. 马克思恩格斯文集（第 8 卷）[M]. 北京：人民出版社，2009：173.

是与'自由'和'幸福'等同的东西"①。

## 一、马克思、恩格斯关于劳动育人价值的论述

近代以来，随着社会生产力的持续提高、人们平等意识的觉醒以及劳动文化的重塑，特别是马克思的劳动理论将劳动从被人"看不起"或"不体面"的活动提升到人类特有的活动，劳动与教育的对立关系逐渐成为人们日益关注的社会问题。马克思说："自由的有意识的活动恰恰就是人的类特性。"② 恩格斯说："劳动是整个人类生活的第一个基本条件，而且达到这样的程度，以致我们在某种意义上不得不说：劳动创造了人本身。"③ 劳动与教育相互对立或冲突的原因可能在于，"在一定的物质的、不受他们任意支配的界限、前提和条件下"④，教育和劳动是两码事，各有其自身的内在逻辑规定、价值立场以及实践取向，因而在特定的社会生产关系中生成相互否定或相互促进的关系，而这种相互否定或相互促进的关系恰恰是人与人之间不平等的社会关系。

恩格斯在《英国工人阶级状况》一书中，不仅对英国工人阶级及其子女的教育现状进行了描述，而且对英国工人阶级及其子女的教育问题展开了细致的分析。在对工人的身体状况进行翔实的描述之后，恩格斯立即转向了工人的"精神状况"。工人接受符合资产阶级本身利益的教育是很少的，"既然资产阶级在生活上只满足工人起码的需要，那我们也就不必因为它只允许工人接受符合资产阶级本身利益的那一点点教育而感到奇怪了。而这种教育实在是太少了"⑤。具体而言，一是政府在教育方面投入甚少。由于担心工人受教育带来的可怕后果以及"资产阶级得不到多少好处"，"政府在5500万英镑的庞大预算中，用于公共教育的仅为4万英镑这样一个微小的数额"。⑥ 二是英国的教育设施和人口数目相比少得很不相称。"工人阶级可以进的为数不多的日校，只有少数人能去就读，而且这些学校都是很差的。"⑦ 三是教师质量不高。日校不仅办学质量差，而且教师素质不高。"教师是失去工作能力的工人或者其他不堪使用的人，他们只是为了生活才当教师，其中多数人甚至不具备最必要的基本知识，缺乏教

① 中共中央马克思恩格斯列宁斯大林著作编译局. 马克思恩格斯文集（第8卷）[M]. 北京：人民出版社，2009：173.

② 中共中央马克思恩格斯列宁斯大林著作编译局. 马克思恩格斯文集（第1卷）[M]. 北京：人民出版社，2009：162.

③ 中共中央马克思恩格斯列宁斯大林著作编译局. 马克思恩格斯文集（第9卷）[M]. 北京：人民出版社，2009：550.

④ 同②524.

⑤ 同②423.

⑥ 同②424.

⑦ 同②423.

师所应具备的道德修养，并且根本不受公众监督。"① 四是义务教育"名存实亡"。"没有一个地方实行义务教育；在真正的工厂里……所谓义务教育也只是在名义上存在。"② 五是大批儿童忙于劳动，根本没有时间上学。"大批儿童整个星期都在工厂和家里劳动，因而不能上学。"而"为白天做工的人办的夜校几乎没有人去，去了也学不到东西。青年工人劳累了 12 个小时之久，还要叫他们在晚上 8 点到 10 点去上学，这未免也太过分了"③。六是学生上学不规律、不规范。尽管"开办了主日学校，但是那里教师也极端缺乏，而且只是对那些已经在日校里学过一点的人有所帮助。从一个星期日到下一个星期日相隔的时间太长了，一个完全没有受过教育的孩子很难在下一次上课时不会忘记他在上一次课上，即在一星期以前的课上学到的东西"④。七是学校尤其是主日学校以灌输"宗教教条"为首要任务，"一切理性的、精神的和道德的教育"⑤ 被严重地忽视。每一个教派的学校将宗教作为学校的最主要课程，"孩子们脑子里塞满了各种无法理解的教条和神学上的奥义，从很小的时候起就激起教派的仇恨和狂热的迷信"，且"每个教派都只有在他们能够使工人同时接受这个教派所特有的教条作为抗毒素的时候，才同意工人受教育"，否则，"让工人受教育是危险的"⑥。一些教派的主日学校，根本不教学生写字，"因为这对于礼拜天来说是一种过分世俗的活动"⑦。八是教育效果奇差。大多数工人仅仅认识几个字母，几乎没有阅读能力。只要工人认识了几个字母，工厂主们就认为他们已经能阅读，但是"英文的正字法是很复杂的，因而阅读是一种真正的艺术，只有受过长期的教育才能学会，如果考虑到这一点，工人缺少知识就完全可以理解了"⑧。格兰杰委员说："在伯明翰，经我考试过的所有孩子，全都没有受到哪怕是一点点有益的教育。虽然几乎所有的学校都只有宗教课，但就是在这方面他们一般也都是极端无知。"⑨ 九是将道德教育与宗教教育合一，道德教育收效甚微。英国资产阶级由于其自私自利、鼠目寸光的本性，决定了他们不可能把"现代道德，即资产阶级为了自身的利益、为了自身的保障而炮制出来的道德灌输给工人！日益萎靡、怠惰的资产阶级连为自己考虑都认为是太费力了，都好像是

---

① 中共中央马克思恩格斯列宁斯大林著作编译局. 马克思恩格斯文集（第 1 卷）［M］. 北京：人民出版社，2009：423.

② 同①423-424.

③ 同①424.

④ 同①424.

⑤ 同①425.

⑥ 同①425.

⑦ 同①425.

⑧ 同①425.

⑨ 同①425.

多余的了"①。因此，工人不仅在身体和智力方面，而且在道德方面，都遭到了统治阶级的摒弃和忽视，"资产阶级为工人考虑的唯一的东西就是法律，当工人向资产阶级步步紧逼的时候，资产阶级就用法律来钳制他们；就像对待无理性的动物一样，资产阶级对工人只有一种教育手段，那就是皮鞭，就是残忍的、不能服人而只能威吓人的暴力"②。"工人在学校里得不到道德教育，在其他的生活条件下也不会得到——至少得不到那种在资产阶级心目中还有点意义的道德教育。工人的整个状况和周围环境都强烈地促使他们道德堕落。"③以上九个方面就是"资产阶级为工人阶级的教育所做的一切"④。

马克思在《资本论》一书中，对劳动与教育相互对立以及冲突的现象进行了刻画。一方面，"上层阶级和中层阶级的孩子们的片面的、不生产的和漫长的学习日，只是白白地增加教师的劳动，同时，不仅无益地并且是绝对有害地浪费着儿童的时间、健康和精力"⑤。另一方面，"现代工厂和手工工场雇用的大部分儿童从最年幼的时期起就被束缚在最简单的操作上，多年遭受着剥削，却没有学会任何一种哪怕以后只是在同一手工工场或工厂中能用得上的手艺"⑥。马克思、恩格斯对于不同群体孩子在教育以及劳动中不同情形的论述，使我们充分认识到资本主义社会教育和劳动各自所具有的缺陷和短板。正是基于对近代资本主义生产关系中教育与劳动自身"不足"造成的对立与冲突之认识，马克思提出了教育与生产劳动相结合的命题，并把这种结合视为造就人之全面而自由发展的唯一方法，解决了实现人的本质的难题。马克思说："从工厂制度中萌发出了未来教育的幼芽，未来教育对所有满一定年龄的儿童来说，就是生产劳动同智育和体育相结合，它不仅是提高社会生产的一种方法，而且是造就全面发展的新人的唯一方法。"⑦马克思进一步解释说："现代工业的技术基础是革命的，而所有以往的生产方式的技术基础本质上是保守的。现代工业通过机器、化学过程和其他方法，使工人的职能和劳动过程的社会结合不断地随着生产的技术基础发生变

① 中共中央马克思恩格斯列宁斯大林著作编译局. 马克思恩格斯文集（第 1 卷）［M］. 北京：人民出版社，2009：427-428.

② 同①428.

③ 同②.

④ 同②.

⑤ 中共中央马克思恩格斯列宁斯大林著作编译局. 马克思恩格斯文集（第 5 卷）［M］. 北京：人民出版社，2009：556.

⑥ 同⑤557-558.

⑦ 同⑤556-557.

革。……因此，大工业的本性决定了劳动的变换、职能的更动和工人的全面流动性。"① "大工业又通过它的灾难本身使下面这一点成为生死攸关的问题：承认劳动的变换，从而承认工人尽可能多方面的发展是社会生产的普遍规律，并且使各种关系适应于这个规律的正常实现。"② "大工业的原则是，首先不管人的手怎样，把每一个生产过程本身分解成各个构成要素，从而创立了工艺学这门完全现代的科学。"③

关于如何使各种关系适应这个规律的正常实现，马克思做了进一步说明，他指出"综合技术学校和农业学校是这种变革过程在大工业基础上自然发展起来的一个要素；职业学校是另一个要素，在这种学校里，工人的子女受到一些有关工艺学和各种生产工具的实际操作的教育。如果说工厂立法作为从资本那里争取来的最初的微小让步，只是把初等教育同工厂劳动结合起来，那么毫无疑问，工人阶级在不可避免地夺取政权之后，将使理论的和实践的工艺教育在工人学校中占据应有的位置"④。而随着共产主义的到来，当整个社会"对一切儿童实行公共的和免费的教育"时，马克思和恩格斯则明确提出"把教育同物质生产结合起来"的命题。⑤

马克思在《给临时中央委员会代表的关于若干问题的指示》的第四部分，专门就"男女少年和儿童的劳动"的问题给出了意见，具体包括：第一，"现代工业使男女儿童和少年参加社会生产这个伟大事业，是一种进步的、健康的、合理的趋势，虽然这种趋势在资本的统治下遭到了可怕的歪曲"⑥。第二，"在合理的社会制度下，每个儿童从9岁起都应当成为生产劳动者，就像任何身体健全的成年人一样，必须无例外地服从那普遍的自然规律，即：为了吃饭，必须劳动，不仅要用脑劳动，而且也要用双手劳动。但目前我们需要谈的只是工人阶级的男女儿童和少年"⑦。第三，工人阶级的男女儿童和少年应该分为三类，并对其加以"区别对待"，"第一类9～12岁，第二类13～15岁，第三类16～17岁。我们建议法律把他们在任何工厂或家庭里的劳动时间限制如下：第一类2小时，第二类4小时，第三类6小时。第三类至少必须有1小时

---

① 中共中央马克思恩格斯列宁斯大林著作编译局.马克思恩格斯文集（第5卷）[M].北京：人民出版社，2009：560.

② 同①561.

③ 同①559.

④ 同①561-562.马克思这里所说的工艺指的是现代生产的原理，马克思曾经希望工人阶级的子女能够通过"工艺教育"获得现代工业生产的原理，以适应现代生产对劳动力的流动性要求。

⑤ 中共中央马克思恩格斯列宁斯大林著作编译局.马克思恩格斯文集（第2卷）[M].北京：人民出版社，2009：53.

⑥ 中共中央马克思恩格斯列宁斯大林著作编译局.马克思恩格斯文集（第21卷）[M].北京：人民出版社，2003：269.

⑦ 同⑥.

吃饭或休息的间歇时间。可能应该在 9 岁以前就开始小学教育，但我们这里只是针对社会制度所产生的各种趋势提出最必要的抵御之策，因为现在的社会制度把工人降低为积累资本的简单工具，把为贫困所迫的父母变成出卖亲生儿女的奴隶主"①。第四，工人阶级应通过促进普遍的立法来保护少年儿童的权利，防止他们成为资本积累的简单工具，"儿童和少年的权利必须加以维护。他们自己没有能力采取行动来保护自己。因此社会有责任代他们采取行动"②。工人阶级知道，"首先必须使工作的儿童和少年免受现存制度之害。这只有通过变社会理性为社会力量才能做到，而在目前条件下，除通过由国家政权施行的普遍法律外，没有其他办法。工人阶级并不是通过这种法律的施行来巩固政府的权力。相反，他们是把目前被用来压迫他们的政权变为自己的武器。他们是通过共同的行动做到靠众多分散的个人努力所无法做到的事情。从这一点出发，我们说，父母或雇主令未成年人劳动而不同时使其受教育，是决不能允许的"③。因此，"法律应当严格禁止 9～17 岁（包括 17 岁在内）的人在夜间和在一切有害健康的行业里劳动"④。第五，儿童的劳动时间应该根据儿童的年龄来确定，"对未成年劳动者应按不同类别循序渐进施以智力、体育和技术方面的培训。技术学校的部分开支应当靠出售学校的产品来补偿"⑤。第六，把有报酬的生产劳动与智育、体育、综合技术教育结合起来。"把有报酬的生产劳动、智育、体育和综合技术培训结合起来，就会把工人阶级提高到比贵族和资产阶级高得多的水平。"⑥

　　这些指示比较全面、准确地表达了马克思对于工人阶级子女从小参加生产劳动的基本态度以及对于教育与生产劳动相结合内涵的丰富理解。在这封指示信中，马克思认为："工人阶级中比较先进的那部分人则完全懂得，他们阶级的未来，因而也是人类的未来，完全取决于新一代工人的成长。他们知道，首先必须使工作的儿童和少年免受现存制度之害。"⑦ 需要注意的是，马克思在这里说的"教育"不限于一般意义上的智育，还包括体育和技术教育（或综合技术教育）等。而且，这里的智育也不是一般意义上以科学文化知识掌握和学生智力发展为目的的智力教育（Intellectual Education），而是精神教育（Mental Education）。马克思明确指出："我们把教育理解为以

---

① 中共中央马克思恩格斯列宁斯大林著作编译局. 马克思恩格斯文集（第 21 卷）[M]. 北京：人民出版社，2003：269.

② 同①269-270.

③ 同①270.

④ 同①271.

⑤ 同③.

⑥ 同④.

⑦ 同③.

下三件事：第一，智育。第二，体育，即体育学校和军事训练所教的内容。第三，技术培训，这种培训要以生产各个过程的一般原理为内容，并同时使儿童和少年学会各种行业基本工具的实际运用与操作。"① 从这里对教育的说明来看，马克思关心的主要还是工人阶级儿童和少年的教育问题，"目前我们需要谈的只是工人阶级的男女儿童和少年"②，因为"工人不是能自由行动的人。极其常见的情况是，他们甚至十分无知，以致不懂得自己孩子的真正利益或人类发展的正常条件"③。另外，因为资产阶级的儿童根本无须接受什么技术教育，"如果资产阶级和贵族忽视他们对自己后代应尽的责任，那是他们自己的过错。分享这些阶级的特权的孩子们注定要受他们的偏见的毒害"④。

在文件最后，针对大工业时代以来资本家和资产阶级思想家对工人阶级在智力、性情、道德、习惯等方面的讽刺与抹黑，马克思指出，"把有报酬的生产劳动、智育、体育和综合技术培训结合起来，就会把工人阶级提高到比贵族和资产阶级高得多的水平"⑤，强调了教育与生产劳动相结合对于提升工人阶级整体素质的必要性和重要性。简言之，通过教育与劳动不同的结合方式以解决教育与劳动的对立，是马克思主义关于人的全面发展学说的重要论断。换句话说，在不同的社会制度背景下，教育与劳动的结合关系是各不相同的。在资本主义制度下，特别是在教育尚不能普及的前提下，马克思强调生产劳动与教育的结合，主要解决人的发展不全面、不充分、不自由的问题；而在共产主义社会中，随着全民教育的实现，马克思更加强调教育与物质生活的结合，以真正实现人的全面的、充分的、自由的发展。

劳动的育人价值是劳动本质属性在制度化教育中的功能显现。马克思认为，"劳动力的使用就是劳动本身"⑥，而劳动力或劳动能力乃"一个人的身体即活的人体中存在的、每当他产生某种使用价值时就运用的体力和智力的总和"⑦。"劳动力只有表现出来才能实现，只有在劳动中才能发挥出来。而劳动力的发挥即劳动，耗费人的一定量的肌肉、神经、脑等。"⑧ 劳动过程就是人运用其智力和体力的过程。"人的思维的最

---

① 中共中央马克思恩格斯列宁斯大林著作编译局.马克思恩格斯文集（第21卷）[M].北京：人民出版社，2003：270.

② 同①269.

③ 同①.

④ 同①.

⑤ 同①271.

⑥ 中共中央马克思恩格斯列宁斯大林著作编译局.马克思恩格斯文集（第5卷）[M].北京：人民出版社，207.

⑦ 同⑥195.

⑧ 同⑥199.

本质的和最切近的基础，正是人所引起的自然界的变化，而不仅仅是自然界本身；人在怎样的程度上学会改变自然界，人的智力就在怎样的程度上发展起来。"① 正是在这一过程中，人自身的自然得到了重组和塑造。正如马克思所说："劳动首先是人和自然之间的过程，是人以自身的活动来中介、调整和控制人和自然之间的物质变换的过程。人自身作为一种自然力与自然物质相对立。为了在对自身生活有用的形式上占有自然物质，人就使他身上的自然力——臂和腿、头和手运动起来。"② "臂和腿、头和手运动起来"作用于自然对象，一方面改变了劳动对象，另一方面也改变着劳动者自身。"当他通过这种运动作用于他身外的自然并改变自然时，也就同时改变他自身的自然。他使自身的自然中蕴藏着的潜力发挥出来，并且使这种力的活动受他自己控制。"③ 这就意味着，劳动不仅是人应用其智力和体力的过程，同时也是普遍地增加和改善人的智力和体力的过程。劳动是人对自身的劳动力的使用，即通过智力的付出和体力的投入而介入到对象物。由此，劳动一方面使得对象发生改变，从而实现劳动的对象化；另一方面则实现人的自我改变、自我发展。劳动不仅是一种塑造活动，而且是一种具有双重塑造特性的实践活动，它将"一种给定的结构转化成另一种更高级的结构"④。在主体的意义上，劳动塑造着劳动者自身或马克思所说的"自身的自然"，属于劳动的主体化范畴；在客体的意义上，劳动则塑造着劳动对象或"身外的自然"，属于劳动的对象化范畴。通过劳动实现对劳动者个体自身的塑造，进而完成个体的自我实现和自我解放，其所展示的正是劳动的育人价值。简言之，人不仅通过劳动使自然向着符合自己需要的方向改变，而且在劳动中他实现了人的本质，使自己的谋划得到了实现，每个人都是自己劳动的产物。正如马克思所说："在我个人的生命表现中，我直接创造了你的生命表现，因而在我个人的活动中，我直接证实和实现了我的真正的本质，即我的人的本质，我的社会的本质。"⑤ 一句话，"我们的产品都是反映我们本质的镜子"，"我的劳动是自由的生命表现，因此是生活的乐趣"。⑥ "我在劳动中肯定了自己的个人生命，从而也就肯定了我的个性的特点。劳动是我真正的、活动的财产。"⑦

---

① 中共中央马克思恩格斯列宁斯大林著作编译局.马克思恩格斯文集（第9卷）[M].北京：人民出版社，2009：483.
② 同①207-208.
③ 中共中央马克思恩格斯列宁斯大林著作编译局.马克思恩格斯文集（第5卷）[M].北京：人民出版社，2009：208.
④ 阿伦特.人的境况[M].王寅丽，译.上海：上海人民出版社，2009：103.
⑤ 马克思.1844年经济学哲学手稿[M].中共中央马克思恩格斯列宁斯大林著作编译局，译.北京：人民出版社，2008：184.
⑥ 同⑤.
⑦ 同⑤.

## 二、"劳动+"的育人价值

劳动的育人价值作为劳动本质的自然展现，使得"劳动"的教育意蕴具有不同的意义。首先，劳动作为教育的手段出现在劳动教育中的，表明劳动教育的第一重意涵，即通过劳动而教育。这个意义上的劳动教育关涉促进个体全面发展的德育、智育、体育、美育等内容。马卡连柯说："'劳动'在字义上是如此悦耳，对我们是如此神圣和正当，以致劳动教育也使我们觉得仿佛完全是正确的、肯定的和合理的了。而以后却证明'劳动'的字义并没有包含某种唯一正确的和完整的逻辑。最初，劳动被理解为单纯的劳动，被理解为自我服务的运动，以后又把劳动看作没有目的、徒劳无益的劳动过程——耗费精力的操作。于是，'劳动'一词就这样说明逻辑，仿佛逻辑是没有错误的，虽然随时随地都表现出来真正没有错误的东西并不存在，但是，人们相信术语本身的伦理力量，相信到认为逻辑也仿佛是神圣的东西了。然而，我的经验和许多学校里的同志们的经验都证明从术语本身的伦理概念的渲染中不可能对某种方法做出结论，并证明劳动被应用在教育上，其应用方式可能是各种各样的，并且在每一个别的场合里，可能产生各种不同的结果。在任何情况下，劳动如果没有与其并行的知识教育，没有与其并行的政治的和社会的教育，就不会带来教育的好处，会成为不起作用的一种过程。你们可以随意强迫一个人去劳动，但是，如果不同时从政治上、道德上去教育这个人，如果这个人不参加社会生活和政治生活，那么，这种劳动就只能成为一种不起作用的过程，不会产生积极的结果。只有把劳动作为总的体系的一部分时，劳动才可能成为教育的手段。"① 随着劳动教育的广泛开展，人们也逐渐看到，劳动教育"与其他教育有着极为密切的联系，如劳动技术教育与智育，劳动思想教育与德育，劳动健康教育与体育，劳动创造教育与美育都有着密切的联系"②。如果说"德育重在教人求善，智育重在教人求真，体育重在教人健体，美育重在教人审美"③，那么劳动本身所蕴含的脑力和体力的运用，使得劳动教育能够促进个体身体的发展（体育），帮助学生认识世界、应用知识以及发展脑力等（智育），有助于爱国主义、集体主义、自觉纪律以及意志与性格等教育（德育），促进学生的美感以及引起学生内心的愉快（美育）④。概言之，劳动教育兼具育心和育身的多重价值。

---

① 吴式颖.马卡连柯教育文集（下卷）[M].人民教育出版社，2005：369.
② 黄济.关于劳动教育的认识和建议 [J].江苏教育学院学报（社会科学版），2004（5）：17-22.
③ 马克思主义理论研究和建设工程重点教材《教育学原理》编写组. 教育学原理[M].北京：高等教育出版社，2019：159.
④ 曹孚.劳动教育问题[M].武汉：湖北人民出版社，1955：28-34.

其次，劳动也是作为教育的目标和对象出现在劳动教育之中，体现出劳动教育的另外一重教育意涵，即为了劳动而教育。在"教育与生产劳动相结合"的命题中，劳动主要是作为实现个体全面发展的方法和手段，所显示出的是劳动对于个体的发展价值；而在"劳动教育"的论述中，劳动不仅表现出对于个体发展的价值，而且也是教育的目标和全面发展教育的内容，其目的在于建立起个体对待劳动的应有态度、个体对待劳动积极的情感关系和对象化关系。通过劳动表现出来的个体与劳动的关系，本质上是个体对他人的实践的、现实的关系。因此，作为劳动教育目标的"热爱劳动""尊重劳动""崇尚劳动"等，就具有指向劳动和指向他人的社会意义。在这个意义上，劳动教育亦如德育、智育、体育、美育，有其作为全面发展教育内容的自身价值。中共中央、国务院印发的《关于全面加强新时代大中小学劳动教育的意见》为此明确规定了新时代劳动教育的总目标。由于劳动教育有其自身的目标和追求，因而劳动教育也就有其自身的实践体系。

## 三、自由的劳动——劳动育人价值实现的理论前提

耶和华咒诅亚当："你必汗流满面才得糊口！"[①] 亚当·斯密同样把劳动看作诅咒。在亚当·斯密看来，"'安逸'是适当的状态，是与'自由'和'幸福'等同的东西"[②]。在马克思看来，"一个人'在通常的健康、体力、精神、技能、技巧的状况下'，也有从事一份正常的劳动和停止安逸的需求，这在斯密看来是完全不能理解的。诚然，劳动尺度本身在这里是由外面提供的，是由必须达到的目的和为达到这个目的而必须由劳动来克服的那些障碍所提供的。但是克服这种障碍本身，就是自由的实现，而且进一步说，外在目的失掉了单纯外在自然必然性的外观，被看作个人自己提出的目的，因而被看作自我实现，主体的对象化，也就是实在的自由——而这种自由见之于活动恰恰就是劳动"[③]。不过，马克思充分肯定了亚当·斯密的如下观点："在奴隶劳动、徭役劳动、雇佣劳动这样一些劳动的历史形式下，劳动始终是令人厌恶的事情，始终表现为外在的强制劳动，而与此相反，不劳动却是'自由和幸福'"[④]。在此，马克思从两个层面对"劳动"展开了分析。一方面是这种对立的劳动；另一方面与此有关的则是这样的劳动——"这种劳动还没有为自己创造出（或者同牧人等的状况相比，

---

① 中共中央马克思恩格斯列宁斯大林著作编译局. 马克思恩格斯文集（第8卷）［M］. 北京：人民出版社，2009：173.

② 同①.

③ 同①173-174.

④ 同①174.

是丧失了）一些主观的和客观的条件，从而使劳动成为吸引人的劳动，成为个人的自我实现"[1]。但是，这绝不意味着劳动是一种娱乐、一种消遣。傅立叶说："照料果园是一切劳动中最惬意的劳动。……任何一个果园内都布满花坛，并以灌木林带围绕起来。在这里劳动几乎用不着活动天棚，因为树木代替了这种天棚。再加上这种劳动的特有的魅力、争先恐后的竞赛、两性的聚会，以及下班时宫殿中兴高采烈的会餐，凡此种种，都会令人想到，在一千人中就一定会吸引九百九十个人去照料果园，至少是去参与其中某一部门的劳动。"[2] 马克思对傅立叶的这一主张持反对立场，指出看起来"劳动不过是一种娱乐、一种消遣，就像傅立叶完全以一个浪漫女郎的方式极其天真地理解的那样"[3]，但其实"真正自由的劳动，例如作曲，同时也是非常严肃、极其紧张的事情"[4]。

在马克思的劳动理论中，异化劳动作为劳动的非人化存在，其情感体验并不是令人愉悦的，而是令人厌恶的。而在劳动教育的政策语境和理论语境中，劳动通常是作为规范性的范畴来使用的，其中预设了诸多未言明的价值前提。作为规范性的范畴，劳动的概念至少排除了异化劳动的存在。而劳动的育人价值也正是由这个预设的价值规范来予以保证的。劳动概念的规范性预设，意味着并非所有的劳动都具有育人价值。由此，劳动教育的开展就必然要面临"什么劳动"的追问。此一追问引发出的劳动教育问题是：什么样的劳动才具有真正的育人价值？

首先，异化的劳动不具有育人价值。马克思在《1844 年经济学哲学手稿》中指出，异化劳动是指"劳动所生产的对象，即劳动的产品，作为一种异己的存在物，作为不依赖于生产者的力量，同劳动相对立。……对象化表现为对象的丧失和被对象奴役，占有表现为异化、外化"[5]。当劳动是异化劳动时，劳动成为对个体自身的否定性的因素，变成"外在的强制劳动"，因而是不自由的劳动。这种情况下的劳动是令人厌恶的，因为这样的"劳动对工人来说是外在的东西，也就是说，不属于他的本质。因此，他在自己的劳动中不是肯定自己，而是否定自己；不是感到幸福，而是感到不幸；

---

① 中共中央马克思恩格斯列宁斯大林著作编译局.马克思恩格斯文集（第 8 卷）［M］.北京：人民出版社，2009：174.

② 傅立叶.傅立叶选集（第 2 卷）［M］.赵俊欣，吴模信，徐知勉，译.北京：商务印书馆，1981：181.

③ 同①.

④ 同①.

⑤ 中共中央马克思恩格斯列宁斯大林著作编译局.马克思恩格斯文集（第 1 卷）［M］.北京：人民出版社，2009：156-157.

不是自由地发挥自己的体力和智力，而是使自己的肉体受折磨、精神遭受摧残"①。异化的劳动不是个体发展的手段，而是压制、摧残个体发展的手段。异化的劳动普遍地具有外部强制性的特征，劳动受到外在的力量支配，劳动在实现对象化的同时，也在实现着非主体化。马克思以工人的劳动为例，对异化劳动的非主体化现象进行了深刻的论述，指出："工人在劳动中耗费的力量越多，他亲手创造出来反对自身的、异己的对象世界的力量就越强大，他自身、他的内部世界就越贫乏，归他所有的东西就越少。"② 如果一种劳动不仅不能使个体的内部世界越来越丰富，而是使其越来越贫乏，那么这样的劳动显然难以实现其育人价值。在异化了的劳动教育过程中，人丧失了主体性，因而也丧失了自由和自主性。因为，劳动本身不再是人的自由的生命表现，更不是生活或教育生活的乐趣，"劳动在这里也仅仅是一种被迫的活动，它加在我身上仅仅是由于外在的、偶然的需要，而不是由于内在的必然的需要"③。在这一过程中，人被迫从事劳动，被迫通过刻板的劳动过程把自己训练成纯粹自然意义上的劳动力。因为人的劳动的意义仅仅是"谋生的劳动并成为完全偶然的和非本质的"，劳动本身于人而言既"不是他个人的自我享受"，也不是"他的天然禀赋和精神目的的实现"。④

马克思认为，在谋生的劳动中包含着："①劳动对劳动主体的异化和偶然联系；②劳动对劳动对象的异化和偶然联系；③工人的使命决定于社会需要，但是社会需要对他来说是异己的，是一种强制，他由于利己的需要、由于贫穷而不得不服从这种强制，而且对他来说，社会需要的意义只在于它是满足他的直接需要的来源，正如同对社会来说，他的意义只在于他是社会需要的奴隶一样；④对个人来说，维持工人的个人生存表现为他的活动的目的，而他的现实的行动只具有手段的意义，他活着只是为了谋取生活资料。"⑤

以上论述表明，异化劳动之不具有教育的价值，其根本的原因在于，异化劳动对劳动者的否定，异化劳动是劳动者受到外在力量控制的活动。这就是说，它是一种对于劳动者个体来说否定性的力量。在这里，对象化本身已经丧失了它对于劳动者的自我塑造的作用，其结果只能是劳动者对劳动的厌恶。劳动者在劳动工具的帮助下，可能会在一定的程度上将自己的意识外在化，从而实现对外在世界的改变，但同时它却

---

① 中共中央马克思恩格斯列宁斯大林著作编译局. 马克思恩格斯文集（第 1 卷）[M]. 北京：人民出版社，2009：159.

② 同①157.

③ 马克思.1844 年经济学哲学手稿[M]. 中共中央马克思恩格斯列宁斯大林著作编译局，译. 北京：人民出版社，2000：184.

④ 同③175.

⑤ 同④.

难以实现对自我世界的改变。由于异化的劳动总是带有不同程度的强制性，由此我们可以获得一个推论，即强制性的劳动同样不具有育人价值。

关于强制性劳动的非育人性问题，后来的马卡连柯对此有过深入的思考。马卡连柯认为，我们不能指望学生刚一参加劳动就觉得劳动是诱人的，且会立刻爱上劳动。恰恰相反，"在最初的一段时间内，对于真正的劳动，学生感到的失望比他感到的疲劳还要来得更早些"①。只有当学生认识到劳动的社会意义时，才能生发出对劳动的真正的爱。"如果缺乏这种自觉的因素，强制学生参加劳动只能导致他们产生抵制情绪，强制的力量越大，抵制的情绪就越强。"② 因此，劳动的"强制的形式可能是各种各样的，从简单地重复布置任务到生硬地、苛求地重复布置任务。无论在哪种情况下，任何时候都不得从体力上进行强制，因为这是最无益的，并会引起孩子对劳动任务的厌恶"③。换言之，劳动要实现育人价值，首先要求劳动是非异化的、非强制性的。

其次，自由的劳动为劳动之育人价值的实现提供担保。异化的劳动不具有育人的价值，那么什么样的劳动才具有育人价值呢？在马克思看来，与异化劳动相对的，则是"真正自由的劳动"。马克思在分析劳动的属性时，将劳动区分为"历史形式的劳动"和"真正自由的劳动"。历史形式的劳动，如奴隶劳动、徭役劳动、雇佣劳动等，这些劳动形式属于异化劳动。而使劳动成为吸引人的劳动，成为人的自我实现的恰是"真正自由的劳动"。马克思认为，真正自由的劳动是具有社会性和科学性的劳动，"物质生产的劳动只有在下列情况下才能获得这种性质：①劳动具有社会性；②劳动具有科学性，同时又是一般的劳动，这种劳动不是作为用一定方式刻板训练出来的自然力的人的紧张活动，而是作为一个主体的人的紧张活动，这个主体不是以单纯自然地形成的形式出现在生产过程中，而是作为支配一切自然力的活动出现在生产过程中"④。换句话说，真正自由的劳动"不可能像傅立叶所希望的那样成为游戏"⑤，不可能是"一种娱乐，一种消遣"⑥。真正的自由劳动"除了从事劳动的那些器官紧张"，"在整个劳动时间内还需要有作为注意力表现出来的有目的的意志"⑦。真正自由的劳动并不单纯地使用自己的自然力，而是主体的活动，劳动成为支配自然力的活动，而不是被

① 苏霍姆林斯基.苏霍姆林斯基论劳动教育[M].萧勇，杜殿坤，译.北京：教育科学出版社，2023：10.
② 同③10-11.
③ 马卡连柯.儿童教育讲座[M].诸惠芳，译.石家庄：河北人民出版社，1997：67.
④ 中共中央马克思恩格斯列宁斯大林著作编译局.马克思恩格斯文集（第8卷）[M].北京：人民出版社，2009：174.
⑤ 同④203.
⑥ 同④.
⑦ 同④.

自然力支配。只有真正自由的劳动才会令人愉快。从劳动的目的来看，劳动乃是劳动者自己的目的，而不纯然是外在的目的，或者说是受自然的必然性所支配的目的。因为劳动，"他不仅使自然物发生形式变化，同时他还在自然物中实现自己的目的，这个目的是他所知道的……他必须使他的意志服从这个目的"①，这是真正自由劳动的目的性要求。

最后，"作为一个主体的人的紧张活动"赋予劳动以真正自由的性质。在马克思主义的劳动理论中，劳动的自由性质是由劳动的社会性和科学性来提供保证的。劳动的社会性不仅表现在劳动成果之中，同样也表现在劳动的过程之中。这主要是因为劳动者、劳动对象和劳动工具作为劳动过程的基本要素，总是会在不同程度上反映个体与他人的关系，劳动总是既关系到自己也关系到他人。劳动的展开，总是包含着无数不在场的匿名劳动者的间接参与。而从劳动的结果来看，即便一个人看起来是在服务于自己的劳动中，其实相应地也分担了他人的辛劳。无论是生产劳动还是非生产劳动（如那些提供服务的劳动），都莫不如此。劳动的科学性表现为劳动是以作为一个主体的人的紧张活动而出现。这就是说，劳动并不单纯是劳动者个体体力的展开，更是个体智力及意志的展现。在这个过程中，参与劳动的个体一方面感受到劳动的愉悦，从而形成个体对自己的活动的情绪方面的关系，另一方面则形成劳动产品与个体的劳动才能的关系。由此，劳动成为"积极的、创造性的活动"②。正是这种积极的、创造性的劳动活动，赋予劳动以教育意义，从而实现劳动教育的育人价值。在这里，他的发展成了别人所需要的成果，而他自身却不可能获得享受和欣赏自身发展的审美愉悦。苏霍姆林斯基在实践层面一语中的地道破了劳动教育的根本目的，认为"要给从事任何劳动的人以幸福，这意味着，要帮助他在无数的生活道路中，找到那一条最能鲜明地发挥他个人的创造力和个性才能的生活道路"③。

## 四、发挥劳动的教育力量—— 劳动育人价值实现的现实前提

以上是在劳动本质的意义上讨论劳动的育人价值。这就是说，从劳动的本质来看，在真正自由的劳动过程中，个体在劳动过程中对智力和体力的使用，能够在改变自然世界的同时也改变人自身的自然。然而，劳动是否能够实现其育人价值，还取决于劳

---

① 中共中央马克思恩格斯列宁斯大林著作编译局. 马克思恩格斯文集（第 5 卷）[M]. 北京：人民出版社，2009：208.

② 中共中央马克思恩格斯列宁斯大林著作编译局. 马克思恩格斯文集（第 8 卷）[M]. 北京：人民出版社，2009：177.

③ 苏霍姆林斯基. 关于全面发展教育的问题[M]. 王家驹，等译. 长沙：湖南教育出版社，1984：131.

动的实现方式。劳动的实现方式是一个劳动如何展开的问题，因而在学校的劳动教育中，它也是一个劳动教育的展开方式问题，一个如何使劳动成为真正的劳动教育的问题。因此，有必要从劳动的抽象的本质层面上升到劳动教育的具体实践层面，讨论"什么样的劳动"才具有真正的教育的意义，从而为劳动育人价值的实现提供现实保证。劳动总是个体具体的实践活动，是在一定的环境中以特定的方式来实现这个劳动实践活动的。一个基本的事实是，劳动的不同组织方式以及劳动向个体所提出的素质要求，对于不同个体就有了不同的教育的意义。如果说劳动的育人价值是指劳动逻辑上对个体的全面发展具有可能的促进作用，那么劳动的教育力量之发挥则构成了劳动的育人价值之实现的现实基础。前者构成了劳动育人价值实现的必要条件，后者构成了劳动育人价值实现的充分条件。

"劳动的教育力量"作为理论命题是苏霍姆林斯基在《帕夫雷什中学》中提出的。苏霍姆林斯指出："只有当劳动能使个人和集体的智力生活得到丰富，智力兴趣、创造兴趣得到多种内容的充实，道德更加完美以及美感得到提高时，它才能成为教育力量。"[1] "普通学校劳动教育体系包含着学生劳动活动的一系列最重要的因素或方面。这些因素包括：对学生的思想施加影响，唤起他们投入劳动；把课堂学习作为一种劳动活动；让学生长期从事各种认识性劳动和生产性劳动，以便使他们获得各种技能和技巧，培养兴趣和责任感；引导学生为集体进行无报酬的劳动，以便获得作为服务于集体的社会劳动生活的道德体验；以高度的劳动生产率获取丰厚的物质报酬。这些因素以密切的相互联系，构成了劳动教育体系，其目的在于引导年轻一代做好走向生活的准备。劳动教育体系全部因素密切联系和统一的最重要的、具有决定意义的条件，就是在思维、构想和智力劳动发挥主要作用的前提下，受教育者所付出的脑力和体力的结合。受教育者的精神生活充实与否，要看能否始终坚持这个条件。"[2] "只有当学生不仅学习干活，而且无论干什么都比普通劳动者强的时候，才会有真正的、有教育意义的劳动。"[3] 劳动之"教育力量"命题的提出意味着劳动并不必然具有教育的意义或育人价值。这一思想在马卡连柯的"劳动过程的中立性"的命题中也得到了充分表达。马卡连柯在论述学校的劳动教育时指出，"从我们的观点来看，劳动过程在教育上是中立的过程"[4]。这恰恰意味着劳动与教育具有各自的实践逻辑，因而劳动在许多时候，就只是劳动而没有别的意义。马卡连柯认为，只有在下列情况下，劳动的教育意

① 苏霍姆林斯基. 帕夫雷什中学[M]. 赵玮，王义高，蔡兴文，译. 北京：教育科学出版社，1983：361.
② 苏霍姆林斯基. 苏霍姆林斯基论劳动教育[M]. 萧勇，杜殿坤，译. 北京：教育科学出版社，2023：290.
③ 同②226.
④ 邱国梁. 马卡连柯论青少年教育[M]. 北京：中国青年出版社，1984：72-73.

义才会显现出来："生产上一切局部过程和详细情况都应当作为教育现象来处理。这样就必须加以特别注意，处理时也要慎重。要知道只有从教育组织者的观点来看问题，教育任务才会占主要地位"①。马卡连柯关于劳动在教育上是中立过程的论述表明，学校要组织开展劳动实践活动，并使这种实践活动达到育人的目的，就需要一种新的视角，即一种劳动组织的教育学视角，其关键是要从教育的角度而不是单纯从生产的或经济的角度来看待劳动、来组织劳动、来开展劳动活动。

劳动之"教育力量"既是一个理论命题，同时也是一个实践命题。作为一个理论命题，它揭示出劳动与劳动教育之间既存在着相互条件性联系也相互区别这一基本事实；而作为实践命题，它提出了劳动之成为劳动教育的条件性要求。

第一，劳动与劳动教育是两个必须加以辨析的概念，同时也是一个必须加以澄清的认识问题。劳动并不等于劳动教育。劳动的目的旨在生产产品（生产性劳动）或提供服务（服务性劳动），而劳动教育的目的则旨在育人，二者判然有别，不能等同或混为一谈。由此，就需要通过有计划有目的地组织，使劳动获得教育的意义。学校组织开展劳动而不使之与教育联系起来，劳动就成为单纯的生产性的或服务性的活动，也就失去它的教育的意义。这种单纯的劳动已经脱离了教育的逻辑规定，不仅可能不具有育人价值，而且还可能会造成个体劳动的片面认识和负面的情感体验。经验表明，不适当的劳动往往产生负面的作用，如对劳动的厌恶等。实际上，早在 20 世纪 50 年代，教育学家曹孚就在《劳动教育问题》一文中通过对劳动和劳动教育两个概念的辨析，对二者的关系进行了系统的论述。曹孚指出，"在学校中，使学生从事一些劳动，还不一定是真正的劳动教育。在学校中我们可能有劳动，但这种劳动不一定是有教育意义的。我们所讲的劳动教育，不但要有劳动，而且劳动的结果必定要有教育意义，起教育作用"。他又说："劳动是教育的重要手段，并不是任何劳动都能发展年轻一代的种种体力、智力方面的才能；这就是说，并不是任何劳动都能成为教育的手段。"② 曹孚关于教育与劳动概念的辨析是有着强烈的现实指向性的。1963 年 6 月 5 日，《人民日报》曾发表社论《坚持不懈地好好组织学生参加生产劳动》，明确指出了劳动教育中的劳动与教育的关系问题，指出"学生在参加生产劳动的过程中，接触到农业生产和农村阶级斗争的实际，受到了很好的劳动锻炼和深刻的阶级教育。这一具体经验，为进一步贯彻执行教育为无产阶级政治服务、教育与生产劳动相结合的方针，组织学生下乡下厂参加生产劳动的工作，树立

---

① 邱国梁.马卡连柯论青少年教育[M].北京：中国青年出版社，1984：72.
② 曹孚.劳动教育问题[M].武汉：湖北人民出版社，1955：8.

了一个范例。福州第一中学的学生下乡以后，分散住在贫农、下中农家里，和他们朝夕相处，共同劳动，谈心交友，参加了群众会、干部会，进行调查研究，并且开展各项宣传活动。这样，不但让学生通过体力劳动，体验到劳动人民的生活和崇高的品质，而且由于接触当前农村阶级斗争的实际，还可以学习用阶级分析的方法，去观察问题，辨明是非，得出正确的结论"[1]。

　　第二，要使劳动成为真正意义上的劳动教育，或者说要使劳动跃升为劳动教育，必须使劳动本身满足一定的条件。关于使劳动成为劳动教育的条件，苏霍姆林斯基在《帕夫雷什中学》中曾经提到如下要求：劳动的崇高道德性与公益性目的、劳动中个性的发挥、劳动的多样化、劳动的经常性和连续性原则、劳动的成人性特征、劳动的创造性、劳动的量力性、劳动同精神生活相结合等[2]。苏霍姆林斯基认为，学生在上学期间所从事的劳动应具有如下特性：一是具有丰富的内容，二是具有创造性，三是学生感兴趣，四是能促进学生精神发展。[3]"要达到生产教学的教育目的，一个极为重要的条件，就是要让学生根据自己的兴趣、爱好、能力和志愿选择劳动种类和专业。学校根据学生所学的专业来确定劳动操作、技能和技巧的顺序。但是无论在什么情况下，这种顺序都必须照顾生产的利益，保证生产教学和生产劳动、创造物质财富相结合。"[4]"只有在学生的精神生活、智力生活中有了崇高而美好的生活目标，并且意识到要达到这一目标是要付出体力的消耗时，才能使学生产生并且逐渐巩固其内心对于体力劳动的需要……单是劳动过程本身的技术内涵就能带给其很大的享受。在这种劳动中，劳动者能够意识到自己智慧的力量。"[5]"深信劳动中充满着智力活动的因素——这是促使男女青年去从事劳动的极其重要的动因。……像修理机器、在车床上制作零件、栽培高产的玉米、提高挤奶量这些劳动，也像制造复杂的机器和培育新的植物品种一样，是一种创造性的活动。"[6]为使劳动摆脱它在教育上的中立性而获得教育的意义，马卡连柯提出了两种形态的劳动：创造性劳动和集体性劳动。集体性是使劳动获得教育意义的重要条件。只有集体生产条件下的劳动，才是培养学生最好的方式。"从我们的观点来看，劳动过程在教育上是中立的过程……只有在集体生产条件下的劳动，对我们才是宝贵的，这种劳动之

① 人民日报编辑部. 坚持不懈地好好组织学生参加生产劳动[J]. 江苏教育，1963（18）：3-4.
② 苏霍姆林斯基. 帕夫雷什中学[M]. 赵玮，王义高，蔡兴文，译. 北京：教育科学出版社，1983：361-369.
③ 苏霍姆林斯基. 苏霍姆林斯基论劳动教育[M]. 萧勇，杜殿坤，译. 北京：教育科学出版社，2023：19.
④ 同③.
⑤ 同③10.
⑥ 同③99.

所以有价值，只是因为劳动中每时每刻都对经济加以关心，而不单纯是劳动上的努力。"① "只有在劳动中共同努力，只有在集体中的工作，只有人们的劳动互助和他们经常的相互劳动依存，才能建立人们彼此间的正确关系。……只有参加集体劳动才能使人对人有正确的和道德的态度——对一切劳动者保持亲属般的爱护和友谊，对懒惰分子和躲避劳动的人表示愤慨和谴责。"② 创造性则是使劳动具有教育力量的根本条件，这是因为，"在社会主义社会里，劳动日益成为一种创造性活动，在这种活动中展现出苏维埃人丰富的精神生活。按本人意愿从事劳动是促进个性全面发展的极重要的条件之一"③。不仅如此，创造性劳动本身也是有条件的。"在苏维埃国家里，每一种劳动都应当是创造性的劳动，因为这种劳动完全是为了创造劳动者的社会财富和国家文明。教育学生从事创造性的劳动是教育者的特别任务……只有当人们对工作发生爱好的时候，只有当人们自觉地在工作中感到快乐并了解劳动的利益和必要的时候，只有当劳动成为表现人格和才能的主要形式的时候，才可能有创造性的劳动。也只有养成了努力劳动的牢固的习惯，任何工作只要具有某种意义，就不会把它看作不愉快的工作，这时人们才可能对劳动采取这种态度……凡对工作抱有畏惧心理、害怕用力的工作、害怕流汗的人，凡是一着手工作就随时打算快些离开这样的工作并开始做某种别的工作的人，是永远不会有创造性的劳动的。这样的人对这种另外的工作，只有在还没有着手去做的时候才会抱有好感。"④ "只有当人热爱工作时，只有当他自觉地意识到工作中的快乐、懂得劳动的利益和必要性时，只有当劳动成为他表现个性和才能的基本形式时，创造性的劳动才是可能的。"⑤ 由于创造性的劳动能够体现劳动个体的个性和才能，因而创造性劳动既是劳动教育的目标所在，也是劳动教育的手段所在。在我国，教育学家曹孚同样强调创造性劳动所具有的教育意义，认为"只有创造性的劳动，才能成为年轻一代的全面发展的教育的手段"⑥。

第三，劳动成为教育力量，在于使劳动教育与其他教育相结合。所谓劳动与教育的结合，并不是指在教育中组织开展生产劳动，而是指在劳动中有机地融入教育，赋予劳动以思想政治性、组织性和知识性，从而实现劳动向劳动教育的跃升。尽管从一般的意义上说，把劳动当作教育现象来处理是发挥劳动教育力量的关键所在，但劳动

①　马卡连科.马卡连科教育文集（下卷）[M].北京：人民教育出版社，2005：682.
②　同①530.
③　苏霍姆林斯基.苏霍姆林斯基论劳动教育[M].萧勇，杜殿坤，译.北京：教育科学出版社，2023：16.
④　同①529-530.
⑤　马卡连柯.儿童教育讲座[M].诸惠芳，译.石家庄：河北人民出版社，1997：60.
⑥　曹孚.劳动教育问题[M].武汉：湖北人民出版社，1955：8.

中渗透思想性、政治性、组织性和知识性则是劳动的教育意义之生成、劳动的教育力量之发挥的根本前提。唯有如此，劳动才成为现实的教育力量，才成为真正的劳动教育。中华人民共和国成立以来，曾经在相当长的时期内，由于没有处理好劳动与其他教育结合的问题，中小学的劳动教育或者造成了教育实践中劳动对教育的冲击，或者造成了因重视教育而导致的对劳动的虚化、弱化和淡化。其中一个根本原因是没有从教育角度来看待劳动，也没有从劳动的角度看待教育，没有看到劳动所应具有的教育意义之条件性要求。近几十年来，人们对此问题有了深入的认识。1979 年，联合国教科文组织出版了一部题为《学习与劳动》的综合性论著。《学习与劳动》一书为决策者进行教育体系的革新提供了合理意见并指明了未来教育的发展方向，该书开门见山地说："如果有一个问题是其他所有问题的焦点的话，那么这个问题肯定是在教育实践中确立并建立普通教育过程同劳动世界之间的连接。而目前的状态则似乎表明，教育和劳动这两个世界仍然相互漠不关心。"[①] 劳动与教育的疏离，其中一个重要原因就是受不同历史时期历史、政治、经济、文化等多种因素的限制，劳动概念时常遭到曲解和误读，形式化、扭曲化、单一化的视角遮蔽了劳动的本真意蕴，使得"污名化"的劳动教育蒙上了价值之垢。

## 五、创造条件实现劳动的育人价值

真正自由的劳动为劳动的育人价值的实现提供了可能性，而劳动的教育力量的发挥则为劳动育人价值的实现提供了现实的基础。劳动的教育力量的发挥，在于从教育的角度来组织和开展劳动实践活动，使劳动既作为教育的手段也成为教育的内容，以确保劳动成为劳动教育。而劳动的实现方式和劳动教育的展开方式，直接关系到劳动能否跃升为劳动教育，关系到劳动育人价值能否实现的重要实践问题。基于劳动育人的理论前提以及现实要求，努力创造条件实现由劳动向劳动教育跃升，则是劳动育人价值实现的必然逻辑。

### （一）在组织化的劳动中进行劳动教育

组织化的劳动是劳动教育力量发挥的根本保证，也是劳动育人价值实现的最现实的条件。组织化的劳动有两重意涵。一是指劳动教育的组织化，即在劳动教育的组织安排上，学校应能够根据劳动教育的目标对劳动教育进行统筹规划与安排，以保证劳动的系列化和系统化，摒弃当下学校劳动实践活动的碎片化、随意化、零散化和非教

---

① 拉塞克，维迪努.从现在到 2000 年教育内容发展的全球展望[M].马胜利，高毅，等译.北京：教育科学出版社，1996：162.

育化倾向。二是指劳动的组织化，即在劳动实践活动的具体组织与开展中，劳动应表现出集体性的共同努力。正是在劳动的集体组织中，劳动才显现出它应有的教育力量。劳动的组织化要突出这样一种观念，即单纯的劳动开展并不是劳动教育。如加里宁所举工人钉鞋子的例子。工人为生存而钉鞋子，不具有思想的内容，因而也就不具有劳动教育的意义。只有当劳动具有思想政治性、组织性、知识性等特征，换言之，只有把劳动真正作为教育的手段来使用时，劳动才获得了它的真正的教育力量。凡不具有思想政治性、组织性和知识性的劳动，就不能算作劳动教育。在有组织的劳动活动中，劳动过程不仅赋予劳动以令人愉悦的情感体验，更使劳动参加者意识到集体的力量和合作的价值，从而重塑人与人之间的劳动社会关系。

### （二）在与全面发展教育的结合中进行劳动教育

如何从教育的角度来审视、组织开展劳动，从而实现劳动向劳动教育的跃升，是劳动教育最突出的实践问题。实现劳动向劳动教育的跃升，不仅要使劳动和劳动教育满足组织化的外在要求，还要在实践层面促使劳动与个体全面发展相结合。这一认识不仅获得了经验和事实的支持，而且亦在理论上得到了较为系统的论述。苏霍姆林斯基在帕夫雷什中学所开展的劳动教育实践以及对劳动教育的思考，说明劳动教育不能孤立地进行，而需要和个体的全面发展结合起来。概言之，劳动中应该包含丰富的德育、智育、美育和体育因素。然而，劳动中蕴含的全面发展教育因素只是可能的教育因素，还不是现实的教育因素。只有充分地挖掘劳动中的全面发展的教育因素，并通过在劳动过程中真正建立起劳动与全面发展教育应有联系而付诸实施，可能的教育因素才能够转变为现实的教育因素。这就是说，只有学生在劳动过程中投入智力和体力，劳动才能实现育人功能，从而实现劳动对人自身的塑造。联合国教科文组织第38届国际教育会议通过的第73号建议书《致教育部长关于教育与生产劳动相互作用的问题》也特别指出，与劳动界有关的活动应恰当地与教育目标和目的相联系，以平衡发展身体、感情和思维能力，平衡发展个人的道德观和审美观为目的，并且发展个人正确、自由地选择升学、工作和职业方向的能力。① 上述有关劳动教育的建议，其实质是通过劳动与教育的密切联系，以及劳动教育与其他教育的紧密结合，而促使个体得到各方面的发展。

### （三）在创造性劳动中进行劳动教育

劳动是个人对其智力和体力的使用。在劳动过程中，劳动者通过使用劳动工具而

---

① 中央教育科学研究所比较研究室，教育部政策研究室资料处，教育部生产供应管理局勤工俭学处.国外实施教育与生产劳动相结合资料汇编［M］.北京：教育科学出版社，1982：4.

使劳动对象发生预期的结构性改变。但是这个预期并不总是能够实现的。想象的对象和现实之间总是有着巨大的差异，而且想象的对象有可能完全不具有现实对象的属性。要使想象的对象成为现实的存在，不可避免地要遇到各种有赖于劳动来克服的外在障碍。这些障碍的克服需要个体发挥其劳动才能。随着想象对象的现实化或对象化，个体由此而完成其自我实现。正是在劳动必须应用其劳动才能的意义上，"劳动是积极的、创造性的活动"[①] 之意义才能够得到充分的理解。随着劳动新形态的出现，特别是随着新技术、新方法、新知识和新工艺在劳动中的广泛应用，创造性劳动正在成为我们这个社会的新常态。在这种情况下，通过创造性的劳动来实现劳动的育人价值，并在创造性的劳动过程中培养学生的创造性才能，是劳动教育的重要任务之一。

### （四）在多方合作中进行劳动教育

随着科学技术的发展，劳动呈现多形态的发展趋势，并渗透在社会生活和个人生活的各个方面。劳动形态的变化向劳动教育提出了广泛的社会性要求，即要求建立劳动教育的家、校、社协作育人机制。劳动教育不仅仅是学校的事情，同时也是家庭和社会应尽的责任，只是它们各自发挥的作用不同而已。例如，就日常生活劳动教育而言，家庭发挥着基础性作用。这主要是因为，日常生活劳动多半与个人生活的家庭密切相关；而主要由成人来承担的服务性劳动和生产劳动是社会生活的常态，因而社会起着支持性作用。无论是私人领域的日常生活劳动，还是社会生活领域中的生产劳动和服务性劳动，从劳动教育的角度看，都需要学校做出有计划的安排并进行严密的组织。这意味着学校在劳动实践活动的组织与开展中发挥着主导作用。从这个意义上讲，学校开展劳动教育就需要分析劳动的形态及其属性，在此基础上建立起家庭和社会的劳动教育责任机制，以保证不同形态的劳动能够得到相应的支持。正如习近平总书记所说："要开展以劳动创造幸福为主题的宣传教育，把劳动教育纳入人才培养全过程，贯通大中小学各学段和家庭、学校、社会各方面，教育引导青少年树立以辛勤劳动为荣、以好逸恶劳为耻的劳动观，培养一代又一代热爱劳动、勤于劳动、善于劳动的高素质劳动者。"

（撰稿人：李江源，四川师范大学教授、四川省教育学会学术委员会副主任）

---

[①] 中共中央马克思恩格斯列宁斯大林著作编译局. 马克思恩格斯文集（第 8 卷）［M］. 北京：人民出版社，2009：177.

# 体育与立德树人

党的十八大报告强调"把立德树人作为教育的根本任务",揭示了教育的本质是培养人,强调促进人的德行成长是教育的首要任务。这一论述以鲜明的为党育人、为国育才的理论基点科学回答了"两个大局"下中国式教育现代化的基本方向,阐明了党对新时代教育事业的新要求。中共中央办公厅、国务院办公厅印发的《关于全面加强和改进新时代学校体育工作的意见》强调"学校体育是实现立德树人根本任务、提升学生综合素质的基础性工程",进一步强化了学校体育在教育价值引领、品德塑造、能力培养等方面的重要作用。2022年4月发布的《义务教育体育与健康课程标准(2022年版)》(简称《课程标准(2022年版)》)指出,体育与健康课程要以习近平新时代中国特色社会主义思想为指导,全面贯彻党的教育方针,落实立德树人任务。体育作为学校教育的重要组成部分,在"培养什么人、如何培养人、为谁培养人"中居于重要地位。同时,无论是教育现代化,还是体育现代化,均强调把五育并举作为落实立德树人根本任务、践行社会主义核心价值观的实践方向。基于立德树人的根本任务,积极开发和整合学校体育育人元素,打造"体育+"深度融合育人模式是在当下践行五育并举的时代指向,也是直面体育教育教学短板和弱项的必然选择。因此,立足近期教育理论成果和教育改革的潮流,阐释立德树人、五育并举背景下体育教育高质量发展的内在逻辑,正确把握体育的本质作用,全面梳理"体育+"深度融合的路径指向,具有重要的理论价值和实践意义。

## 一、准确把握"体育+"是推进中国式体育现代化的根本遵循

党的二十大开启了以中国式现代化全面推进中华民族伟大复兴的新征程。中国式体育教育现代化是中国式现代化的应有之义,是我国体育教育事业高质量发展的远景目标,在体育教育领域内深刻反映了中国式现代化的内涵、要求和任务。加快推进建设中国式体育教育现代化,是推动建设体育强国、教育强国的题中之义,也是全面推

动体育教育教学改革的应有之举。中国式体育教育现代化以体育促进立德树人为根本价值指向，坚持以"健康第一""体教融合""四位一体"目标、"教会、勤练、常赛""深化教育评价改革"为实践抓手，发展以学生德智体美劳全面发展为核心的"体育＋"是推进中国式体育教育现代化的根本遵循。

### （一）"健康第一"为体育奠定基本方向

中华人民共和国成立初期，毛泽东同志提出"健康第一，学习第二"的要求，后经语境迁移和实践传播，逐渐成为解决学生体质健康问题和推进素质教育的基本要求，对实现中国式体育教育现代化具有重大的现实指导意义。党的十八大以来，《"健康中国 2030"规划纲要》《关于深化教育教学改革全面提高义务教育质量的意见》《关于全面加强和改进新时代学校体育工作的意见》等系列政策文件高度重视健康教育的价值，坚持树立"健康第一"教育理念，促进身心统一，实现以体育人、健体铸魂，彰显中国式体育教育现代化的本质要求。"健康第一"的理念内核至少包括三大要素，即体育的人文性、规律性和健康性[1]。从这个层面来看，"健康第一"理念不仅强调了文化学习与健康教育的结合和基础教育阶段学生身心健康发展的重要性，而且蕴含着深厚的主体性思想，体现了学生的主体地位，凸显了以人为本的情感关怀。特别指出不能以损害学生的身心健康为教育的原则和底线，反映了五育并举下"健康第一"理念的教育价值。从体育教学来看，"健康第一"强调将健康教育内容有机融入体育的全过程，培养学生的健康意识和行为，促进学生形成健康的生活方式，提高学生的健康水平。同时，体现体育教学的科学性和有效性，也就意味着教学要在围绕学生学情基础、身心发展规律、技能习得规律等基础上，确定目标、内容、负荷和强度等。此外，"健康第一"理念要求体育教学呈现出"身心合一""和谐发展"的教育状态，关注每位学生的学习结果，体现体育的价值追求。坚持"健康第一"，不断作为体育教学改革的出发点和落脚点，为推进中国式体育教育现代化提供方向指引。

### （二）"体教融合"为体育提供良好机遇

在学校体育阶段，体育与教育是一个不可分割的有机整体。这与我国古代"身心一统""文武兼备""内外兼顾"等思想不谋而合，其目标在于促进青少年德智体美劳全面发展。从体教结合到体教融合，在健康中国、体育强国、教育强国的建设过程中，体育的育人价值得到拓宽，并将体育作为一种伴随人的终身发展的教育形式，共同作用于学生的健康成长和全面发展。从内涵来看，"体教融合"坚持以文化人、以体育人，将体育

---

① 熊文.体育与健康：学校体育"健康第一"下的悖论与困境[J].中国体育科技，2020，56（10）：77-88.

和教育交织相融、汇聚合力，分别从竞技体育和学校体育两个层面进行变革，强化了高水平竞技体育后备人才事业和青少年健康促进的两个目标，要求体育部门与教育部门协同配合、整合资源，最大化地夯实学校体育基础、优化体育竞赛体系，推进相关机构和社会组织改革，以高质量的课内外体育教学、训练与竞赛加速育人观念改变、育人方式优化、育人质量提升。没有体育的教育是不完整的，同样，离开教育的体育是不长远的。中国式体育教育现代化根植于青少年文化学习和体育锻炼协调发展的基础上，具有深刻的育人价值和时代意义，促进学校体育发展面貌焕然一新。体教融合强调体育作为人的全面发展的根本遵循，又充分发挥了体育的多种价值和功能。

### （三）"四位一体"目标为体育明确目标引领

2018年习近平总书记在全国教育大会上关于学校体育的重要讲话中强调要"帮助学生在体育锻炼中享受乐趣、增强体质、健全人格、锤炼意志"。这一重要讲话成为新时代我国学校体育教学改革的最新目标，被称为学校体育"四位一体"目标。学校体育的目标从最初单一的以强身健体、增强国民体质为目标任务的"一维目标"到提高体能和运动技能的"二维目标"，再到身体健康、心理健康和社会适应的"三维目标"，发展至今围绕"身体健康、心理健康、人格健全、意志品质"的"四位一体"目标，强调学校体育为健康而幸福的人生奠基的重要价值。从内涵来看，"四位一体"目标瞄准人的全面发展需求，既关注学生的情感体验和身心享受，又要求科学有效和强健体魄；同时，特别强调了体育在立德树人和自我塑造方面的重要价值，使体育成为促进人的全面发展的教育活动。

### （四）"教会、勤练、常赛"为体育指明实施路径

一方面，作为学校体育工作的行动指南和改革路径，"教会、勤练、常赛"直接落实"青少年普遍掌握1～2项运动技能"的规划目标以及"四位一体"体育教育目标，由浅入深、循序渐进，符合运动技能形成规律和学校体育育人规律。具体而言，"教会、勤练、常赛"体现了从不会到会的变化过程，"教会"是基础，"会"是指会运用所学体育知识和技能解决实际问题，指向学生能够学以致用；"勤练"是重点，指向课内外、校内外联合开展练习；"常赛"是结果和手段，通过比赛使学生享受体育的乐趣和魅力，巩固运动技能，掌握和提高体能水平，养成体育锻炼习惯，促进体育与健康课程核心素养培养，指向课课赛、周周赛、全员赛等多种形式的比赛。学练赛一体化综合呈现，达到更好的育人效果。另一方面，"教会、勤练、常赛"思想细化体育教学过程的思路和方法，凸显课堂教学方式改革的要求，对基本运动技能、体能、专项运动技能等内容也做出要求，围绕"学、练、赛"形成"基本知识＋体能＋专项运动技

能"的教学模式，体现出"知识＋体能＋技能"学习内容的结构化，让学生有效地学习健康知识，掌握专项技能和形成运动能力。同时，这一过程中又必须体现人的生长发育和运动技能形成的规律性和科学性，要考虑学习练习内容的结构层次和搭配逻辑，各水平段的教学实践要呈现系统性和衔接性，根据学生学情在内容、难度、数量、层次等方面有所区别，进而实现进阶式体能和专项运动技能的发展。"教会、勤练、常赛"一体化融合，为推进中国式体育教育现代化提供实施路径和具体要求。

### （五）"深化教育评价改革"为体育增添实践动能

教育评价事关教育发展方向。2020年10月，中共中央、国务院印发的《深化新时代教育评价改革总体方案》指出，改革学生评价，促进德智体美劳全面发展，强调向体育应强化体育评价，建立日常参与、体质监测和专项运动技能相结合的考查机制，引导学生养成良好锻炼习惯和健康生活方式。具体而言，在评价内容上，不仅要结合日常学习过程、体质健康监测以及运动技能测评等，而且要反映核心素养层面的发展水平，并体现出个体差异；在评价主体上，要坚持学生、教师相结合，将自评、互评、组评、师评相结合进行分类评价、协同评价；在评价方式上，坚持结果评价、过程评价、增值评价、综合评价"四位一体"[①]；在评价形式上，要落实"内容评价"和"表现评价"相结合，"定量评价"和"定性评价"互补，不断增强学生在评价导向下的积极性，秉持"有标可达"的正向评价思维，提高学生体育学习的兴趣和自信心，强化评价的激励、反馈、指导和发展功能。此外，特别需要注意学校体育"教、学、练、赛、评"一致性的问题，内容、形式、标准、效果等都保持一致、协调统一，真正实现以学论教，帮助学生"学会、学懂、学乐"。"深化教育评价改革"将立德树人成效作为培养标准，突出以育人为导向的教育改革思路，为推进中国式体育教育现代化提供了实践动能和有力保障。

## 二、深刻认识"体育＋"在落实立德树人根本任务中的作用

体育在立德树人方面的价值和意义是广泛且深刻的，毛泽东同志在《体育之研究》中创造性地提出并深刻阐释了体育的"立德"视角，其身心并完、体实致远、德智皆寄于体以及体育强筋骨、增知识、调感情、强意志等见解指明了体育在立德树人中的重要性和必要性。[②] 著名教育学家蔡元培先生提出"完全人格，首在体育"的教育主

---

① 程文广. 新征程中我国学校体育教育评价的理论遵循与实践方略[J]. 北京体育大学学报，2023，46（1）：105-115.

② 张晓林，关清文，舒为平. 《体育之研究》融入体育课程思政的具身认知、价值意蕴及实践向度[J]. 西安体育学院学报，2022，39（5）：618-624.

张，论证了体育与道德的关系，站在人的全面而又有个性发展的高度审视了体育的育人价值。[①] 2018 年，习近平总书记在全国教育大会上强调要"帮助学生在体育锻炼中享受乐趣、增强体质、健全人格、锤炼意志"。这不仅指明了学校体育工作的方向性，而且回应了长期以来关于体育的错误认识与观念。一些人错误地认为体育专长生就是"头脑简单、四肢发达"，认为体育锻炼就只是增强体质这一个功能，而忽视了体育在育人方面具有的独特价值。中共中央办公厅、国务院办公厅《关于全面加强和改进新时代学校体育工作的意见》明确指出，"学校体育是实现立德树人根本任务、提升学生综合素质的基础性工程，是加快推进教育现代化、建设教育强国和体育强国的重要工作，对于弘扬社会主义核心价值观，培养学生爱国主义、集体主义、社会主义精神和奋发向上、顽强拼搏的意志品质，实现以体育智、以体育心具有独特功能"，进一步强化了体育在促进人的全面发展上的重要作用，使体育成为践行立德树人的重要价值更加凸显、育人作用更为聚焦。

### （一）强化"体育＋身体健康"，筑牢安身立命之本

身体健康是中国式体育现代化的根本和基础，也是人生存和发展的根本和前提。可以说，一个人没有强健的身体，就没有德、智、美、劳等各方面的发展，通过体育锻炼使身体健康是体育的首要任务也是核心任务。体育是一项以身体练习为主要手段的育人活动，直接作用于学生身体的力量、速度、耐力、柔韧、协调等身体素质的发展，但又不止于"身体健康"，有着更深层次的健康价值和意义。"身体健康"是"生命至上"和"健康第一"理念的直接体现，更强调的是培养一种良好生活习惯的健康观。在以体育人的过程中，首先，通过体育锻炼实现学生基本的健康，使学生具备一定的生存能力并尊重生命、重视健康。有研究表明，体育锻炼是治疗亚健康最有效的手段，能够节约医疗资源，形成个体健康的生活生态系统。[②] 其次，在此基础上，通过持续的体育锻炼，学生不断在外界环境中改善身体形态，提升身体各器官功能，逐渐提升体能水平，使身体的生理指标趋于稳定和积极的状态。再次，通过系统的运动训练，提高身体的运动技能和体能储备，掌握 1～2 项受益终身的运动项目，并在专项化的体育项目学习和比赛中享受体育锻炼带来的乐趣，形成积极阳光的体育态度和价值观，这一过程凸显了体育对身体健康发展的最深层的作用，有助于青少年健康发展。

### （二）促进"体育＋心理健康"，提高情绪管理能力

从体育培养"完整的人"的角度来看，更多地从生命教育的角度来审视体育的育

---

① 傅轩，吕凌.认识"以体育人"的重要价值[J].人民教育，2022 (Z2)：76-78.

② Li F，Liu Y，Zhu W. China's challenges in promoting physical activity and fitting[J]. Lancet，2016，388 (10051)：1278-1279.

人作用，表明体育具有非常重要的心理健康教育价值。作为一种身体活动手段，体育锻炼可以帮助学生转移注意力和释放心理压力，收获身体与心理上的双重快乐，为其心理健康保驾护航。一是体育锻炼能预防和消除心理障碍，对抑郁、焦虑和人际敏感症等心理问题具有显著作用，能够为学生带来积极、正向的情绪体验。有研究证明，体育锻炼对人的情绪具有改善作用，通过体育运动释放多巴胺，能使人身心愉悦，减少焦虑和抑郁。[①] 二是体育锻炼能帮助学生掌握心理调节技能，提高学生的抗挫折能力。在体育锻炼过程中能够让学生不断认识自我与挑战自我，增强自尊自信，与同伴建立起积极的情感联结，发挥同伴交往对心理健康的积极作用；同时，了解和体验体育活动对心理健康的积极影响，在胜利与失败的交互过程中学会调控自己的情绪，敢于直面挫折和风浪，心胸豁达，坦然应对，对未来充满信心。三是增强适应自然环境和社会环境的心理能力。体育锻炼能够提高学生的积极交往能力，使学生学会与他人和谐相处，培养良好的社会责任意识，并且在复杂多变的自然环境中保持良好的身体状态和心理状态。

### （三）坚定"体育＋理想信念"，养成良好道德品质

从培养中小学生核心素养的角度来看，学校体育教学不仅要增强学生体质健康，还有促进体育品德和人格的健全、锤炼意志品质等目标任务。同其他各育相比，体育的德育价值更有"润物细无声"之效，尤其是以体育竞赛为载体的身体活动，潜移默化地促进学生人格提升和品德养成。具体而言，一是坚定理想信念和锤炼意志品质。针对学生意志力弱、怕苦怕累怕脏、体育活动不出汗不喘气等现实问题，通过体育锻炼磨炼学生意志，将所习得的体育思想、竞争意识、体育品德内化成个人的意志品质和道德情操，使其成为意志坚定、人格健全的时代好青年。二是培养体育精神和体育道德。在体育竞赛过程中，教会运动参与者如何在规则的要求下，利用规则赢得比赛的胜利；同时，也教会参与者如何正确面对失败、认识失败，以不服输的心态，继续不怕困难、力争胜利，养成胜不骄、败不馁的品格。学生通过这种参与过程和情感体验，不仅能够养成积极进取、不怕困难、坚持到底的体育精神和勇于拼搏的意志品质，而且养成遵守规则、诚信自律、公平公正等道德品质，久而久之达到人格层面的升华。三是为学生交流互动提供实践平台。积极合理的交流互动能够建立良好的社会生态关系，强化思想共识和情感信念。同时，在运动实践过程中不断提升自己，促进彼此交往交流，深化了情感与价值观教育，达到更深层次的思想教育目的。

---

① 于素梅，黎杰．幸福体育是新时代学校体育的价值追寻与改革方向——"四位一体"目标要求的本质解读[J]．天津体育学院学报，2023，38（5）：525-532．

#### （四）增强"体育＋文化认同"，厚植爱国主义精神

习近平总书记多次强调"体育强则国家强""少年强则国强"，体育事业不仅是中国梦的重要内容，而且为实现中华民族伟大复兴凝聚起强大的精神动力，涵养学生人文情怀和精神内涵，坚定文化自信与文化认同，帮助学生形成正确的人生观和价值观。一是坚定文化认同和文化自信，通过加强对体育文化的认知，加深对体育文化与中国发展的内在联系，增强民族自豪感，形成"内化于心、外化于行"的体育价值追求，为培养身心素养优良、德才兼备的学生汇聚凝聚力和向心力。二是融合优秀传统文化、红色革命文化，传承和发展中华优秀传统文化。伴随着源远流长的文明发展历史，中华民族在实践中形成了博大精深的中华体育文化，构成了中华优秀传统文化的内容之一，对满足人的精神发展和文化内涵具有重要意义，有助于增强人的历史责任感和社会使命感，为体育立德树人提供文化引领和精神支撑。如"奥运精神""女排精神"和"乒乓精神"等，能激励青少年健康成长和发展进步。三是渗透社会主义核心价值观教育，培养青少年的竞争意识和团结合作精神。通过体育运动实践感知什么是合作、什么是集体，实现集体主义精神教育的具身化，在体育活动过程中逐渐建立起集体认同感和荣誉感，明白集体与个人的关系，进而对家国意识和家国情怀养成起到促进作用。此外，体育为爱国主义精神培育创设了开放、自由、和谐的文化氛围，循序渐进地浸润学生的内心世界，实现身体和精神的共同成长。

### 三、全面梳理"体育＋"深度融合的实践指向

#### （一）总结实践经验，优化"体育＋"深度融合的实践路径

**1. 以体育教师为重点，全面开展系列技能比赛**

体育师德师风和专业能力是体育立德树人和课程思政的最基础型工程。[①] 体育教师是体育发展的第一资源，肩负着重大的历史使命和时代重任，因此必须高度重视体育师资队伍建设，逐步提高体育教师的政治素养、理论素养、技能素养。为此，促进"体育＋"深度融合势必需要打造优秀的体育教师队伍，不断夯实体育教师的专业技能和师德修养。一是重视体育教师的师德师风和思想建设问题，开展针对性的研讨和交流活动，使其牢记"为党育人、为国育才"使命，强化立德树人根本任务，端正体育教师"身正为范"的行为素养，进一步发挥正高级、特级教师的引领辐射影响作用，树立起积极向上、身心健康、刻苦钻研、勤劳奉献的体育教师师德标杆。二是通过比

---

① 毛振明，付晓蒙，叶玲.论体育立德树人和体育课程思政的策略与方法（3）：师德、文化、素养[J].体育学刊，2023，30（5）：9-15.

赛和培训提高体育教师的理论素养。"体育＋"涵盖了多种育人思想，已超越体育本身身体教育的价值，这需要体育教师不断学习、积极思考，将立德树人教育理念渗透在教学实践的各个环节，创新教学模式和方法，聚焦培育青少年核心素养。三是全面开展系列技能比赛，举办"体育教师基本功大赛""教学设计大赛""现场课展评""跨学科主题教案评比""体育教师优秀论文比赛"等活动，以赛促培，以赛促思，以赛促练，强调"双师型""一专多能"体育教师培训，不断扩展专业知识、强化运动技能、提升身心素质，培养具有先进理念、研究素养和实践能力高的专业化体育教师队伍。

**2. 以优质教研为抓手，持续推进课标学习活动**

教研工作是保障基础教育质量的重要支撑，开展有深度、有高度、有参与度的体育教研活动是推进"体育＋"深度融合，提高体育教学质量的重要方式。一方面，基于深度教研的思考，立足《课程标准（2022 年版）》，从省域层面开展系列研讨活动和专业指导，并以教研员、名优教师、骨干教师等为核心引领带动团队、区域共同提高。自《课程标准（2022 年版）》正式颁布以来，四川省各级教研员团队、名师工作室团队、优秀区域体育教师团队积极主动参与学习和交流活动，广泛利用"线上＋线下"的形式开展多平台、宽渠道的解读和培训指导工作，邀请了课标组成员、资深课改专家以及高校体育专家、优秀教研员等，深入领会和实践以体育人的课程育人理念。如联合开展了"四川省《义务教育体育与健康课程标准（2022 年版）》系列解读""四川省中小学体育与健康学科网络教研系列活动""四川省中小学大课间体育活动优秀视频评选""四川省中小学体育大单元教学研讨活动"等系列活动，并动员各级教研员开展专题研讨和教研活动，组织骨干教师开展沙龙和培训，提高了区域体育教研活动的专业性和有效性。另一方面，以专题研究为抓手，定期开展主题研修，以优质教研提升整体教学质量。自 2020 年开始，笔者便带领省内部分市和县（区）级教研员、骨干教师进行体育中考改革研究、大课间体育活动高效实施策略研究、体育实践课进行大单元教学探索、民族地区体育教育质量提升探索等，成都市、德阳市、宜宾市的 15 个县（区）的 30 余所中小学校又开展了义务教育体育大单元教学实践研究，对大单元教学的价值、意义、内涵、方法和思路进行较为深入的研讨，并将成果应用于一线教学实践中，取得了一定的效果。

**3. 以体育课堂为核心，着力深化教育教学改革**

体育课堂是学生获得体育知识和技能的主要阵地，理解体育课堂教学内在规律、提升体育课堂教学质量是实现"体育＋"深度融合的关键，也是体育落实立德树人的核心。针对如何提升体育课堂教学质量，笔者结合区域实际，组织教研员和骨干教师，形成了部分重要做法和观点，具体如下。

一是强调学习目标结构化，进一步明确课程育人意识。经过多次研讨和论证，针对学习目标的制定已形成共识，在制定学习目标时应将学校体育"四位一体"目标和体育与健康课程"核心素养"有机渗透到健康教育、基本运动技能、专项运动技能、体能和跨学科主题学习的目标体系之中，围绕运动能力、健康行为、体育品德三个维度进行结构化构建，根据课程类型、单元结构、学情资源等，对核心素养学习目标进行细化，并在不同内容的课堂中进行有侧重点的目标设计。同时，坚持目标引领内容和方法的思想，结构化搭配内容、评价和反馈，避免对单个技术、知识点的碎片化教学①。二是不断深化体育大单元教学。针对体育大单元教学的难点内容，本团队已经对大单元教学计划及课时教学计划的设计框架、设计思路、必备要素和关键策略等基本要素进行细致研讨，形成大单元教学设计和课时教学设计的模板和框架，以课题研究和实验学校的方式在全省逐步推进体育大单元教学研究，取得了一定的研究成果。如笔者在《体育大单元教学的构建与实施》一文中，对高一年级篮球大单元教学的设计思路、结构框架、必备要素以及体育大单元教学计划教案等都做了较为详细的描述②；在《构建以提升运动能力为核心的田径运动大单元教学——以人水平二（三年级上学期）〈田径运动〉大单元教学为例》③一文中，对田径大单元教学进行了实验研究，其下载量超 1000 人次。三是针对提升体育课堂教学质量提出一些关键性的要求。如体育课上让学生有"欢声笑语"；尽量减少教师的讲解、示范、队列调动，甚至是不必要的纠错，确保学生参与锻炼的负荷和强度；大单元学习内容要体现结构化，一个大单元和一节体育课的内容应包括基础知识、体能和运动技能（含基本技术和组合技术战术以及比赛等内容），不得进行单一技术的学习；等等。

### 4. 以整合课程为亮点，探索跨学科主题学习

整合体育与健康内容相关的课程是培育核心素养的必然选择。一方面，体育本身与其他学科具有高度的关联性，容易生成系列教育资源并转化成以体育人资源；另一方面，落实立德树人的根本任务要求培养学生综合能力，突出学科知识与现实世界及未来生活的联结，更加关注学生的认知思维和情感体验，强调在跨学科领域、复杂多元的情境中内化学习经验，让学生获得更深刻的学习体验。因此，积极探索立德树人的体育课程整合育人方式，以综合化课程实践提高学生解决问题的高阶思维能力。首先，打造"阳光体育"活动，开设球类、体操、中华传统体育、新兴体育等多样化的

---

① 谭步军.中小学体育专项运动技能学习中的结构化教学构建[J].中国学校体育，2022，41（2）：13-16.

② 谭步军.体育大单元教学的构建与实施[J].中国学校体育，2021，40（10）：39-43.

③ 谭步军，侯艳，陈英，等.构建以提升运动能力为核心的田径运动大单元教学——以人水平二（三年级上学期）《田径运动》大单元教学为例[J].中国学校体育，2022，41（4）：32-40.

特色课程和社团活动，强健体魄、坚强意志、健全人格，促进团结协作、坚持不懈、勇于拼搏等良好精神品质的养成。同时，依托体育艺术节、全员运动会等活动，强化学生运动参与、增强学生运动兴趣、培养学生运动习惯。其次，围绕体育在立德树人中的重要价值，深入挖掘课程中蕴涵的育智、育德、育心、育美等元素，优化课程育人教学设计，由点及面呈现价值观教育和技能教育的融合和统一，帮助学生在体育运动中享受乐趣、增强体质、健全人格和锤炼意志，深入开展体育与健康跨学科主题学习研讨和评选活动，形成一批优秀的学习案例。如《无处不在的力》（体育＋物理）、《科技赋能体育，我为奥运助力》（体育＋科技）、《篮球对抗冲突心理调控》（体育＋心理）、《飞夺泸定桥》（体育＋德育）、《我是农耕小助手》（体育＋劳动教育）。通过体育与其他学科的融合，构建体育与德育、智育、美育、劳动教育和国防教育相结合的育人方式，在提高学生运动能力的同时，巩固健康知识和全面发展意识，沉浸式地拓宽了育人的深度和广度。

### （二）加快意识转变，厘清"体育＋"深度融合的关键环节

#### 1. 围绕"一个核心"

紧紧围绕"坚持立德树人，培育时代新人"这一核心不动摇。培育青少年核心素养是落实立德树人根本任务的必然选择，也是实施"体育＋"深度融合模式的实践目标。扎根核心素养培养、落实立德树人应充分汲取先进教育改革理念的养分，服务国家教育强国、体育强国战略部署，面向建设体育教育高质量发展的需求，提高学生的体育核心素养，为培养德智体美劳全面发展的社会主义接班人和建设者提供坚实的人才支持。围绕加快建设中国特色、世界水准的体育教育课程体系，解决体育教学的实践问题，积极开展具有特色化的"体育＋"深度融合研究，为建设教育强国、体育强国、人才强国提供建设的实践支撑。

#### 2. 铸牢"二个融合"

"体育＋"深度融合模式构建应以兼容并包、协同发展为标志，强调要以文化和思想教育为方法，以铸魂育人为导向，从而突破以往体育重技能、轻知识的思想困境。一是在价值观念上，要注重与社会主义核心价值观、课程思政的融合，将社会主义核心价值观、科学的人生观和社会观的精神内核呈现在体育课堂教学中，突出体育与人格健全的关系，把握好体育在品德养成中的内涵、方法和策略。二是在实施路径上，要注重与中华优秀传统文化的融合，挖掘中华体育精神的内在逻辑和育人元素，打造一批富有中华优秀文化内涵、情感浸润和思想熏陶的示范体育课程与内容，落实落细立德树人的根本任务，培育文化自信的时代新人。

### 3. 强化"三个坚持"

一是坚持"校内外联动一体化"。家校联动、家校社政协同育人探索了多元化的育人路径，要坚持课堂教学、大课间、体育竞赛、课外活动、家庭作业一体化，做好课内教会、课外勤练、校外常赛相结合，让核心素养始于校园、成于生活。二是坚持"大中小幼一体化"。新时代体育教育质量提升指向建构有效衔接全学段体育课程整体设计，要紧紧围绕立德树人的根本任务，服务学生全面发展的逻辑起点，形成纵向衔接、横向一致、内在统一、形式联合的结构体系①。三是坚持"体育教学结构化"。这里说的结构化指向目标、内容、过程、方法、评价等要素及其内部关系的协调一致。体育与健康学科的综合性和实践性决定其在改革过程中需要回应知识与技能、意识与行为、身体与心理等关系。因此，要基于核心素养的目标逻辑，面向学、练、赛结构化，面向健康知识、体能、专项运动技能、基本运动技能结构化，面向教、学、练、赛、评结构化，加快建设高质量体育课堂。

### 4. 提升"四个保障"

在现有的学校体育考评机制下，要真正落实"体育＋"深度融合模式还是有一定难度的。所以，提升政策制度保障是"体育＋"深度融合的第一标准，也是提升组织管理保障作为"体育＋"深度融合的第一动力，还是提升课时师资保障作为"体育＋"深度融合的第一要务，更是提升场地器材保障作为"体育＋"深度融合的第一资源。只有满足这些基本保障，才能实现"体育＋"深度融合模式的顺利开展。

## 四、结语

"体育＋"立足于落实有理想、有本领、有担当的时代新人培养要求，着眼于学生的全面发展，深刻而又全面地呈现了中国式体育教育现代化的价值功能、基本要义、中心任务及发展路径，体现了知识与技能的统一、认知和情感的统一、健体与强心的统一，是健身育人的身体活动，是精神品质的内化实践，是幸福健康的教育源头，为推进体育高质量发展提供了强有力的理论支撑。应深度学习、理解和运用这一改革理念，审视以体育人面临的实践困境和重难点，不断进行理论创新、方法创新、实践创新，推动体育回归服务学生幸福成长的本原，为青少年身心健康和全面发展提供保障。

（撰稿人：谭步军，高级教师，四川省教育学会体育与健康专委会秘书长）

---

① 于素梅.一体化课程的旨趣与建构[J].教育研究，2019，40（12）：51-58.

# 家校社协同育人的机制建构

## 一、引言

学校、家庭、社会协同育人是指通过学校的枢纽和核心领导的作用，促进家校合作，整合社会资源，使得家庭、学校、社会形成联结，从而共同促进学生发展的过程，旨在构建一个完整的教育生态，实现学校、家庭、社会三者之间的有机结合，共同推进教育的全面发展。家校社协同育人是推进教育治理现代化的必然要求，是对"培养什么人""如何培养人"的有效回应。随着经济社会的发展，我国的教育正在发生深刻变化，党和政府对教育事业高度重视，提出了教育优先发展的战略，做出了教育、科技、人才一体化的部署。2021 年 7 月，中共中央办公厅、国务院办公厅出台"双减"政策，从教育实践层面提出"完善家校社协同机制"。然而，在实践推进中，应试教育与素质教育的矛盾、"双减"与提高教育质量的矛盾、学校教育与家庭教育的矛盾等仍然突出，教育迫切需要更多主体参与，需要家庭、学校、社会等协同共进，打开全方位育人的新格局。习近平总书记指出："办好教育事业，家庭、学校、政府、社会都有责任。"党的十九届五中全会提出要健全家校社协同育人机制。《中华人民共和国家庭教育促进法》从法律层面对培育未成年人的家庭责任、法律责任、社会协同、国家支持做出规定，明确提出要"建立健全家庭学校社会协同育人机制"。党的二十大报告从现代化人才培养层面再次强调"健全学校家庭社会育人机制"。2023 年 1 月，由教育部等十三部门联合颁布的《关于健全学校家庭社会协同育人机制的意见》，以专项政策的形式提出健全家校社协同育人机制，从制度层面明确了各方育人的职责以及相互协同的具体实施机制。

立德树人是教育的根本任务。进入新时代以来，党的教育方针始终坚持德育为先，突出教育立德。党的十八大把立德树人明确为教育的根本任务，党的十九大强调要"落实立德树人根本任务"，党的二十大强调全面贯彻党的教育方针、落实立德树人根本任务，办好人民满意的教育。立德，就是坚持德育为先，通过正面教育来引导人、感化人、激励人；树人，就是坚持以人为本，通过合适的教育来塑造人、改变人、发展人。教育的根本使命是培养推动人类社会文明进步的人，必须把培养学生良善的品德和正确的世界观、人生观、价值观放在首位。

五育并举是实现学生全面发展的根本保证。五育思想并不是一个新概念，早在1912年蔡元培在《对于新教育之意见》中就提出了五育的全人教育观，即军国民教育、实利主义教育、道德教育、世界观教育、美感教育，强调"五者，皆今日之教育所不可偏废者也"。不过，他这里讲的"五育"与我们今天讲的"五育"并不能一一对应，二者之间也没有直接的继承关系。现在我们提的"五育"最早应该是来源于毛泽东1957年在最高国务会议第十一次（扩大）会议上提出的"德育、智育、体育"这"三育"的观点。他当时提出，"我们的教育方针，应该使受教育者在德育、智育、体育几方面都得到发展，成为有社会主义觉悟的有文化的劳动者"。此后，"三育"成为党的教育方针中有关全面发展教育的基本组成部分。1999年，中共中央、国务院下发《关于深化教育改革全面推进素质教育的决定》，明确指出"造就'有理想、有道德、有文化、有纪律'的、德智体美等全面发展的社会主义事业建设者和接班人"，实施素质教育"必须把德育、智育、体育、美育等有机地统一在教育活动的各个环节中"。自此，美育成为我国全面发展教育的组成部分，全面发展教育的组成部分从"三育"扩展为"四育"。近20年后，习近平总书记在2018年全国教育大会上指出，"要培养德智体美劳全面发展的社会主义建设者和接班人"，明确将劳动教育纳入全面发展教育。自此，全面发展教育进一步从"四育"扩展为"五育"，并确立了新时代教育所要培养人才素质结构的一般表述和普遍性要求，规定了人才培养的具体目标领域。2019年，《中共中央 国务院关于深化教育教学改革全面提高义务教育质量的意见》明确提出"坚持'五育'并举，全面发展素质教育"。建设教育强国以立德树人为根本任务，其根本价值目标是要培养德智体美劳全面发展的社会主义建设者和接班人。五育之要旨，德育在于培养学生的向善品格和高尚理想情操，智育在于培养学生的知识技能和现代科学智慧，体育在于培养学生的健康体魄和坚强心理意志，美育在于培养学生的丰富情趣和审美能力，劳动教育在于培养学生的生产生活技能和勤劳美德。五育并举促进学生的全面发展，正是建设教育强国赋予立德树人的关键要义所在。

家校社协同育人是突破传统教育模式、推动教育改革的有效途径，也是教育管理理念创新的具体表现。而五育并举作为教育发展的重要趋势，家校社协同育人具有重要意义。德育、智育、体育、美育、劳育互为前提，彼此渗透，相互作用。学校要同时落实五育，系统培养学生各方面的素养，必须加大教育力度、延伸教育广度，使学生在不同的环境中都能获得适切的教育。而家庭是学生的主要活动场所，家长是学生的重要引路人，家长在日常生活中配合学校落实五育，对学生加以引导和规范，有利于巩固学校五育的成果，充分发挥教育促进人的全面发展的作用。另外，学校开展各种教育活动以搭建家校沟通的桥梁，能够丰富教育内容，激发学生参与学校教育活动的兴趣，从而推动学生全面发展。因此，要想构建系统的五育并举模式，提升五育并举的育人效果，学校就要积极开展家校社协同育人，联合学生家庭形成教育合力，打造坚实的育人桥梁。

## 二、家校社协同育人的相关研究

家庭、学校和社会原本是不同层级上的概念，但当这三者同处于教育系统之中时，它们便成了同一层级的概念，亦即家庭教育、学校教育和社会教育。家庭教育、学校教育和社会教育共同承担育人责任，但又各有边界、相互独立、分工不同。家庭教育不是学校教育的补充或辅助，社会教育也不是学校教育的补充，三种教育形式各自具有其独立的功能。邵晓枫等人指出学校教育主要承担的是知识传递和集体环境中的公德教化；家庭教育主要承担的是生活习惯、健康保健、生活规范等道德教化中的私德成分；社会教育除了具有知识传递、公德教化等职责，还主要负有终身教育之责。从三者的内在联系来看，家庭教育是基础，是在家庭生活中完成的；学校教育是关键，作为正规教育，可以引导家庭教育，并为社会教育奠定基础；社会教育是延伸，深刻影响家庭教育、学校教育的方向、内容及效果。家庭、学校和社会三者之间存在"叠—离"关系，三者作为孩子成长的主要环境，既可以相互合作，亦可以相互分离。同时，三种环境共同负有对孩子的教育责任，对孩子施加影响力，且这种影响力是交叠并持续不断累积的。三者只有各施所长、协同合作，即家校社协同育人，才能充分发挥出整体效应，形成巨大的教育合力，达到最佳的教育效果。同时，家校社协同育人重点在协同上，要解决的是在什么情况下充分发挥家校社不同教育因素的互补作用和多渠道影响的叠加效应，建立起多向互动、共同促进的协作关系，达到"1+1+1＞3"的作用。

### （一）家校社协同育人研究的发展阶段

综合我国有关家校社协同育人的研究文献，其研究总体上可分为三个阶段。

一是萌芽期（1992—1998 年）。这一时期相关研究并未明确提出家校社协同或协同育人的概念，主要关注的是如何将学校、家庭、社会三方结合开展儿童和青少年的德育工作。这一时期主要通过政策引领来助推家校社协同，如中共中央印发的《关于进一步加强和改进学校德育工作的若干意见》，强调了学校教育、家庭教育、社会教育的紧密配合，学校要主动同家长及社会各方面密切合作，使三方面的教育互为补充、形成合力。

二是发展期（1999—2018 年）。这一时期家庭、学校、社会协同育人开始作为一种教育理念，在推进素质教育、构建德育体系、加强青少年心理健康教育领域被广泛提及，从内容上开始渗透到德育、智育、体育、美育、劳育。其中，1999 年出台《关于贯彻落实全面推进素质教育决定进一步加快中初等学校校办产业发展的若干意见》，随后两年出现了发文小高峰，学界围绕全面推进素质教育，提出学校、家庭、社会要形成合力推进素质教育。在前期德育工作基础上，这一时期提出了构建学校、家庭、社会教育一体化的德育体系。同时，家校社协同的内容维度扩展到大、中、小学的心理健康教育领域，提出了构建学校、家庭、社会一体化的心理健康教育模式。

三是繁荣期（2019 年至今）。这一时期对家校社协同育人的内容阐释研究逐渐拓展到更广阔的领域，研究对象更为广泛，学界明确提出了"家校社联盟""家校社协同育人"等概念，研究关注点涵盖家校社协同育人的顶层设计、育人模式、实施策略等。值得关注的是，国家近年来相继出台了多项相关政策法令，明确了家校社协同育人的重要性和迫切性，家校社协同作为一种科学的育人理念被提升到前所未有的高度。如2020 年 10 月颁布的《中华人民共和国未成年人保护法》，从法律层面明确了未成年人成长发展中的家庭保护、学校保护、社会保护等内容；2021 年 7 月，中共中央办公厅、国务院办公厅印发《关于进一步减轻义务教育阶段学生作业负担和校外培训负担的意见》，提出要完善家校社协同机制，创新协同方式，推进协同育人共同体建设；2022 年 1 月起实施的新修订的《中华人民共和国家庭教育促进法》，更是从法律层面明确了家庭、学校、社会的教育责任。

### （二）家校社协同育人的理论阐释

这类研究主要从价值内涵、理论基础、协同模式、功能重构等方面阐述家校社协同育人的重要性与必然性。如倪闽景提出家校社协同育人需要顶层设计，要着眼于个体的成长经历、社会对人才的需求、人的全面发展、教育自身发展的规律，家校社协同育人是教育发展到一定阶段的必然结果；李启迪认为家校社共育有助于构建和睦家庭与和谐社会，从价值内涵层面阐释了家校社协同育人的重要性；毕诚认为要根据我国的教育实际情况，构建家校社协同育人新范式，弘扬传统文化，形成良好育人生态，家校社协同育人关系到新时代家庭教育与高质量教育体系的建设；程豪和李家成认为需要重构家庭、学校、社会在劳动教育中特有的价值和功能，由分散趋向交叠是家校社协同育人的必经之路，它的各种内外部模型的构造弥合了家校社协同育人的分离式劳动教育的差距。可见，家庭、学校、社会作为三大育人主体，既具有交互影响的协同可能性，同时三者作为合作伙伴也需要进一步优化分工，以提高育人成效。

### （三）家校社协同育人的责任边界

这类研究旨在厘清家庭、学校、社会作为实践主体的责任边界，对三者在协同育人中的定位和责任进行了梳理。如孙夕礼认为学校应主动作为，搭建沟通的平台，做到与家庭的教育理念和思想方法相结合，能够和家庭、家长协同共进、和谐沟通，达成理念上的一致融合，并做到有边界、有秩序、有力度；李莉萍强调家庭是实施素质教育缺一不可的地方，因为家庭教育对孩子身体的成长、人格的塑造、知识的获取、能力的锻造、品德的规范都至关重要，家庭要逐渐回归到第一任老师的职责上来，家长也要明确自身的主体责任；车广吉等人提出社会教育要促进整个教育形成"大气候"，形成协同育人的良好环境，在提供资源的同时也带来一些影响。可见，学校、家庭、社会作为三大实践主体，有着不同的教育内容与责任分工，三者只有有机配合、良性互动，才能实现协同育人的最佳效果。

### （四）家校社协同育人的实践探索

这类研究主要关注家校社协同育人的现实困境与有效路径，以探究值得借鉴的经验与做法。上海、广东、浙江等作为先行地区，在探索家校社协同育人的区域推进方面做出了许多有益的尝试。如上海市向东中学建立家长、教师、学生三方联动的"3＋3"工作机制，叩开家庭世界、学校世界和内心世界"三扇门"，实现了让每一个孩子都能自我成长的夙愿；广东省在珠江三角洲的大中城市展开调研，剖析社会教育、学校教育、家庭教育的界限、侧重点、目标和任务，探究广东省青少年社会教育的创新路径，推进了新兴青少年社会教育模式；浙江省温州市绣山中学用心揣摩家校社协同育人的实践路径，从家长学校筹建入手，通过促进家长课程多样化、家长志愿服务增值化、区域家访细致化、家校协同精准化，构筑起了家校社协同育人的桥梁。值得关注的是，自"双减"政策实施以来，研究者就家校社协同推进"双减"政策落地，进而为学校教育提质、重构育人格局开展了大量探索。

### （五）家校社协同育人的国外借鉴

这类研究主要是介绍国外家校社协同育人的理论和经验，旨在借鉴国外的有效方法。我国学者吴重涵最早翻译并在调查研究中采用美国霍普金斯大学爱普斯坦教授构建的"当好家长相互交流、志愿服务、在家学习、参与决策、与社区合作"家校合作行动框架，为家校社协同育人的理论引进和实践探索做出了重要贡献；张永介绍了美国家校社合作的三层次论和四层次论，三层次论将家庭和社会成员参与学校教育划分为最低、联合和决策三个层面，四层次论根据合作目的将之划分为家庭与机构间合作、全面服务学校、全面服务社区学校和社区发展四种合作模型，这为我国家校社协同育人的实践推进提供了有效思路；王晓宇和刘丹琦对美国学校健康教育的 WSCC（Whole School，Whole Community，Whole Child）模式进行解析，基于其"重视所有儿童健康、增强多方主体协同、顾全课程化和生活化，明确政府监督、指导、评估的定位，维持学校、家庭、社区等多元主体的高度协作性"有效方法，提出了我国学校健康教育的家校社协同育人建议。

## 三、家校合作的理论背景

### （一）共同责任理论

美国科尔曼研究小组曾发表有关教育机会均等的研究报告，报告指出，造成学生学业水平差异的重要因素是学生的智能与家庭背景。这使得越来越多的人重视起家庭和学校之间的联系与配合。

爱普斯坦将家校合作分为分开责任和共同责任两方面。所谓共同责任，即要求老师与家长在对孩子的教育过程中肩负起同样重要的责任。这就要求家长和学校进行双向沟通，对于学生在校学习情况和孩子在家的生活表现及时交换信息，相互提出对对方的期望行为，双方积极采取行动，并及时反馈实施过程中的问题和结果。

在以往人们的观念中，教育学习应该就是老师在学校中进行的，家长只需要对老师的工作进行辅助配合即可，比如在家辅导子女的功课。对于学校开展的活动也是处于被动接受的状态，没有主动参与学校事务的观念和想法。在沟通上也仅限于一些单向的交流，比如家访手册之类的。

### （二）社会资本理论

"社会资本"这一说法起初源自经济学中的"资本"概念。柯迪科和科尔曼对这一概念进行深化，发展了社会资本概念。社会资本是通过对社会结构中存在的各种诸如人际关系、社会关系进行投资进而获得回报的一种资本。社会资本是一种融合于社会中的资源，特别重视随着时间的推移以及由此形成的人们相互间错综复杂的社会关系网络对于个体发展和社会发展的作用。因为这会影响包括权威关系、信任关系以及作为建立规范基础的关于权利分配的共识。

社会资本不同于经济、文化资本的地方在于，社会资本是一种属于公众的集体力量。孩子在成长过程中，会受到家长、亲人、老师、朋友的关注，这些都被科尔曼认为是孩子的社会资本。科尔曼认为，父母主要为子女提供三个方面的社会资本，分别是亲子关系的密切程度、亲子关系的稳定程度和家长的思维模式及观念。只有当家长和子女联系紧密时，家长所有的社会资源才能对孩子有所助益并形成新的社会资本。但是由于当今社会的竞争和压力，父母大多忙于工作，孩子获得来自家长的关注逐渐减少，这无疑是不利于他们健康成长的。有学者对这一领域进行了研究，结果表明，不仅是学习成绩，学生在学校中方方面面的表现都与家长对其的关注度成正比的。

### （三）交叠影响域社会互动模型

交叠影响域理论由美国霍普金斯大学的爱普斯坦提出。在该理论指导下，美国家校共育实践取得了长足的进展。交叠影响域理论在破除传统教育分工理论的基础上，进一步否认了儿童发展是由家庭教育、学校教育和社会教育依次发挥作用的形而上学观点，优化了生态系统理论、社会资本、文化资本理论等理论观点，从而提出家庭、学校和社区对学生具有交叠影响的新理论视角。交叠影响域理论的基本观点是，学生成长发展受到家庭、学校与社区的交叠影响，三者都抱有相同的目标，承担着共同的任务，它们之间要经常进行高质量的沟通和互动。在外部结构方面，交叠影响域理论将学校、家庭和社区对儿童的影响分为两大区域——重叠区和独立区，从而将学校、家庭和社区对儿童的独特影响力和共同影响力囊括其中。交叠影响域理论既重视学校、家庭和社区对孩子的交叠影响，也不忽略各个机构或群体对孩子的独特影响。在内部机理方面，交叠影响是两两交叉的共同影响力，独特影响是指家庭和学校各自对儿童的独特影响，这种内部相互交叉的影响，既存在于个体层面，也存在于机构层面。爱普斯坦将交叠区域的行动类型划分为六种类型（见表1），包括当好家长（Parenting）、相互交流（Communicating）、志愿服务（Volunteering）、在家学习（Learning at Home）、参与决策（Decision Making）、与社区合作（Collaborating with Community）。家校共同行动能够帮助学生顺利完成学业，并在今后生活中获得成功。根据交叠影响域理论，家长和教师在个体层面对儿童的影响不能忽视，家校共育对学生的成长发展具有交叠的影响。

表 1 基于交叠影响域理论的家校合作六种类型及概念

| 序号 | 类型名称 | 类型定义 |
|---|---|---|
| 类型 1 | 当好家长 (Parenting) | 帮助家长提升自身素养，促进建立视孩子为学生的家庭环境 |
| 类型 2 | 相互交流 (Communicating) | 构建家校双向沟通的有效形式，交流学校教学和孩子的进步 |
| 类型 3 | 志愿服务 (Volunteering) | 招募并组织家长志愿者支持学校工作 |
| 类型 4 | 在家学习 (Learning at Home) | 向家长提供如何让孩子在家获得更好体验的知识和技能 |
| 类型 5 | 参与决策 (Decision Making) | 家长参与学校决策，培养家长领导者和家长代表 |
| 类型 6 | 与社区合作 (Collaborating with Community) | 识别和整合社区资源与服务，营造爱心社区和友好的教育氛围 |

## 1. 社会组织层面的互动模型

家庭、学校和社区可以相互分离，也可以相互交叠共同作用于儿童，三者的相对位置和关系是动态变化的，交叠区域可大可小。彼此之间联系的紧密程度（交叠区域的存在与大小），是以下四个因素合力的结果：一是学校合作力，由办学的历史经验、对家校合作有用性判断和家校合作的既有开展情况形成。学校合作力是家、校、社形成合力的主要力量。二是家庭合作力，由生活的经验、对与学校沟通有用性的判断和与学校既有的沟通合作情况形成。三是社区合作力，由经验、价值观和既有的家校合作实践情况形成。四是儿童成长阶段因素，家校合作紧密程度呈现随儿童年龄和年级增长由强到弱的趋势。这个模型解释了不同的学校在家校沟通合作上的巨大差异，以及形成这种差异背后的原因。张俊等还从家校合作的行动视角，分析了家校合作的交叠域大小，不仅与学校的家校合作行动强度呈正相关关系，而且与家校之间理念和行动的差异度呈负相关关系，指出家校存在的认知和行动的差异度会对家校合作的顺利开展产生重要影响，从而揭示了营造和持续改善家校相互理解、相互包容的氛围是开展家校合作的必要条件。

## 2. 在相互交叠的区域内个体（包括组织）之间的社会互动模型

图 1 的模型显示了围绕解决学校的教育、教学和管理遇到的问题，所展开的一系列活动，不是通常教育学教科书所理解的"教（师）"与"学（生）"的互动关系结构，而是更复杂的围绕师生互动的"师—生—学校—家长—家庭"互动结构（增加家庭、

家长作为班级教学管理过程的基本因素），即师生、亲师、亲子的关系，以及师校（学校）、生校、亲校、师家（学生家庭）、师师等多种社会互动结构关系。这些众多的关系，既构成对解决问题的复杂性约束（有的老师觉得找家长增大了自己的工作量，非常麻烦），也是解决问题的珍贵社会资源（有的老师觉得没有学生家长的支持和帮助，很多工作任务是很难完成的）。正是从后一种意义上，这个模型又叫家校合作的内部动力模型。

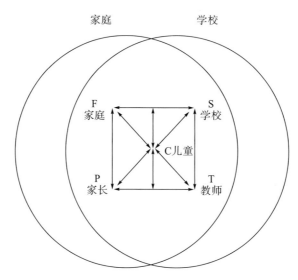

**图1　交叠影响域中的个体与组织互动模型**

### （四）协同教育理论

协同教育理论认为"系统各要素之间通过非线性相互作用而产生某种协同与竞争，从而推动系统的自组织不断演进，是协同学的精髓所在"。任何生物都是在集体行为下，一方面彼此竞争，另一方面相互协作而改变其命运的。协同效应是在系统内部各要素相互作用和联系，但彼此又相对独立，使得各要素的竞争达到一个平衡的状态，从而实现良好的协调与合作。反思我国的家校关系，学校教育通常是学生教育的主体，家庭教育处于被支配和服务的地位，家校双方地位失衡。这一理论强调了家庭和学校在孩子教育中的关系是平等的，家校双方的地位不应失衡，家庭教育和学校教育应彼此补充、相互作用，共同促进学生成长。协同教育是协同学理论在教育领域的移植与运用。协同教育有三大子系统，分为协同家庭教育、协同学校教育和协同社会教育。这三种教育形式的关系如图2所示，共在同心圆中，彼此相互独立又相互影响、相互联系。只有三种协同教育形式在各自的领域发挥各自的作用，才能真正实现"从无序到有序"的协同效应，发挥特有的教育功能。

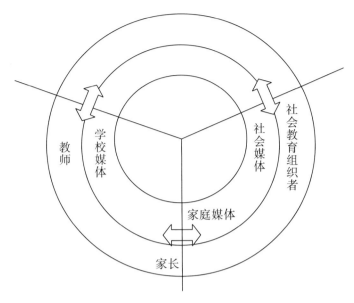

图 2　协同教育产生的过程

## （五）生态系统理论

布朗芬布伦纳提出的生态系统理论强调发展个体嵌套于相互影响的一系列环境系统之中，在这些系统中，系统与个体相互作用并影响个体发展。

### 1. 微观系统

微观系统是指个体活动和交往的直接环境，这个环境是不断变化和发展的，是环境系统的最里层。对大多数婴儿来说，微观系统仅限于家庭。随着婴儿的不断成长、活动范围不断扩展，幼儿园、学校和同伴关系不断被纳入婴幼儿的微系统中来。对学生来说，学校是除家庭以外对其影响最大的微观系统。

### 2. 中介系统

中介系统是指各微观系统之间的联系或相互关系。布朗芬布伦纳认为，如果微观系统之间有较强的积极的联系，发展可能实现最优化。相反，微观系统间的非积极的联系会产生消极的后果。

### 3. 外层系统

外层系统是指那些儿童并未直接参与却对他们的发展产生影响的系统。例如，父母的工作环境就是外层系统影响因素。儿童在家庭的情感关系可能会受到父母是否喜欢其工作的影响。

### 4. 宏观系统

宏观系统位于环境的最外层，指社会文化价值观、风俗、法律及别的文化资源。宏观系统不直接满足儿童的需要，它对较内层的各个环境系统提供支持。

### 5. 时间系统

时间系统又叫历时系统，是布朗芬布伦纳的模型当中的时间维度。他强调生态环境中的任何变化都影响着个体的发展方向，如家庭构成、居住地或父母职业的变化以及重大事件的发生。

家庭、学校和社会作为儿童教育最重要的生态系统，在儿童的成长环境中起着至关重要的作用，家校社之间的联系作为重要中介系统之一，无疑对儿童成长影响深远，家校共育的措施使得儿童成长得到优化。

## 四、家校社协同育人目前存在的问题

学校的家校合作策划组织待完善，学校领导的意识和决策一定程度上影响着学校家校合作的发展，引导着家校合作前进的方向。现阶段很多学校的工作重点在学生工作开展和教学质量提升上，学校对于家校合作的具体工作缺乏计划性和系统性，内容和形式也比较单一，缺乏创新。学校领导的家校合作意识和决策决定了学校家校合作的成效。家校社共育体系想要取得巨大的成效，关键在于学校教育、家庭教育、社会教育三者相互作用、协调活动，既分工又合作。

### （一）家长的文化水平偏低，对家校合作重视程度不足

家长的文化水平是影响家校合作协同育人成效的重要因素之一。家长的文化水平和受教育程度影响着家长的教育理念和方法，在一定程度上也影响着孩子的思想水平。家长的教育观念对孩子人生观、价值观和世界观的形成有重要意义。普遍来说，家长的文化水平越高，教育的理念和方法越科学，自身的修养和能力也越高，孩子在家长的榜样影响下也会有更好的发展，这类家长也有主动与教师沟通、共同促进孩子的成长的意识。从调查中得知，有的家长平时与孩子缺乏沟通交流的技巧与方法，也没有掌握正确科学的教育理念，在教育子女方面心有余而力不足，甚至部分家长把孩子送到学校基本上就不管了，当上了甩手掌柜。也有部分家长还认为自己的孩子爱怎么管就怎么管，完全不听教师的指导和劝说，教师们也普遍反映和这样的家长很难进行有效的沟通。部分家长的教育观念亟须改善，缺乏正确的教育理念和方法。他们为了弥补孩子缺失的陪伴和家庭教育，用物质的方式对孩子进行弥补，从小对孩子放任自流。在物质方面对孩子溺爱，孩子会养成慵懒散漫、缺乏上进心等不良习惯，加之他们心智发展还不成熟，面对充满诱惑的现实社会，很多孩子可能会以身试法，步入歧途，最终影响一生。随着时代不断发展，代代相传的经验主义的家庭教育方法已经落后了，一些家长甚至不知道如何正确地与孩子沟通交流，不会倾听孩子的心声，孩子一旦犯

错则一味地责备、打骂孩子，不正确的家庭教育方法对孩子的身心发展会产生消极的影响。同时，这部分家长也无法理解学校教育的理念，有时可能会阻碍学校正常教学活动的开展，长此以往，也会打击教师指导家庭教育的积极性，家校关系也会因此变得紧张，阻碍家校双方进行平等的交流与合作。只有提升家长的文化水平，转变家长不正确的教育观念，才能更好地实现家庭教育协同学校教育的发展。《中华人民共和国家庭教育促进法》也提出未成年人的父母或者其他监护人应当树立正确的家庭教育理念，自觉学习家庭教育知识，在孕期和未成年人进入婴幼儿照护服务机构、幼儿园、中小学校等重要时段进行有针对性的学习，掌握科学的家庭教育方法，提高家庭教育的能力。

### （二）学生特殊的家庭情况

家庭结构也是影响家校合作协同育人成效的重要因素之一。家庭结构直接影响着家长对孩子教育的财力和精力的投入。特殊的家庭结构因素会导致家长对孩子的关注度和教育的投入减少，家校双方的交流沟通也较少，最终造成家校双方缺乏沟通的积极性，家校合作各项事务难以顺利开展。部分家长外出打工挣钱养家，孩子则由爷爷、奶奶等亲人代为监管，家长无暇顾及孩子的学习和日常生活，也很少有时间和学校老师交流，对参与家校合作活动的重视程度不够，缺乏积极性，对家校合作的活动采取回避推脱的态度。《中华人民共和国家庭教育促进法》要求未成年人的父母分居或者离异的，应当相互配合履行家庭教育责任，任何一方不得拒绝或者怠于履行，除法律另有规定外，不得阻碍另一方实施家庭教育；未成年人的父母或者其他监护人依法委托他人代为照护未成年人的，应当与被委托人、未成年人保持联系，定期了解未成年人学习、生活情况和心理状况，与被委托人共同履行家庭教育责任。

### （三）学校对家校社协同育人的认识不到位

虽然近年来一直强调家校社协同育人，但是部分学校对家校社协同育人的认识依然不到位，认为家校社协同育人就是开家长会、让家长辅导孩子做作业。在日常的学校管理工作中，对家校社协同育人的重视程度不够，依然将工作重心放在平常的日程管理上，大部分的管理时间和精力都用在了教学方面，没有将家校社协同育人落实，忽视学校和家庭的合作，导致家校社协同育人的效果不明显。

### （四）教师的家校社协同育人动力不足

教师面临着非常大的工作压力，平时除了要备课、教学、批改作业，还要参与各种学校活动和培训活动，使得部分教师在家校社协同育人方面的动力不足。在家校社协同育人的过程中，一些家长的认知不到位，缺乏正确的教育理念，对教师的教育观点认同度不高，对家校社协同育人的配合度不高，打击了部分教师家校社协同育人的积极性。

### （五）家校合作的形式单一

当前，很多学校家校社协同育人的主要形式就是开家长会，通过家长会让家长了解孩子的学习状态，同时，家长也借此机会和教师沟通，了解自己孩子的在校表现。家长会这种形式陈旧单一，学校和家长之间并没有针对学生的身心健康发展进行共同的探索和研究，只是简单地传递一些孩子在校的信息，让家长能了解学校的教学安排、活动安排以及规章制度等。有的学校通过微信群的形式让家长知道孩子的作业安排，要求家长监督孩子完成作业。这种家校合作的形式单一，效果不明显。

### （六）家校合作联系水平低，教学效果低

就目前的学校教育来看，家校在合作的过程中主要还是教师占据主导地位。学校以教师为中心，在家校社协同育人的过程中，学校对家长进行单方面的安排。这样的安排缺少对家长的考虑，家长被迫接受学校和教师的安排，即使学校的决策不合理，也只能服从，这样让家校社协同育人失去协调性。所以家校社协同育人要求学校、家庭和社会要加强相互之间的联系，提升共育的协调性，增强教学效果。

## 五、家校社协同育人的实践研究

### （一）"1+2+3+N"模式

近年来，广东省珠海市金湾区家校社三方携手形成合力，着眼于长远发展，注重横纵结合、区域推进，以"1+2+3+N"为模式，有效地促进了学生的健康成长。"着眼于长远"是全面提升各方对协同育人重要性的认识；"横"是家、校、社三方联动，"纵"是持续深入开展研究与实践；"区域推进"是不搞一枝独秀，全域、全面提升协同育人工作水平和教育质量，促进学生全面发展，促进区域人群整体素质的提升。

"1+2+3+N"模式指一个工作室、两支队伍、三个辅助系统、N个系列主题活动。四者之间，一个工作室是研究核心，两支队伍是工作基础，三个辅助系统是保障平台，N个系列主题活动是教育途径。该模式有以下建设目标：在全区普及家庭教育知识，提高家长参与教育的能力；更新全区教师观念，提高教师的家庭教育指导能力；汇聚家校社合力，优化全区教育生态和学生成长环境；推动全区高质量教育发展，全面提高教育的满意度；促进全区公民素养提升，推动构建文明的城市生态。

其中，一个工作室指金湾区家校社共育工作室，此工作室为区家校社共育常设机构和"枢纽"，以研究、指导、培训、考核为主要工作内容，旨在长期、踏实推进全区

家校社共育工作，确保工作的稳定性和持久性。

两支队伍其一是"种子"教师队伍建设。"种子"教师队伍由两部分人员构成。一部分是教师，由各校在日常工作中遴选出有情怀、有热情、善于沟通的教师上报区工作室，由区工作室定期对他们组织专项培训并进行考核认证，使其成为可以有效指导的"助人者"。另一部分是优秀的家长委员会成员，这一类"种子"教师是由学校选出的乐于奉献、家庭教育成果显著的家长，经定期培训，可帮助其成为惠及他人的"互助者"。其二是"火苗"助力队伍建设。所谓"火苗"助力团成员，就是通过区政府、区政协、妇联等部门进行协调，在街道、社区、派出所等相关部门中指定某些人员作为家校社三方共建的具体负责人，并将此项工作量纳入个人考核。

三个辅助系统指家长学校、专业的培训资源以及配套的协育平台。《金湾区创建全国规范化家长学校实践活动实验区工作方案》指出，"要通过多种方式协调各方面力量，努力构建政府主导、部门协作、家长参与、学校（园）组织、社会支持的家庭教育工作格局。通过加强人员培训、完善工作机制、定期评估、加大工作经费投入、培训计入继续教育学时等途径，在现有基础上尽快提升各家长学校的建设水平"。各校根据实际情况引入不同家教专业指导平台，同时各区工作室开展本土化培训，以提升家庭教育培训的广度、力度、深度。此外，为进一步推进家校社共育工作，社会各界多方配合，区政协、区文明办、妇联联合成立家庭教育指导中心；各大社区依托小书屋、小广场、小讲堂等公共服务设施建立"家校社共育工作室"；居民小区建立"家校社共育工作站"。依托以上平台，共同开展在线课程、专题讲座、个性化咨询服务。

N个实践活动指全区及各校开展丰富多彩的实践活动，如"优秀家书评选""家长学校教师优秀教案与优秀家长心得"征文等活动。

### （二）"136"家校社协同育人模式

为进一步帮助学困生，建设良好家庭文明，营造良好家庭环境，从根源上解决问题，大英县郪江外国语学校构建了"136"家校社协同育人的新德育模式："1"指一个根本任务，即以立德树人为根本任务，不放弃任何一个学生，基于个性发展学生特长；"3"指家庭、学校、社会三个育人协同体，即整合家校社三方资源，通过家庭"大手牵小手"促亲子陪伴、育家庭美德，社会"大手互牵手"促共生共荣、兴文明风尚；"6"指六条育人路径，即品格教育、自主教育、家长学校、阵地建设、魅力活动、阳光评价，践行育人活动。

（1）品格教育。在1～4年级学生中开展品格教育，其目的是"正品、正心、正行"，根据孩子身心发展特点，依托六人互助小组形式，每个学段从思想品德、心理品质和习惯出发，按周、月、期进行主题式教育，一年完成三个思想品格和三个心理品质的训练。

（2）自主教育。在5～9年级学生中开展自主教育，充分尊重和发挥生命个体的发展性和主体性，形成"五自五主"的自主教育管理模式，内容包括品格、学习、活动、习惯、劳动调查五个方面，通过家校社合作，实现学生自主管理。

（3）家长学校。成立以学校代表、家委会成员、社区书记、法治副校长为成员的家长学校，旨在培训家长科学的育人理念、思想和方法，鼓励家长参与学校育人工作。学校通过线上和线下相结合的方式，以专家知识讲座、心理辅导、法制讲堂、问题会诊、家长会、同上一堂课、同心大讲堂、家长开放日、家长志愿者等形式开展系列活动，促进家校共建，共助学生发展。

（4）阵地建设。一方面，学校开发"136"家校社劳动实践科普教育基地、强化橱窗宣传、设置红领巾广播站和网络平台等，加强校内阵地的建设；另一方面，积极拓展校外实践基地，先后与象山书院、汉陶博物馆、卓筒井盐文化遗址、隆盛双龙桥村和土门垭村签订合作协议，初步形成红色教育基地、历史文化教育基地、非物质文化教育基地、志愿服务基地、劳动实践基地和美育实践基地六大校外阵地建设格局。学校充分利用这些育人阵地，按照德育主题活动，整合家校社共同参与，对学生们进行全面、全过程、全方位教育。

（5）魅力活动。每月一主题，分别开展美家行动、家有美德、志愿服务、劳动实践、经典诵读等系列活动，促亲子陪伴，帮助学生全面发展、健康成长。

（6）阳光评价。在各种德育实践活动中，学校根据学生德智体美劳的表现和家长在教育实践活动中的表现，进行班周评、级月评、校期评，评出"星级少年""五好少年""五育好家庭"，并给予张榜表扬和颁发奖杯激励，引导家长、学生形成正确的人生观、世界观、价值观和荣辱观。

### （三）学生成长共同体的家校社协同育人模式

北京一零一中学在遵循"德育为先、能力为重"的基础上，不断开拓领域、搭建平台，积极打造学生自主成长空间，促进学生全面发展。近年来，在学校学生发展中心管理团队统一协调下，开展了诸多尝试与实践，走出了一条以学生成长共同体为依托的家校社协同育人新路，实现了对每位学生的个性化指导关怀。

学生成长共同体是根据学校班级授课的实际情况，在初、高中时间段内，按照均衡、互助、共生的原则，由学习者与助学者（包括任课教师、家长志愿者、学长志愿者和社会其他辅助者等）共同构成的团队。成长共同体的每个小组一般有6～7名学生，分别设组长 1 名、纪律考勤长 1 名、运动健康长 1 名、休闲阅读长 1 名、家务劳动长 1 名、作业检查长 1～2 名，每位小组成员都需要根据自身特点在小组内担负一定的职责。成长共同体内成员具有共同的目标，相互尊重，平等交流，资源共用，彼此分享情感、思考、体验，促进各成员德智体美劳全面发展。

**1. 建立协同制度**

学校设立翔宇学院专门负责学生成长共同体运行。成立班级、年级、校级三级家长委员会，每学年依据需求召开一次或多次年级、校级家委会大会，倾听家长声音，传达学校育人和管理理念。为了让家庭更好助力孩子成长，建立家长学堂制度；基于不同年级实际情况，设定家长学堂学习主题。家长学堂既要充分考虑学生总体的普遍性，又要考虑学生个体的特殊性，还要总结学生发展的规律性，剖析学生各阶段教育的主要目标与抓手。

**2. 完善分工合作**

在常态学习阶段，成长共同体小组成员分工合作。组长全面负责本小组共同体事务，检查成员每日计划完成情况，协调组内事务工作，积极配合指导教师、家长志愿者、学长志愿者的工作，了解成员的思想动态和各种特殊情况并及时向指导教师或班主任反映汇报，调动小组成员积极性；纪律考勤长负责做好成员的上课考勤工作，为成员全面健康成长提供纪律保障；运动健康长督促成员合理饮食，完成每日运动，每周组织成员开展一次集体体育活动；休闲阅读长督促成员完成每日阅读，每周组织成员开展一次阅读活动；家务劳动长督促成员完成每日家务劳动，每周组织成员进行一次厨艺或其他劳动技能展示；作业检查长汇总各科作业上交情况，并与课代表、任课教师及时沟通。

**3. 整合各方资源**

学校以学生成长共同体为单位，基于不同年级的协同育人目标，以班主任为核心和纽带，整合、配置、利用各类教育资源，形成"大教育"氛围，力争做到不让任何一个学生掉队。

**4. 开展综合素质评价**

在学生成长共同体的成长进程中，学校组织力量构建评价体系和指标，编写学生发展指导手册，建立学生综合素质评价制度。学校及时从学生主观评价、家长评价、教师评价、实践活动举办方评价等方面对学生的发展情况进行评估，促进学生德智体美劳全面发展。

### （四）成都市龙泉驿区实验小学校整合资源协同育人——学校、家庭、社会三位一体的策略分析

家庭教育、学校教育和社会教育三者的教育目的和指向是相同的，即把孩子培养成有一技之长的可以自立于社会的人。这一共同的目标指向决定三者可以同向而行。

**1. 学校主动帮助家长更新教育理念**

美国心理学家哈里森认为"帮助儿童的最佳途径是帮助父母"。学校主动对家长的教育思想、教育方法给予必要的指导，让家长融入学校教育，切身体会学校教育，更新教育理念。

**2. 学校和社会共同培育一种信念，既要信任教师，又要认清角色**

基于一部分家长过度掺和到教师的角色当中或者完全将孩子交给教师，学校通过各种渠道向家长传递一种信念：家长应该在信任教师的基础上，明白教师的角色与家长角色的区别。一方面，不能过度参与教师事务，打扰教师工作的开展；另一方面，家长又应认识到教师并不等于保姆，不能事事依赖、依靠教师。掌握中间的尺度，尽力做好自己作为父母的角色，协助教师开展教学工作。成都市龙泉驿区实验小学校为家长举办"做中国好父母"专题培训，家长积极参与。

**3. 基于"互联网＋"的背景，充分利用各种信息平台**

借助信息化手段对数字化德育资源进行充分开发。校园网站上开辟了专门用于德育的信息化平台，分享德育工作内容，主要涉及德育动态、家校彩虹、心理小屋、学生天地。

学校组建微信、QQ群，为学校和学生家长创建沟通和交流的平台，在将德育向家庭和社会延伸的同时，也能够将家庭信息和社会信息有效地反馈到平台上，使学校教师更好地把握德育工作。

学校还定期开展"空中课堂"，巧妙利用微信公众号搭建数字化德育平台，建立家校互动平台，将德育内容向家庭和社会延伸。定时发布学校德育新闻、社会德育相关事件等，对学生家长实施相应的德育指导，促进学生家长在家庭教育中对学生实施德育指导的能力得到提高。

**4. 学校搭台，将优质的家长资源引进来**

学校搭台，让家长走进课堂，将优质的家长资源引进学校，更好地诠释了家校共育的理念。一些有专业技术或特长的家长走进课堂客串老师，学期初，他们提出自己的课题，由班级学生选择喜欢的课题，再由班主任安排讲课的时间；学期结束后由学生投票选出自己最喜欢的一节课，并评选出优秀家长志愿者。让学习优异的孩子的家

长谈一谈在家庭教育中的成功经验，供其他家长和教师学习借鉴；或让家长对学校教育献计献策，进行评议，为学校改进工作提出宝贵意见和建议。

**5. 成立三位一体的家委会，共享教育理念**

学校邀请家长和社会优秀成员共同建立家委会，共同探讨学校的办学理念和办学思路，共同研讨和及时解决所面临的教育问题，出台具体的办学模式和实践方案，从而使学校教育更好地衔接家庭教育和社会教育，团结一切力量服务学生成长。

**6. 以社区为单位创建工作坊，建立学校教育和社会教育对家庭教育的支撑体系**

社区环境对孩子生活影响大，良好的社区环境可以让孩子远离社会不正之风，让孩子更多地接触到社会光明面，更少受到社会阴暗面的影响。

**7. 利用特色活动，协同育人**

特色活动一：拥军慰问演出。该特色活动在成都市龙泉驿区实验小学校已持续举办多年，学生既通过演出锻炼了自己，又在参观军营的同时受到国防教育，进一步培育了学生的爱国主义精神。

特色活动二：川剧进校园。该特色活动既增加了对学生的传统文化培育，又与相关川剧社会组织形成了密切的合作关系，共同传承发扬川剧文化。

**（五）四川省自贡市汇东实验学校家校共育创新事例——家校协作，共育未来**

**1. 搭建平台，学用结合，助力家长专业化成长**

九层之台始于垒土。学校秉承"为立人奠基"的办学思想，夯实"五四三"德育管理体系建设，"三大举措"助力家长家庭教育专业化成长。

**2. 专业培训，促进理念转变**

借助"三宽家长学校"线上培训，着力解决家庭教育意识薄弱、目标模糊、行动盲从的状况，组织参加"爱满家·三宽"家长读书和汇东"爱悦读"沙龙，选派优秀家长参加"种子家长"线下培训，以点促面，促进了广大家长家庭教育理论提升和观念转变。分年段开齐、开好家庭教育指导课，形成覆盖身心健康、情绪管理、亲子沟通、生涯规划、时间管理、有效陪伴、网络新媒体使用等方面的系列化、规范化、适切性课程，引导家长培养孩子的好思想、好品行、好习惯。

**3. 经验分享，提供教育策略**

通过家长会、家长开放日、发放《家长指导手册》《品格周刊》、开设家长讲坛等，分享育儿成功经验，向广大家长宣传教育法规，宣讲正确教育价值观，对家长进行家庭教育的全面指导和个别咨询，让家长掌握科学的家庭教育方法和策略。

**4. 示范引领，带动全面参与**

开展"传家训扬家风"故事会、"家书抵万金"书信传递、表扬优秀家长等活动，通过公众号宣传优秀家长、学生典型，发挥优秀家庭的辐射带动作用，不断优化家庭教育环境和德育途径。

**5. 生活参与，活动体验，增强育人实效**

家校共育工作中，通过"五个结合"，积极引导和吸引家长参与到学校管理、课程开发和德育活动中来，实现了从"要我参与"向"我要参与"的转变，做到家校协作"一盘棋"进行。

**6. 才能展示与共育课程相结合**

各行各业的家长精英走进校园、走入教室，为孩子们进行急救、法治、交通法规、宫扇剪纸等数十项知识的讲解传授。每学期300余节次的共育课程丰富了校本课程体系，弥补了学校教育的欠缺，使学生开阔眼界、增长知识。家长们在体会教师"教"和学生"学"的辛劳中，渐渐改变了育儿观念。

**7. 互联互通与关注要素相结合**

学校每学期通过家长开放日、家长会、行风监督等活动，让广大家长督教督学，零距离接触学校管理，观摩教师课堂，品味食堂伙食，既消除了家长的担忧，又增进了家长对学校的了解，奠定了家校互联互通的坚实基础。

一是加强家校沟通，建立健全家访制度，对新入学家庭、新接班家庭和有需要家庭做到家访全覆盖；每年至少要开展一次教师家访应知应会专题培训，规范教师家访行为，促进家庭和谐；建立家访工作档案，定期对家访情况和方式进行评估，对家访问题和成效进行分析，促进家访工作经常化、制度化、规范化。

二是在日常家校沟通中，学校和教师要关注学生的日常学习生活情况，对未按时到校等异常情况和突发事件，要及时与家长取得联系，家校协同解决问题。在青春期等重点年龄段及重大政策发布、开学、考试前后等重要时段，要加大对学生关注力度和家校沟通频率，确保家校信息通畅。

三是加强对全体教师家校日常沟通能力的培训，规范教师言行。完善学校、年级、班级三级家长委员会网络，制订章程，保障家长的知情权、参与权、建议权和监督权。

四是学校逐步完善并落实家校微信群等新媒体互动平台管理制度，严禁利用微信群等新媒体发布作业、成绩及涉及个别学生的相关信息。

**8. 引导正确学习与健康生活相结合**

一是学校指导家长关注孩子身心健康，让孩子按时作息，保证小学生每天睡眠时间不少于10小时，倡导中学生每天睡眠时间不少于9小时。安排学生每天进行户外锻炼，鼓励学生参加各种形式的体育活动，确保每天锻炼1小时，养成良好锻炼习惯。

二是科学安排学生膳食。做到荤素搭配、营养均衡，引导孩子遵守文明饮食礼仪，不偏食、不挑食。安排力所能及的家务劳动，让孩子积极参与社会实践活动，培养社会责任感。

三是学会有效陪伴，开展亲子阅读，营造温馨家庭氛围。引导学生合理使用电子产品，提高自律能力，勿沉迷游戏、网络等。

四是引导家长学会情绪管理，关注孩子心理变化，掌握有效的沟通和疏导方式，培养孩子积极、乐观、阳光的心态。

### 9. 亲子情感与文化活动相结合

学校强力推进"乐学""礼善"德育课程体系建设，通过"五节一展演"系列活动以及亲子运动会、家长诗歌朗诵会、亲子手抄报、"好家风"故事会、互通家书等丰富多彩的活动，进行阵地建设、文明社区创建，既助力提升学生核心素养，又促进民主平等的亲子关系，带动孩子树立正确"三观"。

### 10. 志愿服务与学校发展相结合

发挥家长主人翁精神。家长们积极参与学校制度建设、孩子午餐管理、班级文化建设、活动策划和宣传、校服着装定制、帮扶留守儿童贫困学生等志愿服务活动，增强现代学校活力。

### 11. 同心同向，协作互助，实现跨越发展

千淘万漉虽辛苦，吹尽狂沙始到金。近年来，家校之间同心同向，协作互助，营造了课程共建、信息共享、互信共进的良好共育氛围，形成了教师倾情教育、家长全力参与、学生乐学向上的良好局面，为培养更多更好的时代新人起到了积极作用。

## 六、家校社协同育人体系改善策略

未来需要通过家校合作促进儿童成长，提升学校教学和管理效率，改善教育生态环境，促进教育公平发展。

### （一）家校合作是现代学校制度的应有之义

要从办好人民满意的教育，落实立德树人根本任务，构建家校合作大教育格局，教育政策应向促进家长参与、家校合作方面倾斜。教育均衡和公平的政策不能只注重于学校资源、师资配置等学校因素，还应看到家庭背景、家长参与的均衡等因素。推进家校合作，其带来的教育效果可能比实施教学改革和学校资源均衡等政策的效果更显著。

### （二）发挥好家庭和社区支持学校工作的积极作用

家校合作要特别防止家长单方面向学校提供服务以及把家长作为免费劳动力的倾向；学校要在加强学生德育工作、规范办学行为、减轻学生过重课业负担以及营造良

好家校关系中发挥积极作用，帮助和引导家长掌握科学的家庭教育理念和方法，推动家长理解、支持和参与家校合作，营造有利于学生健康成长的家校环境。

### （三）积极有序推进家校合作的组织建设

组织建设成员构成应多元化，家校合作组织应是包括家长、学校、社区甚至学生代表的多边组织，代表多边利益；合作组织应显性化，由学校隐性的单边控制型向显性双边协调型组织转变；运作模式应融合化，由家庭单向配合学校的应景性工作向家校相互支持、彼此需求、共同发展转变；所有参与家校合作行动的教师和家长都需要将家校合作逐步理解为"分内"工作。

### （四）均衡家庭和学校的利益以及立场

学校应该让尽可能多的家长参与到家校合作中来，但不能一味地强制家长参与，避免将家长作为劳动力进而引起家长反感，应面向家庭及儿童的个性化、多样化需求提供支持和服务，同时考虑家长参与的时间和技能等特征。

### （五）加强家校合作的科研、行政与实践的良性互动

家校合作和家长教育工作的开展需要通过国际比较研究、大样本调查和跟踪研究，探索家校合作与儿童成长的规律性联系，以学理性研究来推动政策和实践的持续改进。要加强与国内外家校合作研究领域专家的交流和合作，及时总结实践经验，更新前沿知识，推进科研成果本土化，促进科研、行政与实践一体化和良性互动。

### （六）为家校合作工作提供有力保障

各级教育行政部门要切实加强对家校合作和家长培训的组织、领导，要将其列入重要议事日程，制订发展规划；要完善政策法规，明确政府和学校的职责；要完善评价机制，并将其纳入学校督导评估体系；要建立经费资助的长效机制，保障家校合作制度化顺利推进。《中华人民共和国家庭教育促进法》第二十六条明确指出，县级以上地方人民政府应当加强监督管理，减轻义务教育阶段学生作业负担和校外培训负担，畅通学校家庭沟通渠道，推进学校教育和家庭教育相互配合。

### （七）创新互联网家校共育思维

互联网的高速发展为人们的生活提供了便利，也为家校共育提供了新的思考方向。家校共育工作可能会面临父母工作忙或因照顾家庭忙而无暇与学校进行高频率沟通合作的难题。学校可以借助微信公众号等互联网平台，打造与家长保持长期沟通的特色平台。在互联网平台上，学校可以设定家校合作板块，例如班级之窗，用于发布班级或者学校相关重要活动；六好之星，定期发布评选出来的"六好学生"，介绍学生的事

迹；亲子乐园，用于展示亲子活动以及科普家庭教育知识。

## 七、未来展望

未来可以通过构建家校社协同育人的理论体系，拓宽家校社协同育人的研究视域，创新家校社协同育人的实践研究，进一步丰富家校社协同育人的研究成果。

一是构建家校社协同育人的理论体系。构建家校社协同育人机制是一个持续的、发展的过程，需要相应的理论体系作为支撑。当前我国家校社协同育人的研究多为问题导向式研究，从研究内容来看多为散点式研究，在研究内涵、对象、方法等层面的共识不多，尚未形成家校社协同育人的研究框架，相关理论亟待完善。鉴于此，要明晰家庭教育、学校教育和社会教育三大领域之间的共性与个性关系，充分认识和理解三者协同的理论逻辑，把三者协同育人作为一个整体来考量。家校社协同育人内涵的丰富性、实践的复杂性要求研究者在已有研究基础上推进和深化，挖掘各个时期家校社协同育人的主要矛盾与任务，凝练出更加具有针对性和普适性的研究成果。

二是拓宽家校社协同育人的研究视域。当前家校社协同育人的研究主要是基于教育学、心理学视域，从育人目标、育人内容、育人方式等层面探索家校社协同育人的机制构建。家校社协同育人涉及家庭教育、学校教育、社会教育的有机衔接，其终极目标是实现人的全面发展，立足我国立德树人的根本任务，培养德智体美劳全面发展的社会主义建设者和接班人。

家校社协同育人的复杂性和多维性使得研究者必须将其放在教育学、心理学、社会学、法学、管理学等多个研究视域来考察，充分借助相关领域的研究方法和成果，从更为广阔的学科视域梳理家校社协同育人的成果，在此基础上借鉴国外的成熟理论与有效经验，探究我国家校社协同育人的内在逻辑与实践策略。

三是创新家校社协同育人的实践研究。当前我国对家校社协同育人的实施过程、实践方式的微观层面研究在"量"上有所突破，但在"质"上探索不足，且仅在经济发展水平高的城市有典型的实践探索，如上海市依托上海开放大学"大学＋平台＋系统"特色，通过家长学校联盟、空中课堂、线上线下培训指导等方式打造家长学校协同运作体系。这些实践方案虽然能够为区域内家校社协同育人格局形成提供有效经验，但是目前整个社会尚未形成普遍的家校社协同氛围，还需要更多高质量实践案例研究，尤其是基于不同经济发展水平、不同地域、不同学校类型等经济、文化、教育实际发展情况，根据不同地区协同育人的现实需求，制订具有针对性、可操作性的建议与措施，深度分析各地区家校社协同育人的有效经验，归结出可推广的实践模式。

（撰稿人：戴艳，四川师范大学教授）

# 依法治校背景下的立德树人研究

2018 年 9 月，习近平总书记在全国教育大会上指出，要依法治教、依法办学和依法治校。党的二十大报告强调，我国已形成全面依法治国的总体格局，要坚持在法治轨道上全面建设社会主义现代化国家。在教育领域中，依法治校是贯彻习近平法治思想和"全面依法治国"战略的具体实践①，是现代教育管理的基本原则和基石②。它强调学校在教育活动中遵守法律法规，确保教育行为的合法性、公正性和有效性③，为师生提供安全、健康、有序的学习环境，营造和谐、稳定的校园环境④。做好新时代立德树人工作，需要与全面依法治校有机统一，把法治思维、法治理念、法治手段等深度融入立德树人工作体系中，在培养德智体美劳全面发展的社会主义建设者和接班人过程中增添更多法治元素，锻造一大批知法、懂法、守法的担当民族复兴大任的时代新人⑤。

立德树人是学校教育的核心目标。⑥它强调教育不仅仅是传授知识的过程，更是培养学生良好品德的重要渠道。⑦其教育理念注重以学生为中心，关注学生的全面发展，助推学生树立正确的价值观念。可见，强化依法治校、凸显立德树人，是现代学校管理的核心追求，体现了鲜明的时代特征。⑧因此，基于依法治校与立德树人的内

① 张广乐，栗源.新时代高校全面推进依法治校工作探究[J].河南工业大学学报（社会科学版），2024，40（1）：73-78.

② 彭扬.高校思想政治工作制度执行力提升策略探析[J].思想理论教育，2021（10）：101-106.

③ 蒲蕊，徐玉特.善治视角下的农村学校发展[J].教育科学研究，2018（10）：19-23＋39.

④ 李红玲，王仲孝，耿加锋.依法治校对规范高校权利主体的意义[J].山东理工大学学报（社会科学版），2015（5）：23-26.

⑤ 张洁，曹银忠.依法治校视野下的高校思想政治工作创新[J].电子科技大学学报（社科版），2022，24（5）：99-105.

⑥ 董储超，沈霄鹏.高校学位授予非学术标准的理论澄清与规范展开[J].高教探索，2024（2）：64-71.

⑦ 秦光兰，江璐兮.立德树人背景下幼儿德育的意义及实施[J].河北师范大学学报（教育科学版），2023，25（5）：130-135.

⑧ 高小军.强化依法治校 凸显立德树人——浅析学校管理重心调整的目标与策略[J].中小学校长，2020（6）：33-34＋37.

在关联，厘清依法治校背景下立德树人的价值意蕴、理论逻辑与实践进路，对推进新时代立德树人实践高质量发展、推动实现教育强国具有重要价值。

## 一、依法治校是立德树人的本质要求

植根于中国大地，办让党放心、让人民满意的教育事业，既须着重落实立德树人这一重大政治使命和战略工程，也须切实推进依法治校，促进学校治理体系与治理能力现代化进程。依法治校，作为中国特色现代教育制度的内在要求，与立德树人相互关联、紧密相连，二者在教育改革发展的具体实践中实现了有机统一。这不仅深刻彰显了法治精神在教育领域的深度渗透与融合，也进一步强化了立德树人在现代教育体系中作为核心要素的不可替代性。换言之，在构建中国特色社会主义教育体系的过程中，立德树人工作扮演着"铸魂"的角色，而依法治校则发挥着"强基"的作用。立德树人为依法治校提供了明确的前进方向，依法治校为立德树人的实施提供了坚实的保障与支持。

### （一）依法治校与立德树人的理论契合

在深入探讨现代教育治理的体系时，依法治校无疑占据了核心地位。它作为基石，为教育建设与发展提供了稳固的法治保障。依法治校的核心理念在于运用法律手段，对学校的办学行为和管理活动进行全面规范，以确保教育公平、公正和高效。同时，立德树人作为教育的根本任务，致力通过全面的教育培养，引导学生形成正确的价值观、道德观和法治观，从而培养出具有高尚品德和法治精神的社会主义建设者和接班人。

从理论层面审视，依法治校与立德树人之间存在着深刻的契合点。法治精神所强调的规则意识、公平正义和权利义务的统一，正是立德树人目标所追求的。立德树人旨在通过教育培养，使学生不仅具备扎实的专业知识和技能，更重要的是形成健全的人格和崇高的道德品质。这种道德品质的核心，便是对规则的尊重、对公平的追求和对权利义务的正确理解。

在依法治校的框架下，立德树人的实施得到了法律的保障和制度的支持。首先，法律为学校的办学行为和管理活动设定了明确的规范，确保了教育活动的合法性和规范性。这为学生提供了公正、公平的学习环境，有助于学生形成正确的价值观和道德观。其次，法律为德育提供了制度化的保障。通过制订相关的教育法规和政策，学校得以将德育纳入课程体系和校园文化建设中，从而确保德育的全面性和系统性。最后，法律还为学生提供了权益保护机制，确保他们在接受教育的过程中得到充分的尊重和保障。

在依法治校与立德树人的结合中，可以看到法律与教育之间的紧密联系。法律为教育提供了规范和保障，而教育则通过立德树人的实践将法治精神内化为学生的精神追求和行为准则。这种互动关系不仅有助于提升教育的质量和效率，更有助于培养学生的法治意识和道德素质，使他们成为具有高尚品德和法治精神的社会主义建设者和接班人。

### （二）依法治校是立德树人的内在要求

广大青年学生作为实现中华民族伟大复兴中国梦宏伟蓝图的生力军，其法治素养的培育状况直接关系到我国建设社会主义法治国家及实现社会主义现代化奋斗目标的进程与成效。自党的十八大以来，习近平总书记就全面依法治国发表了一系列深刻论述，着重指出须在全社会范围内强化法治宣传教育，并特别强调，在学生成长的各个阶段，加强法治教育具有不可估量的价值与紧迫性。"要坚持法治教育从娃娃抓起，把法治教育纳入国民教育体系和精神文明创建内容，由易到难、循序渐进不断增强青少年的规则意识。"[①] 在这一背景下，学校作为青年学生教育的主阵地，其根本任务在于立德树人。思想政治工作，究其根本，乃是关于人的工作。因此，在立德树人工作的过程中，一个核心的目标导向便是教育并引导青年学生牢固树立起法治思维、法治意识以及法治观念。这不仅要求他们知法、懂法，更要求他们进一步做到遵法、守法乃至护法，积极鼓励并推动青年学生成为社会主义法治的忠实崇尚者、自觉遵守者、坚定捍卫者。在具体实施立德树人的教育实践中，学校亦应将教育和引导青年学生明大德、守公德、严私德视为一项重要内容，深刻融入日常教学与管理之中。这要求广大青年学生时刻维护宪法的尊严与权威，严守法制的底线与红线，通过实际行动践行法治精神，为构建一个更加公正、和谐、有序的社会主义法治社会奠定坚实的基础。如此，方能确保青年学生在实现中华民族伟大复兴的历史征程中，不仅成为知识的探索者与创新的推动者，更成为法治精神的传承者与践行者。

### （三）依法治校是立德树人的重要依据

《中华人民共和国宪法》明确规定"国家培养青年、少年、儿童在品德、智力、体质等方面全面发展"。这一条款不仅深刻体现了国家对教育事业及人才培养的全面性与综合性的高度重视，而且彰显了国家对未来公民素质培养的深远考量。《中华人民共和国教育法》也明文指出："教育必须为社会主义现代化建设服务、为人民服务，必须与

---

① 习近平.加快建设社会主义法治国家[J].求是，2015（1）：3-8.

生产劳动和社会实践相结合，培养德智体美劳全面发展的社会主义建设者和接班人。"这些宪法与法律的明确规定，不仅从宏观层面为国家的教育事业确立了指导方针，也为各级各类学校的办学方向和人才培养目标提供了具体而明确的指引。由此观之，学校作为教育体系的基本单位，其肩负的核心任务——立德树人工作的目标导向，与宪法及法律规定的基本方向是完全一致的。立德树人工作在本质上是在积极维护宪法和法律的权威与尊严，确保教育活动在法治的轨道上稳健运行。在依法治校的时代背景下，开展立德树人工作，实质上就是在依法办事、依章办事，确保每一步都符合法律法规的要求，不偏离法治的轨道。宪法和法律的明文规定，为立德树人这一相对"软性"的过程提供了制度化、标准化的评判依据，为其注入了"硬性"的约束力量。这种"软硬结合"的方式，不仅提升了立德树人工作的权威性和力量感，也使得学校的管理和教学等核心环节被赋予清晰明确的法律指引和制度约束。因此，可以说依法治校是确保立德树人教育理念深入人心、有效实施的重要依据与坚实保障。[1] 它不仅有助于学校在教育实践中更好地贯彻国家的教育方针，还能帮助学校在法治的护航下，为学生的全面发展提供更加坚实有力的保障。依法治校能够更好地促进学生的全面发展，培养出更多具备高尚品德、扎实知识、强健体魄和良好美感的时代新人，为中华民族的伟大复兴注入新的力量。

### （三）依法治校是立德树人的有效手段

在新时代背景下，全面依法治国战略的深入实施为学校立德树人工作带来了全新的要求与挑战。为了进一步增强立德树人工作的实效性，需要秉持"刚柔相济"的原则，精心策划并有效实施一系列科学、系统的"组合拳"。具体而言，立德树人工作的开展不仅需要灵活运用多样化的柔性手段，而且这些手段还须紧密贴合时代变迁的步伐，充分适应并满足广大青年学生的时代特征与需求，以期达到"润物细无声"的深远教育效果。在此过程中，一个更为关键的任务是必须精准定位并牢牢把握法治与思想政治工作的交汇点，深刻认识到法治实践在推动立德树人工作中所扮演的不可或缺的重要角色。[2] 为了实现这一目标，立德树人工作应深度融合法治元素与法治手段，通过严明校纪校规，为青年学生的健康成长构建清晰、明确的行为框架。这一框架既包括设立成长的"高线"，以激励他们不断追求卓越；也涉及划定行为的"底线"，以确保他们严格遵守基本规范；更须明确标出不可触碰的"雷区"，将明确的法律法规及

① 任利剑.深化高校管理改革的理念、重点及工作推进——从三个维度考察我国高校管理改革的深化[J].国家教育行政学院学报，2006（12）：40-43.
② 彭君.论法治教育与思想政治教育的统一性[J].广西师范学院学报（哲学社会科学版），2014（1）：111-115.

校纪校规作为青年学生成长道路上的刚性约束。如此，方能实现"严管"与"厚爱"的有机结合，既保持教育的严肃性，又不失对学生进行人文关怀。进一步而言，立德树人工作的实施还须依法依规加强管理，积极探索并实践法治化的立德树人新模式。这意味着，要为原本"无形"的立德树人理念划定具体、可操作的"硬杠杠"，通过不断提升其制度化与规范化水平，确保立德树人工作能够在法治的轨道上稳步前行，最终培养出既具有高尚品德又具备法治意识的新时代青年。他们将成为社会进步的坚实力量，为国家的繁荣富强贡献自己的智慧和力量。

可见，在新时代背景下，依法治校不仅是学校完善内部控制体系、提升治理能力的内在需求[①]，同时也是立德树人的本质要求、重要依据与有效实施手段。依法治校与立德树人之间存在着深刻的内在关联：没有依法治校的坚实支撑，立德树人可能缺乏必要的刚性约束；而脱离立德树人这一核心目标的依法治校，也难以充分发挥其润泽心灵、启迪智慧的作用。二者相辅相成，共同构成了现代学校治理的基本框架和核心理念，确保了学校教育的正确方向和卓越的育人质量。从这个角度出发，依法治校与立德树人可以被视为学校教育的"一体两翼"，共同推动教育培养出更多能够担当中华民族伟大复兴大任的新时代人才。

## 二、依法治校对于立德树人的价值意蕴

依法治校不仅是教育领域法治化建设的重要体现，更是推动学校治理体系和治理能力现代化的关键举措。在这一时代背景下，立德树人作为教育的根本任务，其价值意蕴愈发凸显，具体表现如下。

### （一）依法治校为立德树人提供坚实的制度保障

依法治校的核心在于通过法律手段来规范学校的各项活动和行为，确保教育活动的有序进行。首先，依法治校为立德树人提供了制度支持。通过建立健全法律法规和制度体系，学校、教师、学生的权利和义务得以明确。学校可以更加规范地开展教育活动，确保立德树人在规范的轨道上展开，避免了立德树人实施的随意性和主观性，使其有章可循、有法可依，使得学校能够更加有效地推动学生的知识教育和品德培养。其次，依法治校有助于维护教育公平。通过法律手段保障每个学生平等接受教育的权利，是依法治校的重要目标之一。在法治的框架下，学校必须遵循公平、公正、公开的原则，确保每个学生都能够获得平等的教育机会和资源。这种公平的教育环境为立德树人的实施提供了有力保障，使得每个学生都能够在公正的环境中成长和发展。最

---

① 闵辉，夏雅敏，邓叶芬. 高校依法治校的理论思考和路径选择[J]. 中国高等教育，2020（9）：16-18.

后，依法治校还有助于提升教育质量。通过法律手段来规范学校的教学和管理活动，可以确保教育活动的科学性和有效性。在法治的保障下，学校可以更加注重教学质量和效果的提升，为学生提供更加优质的教育服务。这种优质的教育环境为立德树人的实施提供了有力支持，使得学生能够更好地接受道德教育和知识教育。

### （二）依法治校强化立德树人的道德引领

法律是道德的底线，法治建设的过程也是道德建设的过程。在依法治校的背景下，学校可以通过加强师德师风建设，提升教师的道德水平，进而影响和引导学生形成正确的道德观念和行为习惯。首先，依法治校要求教师遵守职业道德规范。这些规范明确了教师的职责和行为准则，要求教师在教育活动中遵循公平、公正、诚信等原则。这种职业道德规范不仅有助于提升教师的道德水平，更能够为学生树立榜样，引导学生形成正确的道德观念。其次，依法治校要求学校加强学生的道德教育。通过开设道德课程、组织道德实践活动等方式，学校可以引导学生形成正确的道德观念和行为习惯。在法治的保障下，学校可以更加注重道德教育的实效性，确保学生在实践中感受到道德的力量和价值。最后，依法治校还有助于营造良好的社会道德风尚。通过加强学校与社会的联系和合作，学校可以将道德教育延伸到社会领域，推动社会道德风尚的提升。这种社会道德风尚的提升反过来又能够进一步促进学校立德树人的实施，形成良性循环。

### （三）依法治校与立德树人共同推动教育的发展

依法治校与立德树人之间是相互依存、相互促进的关系。依法治校为立德树人提供了良好的外部环境和制度支持，而立德树人则是依法治校的内在要求和重要目标。二者共同构成了教育发展的完整体系。一方面，依法治校为立德树人营造了至关重要的外部环境。法治的坚固保障使学校能够在稳定、有序的框架内推进立德树人工作，无须受到外部环境的干扰。这种良好的外部环境不仅为立德树人提供了坚实的后盾，还使学校能够全心培养学生的道德品质和综合素质，确保教育目标的顺利实现。另一方面，立德树人作为教育的核心任务，也是依法治校的内在要求和重要目标。在依法治校的背景下，学校不仅要确保教育活动的合法性、规范性和公正性，更要注重学生的全面发展和道德品质的塑造。学校必须致力于培养学生的社会责任感、创新精神和实践能力，使其成为能够适应社会发展需求、担当起社会主义建设重任的合格接班人。这种培养目标的设定，不仅体现了依法治校的内在要求，也是立德树人的重要目标之一。通过实施立德树人的教育理念，学校能够进一步推动依法治校的深入发展，促进教育治理体系和治理能力的现代化。这不仅有利于提升学校的教育质量和水平，也有助于培养更多具备良好道德品质和社会责任感的优秀人才，为社会主义的繁荣和进步贡献力量。

综上所述，在依法治校的时代背景下，立德树人的价值意蕴愈发凸显。依法治校为立德树人提供了坚实的制度保障和道德引领，而立德树人则是依法治校的内在要求和重要目标，两者相互促进，共同推动教育高质量发展，为培养德智体美劳全面发展的社会主义建设者和接班人奠定坚实基础。

## 三、依法治校背景下立德树人的实践路径

在全面推进依法治校的战略指引下，立德树人并非仅仅是一个口号或目标，而是一种实实在在的行动指南、一种严谨的教育行为准则[①]，其实践进路显得尤为重要，成为教育领域的重要课题。这一实践不仅深刻体现了法治原则对教育领域的全面渗透与深刻影响，更彰显了立德树人在现代教育体系中的核心地位。具体表现为三个方面。

### （一）基于依法治校激发立德树人的多维受力

依法治校对立德树人的推动作用无疑在当今教育领域占据了举足轻重的地位，也是立德树人实践进路需要深思的问题。这一推动作用体现在多个层面，不仅为立德树人的实践提供了坚实的法治基础，更在多个维度上促进了立德树人的深入发展。首先，依法治校构建了完善的法律制度和规范框架，为立德树人的实施提供了明确的法治保障。在教育实践中，法律制度和规范框架的完善与否直接关系到立德树人的效果。依法治校通过制订和实施一系列与教育相关的法律法规、规章制度，明确了立德树人的目标、内容、方法和评价标准，使得立德树人的实施有法可依、有规可循。这不仅提升了教育的规范性和有效性，确保了教育活动的有序进行，更在一定程度上消除了主观性和随意性，使得立德树人的实践更加科学、合理和公正。其次，依法治校有助于维护校园的稳定与和谐，为立德树人创造了一个优良的学习和工作环境，使法治"成为学校文化的背景和支撑，用以引导学校环境中人与人之间的关系，并使之成为学校环境中以制度为基础的生活方式"[②]。校园的稳定与和谐是立德树人得以顺利实施的前提和基础。依法治校通过加强校园安全管理、维护师生权益、处理校园纠纷等方面的工作，有效减少了校园内的矛盾和纷争，确保了师生的人身安全和财产安全。同时，依法治校还促进了师生之间的互信和尊重，使得师生关系更为融洽，为立德树人创造

---

① 燕凌，孙璞，王莉芳，等.教育优先发展视域下学校体育高质量育人的理论意涵与实践路径[J].首都体育学院学报，2024，36（1）：78-87.

② 秦惠民.依法治校的高校学生管理制度特征[J].中国高等教育，2004，25（8）：11-13.

了一个积极向上、和谐友好的学习和工作环境。在这样的氛围下，学生更能够全身心地投入学习，教师也更能够专注于立德树人的实践工作，从而强化了立德树人主客体的法治思维与行为。最后，依法治校推动了学校管理的科学化、民主化和规范化，进而提升了管理效率和水准，为立德树人提供了更为高效和精准的服务。学校管理的科学化、民主化和规范化是依法治校的重要内容之一。依法治校通过引入先进的管理理念和管理方法，加强学校管理的民主化和规范化建设，提高了学校管理的效率和水平。这使得学校能够更加精准地把握立德树人的需求和规律，为立德树人提供更加高效和精准的服务。同时，依法治校还加强了学校与家长、社会的沟通和联系，形成了协同育人的良好局面，为立德树人的深入发展提供了有力支持。

### （二）基于依法治校形成立德树人工作机制

立德树人实践机制在具体运作层面，深刻地体现在其工作程序与方式方法的规范化、法制化进程之中。"程序正义是法治与恣意而治的分水岭。"[①] 这一机制的构建与完善，须从以下几个方面进行深入的探讨。首先，立德树人的实践应以法治化为基准，对其流程与方式方法进行科学的审视与评估。这要求明确界定，在立德树人的实践过程中，何种工作开展手段是合乎法律规范的，何种手段是被相关法律法规明文禁止的。通过这一审视与评估过程，可以确保立德树人的各项工作能够在法律的框架内有序开展，做到依法进行思想政治教育，从而保障教育活动的合法性与正当性，进一步提升其权威性和公信力。其次，推动立德树人运行机制的法制化是立德树人实践中的核心环节。这需要着力将立德树人的内容形式、途径载体、工作程序等核心要素，按照法治化原则进行固定与规范。通过法治化的手段，可以确保这些要素的稳定性和可持续性，为立德树人的长期实践提供坚实的制度保障，同时也有助于提升其科学性和规范性。最后，在立德树人的实践中，还需要依法规范其载体的开发和使用。这既要求充分利用互联网、大数据、新媒体和人工智能等新技术为立德树人带来的前所未有的机遇，又需要对这些新技术的使用范围、可控程度等方面进行严格的规范管理。通过这一规范过程，可以有效防范技术快速发展可能带来的潜在风险与挑战，确保立德树人的实践在技术创新与法律规范的双重护航下稳健前行，实现其长远的发展目标。

### （三）依法治校背景下立德树人的具体实践进路

在依法治校背景下，立德树人的实践路径展现出前所未有的多元性和具体性。这一实践不仅关注学生的法治意识培养，还注重道德教育的深化，以及教育公平性与质

---

① 姚荣.论大学治理法治化的程序正义进路[J].河北师范大学学报（教育科学版），2022，24（1）：15-30.

量的提升，共同构成了立德树人具体实践的多维体系。

一是培育教育主体的法治意识，为学生未来成为法治社会的合格公民奠定基础。在当代社会，法治意识的培养已成为学生全面发展的重要组成部分。法治意识不仅是学生作为公民应具备的基本素质，更是学生未来融入法治社会、成为合格公民的关键基石。为了有效地培育学生的法治意识，学校应当采取一系列系统而有力的措施。首先，学校应将法治教育纳入课程体系，"确立以法治思维为导向的教学目标"，并"拓展融合法治思维的多样化教学内容与形式"①，将法治思维充分体现在专业课程的架构体系设计中。学生可以系统地学习法律的基本原则、规定和制度，深入了解法律在社会生活中的作用和价值。这种系统的法律知识教育能够为学生打下坚实的法治理论基础，为未来的法治实践提供有力支撑。其次，学校应积极开展法治实践活动，让学生在实践中感受法律的威严和力量。通过模拟法庭、法律讲座、法治知识竞赛等丰富多彩的活动，学生可以亲身参与法律实践，了解法律运作的流程和机制。这些实践活动能够帮助学生将所学的法律知识内化为自身的法治意识，形成对法律的敬畏和信仰，从而在日常生活中自觉遵守法律、维护法律的权威。最后，学校还应加强对学生法治意识的引导和培养。通过树立法治典范、弘扬法治精神等方式，学校可以引导学生树立正确的法治观念，形成遵法、守法、用法的良好习惯。同时，学校还应关注学生的法治需求，及时解答学生在法律方面的疑惑和问题，为学生提供个性化的法治教育和指导。

二是推动道德教育的深化，通过树立道德典范，引导学生形成健全的人格。在构建学生全面发展的教育体系中，推动道德教育的深化显得尤为重要。道德教育是培养学生健全人格的关键环节，它不仅仅是知识的传授，更是价值观念的塑造和道德情感的培育。树立道德典范，可以为学生提供明确的道德导向，引导他们形成健全的人格。道德典范作为道德教育的有力载体，具有极强的示范和引领作用。学校应当精心挑选和培育一批道德典范，他们可以是教师、学生或其他校园内外的杰出人物。这些道德典范不仅要有高尚的道德品质，还要有良好的行为习惯和广泛的社会影响力。宣传道德典范的先进事迹，让学生感受到道德的力量和美好，激发他们的道德情感，增强他们的道德认同感。在道德教育的深化过程中，学校应注重将道德教育与学生的日常生活紧密结合。通过组织丰富多彩的道德实践活动，如志愿者服务、公益活动、道德讲堂等，让学生在实际行动中体验道德的力量，从而形成正确的道德判断和道德选择能力。同时，学校还应加强对学生的道德监督和评价，及时发现和纠正学生的不良行为，

---

① 李全文. 以法治思维创新思想政治理论课实践教学[J]. 思想理论教育导刊，2017（3）：115-117.

引导他们形成良好的道德习惯。

三是促进教育公平与提升教育质量，确保每一名学生都能在法治的阳光下全面发展。在当今社会，促进教育公平与提升教育质量已成为教育领域的重要目标。这一目标不仅关乎学生的个人发展，更是构建法治社会、实现社会公正的重要基石。在法治的阳光下，致力于确保每一名学生都能获得平等且优质的教育资源，实现全面发展。首先，教育公平是确保每一名学生享有平等教育机会的核心。这要求在教育资源分配上做到公正、合理，避免城乡、区域、学校之间的差异过大。同时，还应关注特殊群体学生的教育需求，如贫困学生、残疾学生等，为他们提供更为精准的教育支持。其次，教育质量的提升是促进学生全面发展的关键。需要不断优化教育教学方法，提高教师的教学水平和专业素养，确保学生能够获得高质量的教育服务。同时，还应注重培养学生的创新精神和实践能力，引导他们积极参与社会实践活动，提升综合素质。在法治的阳光下，还需要建立健全的教育法律法规体系，为教育公平与质量的提升提供有力保障。这包括完善教育投入机制、加强教育监管和评估、建立教育纠纷解决机制等。通过这些措施，确保教育政策的有效执行，促进教育资源的合理配置，提高教育质量和效益。

依法治校背景下立德树人的实践是一个复杂而系统的工程。它需要树立法治原则下的教育理念，完善法律法规体系，加强法治教育和师德师风建设等方面的工作。同时，还需要注重学生的全面发展，加强法治教育与德育的融合，营造和谐校园氛围等方面的具体实践。只有这样，才能更好地推动立德树人的深入实施，为培养德智体美劳全面发展的社会主义建设者和接班人做出更大的贡献。

## 四、结束语

教育，作为一种以培养人为核心目的的社会活动，其各教育主体权利的实现构成了立德树人的重要组成部分。依法治校与立德树人，作为推动学校教育建设与发展的两大核心抓手，相辅相成，互为支撑。全面依法治校为立德树人提供了坚实的制度框架与规范基础，强化了其内在的"筋骨"结构；而立德树人则赋予全面依法治校以深厚的教育内涵与动力，促进了其在教育实践中的"落地生根"。二者协同作用，旨在引导广大青年学生既坚守社会道德的底线，又自觉追求崇高的道德理想，实现智慧追求与维护社会秩序的有机结合。普遍认为，立德树人的根本目标在于培养全面发展的人，实现思想引领与行为塑造的有机结合。在这一过程中，依法治校显得尤为重要。柔性的立德树人理念与刚性的法治约束相结合，共同作用于青年学生的成长历程。这一理念深植于中华优秀传统文化的辩证智慧之中，同时也彰显了马克思主义唯物辩证法的哲学光辉。

广大青年学生作为社会主义现代化建设的中坚力量，是法治意识培养的关键群体，也是法治教育不可忽视的重点对象①。在实现中华民族伟大复兴的历史进程中，学校肩负着重要的历史使命和时代责任，其核心在于培养一批又一批能够担当中华民族伟大复兴大任的时代新人。这些新人不仅须具备卓越的才能，更须拥有良好的法治素养，逐步成为建设社会主义法治国家的中坚力量和展示中华民族崭新形象的法治文明先锋。展望未来，须持续内化依法治校的理念，不断优化立德树人的实施路径。立德树人工作须不断丰富其法治内涵，增强法治力量，凸显法治元素，为实现中华民族伟大复兴的中国梦贡献力量。

（撰稿人：郭平，成都师范学院教授，四川省教育学会学术委员会副主任；

刘延金，成都师范学院教授）

---

① 李栗燕.新时代高校法治教育与思政教育的互促性探析[J].法学教育研究，2019，25（2）：317-330.

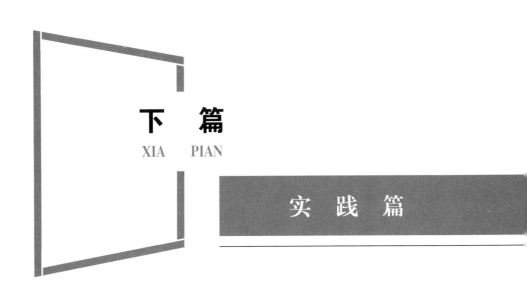

下 篇
XIA PIAN

实 践 篇

# 立德树人的四川样态

在总结和回答立德树人实践的四川样态时，首先需要厘清样态的内涵。样态即样式、形态。"样态"是一个广泛应用于自然科学、社会科学、工程技术等领域的概念。它通常用来描述一个系统、物体或者过程的特定状态或者形态。样态是对事物存在状态的"断定"，用来描述事物的属性。① 样态既可以体现在学校的整体特征上，也可以表现在学校发展的某一领域、某一方面或某一环节，如课程新样态、课堂新样态、文化新样态等。② 样态的概念可以帮助我们更好地理解和分析各种问题。样态可以分为理论样态和实践样态。理论样态是指根据理论、计划或者预期所设想的状态或者形态。它是基于理性思考、研究和分析得出的，通常是一个理想化的描述或者模型。理论样态可以提供思路和框架，帮助我们理解和规划实践中的行动。实践样态是指在实际操作中所表现出的状态或者形态。它受到实际情况、资源条件、环境因素和人的行为等因素的影响。理论样态和实践样态之间的关系是动态的和相互影响的。教育实践中的经验和反馈可以用来验证、修正或者改进教育理论样态。同时，教育理论样态也可以为教育实践提供参考意见，帮助我们更好地理解和解决实际问题。在实际操作中，我们常常需要将理论样态与实践样态相结合，根据实际情况做出调整和决策。这种相互作用可以促进教育理论的发展和教育实践的改进。

基于对样态的认识和理解，回顾五年来四川省基础教育立德树人优秀创新实践案例的征集与展示活动的发展历程，四川省教育学会依据党和国家的教育方针政策，遵循教育规律和学生成长规律，系统开展了"立德树人、五育并举"的理论与实践研究，呈现了立德树人实践的四川样态。

---

① 康德.纯粹理性批判[M].邓晓芒，译.北京：人民出版社，2004：197.
② 陈如平.关于新样态学校的理性思考[J].中国教育学刊，2017（3）：35.

## 一、坚持价值引领，把落实立德树人、发展素质教育作为战略主题

"培养什么人、怎样培养人、为谁培养人"是教育的根本问题。立德树人关系到党的事业后继有人，关系到国家的前途命运，是发展中国特色社会主义教育事业的核心所在，是培养德智体美劳全面发展的社会主义建设者和接班人的本质要求。党的十八大以来，党中央、国务院高度重视基础教育建设，坚持以人民为中心发展教育，坚持把立德树人作为教育根本任务。党的教育方针明确提出要培养德智体美劳全面发展的社会主义建设者和接班人。践行党的教育方针，实现人才培养目标，必须坚持把立德树人成效作为评价学校的根本标准，必须坚持素质教育，坚持加强体育、美育和劳动教育，构建德智体美劳全面培养体系，坚决克服重智育轻德育、重分数轻素质等片面办学倾向。2018 年全国教育大会召开以后，党中央和国务院连续出台相关文件、召开基础教育工作会议，对我国基础教育进行系统的顶层设计，基本确立了新时代基础教育的"四梁八柱"，基础教育踏上更加注重内涵发展、全面提高育人质量的新征程。[①] 2019 年 7 月 8 日发布的《中共中央 国务院关于深化教育教学改革全面提高义务教育质量的意见》，进一步要求坚持立德树人，着力培养担当民族复兴大任的时代新人；坚持"五育"并举，全面发展素质教育。[②] 教育回归了最基本的初心。

人无德不立。育人之本，在于立德铸魂。立德树人，是教育事业发展必须始终牢牢抓住的灵魂，体现了教育的本质属性和基本规律，也是切实做好四川教育怎样为党育人、为国育才这篇重大政治文章的重要内容。基础教育是立德树人的事业，是党和国家教育事业的根本，是四川经济发展、社会进步的基石，必须旗帜鲜明地加强思想政治教育、品德教育，加强社会主义核心价值观教育，引导学生自尊、自信、自立、自强，努力培养担当民族复兴大任的时代新人。

四川省教育学会是四川教育系统会员最多、影响最广的全省性、群众性、学术性社会团体。2019 年第四届理事会换届以来，四川省教育学会秉承"繁荣群众教育科研、服务建设教育强省"的办会宗旨，紧跟时代、服务大局，以新思想、新理念推动学会事业科学发展，确立了"规范建会、学术立会、服务兴会、创新强会"的办会理念，将推动全省中小学全面落实立德树人根本任务作为重点工作，计划通过五至十年，在全省基础教育领域组织开展立德树人优秀创新实践案例的征集与展示学术活动，带领广大学校努力破解部分学校德育软、智育弱、体育虚、美育偏、劳育缺等问题，坚

---

① 于发友. 中国教育体制改革 45 年：历程、经验与展望[J]. 教育史研究，2023（4）：9.
② 中共中央 国务院关于深化教育教学改革全面提高义务教育质量的意见[N]. 人民日报，2019-07-09（1）.

持五育并举，构建德智体美劳一体化育人体系，以德正人、以智启人、以体健人、以美育人、以劳树人。[①] 五年来，四川省教育学会聚焦落实立德树人根本任务，围绕课程育人、活动育人、文化育人、实践育人、管理育人、协同育人等主题，已坚持开展了六届立德树人优秀创新实践案例评选活动和四届展示活动。如在课程育人方面的案例均把课程作为主要阵地，突出培养学生核心素养，紧扣立德树人根本任务，遵循教育教学和人才培养规律，注重学校课程育人体系建构，在丰富课程类型、完善课程结构、探索课程融合、聚焦育人目标等校本层面的课程变革方面，因地制宜、因校制宜，进行了积极的、生动的、鲜活的学校课程育人探索与实践。来自幼儿园、小学、初中和高中等各个单位的成果主题，涉及思政课程、课程思政、生命教育、特殊儿童教育、语文阅读、数学实践、劳动教育、"劳美"融合、STEM教育、课后服务、兴趣课程、作业设计、数字化赋能教育教学改革等多个方面；成果内容既有对实施路径与模式的详细阐释，也有对实践策略与方法的具体介绍。这些案例均具有较强的代表性，在教育理念、方式方法、手段策略等方面进行了深层次研究和系统化变革，对各级各类学校和广大教育工作者发展素质教育、创新人才培养模式、落实立德树人根本任务，有着重要的参考和借鉴价值。

四川省基础教育立德树人优秀创新实践案例的征集与展示活动，在指导区域及学校立德树人工作，培育、总结推广立德树人的四川经验等方面取得明显成效，对推进四川省基础教育高质量发展产生了积极影响，谱写了立德树人的四川新篇章！

## 二、坚持问题导向，推进"立德树人、五育并举"生态的系统性建构

"立德树人、五育并举"是新时代基础教育育人方式转型中的重大命题。[②] 五育既有密切的联系又具有各自独立的内涵和功能，五育如同人的五根手指，天生有长短，各有其功能，但缺一不可。过去一个时期，在中小学教育生态中，五育实施常常不全，或者弱化非升学考试学科教学，导致办学目标远离育人初衷。其主要原因在于智育独大的教育评价观、工具化和短视化的人才观盛行，以及教师综合素养相对不足等。走向五育并举、五育融合，需要协同家庭、学校、社会的教育生态合力，聚焦共生型和多元化的课程生态、教学生态、资源协同生态、教育评价生态以及教育治理生态重建等举措，整体性建构立德树人的生态圈。[③]

① 四川省教育学会.四川省基础教育立德树人创新实践·第一辑（2019—2020）［M］.成都：四川教育出版社，2021：前言.（有修改）

② 宁本涛."五育融合"与中国基础教育生态重建［J］.中国电化教育，2020（5）：1.

③ 严奕峰，吴旻轩."双减"重塑基础教育生态的价值诉求［J］.当代教育科学，2023（9）：33.

历届四川省基础教育立德树人优秀创新实践案例的征集与展示活动，坚持问题导向，推进"立德树人、五育并举"的系统性建构。2019年，首届四川省基础教育立德树人优秀创新实践案例展示活动在成都举行。活动以"全面落实立德树人根本任务，大力发展素质教育"为主题，就如何将立德树人落细落小落实，如何增强时代性、科学性和实效性等问题展开了交流研讨。省内外学者以新时代德育面临的挑战、立德树人的时代内涵与学校落实机制等为主题作报告，为全省基础教育学校落实立德树人根本任务作了理论引领和实践指导。活动同时在电子科大附小、成都大学附中、成都市娇子小学、成都市金沙小学、成都市棕北中学和成都七中初中学校专设"活动育人、课程育人、文化育人、劳动育人、管理育人、协同育人"6个分会场，系统展示立德树人的实践探索。如成都市金沙小学以挖掘金沙文化服务教育为思想源泉，坚持以促进学生全面发展为前提，开展协同育人研究。学校坚持文化育人，以馆校合作、家校共育为基本方式，从教育的视角整合博物馆资源、社区资源，拓宽教育视野，提升学校德育品质，逐步构建起学校、家庭、社会、学生合力的协同共育机制。①

历届活动均关注"五育融合、整体育人"，关注学校教育中的薄弱环节及其影响因素，从而推进中小学育人生态建设。活动提出坚持立德树人是中小学育人生态建设的"魂"，必须牢牢守住师生思想政治建设的主阵地；五育并举是中小学育人生态建设的"根"，必须在教育教学中尽到本分；"双减"的实质是修复教育生态，必须将"双减"政策要求在学校不打折扣地贯彻落实；"双减"背景下建设中小学育人生态，必须将校内校外、课内课外相结合。② 五育融合的教育生态学理论建构以及走向五育融合的区域教育发展、学校变革、课程建设、教学变革、评价改进等实践探索，必将为新时代中国基础教育改革贡献四川智慧。

## 三、坚持以研促改，提升教师立德树人的意识和能力

进入新时代，我国正从教育大国向教育强国迈进，正在追求更加公平、更有质量的教育。在这个过程中，我们需要破除基础教育存在的片面追求升学率、片面追求分数的突出问题；需要不断更新教育观念，以学生发展为中心，培养高素质创新型人才；需要完善五育融合的教育体系和家校社协同育人机制；需要用数字化赋能教育教学评价改革……真正落实立德树人根本任务，做到五育并举，融合育人。

---

① 四川省教育学会.四川省基础教育立德树人创新实践·第一辑（2019—2020）［M］.成都：四川教育出版社，2021：286.

② 根据新闻通稿"四川省第三届立德树人优秀创新实践案例展示活动在泸州隆重举办"改写。

2019 年第四届理事会换届以来，四川省教育学会启动了省级教育科研课题的立项工作，支持学校及教师的教育教学改革。四川省教育学会围绕立德树人及其影响因素开展理论与实践研究，通过历届立德树人优秀创新实践案例的征集与展示活动，牵引学校及教师自我反思、总结提炼。活动征集的案例涵括幼儿园到中学各学段，涉及部分教育行政部门、教育科学研究院（所）、职业技术学校、特殊学校及少年宫；内容包括课程育人、文化育人、活动育人、实践育人、管理育人、协同育人与整体育人中的难点、热点问题。

众多创新案例遵循教育规律，坚持一切从实际出发的原则，激发教师改革进取，推动了学校不断发展。如 2019 年荣获一等奖的泸州市叙永县摩尼镇新苗实验学校，秉承"一个也不能少，一个也不能差"的办学理念，在 30 多年的办学历程中，致力山区留守儿童的成长教育，创造了生源由富裕地区向贫困地区倒流的奇迹。该校在抓好学科教学，实现"寒门优教"低进高出的同时，不忘以美育人、以文化人，增强美育熏陶：学校以"正"文化为核心，因地制宜，充分挖掘民族地区农村天然质朴的文化资源与自然资源，开发美育校本课程，依托艺术社团活动，实现农村美育的"逆袭"；学校严格落实音乐、美术、书法等课程，结合地方文化设立艺术特色课程，广泛开展校园艺术活动，帮助每位学生学会 1 至 2 项艺术技能，会唱主旋律歌曲；学校组建 10 多个特色艺术社团，办好学生艺术展演活动，弘扬中华优秀传统文化，树立了"以美树德、以美树智、以美树体"的大美育观，形成了良好的美育氛围，极大地促进了贫困山区留守学生素质的全面发展。苏霍姆林斯基说过，学生因在某一领域取得成绩而产生的自尊、自信和自豪感具有头等重要意义，能推动一个人在别的领域努力取得理想的成绩，从而促进人的全面发展。每位学生的精神世界是一个不可分割的整体，对这个整体施加教育影响时，必须五育并举。叙永县摩尼镇新苗实验学校对"一个也不能少，一个也不能差"办学宗旨的理解是：学生一个也不能少，德智体美劳，一项也不能少；学生一个也不能差，德智体美劳，一项也不能差！新苗实验学校立德树人、五育并举的创新实践，取得了丰硕的整体育人成果。[①] 四川省教育学会为此组织专家多次深入该校，帮助该校教师总结经验，挖掘背后的理论，并将理论和实践经验提炼升华，宣传推广。2022 年该成果荣获了四川省教学成果一等奖，学校教师深受鼓舞，更加坚定走立德树人、五育并举之路。

---

① 四川省教育学会.四川省基础教育立德树人创新实践·第一辑（2019—2020）[M].成都：四川教育出版社，2021：360.

## 四、坚持典型示范，多方协同，推广立德树人优秀创新实践案例经验

落实立德树人根本任务是新时代基础教育的价值取向。在过去一段时间，部分学校的发展存在三个严重问题：一是急功近利，屈于外部评价的功利化倾向十分严重；二是不讲科学，反教育行为时而出现；三是违背规律，揠苗助长、竭泽而渔的现象较为突出。[①] 为破解基础教育存在的"疏德、偏智、弱体、抑美、缺劳"和"唯分数、唯升学、唯文凭"等顽瘴痼疾，一批有识之士进行了不懈探索，形成了一批可复制、可操作的立德树人优秀实践创新案例，发挥他们在教育教学改革、实践、研究中的引领和辐射作用，助力四川基础教育教学实现高质量发展。基于此，四川省基础教育立德树人优秀创新实践案例的征集与展示活动注重对历届优秀创新实践案例进行有计划的深挖掘，组织专家对每一届活动征集评选出的一等奖案例开展有针对性的专业指导，发掘亮点，帮助学校总结提升。同时加强对典型经验做法、优秀教师团队（省级名师工作室）、显著工作成效等的宣传报道，激发基础教育战线深化教育教学改革的积极性、主动性、创造性，不断提高育人质量。

2019 年、2020 年、2022 年、2023 年，四川省教育学会分别在成都市、南充市、泸州市、广元市举行了四川省立德树人优秀创新实践案例展示活动。每一次展示活动都邀请到省教育厅领导、相关地市的政府领导到会支持。展示活动还邀请到省内外高校、研究机构学者及知名校长作专题学术报告。四次展示活动分别有来自全省 21 个市州教育行政部门、教育学会、教科院（所）以及中小学校的校长、教师代表 500 余人、900 余人、1000 余人（线上线下方式）和 800 余人参会。同时，四川教育学会与中国德育杂志社等单位合作，广泛宣传这些优秀案例，让更多的学校和教师受益。

2023 年，四川省第四届立德树人优秀创新实践案例展示活动在广元市举行。活动以"立德树人、五育并举——建设高质量四川基础教育育人生态"为主题。活动分别在四川省广元外国语学校、广元市示范性综合实践基地管理中心、广元市特殊教育学校、四川省剑门关高级中学、剑阁县龙江小学校、剑阁县普安幼儿园、广元市朝天区羊木镇小学、旺苍县东河小学设立 8 个分论坛。8 所学校展示了"立德树人、五育并举"的实践经验。来自成都市、绵阳市、自贡市、攀枝花市、泸州市、内江市、宜宾市、南充市、广安市、遂宁市、阿坝州等市州的 14 所中小学、特教学校、幼儿园以及资阳、德阳两市的教科研机构代表分别在不同分会场与广元市教育界同仁同台展示

---

① 陈如平. 关于新样态学校的理性思考［J］. 中国教育学刊，2017（3）：35.

交流。

  历届四川省基础教育立德树人优秀创新实践案例的征集与展示活动，坚持解放思想、实事求是，一切从实际出发，尊重群众首创精神，推动改革自上而下和自下而上相结合，竭力从生动鲜活的基层实践中汲取智慧和力量，让基层实践的涓涓细流汇聚成推动四川教育改革发展的强大势能和强劲动能。

（撰稿人：曾宁波，四川省教育科学研究院研究员、四川省教育学会学术委员会副主任）

# 学前教育立德树人的实践探索

　　立德树人是新时代对"培养什么人、怎样培养人、为谁培养人"这一教育根本问题做出的主动应答。"德"不仅指道德品质和道德能力，还包括理想信念、人生价值追求和法律素养等，是一个人世界观、人生观、价值观、道德观、法制观的集中反映。[①]

　　培养具有良好德行、美好品格、可担当民族复兴大任的时代新人是广大教育工作者的职责所在。俗话说"三岁看大，七岁看老"，幼儿阶段是个体道德发展、知识获取、能力培养及行为习惯养成的关键时期，是培根铸魂、启智润心的重要阶段。在立德树人思想引领下的幼儿园德育实践既关注德育工作"尽小尽早"的重要价值，又呈现了德育与各个教育阶段、教育形式有机结合的创新成果。在新时代开展幼儿园德育工作必须从各幼儿园德育实践模式的创新经验中获得灵感和抓手，最终充分实现立德树人根本任务在幼儿园的落地落细。基于以上种种，我们对四川省近几年来的城市、乡村、民族地区的幼儿园立德树人实践进行全面梳理，做出理性判断，供同行批评。

## 一、我国学前教育政策中的幼儿品德启蒙

　　在教育的宏伟蓝图中，立德树人始终是教育的根本宗旨，旨在通过全面而深入的教育活动，培养学生的品德和能力，为其未来的成长打下坚实的基础。学前教育在国民教育体系中具有基础地位和特殊意义，对人生的品德启蒙具有重要价值。

　　自1949年中华人民共和国成立以来，我国学前教育事业在党的带领下、在国家教育政策的指引下得到空前发展。学前教育政策是国家所制定和颁发的关于学前教育的方针、法律、纲要、决定、通知、规划、规定、意见、办法、条例、规程、细则、纪要等各种文件的总称。[②] 因此，对中华人民共和国成立70多年来学前教育政策进行总

---

　　① 吴潜涛.社会主义核心价值观教育：立德树人的必由之路[N].北京日报，2014-01-13（2）.
　　② 黄明东.教育政策与法律[M].武汉：武汉大学出版社，2007：11.

结分析，有助于提醒广大学前教育工作者不忘初心、牢记使命，有效保障我国学前教育事业得以健康、科学发展。

**（一）社会主义学前教育初探时期（1949—1978 年）**

新中国学前教育相关法律的制定开始时期较早，自 1949 年中华人民共和国成立开始，便步入了探索时期。学前教育在这一时期的主要特点是为国家建设服务、为工农大众服务。1952 年《幼儿园暂行规程（草案）》（以下简称《规程》）的出台表明国家高度重视幼儿教育，并将其纳入国家教育体系。《规程》是中华人民共和国成立初期对幼儿教育进行管理和规范的法规文件，在当时的教育体系中具有重要的教育价值。《规程》强调幼儿的全面发展，要求幼儿教育注重幼儿的身心健康、智力、语言、社会情感等方面的发展。《规程》在教育实践中促进了幼儿的全面成长，为他们提供了有利的学习环境和教育资源；鼓励家长积极参与幼儿教育，强调家园合作的重要性；促进了学校与家庭的密切联系，加强了家长对幼儿教育的关注和支持，形成了教育共同体；推动了幼儿教育的普及，为广大幼儿提供了受教育的机会；为幼儿园的建立和发展提供了政策依据，促进了幼儿教育的普及普惠；强调在幼儿教育中培养幼儿的社会主义核心价值观。

在社会主义全面建设时期，为提高幼教质量，国家开始重视学前教育师资队伍的培养和幼教机构的发展，颁布了《关于第一次全国教育工作会议的报告》《关于中小学、师范学校的托儿所工作的指示》等多项政策纪要、规程等，地方政府因地制宜颁布了相关政策文件，重在为国家培养社会主义建设者和接班人。

**（二）中国特色社会主义学前教育发展时期（1978—2010 年）**

党的十一届三中全会以来，学前教育取得了快速发展，改革开放时期颁布的学前教育政策更加全面系统。这一时期的学前教育的主要特点是为社会主义建设服务。《城市幼儿园工作条例（试行草案）》（1979 年）、《三岁前小儿教养大纲（草案）》（1981 年）等政策文本基本涵盖了教育发展方针、教师、管理、幼儿等政策目标，为当时恢复、稳定我国学前教育事业的发展给出了很好的回应。[①] 这一时期教育方针的基本方向是对儿童实施素质教育和劳动教育，旨在为国育人、为党育才，培养儿童的社会责任感和公民意识，使他们成长为具有社会良好行为、关注社会发展和参与公共事务的人才。

1989 年《幼儿园管理条例》的颁布标志着中国幼儿教育管理向规范化、法治化迈

---

① 郑晶晶，刘来兵. 新中国成立 70 年来我国学前教育政策的演进与特征［J］. 文教资料，2022（10）：131-133.

出了关键的一步。该条例明确了幼儿园的管理职责和办园标准，为幼儿园的运营和管理提供了法律依据，有助于提升幼儿园教育质量；通过规范幼儿园教育，提高未来公民的整体素质，为社会培养合格人才；在对幼儿的培养目标方面，规定了幼儿园的保育和教育工作应当促进幼儿各方面和谐发展。

### （三）新时代中国特色社会主义学前教育完善时期（2010年至今）

这一时期的学前教育政策不断朝着科学、民主、法制的方向发展，既体现了科学规划发展的学前教育特征，又突出了"幼有所育"的新时代学前教育方针。[①]

2010年中共中央、国务院颁布了《国家中长期教育改革和发展规划纲要（2010—2020年）》，该项文件的发布被视为"学前教育的春天"的到来。这是21世纪我国第一个中长期教育改革和发展规划，标志着科学发展观在教育领域的全面落实。文件中提到坚持德育为先，立德树人，把社会主义核心价值体系融入国民教育全过程，强调学校教育对学生世界观、人生观和价值观的正确引导，强调加强爱国主义、社会主义荣辱观、公民道德的教育，并要求将德育渗透到教育教学的各个环节中，贯穿学校教育、家庭教育和社会教育的各个方面，构建大中小学有效衔接的德育体系，创新德育形式，丰富德育内容，不断提高德育工作的吸引力和感染力，增强德育工作的针对性和实效性。同时，文件用专门的章节对我国学前教育的发展提出了要求，进一步强化了学前教育发展的重要性。文件在明确提出基本普及学前教育规划目标的同时，强调学前教育对幼儿习惯养成、智力开发和身心健康的重要意义，强调要遵循幼儿身心发展规律，坚持科学的保教方法，保障幼儿快乐健康成长。

2010年颁布的《国务院关于当前发展学前教育的若干意见》是一份关于学前教育的重要文件。该意见充分考虑广大学前教育工作者和幼儿家长提出的学前教育发展问题，着力解决入园难、入园贵、幼儿园安全事故频发问题，最终明确了必须坚持学前教育普惠性的原则。该意见出台后具体从十个方面提出了学前教育科学发展的基本方向，明确要求各省（区、市）以县为单位编制学前教育三年行动计划。文件第一条提出要"把发展学前教育摆在更加重要的位置"，再次声明学前教育在国民教育体系中的重要意义，强调"办好学前教育，关系亿万儿童的健康成长，关系千家万户的切身利益，关系国家和民族的未来"。

《3-6岁儿童学习与发展指南》（以下简称《指南》）于2012年10月由我国教育部颁布，共目的在于深入贯彻《国家中长期教育改革和发展规划纲要（2010—2020年）》

---

① 张立平，张娜. 建国以来中国学前教育政策的发展与启示[J]. 陕西学前师范学院学报，2020，36（2）：71-76.

和《国务院关于当前发展学前教育的若干意见》，帮助广大幼儿园教师和家长了解幼儿学习与发展的基本规律和特点，全面提高科学保教水平。《指南》以为幼儿后继学习和终身发展奠定良好素质基础为目标，以促进幼儿德、智、体、美各方面的协调发展为核心，从健康、语言、社会、科学、艺术五个领域描述幼儿各年龄段学习与发展的目标水平。虽然五大领域并未以专题的形式强调幼儿品德启蒙、德育培养的价值或要求，但在许多要求中均有涉及。例如，语言领域向幼儿提出"具有文明的语言习惯""会说本民族或本地区的语言，也会说普通话"的期待，要求从语言发展上潜移默化地引导幼儿形成文明礼貌的良好道德习惯以及爱国爱家的民族意识。另外，社会领域也强调了"能与同伴友好相处""关心尊重他人""遵守基本的行为规范""具有初步归属感"等要求，关注幼儿友好善良、家国情怀等道德品质的培养。

2016年3月，我国正式实施新修订的《幼儿园工作规程》，同时废止1996年3月9日由原国家教育委员会发布的旧版《幼儿园工作规程》。"总则"中修订了五个方面，一是坚持立德树人，二是强化安全管理，三是规范办园行为，四是注重与法律法规和有关政策的衔接，五是完善幼儿园内部管理机制。新修订的《幼儿园工作规程》将"德"提到了幼儿全面发展的关键位置。"总则"第三条提出："幼儿园的任务是：贯彻国家的教育方针，按照保育与教育相结合的原则，遵循幼儿身心发展特点和规律，实施德、智、体、美等方面全面发展的教育，促进幼儿身心和谐发展"。其体现了党的十八大以来党中央培育和践行社会主义核心价值观，注重美好道德品质的培养与塑造的高度重视。

《中共中央 国务院关于学前教育深化改革规范发展的若干意见》（以下简称《意见》）是中共中央、国务院针对新时代学前教育改革发展做出的重大决策部署。这份文件明确了学前教育改革发展的方向和具体措施，体现了国家对办好学前教育、实现"幼有所育"的承诺和决心。通过这项政策，国家旨在全面提升保教质量，坚持以游戏为基本活动，全面推进科学保教，并加快实现幼儿园与小学科学有效衔接。《意见》指出要确保党的教育方针在学前教育领域深入贯彻，确保立德树人根本任务落实到位，确保学前教育始终沿着正确方向发展。

《幼儿园办园行为督导评估办法》（以下简称《办法》）的颁布对于提升幼儿园教育质量、规范办园行为以及保障幼儿健康成长具有重要意义。对幼儿园进行全面评估和督导，可以确保幼儿教育更好地服务幼儿的全面发展，同时也能为幼儿园的管理者和教师提供明确的工作指导和目标。作为专门的学前教育工作督导文件，其督导评估工作基本原则《办法》还指出，也将落实立德树人成效作为督导评估的根本标准，引导幼儿园坚持社会主义办园方向。《办法》还指出，幼儿园应当加强党组织建设，重视思想政治工作，落实立德树人根本任务，坚持五育并举，确保正确办园方向。这促进了当前幼儿园在"为党育人、为国育才"的道路上不断前进。

在学前教育事业不断发展和完善的过程中，《中华人民共和国学前教育法（草案）》的出台，再次阐明了我国学前教育应当坚持中国共产党的领导，坚持社会主义办学方向，贯彻党和国家的教育方针，落实立德树人根本任务，遵循儿童身心发展规律，培育社会主义核心价值观，继承和弘扬中华优秀传统文化、革命文化、社会主义先进文化，培育中华民族共同体意识，为培养德智体美劳全面发展的社会主义建设者和接班人奠定基础。

党的十八大以来，在习近平新时代中国特色社会主义思想的全面引领下，学前教育正朝着普及、优质与均衡发展的新方向迈进。可见，在新的历史起点，学前教育的政策充分体现了新时代对学前教育事业发展的新期待、新定位与新要求。[①]

## 二、美美与共，和而不同——立德树人中的四川幼教行动

四川幼教机构始终坚持对幼儿进行中华民族共同体意识的培育，具体体现为特大型城市幼儿园坚持高位引领，乡村幼儿园对地方文化进行价值挖掘与园本化转化，民族地区幼儿园唱响"书同文，语同音"的和声，朝着"为党育人、为国育才"的目标笃定前行。

### （一）家国天下的使命担当——四川城市幼儿园的举旗定位

四川城市幼儿园，尤其是特大型城市的幼儿园，具有资源广泛和发展便利的优势，成为践行学前教育深化改革的领军群体，其先进经验和优秀案例值得同行从资源整合、合作模式和改革探索等方面进行学习和借鉴，为自身的发展和提升注入新的动力和创新思维。

#### 1. 幼有善育守童真[②]

成都市第四幼儿园（以下简称"成都四幼"）地处成都市金牛区，是四川省首批"省级示范性幼儿园"、成都市首批"一级一等幼儿园"。作为西南地区城市幼儿园中辐射范围广、影响力大的历史传统名园，成都四幼始终保持高质的发展态势，为区域学前教育高质量发展贡献智慧。成都四幼在园所领导的思想引领、园所教师的实践总结，以及园所幼儿家长的支持配合下，始终高举幼儿园创办人陆秀先生的"尚善培元、育幼兴邦"价值主张，提出"培养具有家国情怀、良好品德和行为习惯的四幼儿童"的

---

① 梁慧娟. 改革开放 40 年我国学前教育事业发展的回望与前瞻[J]. 学前教育研究，2019（1）：9-21.
② 该案例由成都市第四幼儿园提供。

新教育命题。这是成都四幼人对幼儿园重视幼儿爱国主义教育的自然延续，是对"为党育人、为国育才"的积极应答。

为落实立德树人根本任务，成都四幼紧密围绕"童真课程"培养目标，构建起较完善的德育活动体系，设计开发并实施"善育"活动，支持幼儿园全体幼儿的品德启蒙，进一步回应新时代对幼儿教育的根本要求。

该园认为，教育不是规训和强迫，而是导人向上的生长，是促进儿童生命的内在生长，是促进儿童生命的发展完善。教育如农人精耕细作，是对儿童的精心培育。儿童有自己独特的成长节奏，因此，教育需要基于儿童成长的节奏来展开。教育需要多一份宽容和耐心，多一份理解和接纳，引导儿童面向光明，用教师的仁爱之心，增益儿童的善性德行。成都四幼教师通过调查该园幼儿品德启蒙现状，进行幼儿园"善育"活动体系的构建。

首先是"善育"目标体系的构建。成都四幼教师基于"童真课程"培养目标，形成幼儿园"善育"活动目标体系，并将德育总体目标细化为"三年龄三阶段"具体目标。其次是"善育"活动框架与内容的完成。成都四幼教师集思广益，以"多元、整合、探究"为活动底色，从"培养幼儿家国情怀"和"培育幼儿良好品德习惯"两个方面构架活动内容。"培养幼儿家国情怀"以幼儿园、班级和家庭等为单位，开展以"爱国、爱家乡、爱父母、爱自己、爱朋友"为主题的活动；"培养幼儿良好品德习惯"分为"做人、做事、处事"三个板块。主题活动基于幼儿生活经验、教育目标层层递进，形式丰富多样，将品德教育有机融进一日生活、主题活动、家庭教育等诸多教育环节，有效实现"善育"活动的意义和价值。

成都四幼基于"童真课程"理念的"善育"活动的开发设计与实施，是幼儿阶段实施德育的典型范例。成都四幼通过对园所的建园背景、办园理念、课程文化的梳理，将幼儿德育融入各个教育环节，立足幼儿品德发展，利用自身课程文化优势，构建完整的德育体系，显著提高了幼儿德育质量。

**2. 关怀生命润童心**[①]

党的十八大以来，随着社会经济的快速发展，家庭、社会对教育质量的期望越来越高，父母让子女获得优质学前教育的愿望越来越强烈。2010 年，国务院提出 10 项意见破解学前教育"入园难"问题，其中提及将大力发展公办幼儿园，鼓励优质公办幼儿园举办分园或合作办园。"名园办分园"由个别案例迅速发展成为在全国各主要城市"遍地开花"的现象。目前在很多城市，名园办分园被当作扩大幼儿教育规模、利

---

① 该案例由成都市新都区机关幼儿园提供。

用优质教育资源和解决教育经费不足的有效途径。

成都市新都区机关幼儿园（以下简称"新都机幼"）作为一所拥有六十多年文化积淀的老园，积极拓宽其优质幼教资源的辐射范围，形成一园五址的办园规模，并以"建一座有生命力的院子"为突破口，引导幼儿关爱生命、感恩生命，落实立德树人根本任务。

园所沿袭了自身在科学领域长达十余年探索的积淀，创设"有准备的探究环境"，打造富有创造与好奇的童乐园，让每一个孩子学会生活、亲历探究、获得发展。基于环境育人理念，进行园所环境升级，立足"生·探"理念，注重幼儿自然生命的成长与内在生命冲动的激发。

生命是教育的原点，教育最终指向人之生命意义的实现。将幼儿的体验探究扩展到影响幼儿生命生长的各个因素，在领域、资源、活动形式、场所等方面进行有机融合，形成教育合力——新都机幼的教育者们用实践回应"培养什么人、怎样培养人"的问题。

基于"理解生命、关怀生命、感恩生命"的理念，历经六年的实践积淀，新都机幼获得了巨大的实践探索成效。幼儿在对生命的体验中，直观地、科学地了解了生命的全过程，进而建立了学会关爱、保护生命的情感态度，能使用正确的方式表达自己对生命的关爱，懂得悦纳自己、同理他人、尊重生命、适应社会。教师更加关注儿童的生命情感，珍视儿童强烈的探索欲，实现了教师专业素养质的飞跃。同时家长对生命教育的情感态度、价值认知及实施方式等都有了极大转变。园所形成了一套可供借鉴与参考的"生·探"课程案例，在实践中继续积淀提升。

新都机幼在实践中取得巨大进步的同时，也从生命教育的角度践行着立德树人的使命与担当。

### （二）让乡愁在幼儿心灵驻扎——乡村幼教的应然选择[①]

在中国这片古老而又充满活力的土地上，广袤的乡村蕴藏着无尽的生机与潜力。在这些田野和山川之间，学前教育如同播撒在泥土中的种子，静静地孕育着未来的希望与梦想。

乡村学前教育承载着特殊的使命，它关乎着国家的未来和民族的精神面貌。乡村地区学前教育的使命还体现在它对于缩小城乡教育差距、促进社会公平正义的作用上。优质的教育资源往往集中在城市，而乡村地区则相对匮乏。加强乡村学前教育，可以有效地提升乡村儿童的受教育水平，为他们将来的学习和生活打下坚实的基础。这不

---

① 该案例由泸州市教育科学研究所提供。

仅有助于孩子们个人的发展，也有助于整个社会乃至国家的繁荣与进步。

乡村地区的学前教育，是连接传统与现代、乡村与城市的桥梁。它不仅是为孩子们提供学习知识、发展技能机会的平台，更是培养他们对家乡、对国家产生深厚感情的摇篮。教育者通过丰富多样的课程和活动，让孩子们了解自己的家乡，认识到家乡的自然风光、历史文化和社会发展，从而激发他们内心对家乡的热爱和归属感。这种家乡情结或乡愁情结的培养，对于幼儿的成长至关重要。它不仅能够增强孩子们的自我认同感，还能够在他们心中种下爱国的种子。当孩子们对家乡有了深刻的了解和深厚的感情后，他们自然会对国家产生一种天然的亲近感和自豪感。这种由小及大的情感扩展，是立德树人在乡村学前教育中的具体体现。泸州市开展多年的"萌娃赞家乡"主题活动，是四川乡村幼教人对幼儿爱家乡爱国家的品德启蒙教育的缩影。

"萌娃赞家乡"主题活动是由泸州市政府职能部门牵引，业务机构系统规划，广大幼儿园参与实践的重要立德树人活动。通过重塑价值观、跨界教研和活动设计三个维度的推动，深入开发地方文化资源，设定一系列以家乡为主题的课程，旨在让儿童熟悉家乡的杰出人物、传统艺术、壮丽景色、习俗和美食，从而感受家乡的魅力，提升他们对家乡的认同感和归属感。活动不仅培养了幼儿对家国的深情，也为他们的品德发展奠定了基础。

首先，此活动贴合国家教育政策要求，以践行、传承和弘扬中华优秀传统文化、落实立德树人根本任务为出发点，充分探索地方文化中可转化为教育课程的社会资源，让幼儿在对家乡各类文化资源的了解和学习中厚植家国情怀。其次，此活动由市级教育行政部门、教研单位与各幼儿园协同推进，通过跨区域、跨领域、多形式的合作方式，形成了一套高效联动的教研机制，包括调研摸底、整体谋划、联席研修和效果追踪各环节，以便更加充分地探索地方文化中的可利用资源和更加高效开展和完善活动的有效机制。最后，构建出包含名人、美景、民间艺术、美食、风俗五个方面的"萌娃赞家乡"课程体系。

课程目标围绕"萌爱、长能、培根"三个方面，旨在引导幼儿通过多感官了解家乡各类资源，运用多种方式探寻家乡历史和展望家乡未来，萌发对家乡的认同感、自豪感和归属感等。在课程内容方面，梳理周边一切可利用且富有泸州地域特色的物质、社会、人文等资源，通过审议，筛选能促进幼儿经验生长的资源，形成包含名人、美景、民间艺术、美食、风俗五个方面的"萌娃赞家乡"主题课程资源。在课程实施方面，充分利用多感官、多途径的方式让幼儿在亲子寻访、集体活动、区域游戏、环境创设的课程中，充分感知家乡丰富的美，萌发对家乡的喜爱情感。

在"萌娃赞家乡"主题活动中，以"萌爱、长能、培根"为目标，包含泸州市名人、美景、民间艺术、美食、风俗五个方面的特色课程资源，不仅丰富了教师和孩子们的学习体验，也使家长们深入感受文化的魅力，并加深了对文化的了解。在课程实践方面，始终把立德树人作为"萌娃赞家乡"活动的根本方向及精神引领，充分培养幼儿爱家乡的情感体验，从而更好地萌发幼儿的家国情怀，为完成"为党育人、为国育才"使命奠定坚实基础。

### （三）铸牢中华民族共同体意识——民族地区幼教人的坚定立场

#### 1. 川西高原红色文化润心田[①]

2017年5月，中共中央办公厅、国务院办公厅印发了《国家"十三五"时期文化发展改革规划纲要》，明确指出要"发扬红色传统、传承红色基因，用好革命历史类纪念设施、遗址和各类爱国主义教育示范基地等红色资源"。阿坝州州级机关幼儿园充分利用红军长征途中"三进三出"马尔康这一红色文化资源，持续进行园本化、班本化实践，其探索对于幼儿的发展具有重大价值，有助于培养幼儿的感恩、爱国等精神品质。

红色文化承载着厚重的中国革命历史文化，是一种理想的德育范式。阿坝州州级机关幼儿园以红色资源为内容，以主题活动为载体，以长征精神为核心，将阿坝州地区得天独厚的红色资源转化为园本化活动内容。如在六一国际儿童节举行"礼赞百年心向党·根正苗红好娃娃"红色主题竞技游园活动，设置"巧渡金沙江""飞夺泸定桥""爬雪山、过草地"等项目式活动；建构指向幼儿体验的园本课程体系，以进一步丰富幼儿的发展经验，厚植家国情怀。另外，在长征故事的启发下，教师组织幼儿进行表演游戏，并引领幼儿自制"长征途中"的道具，在"穿军装""学打仗""挖野菜""爬雪山""过草地"等"长征活动"中，通过角色扮演让幼儿切身体会到万里长征的艰辛、战友之间的深厚情意以及战争的残酷，从而激发幼儿的家国情怀，增进幼儿的民族认同感。

总之，中国的民族教育既要放眼全球多元文化教育事业，也要着眼于中华民族多元一体的教育框架。阿坝州开展红色文化资源园本化研究，目的在于挖掘民族地区学前教育发展的经验，提取学前儿童熟悉的生境文化知识，使课程内容贴近学前儿童的生活，进而通过传承民族文化、弘扬红色文化，培植学前儿童的中华民族共同体意识。

#### 2. 立德树人理念根植于心[②]

在中国共产党第十九次全国代表大会上，习近平总书记强调坚持把立德树人作为

---

① 该案例由阿坝州州级机关幼儿园提供。
② 该案例由甘孜州机关幼儿园提供。

教育的根本任务。幼儿园在幼儿教育中须严格按照《幼儿园教育指导纲要（试行）》《3-6 儿童学习与发展指南》实施教学，用陶行知先生"生活即教育"理念作为思想、行动的引领，打造环境优美、文化内涵丰富的"康巴馨园"。幼儿园德育是学前教育的重要组成部分，幼儿园在促进幼儿德智体美劳全面发展的教育中，德育占据首要地位。幼儿德育主要是指道德品质教育，而良好的道德品质是一个人素养的重要表现。立德树人，让每个孩子都成为有用之才，是时代的要求，是每一位幼师的使命。

甘孜州机关幼儿园深入践行社会主义核心价值观，将立德树人理念贯穿学前教育全过程，厚植幼儿爱国主义情怀。幼儿园通过"萌宝宝故事会""礼仪小标兵""小小播报员"等系列活动，以幼儿园、家庭、社会协同育人和全员育人的方式在实践活动中体现五育并举，将立德树人理念潜移默化地渗透到孩子们的心中。各类活动弘扬了中华民族传统美德，丰富了幼儿的生活，把社会主义核心价值观通过幼儿能够理解的形式展现出来，以更好地培养诚实、守信、文明、有礼的好儿童。

幼儿园让幼儿在体验中接受教育，坚持德育为先，使孩子们初步树立了良好品格意识，促进了幼儿全面发展。用"德"字来要求教师和培养幼儿，以幼儿园实践活动为载体贯彻立德树人要求，让每名幼儿都参与到活动中。幼儿园开展了个别活动、小组活动和集体活动，通过一系列的实践活动，让幼儿懂得什么是正确的、什么是错误的，培养幼儿形成良好的行为习惯，使幼儿身心健康全面发展。

**3. 书同文、语同音，中华一家亲**[①]

文化认同是最深层次的认同，是民族团结之根、民族和睦之魂。在民族地区广泛实施的"普及学前教育"项目，是加强民族凝聚力和促进农村发展的重要工具。凉山州作为四川省少数民族地区的重要组成部分，其学前教育的普及普惠发展对于四川省乃至全国的教育事业都存在一定影响。近年来，在党和国家的高度重视和大力支持下，四川省政府部门以及凉山州政府部门切实做好凉山州的学前教育发展工作，使凉山州的学前教育出现了蓬勃发展的良好局面，并始终坚守"为党育人、为国育才"初心使命，紧紧围绕"铸牢中华民族共同体意识"主线，坚持"以人民为中心发展教育"的根本立场。

凉山州学前教育通过以汉语学习为核心，组织教辅用书编写、课程方案编制、教学模式设计、教具学具开发，设计融合型学前课程，提升幼儿对中华文化的认同感和自豪感。还通过"学前学会普通话"信息管理平台和 APP、宣传学前学普的新网站及微信公众号等平台，制作张贴彝汉、藏汉双语宣传标语和制作双语宣传年历等方式，

---

① 该案例由凉山州部分幼儿园提供。

拓展学前学普新途径，营造了浓厚的普通话学习氛围。强调彝族与汉族共同尊崇的中华文化的象征及民族形象，有助于提高两个民族群体对中华文化的认同。这是推动凉山彝区学前教育高质量发展的积极尝试，也是从幼儿阶段全面铸牢中华民族共同体意识的必要之举。

此外，红色文化承载着中国共产党的初心使命、优良作风、坚定信仰、革命精神与优良传统，体现着以爱国主义为核心的家国情怀、艰苦奋斗的民族传统、自力更生的优良品质，体现出衷心为民的价值追求。凉山州也曾留下了红军长征的足迹，其红色文化也是凉山州的幼儿园值得探索的课程资源。在此背景下，凉山州冕宁县幼儿园发掘本地悠久的红色文化历史资源，为幼儿品德启蒙提供了文化保障。幼儿园通过讲红色故事、唱红色歌谣、玩红色游戏、展红色童心和演红色剧本，让幼儿在活动中感受革命前辈的艰辛，将红色基因根植于幼儿心底，从而培育德智体美劳全面发展的社会主义建设者和接班人。对于民族地区的幼儿园，一定要善于挖掘、梳理红色资源，开展好幼儿品德启蒙教育课程建设，让儿童在潜移默化的过程中受到红色文化的熏陶，生发爱祖国、爱家乡的情感。

（撰稿人：刘先强，成都大学教授、四川省教育学会学术委员会副主任；
杨欣源、袁紫嫣、杨士威，成都大学师范学院硕士研究生）

# 小学教育立德树人的实践探索

　　小学是连接幼儿园和初中的桥梁。由于其较长的学习时间和对学生一生形成的重要影响，不少人认为小学是五育并举和立德树人的敏感期、关键期和黄金期。说其敏感，是因为这一时期是学生身心、情感、思维、语言、认知等发展的起步期和脆弱期。有研究表明，学生的身心情感、德行品行、思维风格、语言表达和认知特征等，既可能在这一时期得以良好发展，也可能在这一时期止步不前，甚至可能朝着相反的方向变化。说其关键，是因为学生在这一时期的所立之德和所树之人，将成为其一生的雏形，为其一生的发展勾勒出大致轮廓，对其一生的发展产生巨大影响，所谓"三岁看大，七岁看老"，就是强调学生在这一时期的发展对其一生的重要意义。说其是黄金期，是因为这一时期的孩子最具可塑性，五育并举和立德树人在其身上施加的影响，有的很快会生根发芽，有的虽然一时"沉睡"，但迟早会"醒来"，并在其身上淋漓尽致地展现。所以，五育并举和立德树人必须用足用好用活小学这一敏感期、关键期和黄金期。由于小学生在身心与认知发展方面具有阶段性特征，立德树人和五育并举只有遵循这一时期学生发展的特殊性，彰显小学育人的特色，才能提高育人效益。

## 一、小学的育人特色

　　小学的育人特色，是和幼儿园、初中相比而言的。小学作为学生学习经历中的一个特殊阶段，既与幼儿园的学习有较大区别，也与初中阶段的学习有明显差异，这种区别和差异就构成了小学的育人特色。

### （一）相较于幼儿园的育人特色

　　和幼儿园相比，小学开始进入正规的"立德"与"树人"阶段。小学生尽管在幼儿园已经接受了游戏性与规范性相结合的立德树人教育，具备了一定的德智体美劳和谐发展的身心基础和参与集体活动的意识与能力，但和幼儿园的一日生活相比，小学阶段的学习样态、推进过程与结果要求都发生了较大变化。在不少人看来，小学才是真正的"入门"之学，是学生正式接受学校教育的开端，"儿童思想品德的形成、知识能力的发展和身体素质的增强，都将在小学教育阶段正式起步"[①]。与幼儿园的学习相比，小学阶段的学习发生了三个较大的变化："一是由游戏为主的学习活动向有目的、有计划的学习活动转化；二是由个体和松散的群体活动向有组织、有规律的集体活动转化；三是由口头语向书面语转化。"[②] 这三个变化概括出了小学的三大育人特点，五育并举和立德树人必须体现这些特点，才能以小学的育人样态把从幼儿园进入小学的儿童培育成体现时代要求的小学生。

其一，学习形式以规范化的学习活动为主，五育并举需要在规范化的学习活动中进行，立德树人需要在规范化的学习活动中展开。小学阶段的学习虽然不排斥不拒绝游戏活动，但这些带有游戏属性的活动已不再是游戏，而是以游戏为载体开展的学习活动，是学习的一种方式。即使是和幼儿园相似的游戏性活动，也必须变得"正规"起来，使其成为规范化的学习活动。规范化的学习活动，是指根据小学教育目标和课程方案开展的系列化学习活动，每一项学习活动都具有相应的立德树人目标、内容、方式、结果与评价，都具有明确的立德树人功能。这些规范化的学习活动不是孤立、零散和随意设置的活动，而是把 6 年或 5 年作为一个整体来规划，使学习活动具有系统性和阶梯性，能够形成较为明显的立德树人活动轨迹，并据此引导学生从幼儿园走进初中教育。

其二，学习主体强化团队属性，五育并举和立德树人主要在规范化的团队中展开。小学阶段的立德树人不仅重视个人的发展，更重视团队的整体进步和团队育人功能的实现。儿童从幼儿园进入小学后，同学与同学之间的关系开始从自发的游戏伙伴变为学习活动中自觉互助的学习伙伴，伙伴间相互学习的特征日益明显，五育并举和立德树人需要在这样的伙伴关系中展开，并进一步加固和深化这种学习关系。从群体的稳定性和规范性看，幼儿园松散的游戏群体将逐步变为具有合作规则的学习团队，学生们将逐步养成团队规则与团队荣誉意识，并逐步提高团队合作解决问题的能力，五育并举和立德树人将会在具有纪律要求和学习任务的组织中展开，团队立德和团队育人的特征将会日益凸显。

其三，学习内容侧重书面语，五育并举和立德树人从以日常生活场景为主转向以具有课程属性和一定设计感的学习场域为主。从五育并举和立德树人所使用的语言看，

---

① 黄济，劳凯声，檀传宝. 小学教育学[M]. 北京：人民教育出版社，2019：25.
② 同①.

开始从幼儿园的口语逐步转向书面语或规范语；在立德树人的情景创设上，开始从游戏化或随意性的生活情景转向富含育人含量的教育性情景；在立德树人的内容上，开始从以非结构性和低目标性的内容为主转向以高结构性和目标指向明确的内容为主；在立德树人的方式上，开始从以游戏共构为主转向以学科共构或跨学科共构为主；在立德树人的视野上，开始从眼前的游戏视野拓展至"看见"历史沉淀的文化或更远的世界以及未来的人和事等大视野。

### （二）相较于初中的育人特色

活动规范、团队发展、课程属性，是小学相较于幼儿园的突出特征，五育并举和立德树人必须体现这些特征，才能把小学和幼儿园的相关育人活动区分开来。但小学的五育并举和立德树人不能只关注幼、小差异，还要适度区分小、初的不同。和初中教育相比，小学教育呈现出了整体性、直观性和实践性三大特征，赞科夫对此进行了仔细对比和深入分析。他强调，小学教育"在学校教育的初期所占的地位以及小学生的年龄特点，决定着小学教学的本质特点"①，这一本质特点就集中体现在整体性、直观性和实践性上。

首先，小学生的立德与树人是建立在整体感知世界的基础上的，必须遵循育人的整体性原则。随着初中生所受学科训练的日益加强，他们开始从学科视角精细化地感受和理解这个世界。当他们"通过各种学科获得广阔的科学知识时，对世界的认识的特点是以差别性表示出来的，例如对自然的认识就是以学习植物学、动物学、物理学、化学的形式实现的，而且在这些学科的每一门当中，分析可达到非常可观的程度。因此，世界的完整情景在这里是在认识的精细差别性的基础上建立起来的"②。这种精细差别性主要是学科理解的精细化和差异性，此时，学科将成为立德树人的重要渠道，只有当每门学科都成为不可或缺的立德树人阵地时，育人活动才能取得明显成效。小学生还无法像初中生那样以学科视角分门别类地感知和理解世界，而是把世界作为一个整体对象来思考自己该做什么、该怎么做。所以赞科夫认为，"小学教学有其固有的重大特点，这就是在科学、文学和艺术的基础上认识世界的第一个循环"③，这一个"循环"是学生在书面语构筑的世界中粗略感知"完整世界"的过程，他们在这一感知中收获了对世界的轮廓性认识，但这一轮廓性认识是学生形成世界观的第一种养料，是滋养他们形成有关世界信仰、信念与对待世界的基本态度的精神养料，所以赞科夫

---

① 赞科夫.论小学教学：第3版［M］.俞翔辉，译.北京：教育科学出版社，2019：150.

② 同①.

③ 同①.

建议，"小学教学应当在科学、文学和艺术的基础上，给学生提供世界的扼要情景"①。"提供扼要情景"，就是引导小学生形成对世界的整体轮廓，这一整体轮廓是由家庭、家乡、国家、民族、世界，自然、文化、科学、生活，历史、现实、未来等构成的综合体，学生无须在每一个方面都深入钻研和全面了解，只需把这些方面架构起来形成对世界的整体性感知即可。小学生就是在这一整体轮廓的建构过程中埋下世界观的种子和对家庭、家乡、国家、民族的基本情愫，因此小学阶段最有效益的五育并举和立德树人活动应该在建构这一轮廓的过程中展开。

其次，小学生的立德与树人主要是在直观性的学习活动中进行的，需要强调育人内容与方式的直观性特征。直观性是指育人内容与方式的具体可感性，这是由小学生的心理和认知发展特征决定的。皮亚杰认为，小学生的主要学习方式是"具体运算"，"具体"主要是指形象可感的学习对象，"运算"是将这些形象可感的学习对象建立起联系的过程，"具体运算"是在具体形象的学习对象中建立联系，并据此形成对世界的轮廓性认识的过程。根据皮亚杰等人的研究可知，小学阶段是学生感性认知发展最快最佳的阶段，小学生的学习方式主要是感性学习方式，五育并举和立德树人需要尊重和用好小学生的感性学习优势，强化育人活动的直观性。同时还应注意，"小学生的感性发展往往具有初级性的特点，这种特点的主要表现形式之一就是连带发展，即由于其身心发展的低分化性，某个方面或部分的发展变化常常会引起和带动身心其他方面的发展变化"②，这就需要立德树人活动体现五育融合的基本观念，落实五育并举的基本方针，把小学生学习的整体性和直观性结合起来设计与实施育人活动，才能真正提高立德树人质量。所以赞科夫反复强调："不仅是在小学阶段而且是在以后的各个学习阶段，都应当给学生提供世界的完整情景，但是小学里的这种完整性具有直接性的特点。"③

最后，小学生的立德与树人主要在实践活动中展开，需要强化育人活动的实践性。实践性，主要是指育人活动的参与性，这种参与不是纯粹的"思维参与"，而是"口手脑足心情意"的全面调动，是学生作为一个"完整的人"参与到学习活动中来，这种参与活动的方式是一种具身性的体验方式，即在身体力行的体验中感受活动情境，触摸活动内容，经历活动过程，最后形成切身体验与收获。小学生学习的整体性与直观性，要求提升立德树人活动的具身性与体验性，按照做中学、看中学、听中学、问中思、思中问、在看听思问中学等方式设计和实施立德树人活动，避免过多的说教式、

① 赞科夫.论小学教学：第3版[M].俞翔辉，译.北京：教育科学出版社，2019：150.
② 谢维和，李敏.小学教育原理[M].北京：教育科学出版社，2021：48.
③ 同①.

讲析式、凝神静思式的方式，以科学合理地引导孩子在直观可感的活动中经历"世事"，解决问题，丰富经验，逐步形成对世界的初步感知，为其形成正确的世界观、价值观和为人处世的态度埋下优良种子。

## 二、小学育人方式的创新

小学的五育并举和立德树人，既要在幼儿教育的基础上往上提升，也要避免和中学趋同，要将活动规范、团队发展、课程属性等要求与整体性、直观性、实践性等特征结合起来，在规范化的立德树人活动中强调整体性、直观性与实践性，在具体可感的完整活动中增强课程属性，提高团队培育功能。根据小学的这些育人特征与特色，不少学校不断创新五育并举和立德树人的目标、情境、内容、方式与评价，从以下五个方面创新了育人方式。

### （一）目标创新：以道德启蒙为主线"立大德树全人"

目标是育人活动设计和展开的基本依据，立德树人活动的创新首先应体现在目标创新上。我们为此明确了新时代小学立德树人目标设计的新思路，建构和创新了适应四川省省情和小学生身心发展规律的立德树人目标体系。

小学阶段属于孩子们正式学习的启蒙阶段，五育并举和立德树人应以"启蒙"为基本标高确立育人目标，并据此建构目标体系，才能有效促进学生的全面发展。为此，我们在立德树人的目标设计上，确立了"以道德启蒙为主线'立大德树全人'"的目标制定思路，并据此建构和创新了小学阶段立德树人的目标体系。道德启蒙，是指在小学阶段重在培养学生的道德意识和积极的道德情感，帮助学生形成最基本的荣誉感、羞耻感、规则意识、集体观念以及与此相应是非判断标准，在学生进入"道德之门"后再引导他们树立积极的人生态度和正确的价值观、国家观、民族意识、世界观等。"立大德"是指根据国家对社会主义建设者和接班人的要求，结合小学阶段的教育任务，培养出能够胜任社会主义建设和肩负中华民族伟大复兴重任的德行与品行的人；"树全人"是指根据党和国家的育人要求，把小学生培育成德智体美劳全面发展的不断完善的人。以道德启蒙为主线"立大德树全人"，是以小学生的道德发展为引领，将道德启蒙和道德发展贯穿小学阶段立德树人的全过程，以此培育学生堪当重任的德行，并为他们成为德智体美劳全面发展的时代新人打下坚实基础。不少学校根据这一思路，确立了适宜本校的育人目标。如成都市泡桐树小学天府校区根据学生成长的关键点、教师育人的盲点和家庭教育的痛点开发了"生命新语"课程。为了将这一课程纳入学校的课程体系，他们在四个方面确立了育人目标：一是培养学生的国家意识、法治意识和社会责任，提升科学素养和文化自信，为学生的幸福人生奠定坚实的思想基础；二是培养学生良好的道德品质，让学生养成良好的行为习惯，增强情绪调控、人际互动、自主自助、应对挫折、适应环境的能力，培养健全的人格、积极的心态和良好的个性心理品质；三是引导学生习得安全生活、健康生活的基本知识和技能，提升生活能力和生命智慧；四是帮助学生理解生命的唯一性和不可逆性，树立珍爱生命、尊重他人、自我激励、自主发展的生命意识。在学校整体目标框架下，各年级依据不同年段分层定标：低段——认识生命来源和生命的奇妙，启蒙生命意识；中段——建立尊重生命的意识与态度，了解生命的独特性和尊严，形成尊重生命的态度，学会与他人与自然和谐相处；高段——丰盈生命，懂得生命的责任，引导生命价值追求等，体现了以道德启蒙为主线，为"立大德树全人"铺垫基础的目标创新思路。为了进一步落实这一目标创新思路，我们主要强调了两个方面。

首先，以道德启蒙为主线，把小学生的道德发展目标作为小学阶段立德树人目标体系的骨架。

大多数研究表明，小学是孩子们立德的关键时期。朱熹在亲自编订的《小学》中说："古者小学，教人以洒扫，应对，进退之节；爱亲，敬长，隆师，亲友之道。皆所以为修身，齐家，治国，平天下之本，而必使其讲而习之于幼稚之时。欲其习与智长，化与心成，而无扞格不胜之患也。"在朱熹看来，"小学"主要是形成道德习惯的童蒙之学，其重要功能是对幼稚之童进行道德启蒙，为孩子们修身、齐家、治国、平天下树牢道德底线这一根本。在小学阶段，学生的自我意识开始形成，道德感和羞耻心开始萌芽，并在灵魂深处打下抹不去的烙印。"小学教育虽然包括身体发育、认知发展与情感培养等非常重要的发展任务和目的，但道德发展是小学教育中最重要的内容。与其他教育阶段相比较，小学教育甚至可以被认为主要是一种道德教育。"[①] 所谓"三岁看大，七岁看老"，"看"的不是孩子们的识字、写字、算术、绘画、音乐、舞蹈等知识与能力，因为这些知识积累与能力发展既看不到孩子的"大"，更看不到孩子的"老"，"看"的主要是孩子们的道德发展以及对其一生的影响，所以这句话"体现了一个十分基本的教育原理，即个体一生的道德发展取向与水平，是在儿童时期决定的，或者说个体在儿童时期形成的德行与性格将持续影响其一生"[②]。因此，小学阶段立德树人的重要任务是促进学生道德意识、道德情感与道德言行的发展，立德树人的基础性目标应是道德发展目标。据此，我们将孩子们的道德发展目标作为立德树人目标的

---

① 谢维和，李敏. 小学教育原理[M]. 北京：教育科学出版社，2021：21-22.
② 同①22.

总体骨架，结合地域和学校实际，不断拓展、深化和细化立德树人目标体系。在建构道德发展目标这一骨架时，我们紧紧围绕"讲私德、守公德、明大德"这一主线展开，并据此建构了道德发展的阶梯性目标。

第一个阶梯性目标主要是"讲私德"的发展目标。私德主要指"私人生活领域中的道德规范，包括个人品德、修养、作风、习惯"[①] 等。讲私德的发展目标主要围绕学生形成正确的自我意识这一任务展开，在爱亲人、养习惯、有礼仪、守规则、爱学习、讲文明、能律己、学自立等方面确立具体的立德树人目标，目的是对学生进行"自我道德"启蒙，并为"守公德"和"明大德"打下基础。如资阳市开展的小学仪式教育课程体系建设，设置了"讲私德"的培育目标，开设了"以仪成礼化人"的校本课程，循序渐进地培养学生的私德。资阳市雁江区第七小学为了引导学生明礼知耻，不仅确立了小学生的私德培养目标，而且以写"班级荣辱日志"的方式落实私德培养目标。他们让各班学生轮流值日写"班级荣辱日志"，记录当天所听、所看、所学、所做的"真人、真事、真为"，并引导学生反思："今天我正身了吗?"——是否坚持锻炼了一小时身体；"今天我正心了吗?"——是否锤炼了自己的品德；"今天我正行了吗?"——是否规范了自己的言行。学生在反思中不断修正并提高自我私德，长期坚持，取得了明显效果。

第二个阶梯性目标主要是"守公德"的发展目标。公德是公民道德和公共道德的合称，公民道德体现国家对公民的政治要求，公共道德体现现代社会公共生活的规范要求。[②]"守公德"目标主要围绕"与人相处""公共言行"和"合格小公民"三个方面展开，包括尊重他人、融入集体、乐于助人、文明得体、爱护公物、遵纪守法等发展目标，其目的是为学生进行"道德关系"启蒙，既巩固"讲私德"的培育成果，也为"明大德"打好基础。

第三个阶梯性目标主要是"明大德"的发展目标。"明大德"就是要筑牢理想信念，坚定只有中国共产党才能救中国、才能发展中国，只有社会主义才能救中国、才能发展中国的理想信念，在风浪考验面前无所畏惧，在各种诱惑面前坚定立场。[③] 其主要围绕爱家乡、爱中国、爱中华、爱社会主义、爱人类和平、爱美好自然、树立社会主义核心价值观等确定发展目标，目的是对学生进行"政治信仰"启蒙。如成都市新都区教科院附属小学把《中小学生守则》中"爱国爱党爱人民"的要求具化为四条目标：一要知道党和国家的全称；二要认识国旗、党旗；三要会唱国歌；四要在升降

---

① 谢维和，李敏. 小学教育原理［M］. 北京：教育科学出版社，2021：132.
② 同①131.
③ 袁振国. 立德树人的理论内涵与落实机制建设［J］. 人民教育，2021（15/16）：41-44.

国旗、奏唱国歌时肃立、脱帽、行注目礼，少先队员行队礼。教师明确告知孩子，在现阶段做到以上四条就是爱国爱党爱人民。

其次，厘清和落实立德与树人的关系，丰富、提升和细化道德启蒙的目标框架，以立德与树人的融合性目标引领学校"立大德树全人"。

道德不是抽象的，它必须体现在人的言行中，没有人也就没有道德，没有人的成长也就没有道德的发展。因此，我们在建构了道德启蒙这一目标框架后，也和其他学段一样，在立德树人目标的设计与创新上，力求恰当处理立德与树人的关系，确保立德的树人功能和树人的立德责任的实现。我们认为，小学阶段的立德与树人密不可分，二者之间既具有引领关系，也具有一体化的关系。引领关系，以立德引领树人，把立德作为树人的前提条件，在实践上追求以德率才；一体化关系，立德就是树人，树人即立德，立德与树人是一事之两面，在实践上追求德才融合。[1] 所以我们坚持"立德是树人的方向，树人是立德的途径，立德是树人的目标，树人是立德的过程，二者相互依存、相互促进"[2]，所以我们坚持"以立德为根本，以树人为核心，紧紧围绕'立什么德，树什么人'的重大问题"[3]，丰富、提升和细化道德启蒙的目标框架。

在丰富、提升和细化"立大德"的目标方面，我们重点强化了两个方面。其一是爱国主义教育目标。我们认为，小学生的"大德"，首先应该体现在具有浓厚的爱国主义情怀和爱国主义精神上，"爱国主义情怀正是源自对中华民族的热爱与崇敬，爱国主义精神则是对中华民族精神与传统美德的传承与延续"[4]，我们据此在小学中高段丰富和细化了孝老爱亲、敬业乐群、扶正扬善、扶危济困、见义勇为、自强不息等中华民族传统美德培育目标。其二是社会主义核心价值观的教育目标。我们把社会主义核心价值观教育融入了小学阶段立德树人的全过程，并在小学中高段进一步强化了社会主义核心价值观教育。我们认为，"社会主义核心价值观既从整体上凝练出新时代中国特色的价值共识与道德追求，又从不同层面回答了我们要建设什么样的国家、建设什么样的社会和培育什么样的公民的重大问题，将国家目标、社会理想与个人修养有机结合，将国家发展、社会进步与个人成功的价值导向融为一体"[5]，既是道德启蒙的必备内容，也是孩子们"立大德"的精神航标和成为新时代"全人"不可或缺的价值支柱。为此，我们结合小学生的心理与认知发展实际，对社会主义核心价值观的教育目标进

① 李长吉.中国传统文化中立德树人的基本形象[J].中国教育科学，2021 (3)：59-71.
② 袁振国.立德树人的理论内涵与落实机制建设[J].人民教育，2021 (15/16)：41-44.
③ 冯刚，史宏月.新时代立德树人的理论内涵及其价值意蕴[J].社会主义核心价值观研究，2019 (5)：41-49.
④ 同③.
⑤ 同③.

行了转化。如成都市在 60 所小学推行的品格教育实验，将社会主义核心价值观的个人层面要求细化为 4 个级别的 24 种品格培养目标。第一级主要培养小学生的专注、有序、友善、感恩、守时、诚实品格，第二级主要培养小学生的爱国、责任、坚持、主动、真诚、宽容等品格，第三级主要培养小学生的勤奋、创意、热情、节俭、守信、勇敢等品格，第四级主要培养小学生的谨慎、明辨、尊重、怜悯、勤劳、智慧等品格，以此为基础把"讲私德""守公德"和"明大德"结合起来，建构了系列化的育人目标。

在"树全人"方面，我们把德智体美劳等素质的发展融入培养德行品行的全过程，建立了"立大德"与"树全人"的融合性目标体系。"不仅培养学生明大德、守公德、严私德，同时还坚持对学生独立思考能力与创新意识的培养，重视对学生健康体魄与理性平和心态的引导培育，不断提升学生的审美情趣与文化艺术修养，强化学生爱劳动、尊重劳动、自觉将个人理想与劳动实践相结合的意志品质"[①]，为学生在初中阶段的发展打下厚实的基础。

如宜宾市人民路小学在以竹文化建设培育全面发展的小学生时，以"竹"为核心确立了"师生在学习、思考、探索、实践的过程中激发出无穷的创造力，进而培育学生各学科素养和人文素养，促进学生热爱自然、全面发展、根植浓厚的家国情怀"的"竹韵育人"总目标。根据这一总目标，分别确定了五育目标。如"竹心养德"活动的目标为：了解竹的生长过程，感悟竹的"向上生长"，懂得敬畏自然；通过丰富多彩的活动，用自己的方式表述对竹韵竹品的理解，培养爱祖国、爱家乡的情怀；在研学实践和跨学科融合体验活动中，学习竹的精神品格，提高人文素养。"竹文启智"活动的目标为：通过诵读、写绘、阅读等方式提升学生的语言建构与运用能力，让学生思维得到发展与提升的同时提高审美鉴赏与创造能力；通过说、做、思、研等方式培养学生的数感、量感、空间观念、推理能力以及实际运用能力；通过听、说、读、画等方式培养学生的语言能力、思维品质、文化品格和学习能力。"竹风健体"活动的目标为：通过跳"竹节绳""竹竿舞"等，帮助学生掌握体育技能，养成健康意识；充分利用本地资源，开发愉悦身心的运动、健美器材，并运用到学生的日常生活中，提高学生的身体素质。"竹韵育美"活动的目标为：通过唱、跳跟竹有关的曲目，提升学生的文化理解、审美感知和艺术表现等方面的素养；通过创作各种形式的跟竹有关的作品，培养学生感受美、鉴赏美、表现美、创造美的能力，从而提高审美品位。"竹雅逸劳"

---

① 冯刚，史宏月. 新时代立德树人的理论内涵及其价值意蕴[J]. 社会主义核心价值观研究，2019（5）：41-49.

活动的目标为：通过"造纸"等活动让学生学习科学方法，形成良好的科学素养；利用信息化手段创作跟竹有关的作品，提高学生的计算能力、数字化学习能力，培养学生的信息化意识；通过开展各种劳动实践活动，培养学生的劳动习惯和劳动意识等，以道德启蒙为主线，创新"立大德树全人"的育人目标，为学校整体提升育人质量创造引领性条件。

### （二）情境创新：以"学习大空间"为场域拓宽育人视野

情境，即学生的成长境遇，主要是学生在成长过程中所经历的人、事、物。学生所经历的情境大小与复杂程度，对其价值观与世界观等的形成会产生较大影响。立德树人除了要有明确的目标，还必须为学生成长创设必要的情境。"学习大空间"是以宽视域和大视野为学生建构的成长大空间，这种大空间就是学生成长的大情境。小学生整体感知世界和学习的直观性等特征，要求把育人目标置于鲜活的情境中去实现。由于小学生是整体而扼要地感知世界，为他们提供的学习情境不但要直观扼要，而且要能够呈现出整体轮廓，这就需要把多种元素融合起来，建构能反映"完整世界情景"的学习大空间。为此，我们结合学科教学、跨学科教学、项目式学习等学校育人方式改革的主要路径，确定了"以'学习大空间'为场域拓宽育人视野"的情境创新思路。我们主要创新和优化了两种建构育人大空间的方式。

第一种方式是建构跨学科育人大场景，在引导学生调用多学科知识感受世界或初步解决现实问题的过程中立德树人。

小学立德树人的常规性情境是学科课堂。小学虽不像中学那样追求学科的精细化及彼此之间的细微差别，但也开始了正规的课程化学习，初步建立了学科概念，并逐步形成了一定的学科视角。但小学生感知世界的基本方式还是整体的和直观的，我们既要以学科为阵地立德树人，又要打通学科壁垒，建构调用多学科知识与经验解决问题的学科育人大场景。学科育人大场景，是立足学科但又超越学科创设的学生成长境遇。学生在这种境遇中，既能整体感知真实世界，也能调用多学科知识解决问题，从而在解决问题的过程中产生切实的成长体验。如成都市盐道街小学强调在多样化的跨学科学习项目中立德树人，在三年级开展了"蚕宝宝成长记"项目，由本年级的科学、语文、数学老师共同指导完成。由三、四年级学生共同组成的科学社团开展了"水火箭"项目，这一项目由科学、信息技术、语文、数学老师共同指导完成，并逐步推广到一年级"车的世界"项目，再扩大到全校范围，如二年级的"未来学校设计"、三年级的"好玩的玩具"、四年级的"我衣我秀"等。以此为基础，整个校园都成了一个跨学科的育人大场景。

广元市利州区的范家小学则把校内的跨学科学习大场景扩展至校外，把校外的相关资源与校内的学科学习或跨学科学习有机连接起来，以更大视野建构了学科学习和跨学科学习的大场景。他们开展的"小小班"课堂教学改革，把村庄和大自然作为"小小班"课堂的一部分，每周三下午所有年级开设两节乡土课，教师和学生一起走进社区，调查搜集快要失传的童谣和村庄遗迹，了解村委会是如何为村民服务的、家乡的野果有多少种类、家乡的水电站是如何发电的等。在这个大课堂里，学生利用自己所学的知识去调查、探寻，跟村里的爷爷奶奶、叔叔阿姨交流。遇到难题时联系村里的"土专家"指导解决。这样的学习大场景不仅让学生读懂了"有文字的书"，更让学生读懂了"没有文字的书"，有效提升了学生的综合素养。

第二种方式是建构综合性学习大场景，引导学生在真实问题中感受世界、自我、他人和万物，在与他人、社会、自然的和谐相处中立德树人。

综合性学习大场景跨越了学校围墙，是由校家社共同创建的校内外融通的育人大场景。小学生的发展"是其生理成熟与生活的社会环境条件相互作用的过程"[①]，怎样的生活环境与社会环境就会造就怎样的小学生，校家社合作建构的学习、生活与成长环境，对小学生的品德形成与德智体美劳的全面发展具有重要作用。因此，立德树人要"坚持系统观念，注重全员全程全方位育人……在构建学校家庭社会育人系统过程中不断推动全员与全域协同"[②]，建构具有优质立德树人功能的综合性学习大空间。为了建构更有育人价值的综合性学习大空间，我们主要采用了三种策略。

其一，以学校文化为引领，整合校内外资源，建构综合性学习大空间。如南充西河路小学利用"西河"之水建设"水润生命"的学校文化，在发掘"水之海纳百川的执着""滴水穿石的坚韧""润泽万物的静谧"等特征与精神的基础上，确立了"水润生命，美行未来"的育人理念，以一个"润"字为核心，优化"润德美行""润智美劳""润艺美健"的学校课程体系，把校内外资源整合起来，建构了学生成长的大空间。成都市双庆小学利用毗邻沙河的优势，以生态文化建设为主线，开展"爱沙河——水质监测"活动，发现问题，提出建议。由校外到校内，在学校里开展"我为教室添点绿""五月的花海""亮眼睛，在行动""我是环境监督员""自带餐具，共享绿色生活""光盘行动，建设低碳校园"等活动，进一步落实和深化了学校的生态文化建设。这种以学校文化建设为主线整合校内外资源建构的综合性学习大场景，育人指向明确，育人效益明显。

---

① 黄济，劳凯声，檀传宝. 小学教育学［M］. 北京：人民教育出版社，2019：70.

② 朱旭东，刘乔卉."不变"中求"变"：中国共产党立德树人百年发展经验探赜［J］. 中国远程教育，2024（1）：3-12.

其二，把地域文化引入学校，在校园内建设育人大空间。如成都娇子小学一直致力营造天府文化的教育场，在校内建设了近 800 平方米的历史文化教育基地"博雅坊"，以四川非物质文化遗产为主题，以互动、体验为主要学习方式，进行蜀绣、川剧、草编、年画、剪纸、茶艺等传统文化的学习，取得了明显效果。攀枝花仁和区平地镇中心学校则把里泼彝族"谈经古乐"引入学校，通过多种方式帮助学生感受乐器的音色、演奏方法，引导学生识谱、吹奏旋律、演奏歌曲、为歌唱伴奏等。他们为了在校园里用好用活这一文化资源，还建构了系统的学习目标、内容与方式：低段主要将乐器作为节奏乐器使用，中段主要将乐器作为音高乐器使用，高段主要将乐器作为旋律乐器综合运用。学校还先后创编了"笛脚畅想""金沙彝笛""彝翮弦韵""金钱棒""羊皮鼓舞"五套民族大课间操，并将"谈经古乐"融入大课间活动中为"金沙彝笛"现场伴奏，让全校师生在大课间活动中唱起来、跳起来、奏起来，达到了共创、共练、共传承的目的。同时，他们还参与地方文化传播活动，数十次参与由省、市地方政府举办的各类非遗文化传播推广活动，将学校的学习传承活动融入地方各种民俗文化活动中，让学生逐渐成为各种活动的主角，成为地方先进文化传播的主体和助推器。他们把地域文化引入学校，用学习成果反哺家乡，既扩大了学习空间，拓宽了学习场域，也提高了立德树人的效益。

其三，综合施策，借助社会资源让学生走进广阔天地去历练。育人大空间，是把人文和自然结合起来建构的育人场域。建构育人大空间不能仅凭学校的一己之力，不少学校借助社会力量综合施策，丰富了育人情境，进一步提升了育人大空间的育人价值。四川省的社会力量在建构学校育人大空间方面已经探索出了有效模式，为学校创新育人情境提供了支撑。如广元市示范性综合实践基地管理中心依托广元悠久的历史文化底蕴和良好的自然生态禀赋，灵动串联全市风景名胜区、自然保护区、重点文物保护单位、非遗传承项目、重大现代建设项目等各类实践教育基地，开展了探寻红军长征足迹、探寻自然生态奇迹、探寻科技发展轨迹、探寻川北文化印迹、探寻三国蜀道古迹五大主题的实践教育活动，并建立起了营地、基地、学校、家庭"四方共育"的实践教育协同管理模式。这种管理模式可以根据不同主体的需要灵活调整：第一是以营地为中枢，科学统筹和协调"探寻五迹"实践教育活动课程的开展和实施；第二是以基地为站点，为实践活动提供优质资源和保障服务；第三是以学校为主体，从课程、计划、实施管理、综合评价等方面具体组织，做到活动有方案、行前有备案、服务有保障、应急有预案、行后有总结，确保课程安全有序进行；第四是家庭配合学校做好学生行前教育、课程评价和服务保障，相互协同、共同配合。不同模式从不同侧面建构了育人大空间和立德树人的优质场域，为拓展学校的立德树人情境创造了更好的条件。

### （三）内容创新：在创造有意义的成长经历中促进全面发展

情境创新是为了更好地给学生提供具有直观性、整体性和大视域的成长境遇，这些成长境遇构成了学生的成长经历。但就高质量的立德树人而言，仅有直观性、整体性和大视域的成长经历还不够，还必须发掘学生成长经历中隐含的立德与树人内容。为了更好地发掘创新性情境中的立德树人内容，我们确定了"在创造有意义的成长经历中促进全面发展"的内容创新思路。"创造有意义的成长经历"主要有两层意思：一是提升育人情境的教育价值和学生的成长意义；二是在学生的成长经历中发掘有意义的教育内容，时时处处提高立德树人质量。为了在学生的成长经历中发现有意义的教育内容，我们主要采用了两种策略。

第一，在创造有意义的校园生活中促进学生全面成长。校园生活是学生在学习期间的主要经历，不少学校重视发掘各环节和各方面的育人意义，全方位、全过程为学生创造有意义的校园生活。如蓬安县实验小学为每届一年级新生精心策划了"开笔启智、人生始立"的入学礼，通过快乐"入学门"、升国旗唱国歌、正衣冠、叩拜先师、击鼓呼号、启蒙描红学做"人"等活动，让学生了解勤学苦读、尊师孝亲、崇德立志、仁爱处事的中华优秀传统文化，明白上学的意义。剑阁县普安小学也为一年级新生举行"入泮礼"，通过庄重的仪式给即将开始学业的孩子播下尊敬师长、明礼守法、崇学向善的种子。不少学校不仅重视开学这个时刻的成长意义，而且十分重视发掘学习过程中每一次活动每一个项目的成长意义。如简阳市射洪坝水东小学以麻编手工劳动为载体，为学生创设有意义的"劳动＋美育"的成长经历，让学生感受传统的麻编手工技艺，使他们体会到麻编手工艺品的美，在动手制作过程中形成一定的审美素养，同时掌握相应的劳动技能，形成尊重劳动成果的态度和情感，让学生在听、说、学、做中锻炼专注力、意志力、理解力、沟通能力和操作能力等，在学校特色项目和特色课程的建设中为学生创造了更有意义的成长经历。不少学校不但重视发掘开学时刻和学习过程中的育人意义，而且十分重视毕业时刻的成长价值。如宜宾市叙府实验小学开设了一影、一书、一论、一创、一诗、一歌、一册、一节、一文的"九个一"毕业课程，围绕毕业课程开发了诗词、童谣、电影、歌曲、童书等相关课程，并在常规学科教学中完成毕业课程内容。最后，学生一起动手汇编班级成长册和个人成长册，各班分别举行"叙说童年 逐梦未来"毕业庆典活动，让毕业时刻变得更有成长意义。这就赋予了学生校园生活意义感，把从入学到毕业的所有经历都变成了有意义的教育内容，为提高立德树人质量提供了内容支撑。

第二，在创造有意义的校内外互动学习经历中促进学生全面成长。不少学校不但着力提升学生的校内生活意义，而且强调校内外互动学习的成长意义，把学生校内外的互动学习转化成了有意义的成长经历。如攀枝花市仁和区大田镇中心学校就努力把学生在生活基地中的活动转化为有意义的成长经历。三至六年级学生在生活基地参与松土、播种、栽菜苗、浇水、施肥、除草、采收等活动。在这一过程中，学校组织学生开展以"我们的菜园"为主题的作文竞赛、绘画作品展、厨艺比赛等专题活动，以此引导学生创造有意义的学习与生活经历。为了在这一过程中促进学生更好地全面发展，学校完善了"一统""二分""三定""四服务"的实施制度。"一统"即统一规划，由课题组成员在每学期实践活动开展前对活动进行统一规划。"二分"即将基地分班、分区管理。"三定"即定目标任务、定指导教师、定奖励办法等。这些措施意在进一步强化生活基地的成长意义和全面育人功能。成都市龙泉驿区第一小学校开展的博物馆课程，以"古蜀文明探秘"为大主题在各年级开展活动，一、二年级学生由父母带领到身边的博物馆考察学习，三年级学生走进川菜博物馆参与互动体验，四年级学生前往金沙遗址博物馆探寻古蜀王国的兴起，五年级学生前往武侯祠认识蜀国丞相诸葛亮及其他三国群雄，六年级学生游览青城山、都江堰，了解青城山道教文化对都江堰无坝引水系统设计的影响等，在这一过程中也着力强化了校内外互动学习的成长意义。宜宾市人民路小学利用长宁竹海和三江新区的竹文化主题博物馆，确立了以竹文化建设促进学生全面发展的育人文化，开展了"竹心养德""竹文启智""竹风健体""竹韵育美""竹雅逸劳"等活动，确立了1个根本任务、2个基本原则、5个活动主题、5项活动任务群、9个模块的活动体系，形成了目标主题引领、螺旋递进、支架协助等策略，整合校内外资源创设学生有意义的成长经历，进一步创新了育人内容，提升了立德树人效益。

**（四）方式创新：以多样态实践活动增强学生成长的积极体验**

有活动才有活力，参与丰富多样的实践活动，才会有切身的体悟与心理体验。因此，小学阶段立德树人方式的创新，主要是实践活动样态的丰富与发展，这既是由道德素质内涵决定的，也是由学生心理发展的机制决定的。从道德素质的内涵看，"道德素质从静态角度来说是道德层面上持久与稳定的道德认知和道德行为，包括道德修养和道德情操两方面；从动态的角度来阐述，指的是道德实践的能力，具体指的是在实践中用正确的道德认知去处理现实中的问题"[①]，只有参与多样态的实践活动，才能提

---

① 李健芸．主题·本质·特征：关于把立德树人作为根本任务的论述[J]．黑龙江教师发展学院学报，2022（1）：99-101.

高道德实践能力和道德素质。

从小学生的心理发展机制看，"维果茨基认为，人的心理发展有两条基本规律：第一，人的心理机能不是从内部自发产生的，它只能产生于人们的协同活动和人与人之间的交往之中；第二，人所特有的新的心理过程结构最初必须在人的外部活动中形成，随后才可能转移至内部，成为人的内部心理过程的结构"①。在维果茨基看来，儿童高级心理技能的形成需要经历两个阶段：第一次是作为集体活动、社会活动，即作为心理间的机能；第二次是作为个体活动，作为儿童的内部思维方式，作为内部心理机能。② 促进小学生心理机能两次转化的基本载体是实践活动，只有在实践活动中，学生才能逐步实现"外"与"内"的结合与转化。据此，我们结合目标、情境和内容创新的整体要求，确立了以多样态实践活动增强学生积极心理体验的立德树人方式的创新思路，并在以下方面取得了一定突破。

首先，让学生动起来。立德树人多样态实践的重要目的是让学生动起来。我们的优质学校开始建构让学生"动起来"的学校整体改革框架。如成都电子科大附小的核心教育理念就是动起来，学校直面部分儿童体质差、情商低、思维能力弱等问题，确定了"活动育人"的总体思路，开展了体系化的学生活动，如：每周五的班队会、每周的升旗仪式，小一新生入学仪式、入队活动等常规活动，大型节日活动、学科节、传统佳节，"创客梦工厂""机器人""手工制作""科技手工""创意陶艺"等社团活动，文明礼仪岗、博娃广播站、乒乓球大擂台、博币银行等专题活动。为了让形式和类别众多的活动有序进行，学校对活动进行了系列化设计，如1、2月为中国传统文化活动月，3月为科技文化活动月，4月为英语文化活动月，5月为音乐文化活动月，6月为美术文化活动月，7、8月为读万卷书、行万里路活动月，9月为阅读文化活动月，10月为体育文化活动月，11月为数学文化活动月，12月为信息文化活动月等。学校每开展一次活动，都尽可能地让学生全员参与，让每一位学生都收获成长经验。如毕业典礼时人人上台表演，庆"六一"活动有5000多名演员参加，60分钟大课间的乒乓球活动全员参与。再如成都市龙泉驿区实验小学校结合少先队活动、综合实践活动和传统文化活动，开展以劳动为主题的特色活动：在学雷锋日到社区开展文明劝导、清除卫生死角活动，在植树节开展植树认养活动；将每年3月定为"校园农耕节"，让学生了解和宣传农耕文化，体验农耕过程，创新劳动形式，一年级围绕"晓节气，知农耕"主题，演唱《二十四节气歌》，四年级围绕"驿都桃红"主题，设计桃花节明信

---

① 谢维和，李敏. 小学教育原理［M］. 北京：教育科学出版社，2021：44.
② 维果茨基. 维果茨基教育论著选［M］. 余震球，选译. 北京：人民出版社，2005：388.

片等；在每年九月开展"创·世界"劳动教育"校园丰收节"等活动。学生在活动中焕发出了活力，展现出了蓬勃向上的成长朝气。

其次，让学生在多样态的活动中有目的有效益地动起来。多样态，是指丰富多彩的实践活动形式。不少学校为了让学生持续而有兴趣地动起来，在活动样态上不断创新。如成都市天涯石小学逸景分校开展了"闲逸美致，景绣田园——小花园改造项目"活动。该项目以美术学科的大概念——"以人为本的设计就是好的设计"为统领，将设计、创造与应用有机融合，整合数学、科学、语文等学科内容。项目开展之初，学生对小花园进行实地测绘，制作小花园平面图、3D模型；项目开展过程中，学生充分调查与分析师生的需求，同时考虑学校环境布局的要求以及办学理念，在此基础上学习了植物美学、色彩搭配、景观布局等，最终呈现出集功能性、美观性、实用性于一体的优秀设计作品；最后，通过竞选会对优秀作品进行展评，优胜作品成为学校小花园的改造设计方案。一个项目多种样态，使学生到最后都兴趣盎然，很好地发挥了多种育人功能。再如自贡市大安区江姐小学在开展以"廉"为核心的立德树人活动时，就在多样态的系列化实践活动中引导学生不断深入"廉"的内核，对"廉"的道德品行进行启蒙。如在"红色倡廉"活动中，首先从班级文化建设入手，学校将班牌制作成红旗的形状；各中队队员搜集自贡市范围内革命烈士的英雄事迹进行学习，并以他们的名字为中队命名，每一个中队都以不同的方式学习和讲述该英雄的故事，并提炼他们的精神作为班训。与此同时，走进江姐故居，开展看江姐、听江姐、写江姐、说江姐、画江姐系列活动；清明节之际组织大型扫墓活动，带领学生走进纪念馆，看英雄、念英雄、悼英雄、学英雄等。同时，学校还设计了课堂讲廉、社团拓廉、故事讲廉、读书悟廉、书画画廉、贺卡寄廉、比赛学廉、考试检廉、合力强廉、儿歌唱廉等活动。多样态的活动形式，落实了育人内容，达成了育人目标。

**（五）评价创新：以过程性评价激活学生持续发展的动力**

评价是立德树人的聚光灯，既以其点滴光芒引领活动的方向，也以其投射出的善意鼓励学生集聚前行的动力。我们认为，评价创新的根本所在是激活孩子们的发展动力。有动力才有行动，所以小学教育评价的主要特点是鼓励。[①] 据此，我们确立了"以过程性评价激励学生持续发展动力"的评价创新思路，并持续推进学校的评价改革。如成都市双流区实验小学的评价改革就经历了从1.0到3.0的不断升级。1.0评价主要以"成长记录袋"为主，记录学生的全面发展情况。2.0评价变为"成长护照"，采用自我评价、相互评价等多种评价方式，对学生从"自我发展""与人交往"

---

① 谢维和，李敏.小学教育原理[M].北京：教育科学出版社，2021：256.

"实践体验"3个维度18个方面进行阶梯状评价，家长、社区工作人员、教师、学生等共同参与，对学生的行为品格、身心发展、学科素养等方面进行评价。3.0评价则以学生学业质量评价改革为重点，实施"'快乐嘉年华，幸福闯关游'，一至四年级学生学科非纸笔测试"评价，从学科核心素养出发，融入学科渗透的关键知识和能力，用闯关的形式进行综合评价，不断改变"评价形式单一、评价时间单一、评价内容单一"的评价方式。成都市双流区实验小学在评价方面的改革探索，反映了不少学校的评价探索历程，在这一探索历程中，"过程性"与"激励性"是评价创新的两个重点。

其一是过程性评价的创新。过程性评价的创新，主要是学校对学生发展过程的评价进行系统化设计和实施。系统化设计和实施，主要是对评价内容、评价标准、评价方式、评价主体与活动的育人意图、过程与期望达到的结果进行一体化设计，以避免育人过程、结果和评价互不匹配而影响育人效果。如成都市双庆小学在"小手添绿"少先队活动中就强化了评价的系统化设计。首先是周评与期评相结合，每周评出十大"环保清洁"五星中队，在教室里悬挂绿色环保三角旗；每学期评出50名"绿色环保"之星，在校园内张贴环保之星的照片。其次是自评与他评相结合，开展大型活动时印发活动手册，手册中设置"活动意义""活动目标""活动形式""活动时间""活动内容""活动记录与评价"等栏目，让少先队员在活动中体验、感悟、反思、成长，在教室外墙和专栏中展示少先队员的作品、文章，让他们及时体会成功的喜悦。四川省教育科学研究院附属实验小学则在高质量作业管理体系的建构中把评价作为重要环节，推行全覆盖、多维度、追踪式作业评价。如数学组通过开展整学期的"数学＋"学科活动与期末"数学核心素养"综合评价，了解学生在数学语言表达、数学知识应用、数学学具操作等过程中体现出的综合能力；语文学科的过程性评价表则遵循"小组合作，每周一轮"的原则，建立了小组成员轮流记录制度，记录小组成员每周在课堂学习、基础作业、综合实践三个方面的表现。学校除了基础作业设计，还研发出了《体育银行手册》《成长评价手册》《童萌假期之旅》等量规，不断优化学生成长的过程性评价内容、方式与工具，实践效益明显。

其二是强调评价的自我对标与激励。自我对标，是为学生提供自我分析的参照性标准，学生在自我对照中明确自己目前的发展位置，进而确定下一步的进阶点。在这一过程中，教师不断引导学生发现自己的进步点和闪光点，以激发学生的自信心和内在动力。如成都高新大源学校在设计和实施校园定向越野课程时，对达成标准进行了等级定位，引导学生对标发展。如"优秀"的标准为"应较熟练地掌握校园定向运动的相关技术技能；具备一定的读图能力；方位选择合理；掌握一定的校园定向地图的基本知识和定向安全措施及野外安全常识；表现出较好的心理素质、体能和意志力；在相对短的时间内出色地完成校园定向任务"。"良好"及以下标准则依次递减。学生通过自我对照明确自己的进步与不足，能够快速而准确地找到自己的发展点。绵竹市清道学校则把学生评价植入讲绵竹年画故事比赛、亲子现场绘年画活动、"年画放歌伴成长"主题艺术周活动、"我和年画的故事"征文比赛、"我和美德少年手拉手"绘年画体验活动、"我是小小年画传承人评选暨拜师仪式"，创编年画童谣、年画校歌、年画舞蹈等活动中。为了引导孩子们在这些活动中自主创造成长的意义，他们创新了礼仪之星、智慧之星、艺术之星"三星"评价标准和方式，强化了激励这一元素。如"礼仪之星"的评选，学生只要在学习绘制绵竹年画的过程中，做到内心安静、画面洁净，认认真真学年画、安安静静绘年画，绘年画时讲卫生、有环保意识，能够在听一听、讲一讲、画一画"孝"的绵竹年画中学会孝敬父母、尊敬老师即可。学生容易做到，做到后即可被评为"礼仪之星"，突出了评价的激励性。资阳市采取的"同龄调解"措施，也强化了评价对标和激励性。他们引导学生在调节同伴纠纷的过程中学会评价他人与自我，学会分析事件、认识矛盾，寻找解决矛盾的办法，并在这一过程中学会反观自己，提高自我判断和改进能力。他们确定同龄调解人的方式可以是自荐，也可以由学生评选，还可由老师任命。为了在调解过程中提高学生的对标能力和调解过程中的激励性评价水平，他们明确了同龄调解人的胜任标准，如要有爱心、热心、耐心、细心和同情心；要对心理学知识有浓厚的兴趣；要为人真诚，亲和力强，善于倾听，观察敏锐，在同学中有一定的号召力；要具备良好的品德和责任心，无违纪行为；要有良好的自我意识，心理素质良好；要尊重他人及他人的隐私；要具有组织学生开展团体活动的相关经验，组织协调能力强等。在确定了同龄调解人员后，他们还进行了同龄调解机制、同龄调解人的领导力和解决问题的能力等的培训，从多方面提升了学生的综合素养。

立德树人的创新是为了儿童更好地发展，"儿童的发展是一个量变与质变不断转化、互为基础的复杂过程，其中既包含着知识和经验的积累，更以儿童个体知识结构、认知方式和个性心理特征的变化表现出来"[1]，这就需要我们综合立德树人的目标、情境、内容、方式与评价等要素，立足小学的育人特色进行综合性创新，才能持续不断地在五育并举中提高立德树人的质量。

（撰稿人：张伟，四川师范大学教授、四川省教育学会学术委员会副主任）

---

[1] 黄济，劳凯声，檀传宝. 小学教育学［M］. 北京：人民教育出版社，2019：70.

# 初中教育立德树人的实践探索

　　党的二十大报告指出，教育、科技、人才是全面建设社会主义现代化国家的基础性、战略性支撑。这一重要论断进一步强化了教育在建设社会主义现代化国家的重要战略地位。习近平总书记在谈到教育的重要作用时强调："我们要从党和国家事业发展全局的高度，全面贯彻党的教育方针，坚持优先发展教育事业，坚守为党育人、为国育才，努力办好人民满意的教育。"围绕"培养什么人、怎样培养人、为谁培养人"这一根本问题，习近平总书记于 2020 年 9 月 22 日在教育文化卫生体育领域专家代表座谈会上的讲话中指出："要坚持社会主义办学方向，把立德树人作为教育的根本任务，发挥教育在培育和践行社会主义核心价值观中的重要作用，深化学校思想政治理论课改革创新，加强和改进学校体育美育，广泛开展劳动教育，发展素质教育，推进教育公平，促进学生德智体美劳全面发展，培养学生爱国情怀、社会责任感、创新精神、实践能力。"这一重要论述为各级各类学校贯彻党的教育方针、落实立德树人根本任务提供了根本遵循，也是初中学校改革发展必须坚持的指导思想。

　　四川省教育学会将推动全省中小学全面落实立德树人根本任务作为工作重点，聚焦立德树人有关重要理论和现实问题，自 2019 年以来，面向全省基础教育战线，开展立德树人优秀实践创新案例的征集与展示活动，形成了具有广泛影响力的学会学术品牌，也为广大基础教育学校搭建了展示交流、总结推广立德树人成效和经验的平台。全省初中学校积极参与立德树人优秀创新实践案例征集活动，每届均有不少初中学校案例获奖。回顾总结这些获奖的优秀案例，从中可以管窥四川省初中学校围绕"培养什么人、怎样培养人、为谁培养人"根本问题，针对初中学段的独特性，破解五育并举难题，构建德智体美劳一体化育人体系的探索过程。这一探索过程既是广大初中学校牢记为党育人、为国育才使命，不断丰富立德树人实践的过程，也是广大教育工作者遵循教育规律，坚守教育立场，不断提升教书育人本领的过程。

## 一、行走的智慧——初中学校的育人特色解读

基础教育在整个教育体系中起着"基点"作用，是落实立德树人根本任务、培养德智体美劳全面发展的社会主义建设者和接班人的关键环节。而初中阶段则是基础教育的中间环节，处于小学和高中之间的学段。在当下的学制中，除了单设初中，还存在九年一贯制、十二年一贯制、高完中等不同的形态，使得初中教育成为基础教育各学段中极具特殊性而又容易被忽视的一个学段。

### （一）部分初中学校面临的结构性矛盾

初中学校有自身独有的特点，承受着与其他学段不同的压力，有特殊的发展困境。有学者指出，十多年前，对初中教育而言，其生存的复杂源于其整个发展过程的特殊性，初中教育反思的要义归结为三个层面：一是教育政策与评价层面；二是学校整体设计与发展路径层面；三是学生成长层面。[①] 时至今日，我们依然可以沿用这个分析逻辑，概括初中学校发展面临的现实挑战。

从政策设计和评价机制方面看，初中学校面临着基础性与选拔性之间的张力。这种张力影响到初中学校的目标定位、育人方式和评价模式。有学者指出，在教育目标上，选拔性着眼于卓越的、特长的发展，而基础性则着眼于全面的、基本的发展；在教育方式上，选拔性强调效率优先，而基础性则强调公平优先；在教育评价上，选拔性注重区分功能，而基础性则注重测评功能。[②] 正是这种双重张力，导致部分初中学校在办学实践中产生了诸多的变形和偏差。

从初中学校发展路径看，初中学校面临被动落实与主动求变的艰难抉择。受制于外部环境和评价机制，部分初中学校的自主发展空间显得相对局促。有学者调研发现，"不少校长表示，现在初中教育发展中很多问题都是矛盾的，就是希望在矛盾中求得一个较好的发展。具体说，就是不能不要成绩和升学，没有这一条，家长、社会不认可，学校没法生存；但也不能不要学校的改革与教师的发展，没有这一条，学校的生存就少了根本与动力，同样无法生存"[③]。

从学生发展需要看，部分初中学校存在学生立场缺失的现象。学生是受教育者，是学校教育服务的对象，这类观点应该说是人尽皆知的教育常识。然而在现实中，常

① 马维娜.初中教育：怎样的生存、行走与反思：基于江苏省苏南、苏中部分初中校的调研[J].教育科学研究，2014（9）：11-19.

② 杨孝如.初中教育的属性矛盾及其解析：基于属种关系分析的视角[J].教育发展研究，2013，33（22）：16-21.

③ 同①.

识有时候被忽视。在部分初中学校的办学实践中，作为服务对象的学生，容易被"符号化"，成为停留在口头上的抽象学生。近年来，初中学校在办学行为和育人方式上越来越重视学生立场的表达，许多学校也将学生的健康发展作为教育的落脚点。但客观而言，学生立场缺失的现象仍然是导致部分初中学校办学理念和办学行为不符的深层次原因之一。

**（二）初中学校育人功能的澄清**

尽管面临着上述矛盾和挑战，广大初中学校依然坚持在两难之间行走，用行动探索出路，走出了具有初中特质的立德树人之路，形成了各具特色的"行走的智慧"。从全省立德树人获奖案例的总体情况看，初中学校成功的案例具备的共性特征就是，这些实践探索是在不断追问初中教育的本质，不断回归初中教育的基本规律的基础上形成的，是澄清初中学校的育人价值的有益尝试。

初中阶段的学生成长发展具有一些显著的特点。在生理方面，初中生会经历显著的生理变化，包括青春期的到来，这可能导致他们对自身的关注增加，同时伴随情绪波动。从认知发展看，此阶段学生的思维方式开始由具体转向抽象，他们开始能够处理更复杂的概念，因此，培养批判性思维和解决问题的能力是发展初中学生核心素养的关键。从情感与社会发展看，初中学生开始寻求更多的独立性和自我认同，朋友和同伴的影响力增大，他们开始探索自我价值和社会角色，发展社交技能，因此，培养心理韧性和同理心对学生全面发展和成长成才至关重要。从道德和价值观形成看，这一时期学生开始形成自己的道德观和价值观，对正义、责任和个人信念有更深刻的理解。

学生成长发展的这些普遍规律应当成为初中教育教学设计的基本依据，也应当是我们认识和理解初中教育特质的基本依据。初中教育阶段是关键的过渡期，是学生经历显著的生理、情感和智力发展的关键时期。近年来，在部分学校，随着信息科技的发展，来自社交媒体等渠道的不良信息对初中学生的影响愈发明显，时有发生的校园欺凌、社会压力的传导等因素，严重影响着学生的心理健康和学业表现，导致学生压力、焦虑感过大等。这构成了对初中教育最大的挑战，需要教育工作者量身定制方法，以有效满足多样化的学习需求。应对这些挑战需要创新教育实践、支持系统和设计以促进每个学生全面发展为导向的育人体系。

从立德树人获奖案例的情况看，办学成效明显的初中学校在学校顶层设计、课程建设、德育活动开展等方面大多遵循了上述规律，根据初中学生的成长发展阶段特征制定了有效的教育策略。这类学校重视加强价值观教育和道德教育，引导学生形成积极的生活态度和社会责任感；针对学生认知发展水平差异较大的现实，设计不同层次的教学活动来满足每个学生的需求；针对青春期的生理和心理变化，提供有效的情感支持和引导，帮助学生建立自信、增强自我价值感，并开展心理健康教育项目，提供专业的心理咨询服务，帮助学生应对青春期的挑战；针对学生社会性情绪发展的需要，创造一个积极的育人环境，促进学生之间的健康互动，帮助他们建立稳定的社会关系和归属感；加强与家长的沟通和合作，共同关注学生的学习和成长，形成教育的合力。

## 二、多样的实践——初中学校落实立德树人的典型路径

目前四川省有初中学校 3600 余所，在校生 270 万余人，专任教师 21 万余人。与四川教育总体发展趋势类似，四川省初中学校也存在较为明显的区域差异，为整体提升四川省初中学校发展水平，四川省教育学会成立了初中教育分会。初中教育分会自 2020 年底成立以来，秉承省教育学会"繁荣群众教育科研，服务建设教育强省"的理念，充分履行"决策咨询、促进学术、推动改革、开展培训、产出成果、服务会员"基本职能，积极发展初中学校会员，目前有会员单位 200 余家。初中教育分会先后组织初中学校参与 5 届四川省立德树人优秀创新实践案例的征集与展示活动，在挖掘和培育优秀案例中总结了初中学校落实立德树人根本任务的典型路径。

### （一）聚焦关键课程，增强思政教育实效

习近平总书记在学校思想政治理论课教师座谈会上强调，思想政治理论课是落实立德树人根本任务的关键课程。青少年阶段是人生的"拔节孕穗期"，最需要精心引导和栽培。全省各初中学校以习近平总书记关于教育的重要论述为指导，聚焦思想政治课这一关键课程，坚持用新时代中国特色社会主义思想铸魂育人，不断提升思想政治课的育人成效。各初中学校尤其注重用好《习近平新时代中国特色社会主义思想学生读本》，结合初中段学生的学习基础和学习风格，在准确把握习近平新时代中国特色社会主义思想精髓、核心要义的基础上，选择生动贴切的事实、案例、素材，用贴近学生的语言引导学生理解中国特色社会主义"是什么"，强化做社会主义建设者和接班人的思想意识。

四川是红色资源大省，各初中学校注重因地制宜，讲好红色故事，用革命文化和社会主义先进文化引导初中学生厚植爱国主义情怀。在全省评选出的首批 210 个新时代爱国主义教育实践基地中，初中学校有 70 余所。攀枝花市东区针对部分中学生责任感缺失的现实，充分挖掘"三线"建设精神等本土资源，从全局出发整体规划，建设多元化校本课程，并围绕"学规则、有责任"构建德育特色活动体系，形成了"三学

教育，阳光成长"德育课程体系，满足了学生的发展需求，促进了学生的健康发展，引导学生建立了正确的道德认知，形成符合社会主义核心价值观的道德行为。宜宾市第二中学校作为爱国主义教育基地、著名抗日民族女英雄赵一曼的母校，集合自身独具特色的爱国主义教育资源，围绕社会主义核心价值观教育开展了一系列实践活动，丰富了学校德育资源，构建了校本化、生活化的德育体系，取得了较好的育人效果。

中华民族历经几千年形成的中华优秀传统文化是立德树人的宝贵资源，加强中华优秀传统文化教育，对于引导学生增强中国特色社会主义道路自信、理论自信、制度自信、文化自信具有十分重要的作用。广安友谊中学发挥高完中的整体优势，以高中带动初中，充分挖掘优秀传统文化资源，提出了"尚贤立德，卓荦群芳"的办学理念，凝练了"三贤教育"核心思想：贤德——以德为先，厚德载物；贤能——以能为本，全面发展；贤达——以杰为荣，弘毅卓越。学校打造"三贤"文化环境，开发"三贤"核心素养课程，以邓小平故居爱国主义教育基地为依托，打造特色德育实践活动，塑造中国灵魂，涵养世界情怀，形成了独具特色的"三贤教育"品牌。成都市七中育才学校学道分校以"天府文化"为载体，打造家庭研学主题活动，开发了"预学－共学－延学"三阶活动实施流程。预学阶段让家长和学生提前进入学习场景，提前进行相关知识的储备，培养学生主动获取信息和转化信息的能力；共学阶段是家庭研学活动的重点，以学生与家长合作学习的形式，通过相互探讨、亲身体验、实地考察、调查访问等方式展开，增强学生的学习体验和解决真实问题的能力；延学阶段将学习从课堂延伸到课外，为学生延伸学习提供途径和指导，让学生在与家庭、学校、社区的持续互动中不断拓展活动时空和活动内容，不断发展自己的个性特长、实践能力、服务精神和社会责任感。"天府文化"家庭研学主题活动的开发与实践，对于打造主动学研型家庭、培养学生的创新精神和实践能力、传承发扬天府文化、培养文化自信起到了积极作用。

### （二）聚焦整体设计，完善德育课程体系

课程是学生成长的跑道，完善德育课程体系有助于明确德育目标，建立结构化德育活动体系，丰富德育活动实施，健全德育效果评价，进而增强德育活动的针对性和实效性，提升立德树人的成效。近年来，各地注重从区域层面构建面向中小学生的贯通性德育体系，在德育课程化方面进行了诸多有益探索。内江市坚持以丰富的载体，按照"选题—设计—评估—实施—完善"的课程开发流程，从课程的适应性与多样性出发，将素质教育推进的目标体系、内容体系、实施方式、组织保障等，用课程的方式进行构建，用课程标准化、科学化、规范化的管理和要求保证素质教育的有效推进，

形成了"基础课程校本化、拓展课程特色化、社团课程品质化"的"基础＋拓展＋社团"的德育课程体系。基础课程校本化旨在夯实基础、培养习惯，是师生有目的、有组织的共同创建。拓展课程特色化旨在凸显成长特色，以解决学生成长中的问题为切入点，以学生的兴趣、需要和能力为基础，体现学生立场，关注学生成长需要和发展需要，充分利用校内外教育资源，有效拓展教育空间。社团课程品质化旨在培养学生的创新能力，强调加强思想道德修养、提升自身素质能力。成都市武侯区开展以德育课程建设为重点的系列德育教研活动，设定基于实践的层次化德育目标，开发基于生活的校本德育课程资源，探索基于道德两难的德育课程有效实施方式，形成了促进师生过一种有道德智慧的生活的区域德育课程，通过加强区域德育生态圈建设，构建起学校、家庭、社会、政府四位一体的德育生态体系。

除了区域层面的探索，各初中学校也在德育课程化方面进行了诸多有益的实践探索。以成都七中初中学校为例，学校为了在课程建设中把育人追求"做实"，建构了"是范课程"框架。学校以"国家课程校本化，有基础；地方课程特色化，重文化；校本课程多样化，供选择"为基本思路，构建了"德范""学范""行范"三位一体课程体系，希望以文化濡养德行，用能力提升智性，让行走延伸思想，从而让学生滋养卓越气质精神，成长为德智体美劳全面发展的社会主义建设者和接班人。"德范"课程把德育文化、德育活动、德育常规等都纳入了课程规划与课程建设中，创造了丰富多彩又独具特色的德育活动，让德育课程做到常态化、序列化、特色化，让教育活动更加聚焦人的核心素养提升。"学范"课程奠基生命智性，提升学习能力。"学范"课程包括学科学习和研究型学习两种课程，采用必修为主、选修为辅、必修课与选修课相结合的方式，分层分类同时推进，主题学习穿插进行，模块教学常态化实施，引导学生养成良好的学习习惯，选用恰当的学习方法与学习行为，有效促进自我的持续改变。"行范"课程尊重生命个性，强调社会责任。在"行范"课程里，打破学习的时空限制，让课堂、自然与社会融为一体，引导学生多角度思考与实践。

### （三）聚焦育人主阵地，推进育人方式变革

课堂是培养人的主阵地，以课堂教学方式转型带动育人方式整体变革是落实立德树人根本任务的关键一环。推进《义务教育课程方案和课程标准（2022年版）》的落地实施，关键在于大力推进教学改革，转变育人方式，切实提高育人质量。教育部推进实施的"基础教育课程教学改革深化行动"中，将教学方式变革行动作为重要任务，就是要进一步增强课堂教学的育人实效，发挥各学科的综合育人功能。广大初中学校立足实际，落实国家和四川省关于课程实施方案的要求，在开齐开足课程的基础上，

探索课堂育人方式变革，构建了具有校本特色的课堂教学样态，不断增强课堂育人实效。例如，北川羌族自治县永昌中学为改变师生课堂生命样态，针对农村初中大面积存在"学困生"的现实困境，践行新课标理念，建构以"活"为特性、体现样态和价值追求的"活课堂"，激发每个学生的生命自觉力，让课堂焕发生命活力，点燃教师的生命激情。"活课堂"以师生生命蓬勃为基本样态，以学生和学习为中心，以鲜活的学科实践为抓手，实现了课堂特性活、样态活、生命活的理想课堂样态。

如何做好学科教学，充分挖掘各学科的育人价值，同样是初中学校落实立德树人根本任务需要解决的关键问题。成都市石室联合中学金沙校区数学团队聚焦数学"综合与实践"板块，做好国家课程的校本化实施，在数学课堂中有效落实了数学学科的育人价值——会用数学的眼光观察世界，会用数学的思维思考现实世界，会用数学的语言表达现实世界。数学组准确把握"综合与实践"课程、以问题为载体、在经历问题解决的过程中培养学生核心能力的要义，精选项目素材，精心设计教与学方式，为学生搭建了一个丰富的学数学、做数学、用数学的平台，引导学生综合运用各学科知识解决真实问题，培养了学生学习数学的兴趣，在学科课堂中发展了学生的应用意识和创新能力，展现了学生灵动的思维、积极的态度、旺盛的情感。

### （四）聚焦关键环节，探索五育融合模式

随着经济社会快速发展和学生成长环境的变化，初中学生心理健康问题日益凸显。教育部等十七部委联合出台的《全面加强和改进新时代学生心理健康工作专项行动计划（2023—2025 年)》明确提出，要坚持健康第一的教育理念，切实把心理健康工作摆在更加突出的位置，全方位开展心理健康教育。成都市双流区棠湖中学实验学校以"蒙以养正，果行育德"的育人理念为指导，紧紧围绕培养"身心健康、品学兼优、做大写的中国人"的育人目标，开展以"团辅"课为主的心理健康教育活动，呵护学生健康成长。学校自主开发资源，组织 50 岁以下的教师参加中小学心理健康教育教师 C证的培训，增强教师对学生基本行为问题和心理问题进行矫正、疏导的能力。学校积极寻求外部支持，邀请专家团队以"团辅"课的形式给学生上心理健康课，面向家长开展家庭教育专题讲座，更新家长的家庭教育观念，实现家校共育。

习近平总书记在北京育英学校指出，引导孩子们从小树立劳动观念，培养劳动习惯，提高劳动能力，有利于他们更好地学习知识。针对一些青少年中出现了不珍惜劳动成果、不想劳动、不会劳动的现象，劳动的独特育人价值在一定程度上被忽视，劳动教育存在被淡化、弱化的现象，中共中央、国务院出台了《关于全面加强新时代大中小学劳动教育的意见》，重新强调了劳动教育对学生全面发展的重要价值。广大初中

学校积极部署，将劳动教育作为必修课程，落实平均每周不少于一课时劳动教育课的要求，积极组织学生开展校外劳动实践，形成了各具特色的劳动教育实践模式。四川省南充高级中学（以下简称"南高"）作为完全高中，整体设计高中和初中阶段的劳动教育方案，探索具有南高特色的"以劳立德、五育并举"的创新劳动教育模式，围绕"以劳树德，以劳增智，以劳强体，以劳育美，以劳创新"的育人目标，充分发挥劳动教育的独特育人作用，努力开展让学生"脚下有泥、身上有汗、心中有悟"的真正有效的劳动活动。学校在开展系统的文化知识学习之外，有目的、有计划地组织学生参加各种劳动，让学生动手实践、出力流汗、接受锻炼、磨炼意志，培养学生正确的劳动价值观和良好的劳动品质。成都市棕北中学自建校至今，持续开展劳动综合实践活动，解决了立德树人中劳动教育薄弱的具体问题，补齐了劳动教育短板。棕北中学通过建立劳动教育的民主管理制度，丰富劳动教育课程内涵，创新劳动教育形式，探索劳动教育的科学方法，形成劳动教育实施、管理、评价与激励的机制，彻底改变劳动教育的虚化、淡化、软化与弱化的现象，让劳动教育成为落实立德树人根本任务的关键途径。学校通过开展劳动教育特色实践育人活动，确立"开生命之源，育完整之人"的劳动价值观，构建包含劳动观念、劳动态度、劳动习惯、劳动情感、劳动知识、劳动技能、劳动思维等劳动素养的培养目标体系，探索劳动教育的科学方法与基本原则，丰富劳动教育课程内涵与创新劳动教育形式，促进劳动教育与德育、美育、信息技术教育、科技创新教育等学科教育的整合融通，实现以劳动教育为途径，整合德、智、体、美育，育完整之人的目的。

### （五）聚焦重点群体，形成协同育人合力

从实践主体看，教师、家长是初中学校落实立德树人根本任务的重点群体。[①] 从中小学落实立德树人根本任务的路径看，开展全员、全程、全方位育人是落实立德树人根本任务的应有格局。[②] 另有研究者指出，在立德树人落实机制的诸多要素中，核心的有三方面内容：指向立德树人根本任务的目标机制、服务育人目标的内容机制以及落实"三全育人"的协同机制[③]。广大初中学校在落实立德树人根本任务过程中，注重发挥重点群体的作用，从体制机制上构建校家社联动的育人格局，取得了较好的实践效果。成都七中初中学校特别强调教师的人格魅力，注重发挥教师对学生"润物无声"的教育作用。学校提倡身先垂范，服务学生品质发展，倡导每一位学科教师重

① 李琳.新时代初中学校落实立德树人的实践主体探究[J].教学与管理，2022（7）：17-18.
② 邓跃茂.中小学落实"立德树人"根本任务的路径探究[J].中小学校长，2021（9）：42-45.
③ 闫佳伟.中学立德树人落实机制研究[D].长春：东北师范大学，2021.

视对学生情感态度价值观的教育。学校推进课题研究，搭建成长平台，引领教师专业发展。学校期望以教学研究为抓手，在促进教师专业成长的同时，给学生成长搭建更好的平台。学校倡导"大阅读"，滋养教师心境；成立阅读小组，定期开展读书分享交流活动。

成都七中育才学校秉承"重德育才，面向未来，最优发展"的办学理念，高度重视学生的身心健康和全面可持续发展。学校注重凝聚家校合力，认为教育需要家校合力，才能为孩子的健康成长营造出良好的氛围和环境。为落实"五项管理"的相关要求，学校开发了《"五项管理"自主学习规划本》，明确了家长应该在"双减"中扮演的角色，引导家长督促孩子学会自律，养成良好的学习习惯和行为习惯，并通过《"五项管理"自主学习规划本》了解孩子的心理需求，多和孩子沟通，真诚地接纳和欣赏孩子。学校通过家校协同营造了良好的教育生态，助力孩子健康快乐地成长。

成都市树德实验中学（西区）注重联合社区力量构建协同育人格局。该校与学校所在的青华社区深入研究传统的学雷锋现状，逐步探索建立了"五维志愿服务型学习区"的新型社会实践模式，努力构建让学生用知识、技能、特长服务社会，让社区居民受益于志愿服务并得以提升和成长的融合学习片区。五维志愿服务是以德、智、体、美、劳五个维度为导向开展的志愿服务。"五维志愿服务实践课程"框架体系包括三个部分："学生志愿者服务素养培育课程"包括文明礼仪实践课程、劳动服务实践课程、互助服务实践课程；"社区公共服务课程"包括城市清洁、秩序维护、技能传授、知识传播、公益宣传等课程；"慈善公益实践课程"包括孝老敬老、爱幼护幼、扶贫济困等课程。学习区则是指志愿服务的过程中学生与居民共同学习、共同提升，以学校为圆心向社区和周边辐射，构建共同提升和成长的融合学习片区。学校在聚焦落实立德树人根本任务的同时服务区域社会发展大局，助力社会基层治理格局的形成。

成都市彭州市认真落实习近平总书记关于"注重家庭、注重家教、注重家风"的重要指示，围绕立德树人根本任务，通过抓顶层设计、抓队伍建设、抓部门联动、抓科研引领、抓课程建设、抓督导评价等途径，构建了家校协同"1＋N"教育模式。"1＋N"的内涵主要体现在：一个中心理念、N种教育形式，即以学生发展为中心，采用N种教育形式协同育人；一个育人主阵地、N个教育平台，即以学校教育为主阵地，利用N个教育平台形成合力；一个主题教育、N种教育活动，即以主题教育为基础，开发N个活动形成主题教育的序列化；一个教育活动、N种活动策略，即以教育活动为载体，总结N种策略，提高协同教育的操作性；一个协同关系、N种互动模式，即以关系处理为重点，提炼N种互动模式，提高交流沟通实效；一个特色课程、N方主体构建，即以特色课程为重点，吸引N方主体共同参与构建。家校协同"1＋

N"教育模式使全域育人、全员育人、全方位育人的理念日益深入人心，初步形成学校充分重视、家庭主动参与、社会大力支持的良好格局，赢得了广泛认同。

### （六）聚焦多元评价，衡量立德树人实效

教育评价事关教育发展方向，有什么样的评价指挥棒，就有什么样的办学导向。在落实立德树人根本任务的过程中，探索多元评价方式，坚持结果评价与过程评价相结合的发展性评价理念，注重发挥多元主体的作用，是各地各校推进评价改革的共性特征。在此基础上，不同区域和学校结合自身实际探索了各具特色的评价模式。

内江市坚持评价导向，构建"常规＋分类＋动态"的评价体系，基于学生能力和素养提升，以生为本，关注成长，关注生活，开展全市素质教育评估和质量监测评价。市、县（区）、校建立基于学生全面发展的综合素质常规评价制度，对标开展好素质教育、德育、心理健康教育等常规评价。推进分类评价，探索综合素质评价，根据艺体、科技、劳动、社会实践等发展要求，重点考察学生创新能力、实践水平、人文素养等，促进学生全面且有个性地发展，完成内江市中小学生综合素质纪实报告。实施动态评价，在对象层面，着眼于实用性，进行硬件、软件评价；在形态层面，着眼于针对性，进行行为、制度评价；在主体层面，着眼于创新性，调动学校、教师、学生的正能量评价。

成都七中初中学校坚持从德、智、体、美、劳等方面综合评价学生的发展。学校根据教育部与成都市的相关文件精神进行学期个人与小组评价，同时选用清华附中的综合素质评价体系，以人为本，促进个体和谐发展。该系统包括 9 个模块 46 个维度，反映对学生进行记录的内容。每位教师和学生都有一个综评系统的账号，教师、学生和家长通过账号登录综评系统，根据不同的模块和维度，上传学生的相关成长信息，对学生的成长进行记录。系统根据不同的模块和维度赋予学生相应的分数，对每个学生的行为记录进行大数据分析，并通过柱状图、饼图、蛛网图等直观地呈现每位学生和学校教育的总体发展情况。

## 三、可期的未来——初中学校落实立德树人的图景展望

从初中学校落实立德树人根本任务的实践探索可以发现，广大初中学校一方面坚守教育初心使命，以教育愿景和目标为牵引营造理想的教育环境，另一方面立足现实，从自身实际出发探索适合自身发展的道路，可谓是完美实现了李希贵校长的一句名言——非常理想，特别现实。展望未来，面向人工智能时代，初中学校在办学定位、育人方式和管理模式等方面仍有诸多需要加强和改进之处。

### （一）提升办学价值定位

面对人工智能时代的来临，包括初中学校在内的学校教育系统要实现功能的更新和价值重塑，以适应新的教育需求和挑战。从功能定位上看，初中学校应该致力培养适应未来社会的全面发展人才，通过实验、项目和探究学习等教学方式，培养学生的创造力和问题解决能力，激发学生的好奇心和探索精神。在信息泛滥的时代，批判性思维能力尤为重要，初中学校应教授学生如何评估信息源的可靠性，如何从复杂的数据和信息中做出合理判断。随着技术的发展，伦理问题变得尤为复杂，初中学校应对学生加强伦理教育，讨论如隐私权、机器偏见等 AI 伦理问题，培养学生的道德判断力，培养具有道德责任感和社会责任感的未来人才。在全球化和数字化日益加深的今天，初中学校应该注重培养学生的全球化意识和多元文化理解能力。在人工智能时代，技能迅速过时的问题尤其突出，初中学校应该培养学生具有终身学习的习惯，强调学习的个性化和连续性，使学生能够不断更新自己的知识和技能以适应未来的变化。

### （二）优化人才培养方式

在如今人工智能时代背景下，初中教育的任务不仅仅是传授知识，更重要的是培养能够引领未来、具备创新能力的青少年。从培养方式层面，要重视并全面推进跨学科学习，提高学生解决复杂问题的能力。初中学校要通过项目式学习等方式，鼓励学生整合不同学科的知识，以创造性的方式解决问题，提高创新能力和批判性思维。初中学校应提供多样化的社会实践活动，提升学生的公共表达能力和团队协作能力，在实践中锻炼他们的领导力。初中学校应积极利用现代技术为学生提供个性化学习支持，利用数据分析来描画学生的学习习惯和能力，从而为每位学生设计最适合其发展的课程和学习方案。

### （三）创新素养评价范式

中共中央、国务院印发的《深化新时代教育评价改革总体方案》对未来一个时期的评价改革进行了全面部署。面向人工智能时代，初中学校在评价方法上应该进一步解放思想，探索有利于培养未来人才的评价范式。应开发更多形式的评估方式，反映学生的真实能力和学习进展。在招生方式方面，应当鼓励有条件的地区探索人才贯通式培养机制，淡化中考的选拔功能，通过综合素质评价等更加多元的评价方式，为不同的学生找到更适合的发展路径。

（撰稿人：李存金，博士，四川省教育科学研究院助理研究员）

# 高中教育立德树人的个案研究

　　"培养什么人、怎样培养人、为谁培养人"，是建设教育强国的核心课题。党的十八大报告首次提出"把立德树人作为教育的根本任务"，党的十九大强调要"落实立德树人根本任务"，党的二十大报告强调"育人的根本在于立德"，2024 年全国教育工作会议再次强调"着力构建落实立德树人根本任务的新生态新格局"。为落实立德树人根本任务，四川省委教育工委书记，教育厅党组书记、厅长余孝其在《打造加快教育强省建设的四川路径》一文中明确提出四川教育的"五强"要求，首先就是"立德树人强"，并指出实施立德树人工程是建设教育强省的根本任务，要坚持五育并举综合育人，深入实施"时代新人铸魂工程"。①

　　国无德不兴，人无德不立。学校必须全面贯彻党的教育方针，积极落实全国教育工作会议和四川省教育工作会议精神，把立德树人根本任务与中华民族伟大复兴紧密结合起来，打好中国底色，植牢中国"基因"，建设教育强省，肩负起培养德智体美劳全面发展的社会主义建设者和接班人的重任。四川大学附属中学（以下简称"川大附中"）坚守为党育人、为国育才初心，落实立德树人根本任务，以"立德树人 五育并举"的校本价值体系引领育人方式变革，把立德树人融入教育各环节、各领域、各方面，构建了德智体美劳全面培育的育人体系，从而解决了如何通过普通高中育人方式变革，促进学生学会研究并且全面发展的问题。

## 一、"立德树人 五育并举"的校本实践

　　学校以全面贯彻党的教育方针为出发点，聚焦"立德树人 五育并举"主题，基于学校历史文化确定学校办学特色和变革价值取向，以符合时代要求的核心问题教学为变革抓手，通过课程设置、教学方式、教学评价、管理保障四大路径落实育人方式变

---

① 余孝其. 打造加快教育强省建设的四川路径［N］. 中国教育报，2024-02-26（4）.

革，为学生提供优质学习境遇，使其主动发展成为会研究、全面发展的高中生。历经 20 余年的研究与实践，学校形成"在学会研究中促进全面发展"的普通高中育人方式校本改革方案。

**（一）变革价值取向：以"立德树人 五育并举"的校本价值体系，引导师生意识和行为**

学校坚决贯彻执行国务院、教育部、省教育厅以及各级行政部门关于立德树人的教育政策，密切关注当前强势普通教育理论如缄默知识、体验学习、多元认知、高阶思维等，并将其融会贯通，以学生"全面发展、学会研究"为育人方式变革目标，从育人特色、目标、内容、实施、技术、评价六个方面归纳出"立德树人 五育并举"校本价值体系，以此引导学校育人方式变革。

**1. 育人体系凸显"培养-研究型"大学附中特色**

学校坚持立德树人、五育并举，结合时代特色对学校办学理念进行优化，确定强化大学附中研究文化，把大学文化土壤中的"研究"转化为高质量发展的生长点，彰显"培养-研究型"大学附中的办学特色。川大附中以四川大学为办学共同合作体，着力建设能适应时代、适应社会、育人为本、具有现代育人方式的学校。学校突出以研究型课程和研究型教师培养研究型学生的特征，既承担使学生成为现代公民的社会责任，又肩负为国家培养精英和栋梁之材的使命，还主动发挥对其他普通高中共同发展、实效为重的示范帮扶作用。

**2. 育人目标着眼于每位学生全面发展且学会研究**

学生全面发展是系统发展，学校需要以培养社会主义建设者和接班人为目标，统整学校的育人方式改革。基于学校"培养-研究型"大学附中的办学特色，学校把帮助学生学会研究的撬动点延伸为工作线，扩展为学校常态育人的基本面，因此既面对全体学生进行培育，也重视学生个体的差异发展。

全面发展，是德智体美劳各方面的和谐发展，是指培养学生践行社会主义核心价值观，努力做社会主义建设者和接班人，身心健康、乐观向上，具有强烈的主动发展意识，具有适应终身发展和社会发展必需的品格与关键能力。

学会研究，是指学生会把研究作为自己全面而有个性发展的重要基础，作为认识世界、改造世界的重要方法；能通过研究把个人理想与国家发展、民族命运结合起来，主动发展自我；有敢于质疑、勇于探索、善于合作的研究精神；有发现与解决问题、表达与检验结果、评价与推广成果的实践能力。

**3. 育人内容面向学生生活和发展需要解决的问题**

学校和教师恒守以德为先、以人为本的价值取向，立足当下，面向未来，从关注学生对考试的适应，转向既满足学生现在的升学诉求，又关注学生内在的、稳定的、能长期发挥作用的身心特性及品质的发展，为学生适应社会生活、接受高等教育和未来职业发展打好基础。坚持按国家课程方案开齐、开足、开好规定课程，包括课内学习与课外实践的所有课程，以核心问题的提出和解决为逻辑主线展开，主动积极地利用各种条件形成多方联合育人机制，以课程资源开发的广泛与丰富促进课程内容面向学生生活和发展需要解决的真实问题。

### 4. 育人实施强调实践活动及促进学生的深度体验

学校将实践活动作为育人活动的重要途径，强调实践活动的方式和性质的多样性，强调学生全身心投入真实环境的直接作用，强调内容由简单走向复杂、走向问题的更深入解决。实践活动产生体验，初步的体验往往肤浅、稍纵即逝，学校强调引导学生进行深度体验。实践活动结束后，引导学生针对活动过程和活动结果，从知识、方法、技能、情感、态度、价值观等方面，将实践活动中所体验到的、说不清道不明的东西，努力用语言符号显性化地表达、交流，进行个人体验的修正、强化、改善和重组，使自己的身体动作导向更加准确而自如、认识导向更加系统而深刻、情感导向更加积极而持久。完整的深度体验能提高学生"在体验中学习，在学习中体验"的意识、习惯与能力，能把"育人"与"育分"融合起来，促进学生全面发展。

### 5. 育人技术重在数字资源、信息技术与变革融合

学校加大教育信息化建设与研究的投入，积极开发管理平台、课程专用室等数字技术资源，并与省、市、区和集团校联合打造多级联动的课程开发共享平台，促进现代技术与课程开发实施的深度融合与创新发展。建立有效推进工作的管理制度和机制，依托上级主管部门、相关单位和自身的资源与技术力量，通过整合资源、购买服务、自主开发等方式，构建起了一体化的"互联网＋教育"大平台。构建智慧教育支撑环境，初步实现了基于大数据的精准质量监测。搭建完善的"空中课堂"教学系统，实现了全员全科基于云技术的泛在学习。

### 6. 育人评价重视促进在原有基础上发展的质性评价

学校必须组织学生经历并顺利通过各种结果性的考试评价，如学期考试、综合素质评价、体质达标测试、艺术素养测评等。学校应更多地关注育人过程中的评价，如育人过程中对学生活动、意见的即时评价，育人过程中对学生的学习、生活、思想、心理、生涯的评价等，这些评价都应该特别重视促进学生在原有基础上发展的质性评价。除了教师评价，还需要有意识地调动社会评价、学生的自我评价和学生间的相互评价。评价除了运用语言，还须运用"写实记录""研究报告""习作呈现""成长档案袋"等质性评价方法。

作为质性评价者的教师，正确认识学生的原有基础和适切的发展方向是有益于学

生发展的前提。首先，教师必须有育人的仁爱之心，既能像对待自己亲人一样呵护、包容学生，又能将学生作为社会主义建设者和接班人来爱护、培育，还能将学生作为独立的人来尊重、理解，进而真正理解每一位学生。其次，教师必须有全面育人的研究之心，主动在学生发展指导的实践与研究中提高自己的评价水平和评价效果，真正把对学生的评价化为促进每位学生成长的生命养料。最后，师生都要认识到将理想转变为现实难免艰难曲折，发奋图强、百折不挠、与时俱进、开拓创新是一切有志者必须具有的品格。

通过以上六个方面，川大附中构建了"立德树人 五育并举"校本价值体系，为学校的育人方式变革指明了方向，整体规划课程、教学、评价、管理等育人关键环节和重点领域的改革，整合利用各种资源，统筹协调各方力量，以此实现全员育人、全程育人、全方位育人，从而培养德才兼备的堪当民族复兴大任的时代新人。

## （二）创新课程设置：以五育并举的研究型课程体系，向学生提供可选择的多元学习内容

基础教育课程承载着党的教育方针和教育思想，规定了教育目标和教育内容，是国家意志在教育领域的直接体现，在立德树人中发挥着关键作用。[①] 因此，中小学时期是落实立德树人根本任务的关键时期，而课程是落实立德树人根本任务的主渠道。川大附中将"立德树人 五育并举"理念融入学校课程体系，在对全校师生课程行为进行纵向梳理、横向拓展、实践调整后，形成了《四川大学附属中学课程实施方案》。学校以五育并举的研究型课程体系，向学生提供可选择的多元学习内容，在课程开发实施中促进学生德智体美劳五个方面均衡发展。

### 1. 基于核心问题的学校课程构建思想

立德树人要求我们必须着眼于学生全面发展，教育是实现人的全面发展的重要途径。川大附中有 20 余年的核心问题教学研究基础，教师们深度认同核心问题教学思想要以学生为本，关注学生的全面发展、终身发展，并积极投身于校本教研，将核心问题教学由学科课堂教学拓展到综合实践活动课程、劳动课程、学科选修课程及校本课程等项目课程教学中，因此学校所有的研究型课程都基于核心问题思想构建。

（1）学校课程基于核心问题构建。

课程实施以核心问题的提出和解决为逻辑主线，统筹学生的课堂学习与课外实践，实现了学科课程校本化、项目课程特色化，进而成为五育并举的研究型课程。

（2）强调教师对课程性质的认识与把握。

---

① 来源于《普通高中课程方案》（2017 年版 2020 年修订）。

为保证不同的课程从不同的角度形成育人合力，学校强调对课程性质的认识与把握。学科课程有国家课程标准，项目课程却没有，因而学校在政策理论学习的基础上，结合学校实际归纳项目课程的性质，以此引导课程开发实施的观念行为，让学生能够形成对社会的认知、对生命的体验，提升创新能力和核心素养。

**2. 拓展适应师生课程需求的教育资源**

学校认识到课程资源对促进学生全面发展且学会研究的独特作用，特别重视根据政策背景、学生需求、学校特色等开发课程资源，保证课程的高品质，激发师生的热情，达成学校的育人目标。学校改造校园环境几十处，以满足师生课程开发实施需求；利用课程研究成果反哺校园环境改造，如教室照明系统的改进，"雨水花园""战鹰苑"的新建等，均按学生课程研究成果实施；开发整合社会资源，构建联合育人体系，与70余个单位建立了军地共建、校地共建、校企共建、校所共建、专业外聘等联合育人关系。学校统筹社会协同育人资源，凝聚立德树人的强大合力，助力学生全面发展且学会研究，被评为"四川省中小学劳动教育实验校"。

教研组基于《普通高中课程实施方案（2017年版2020年修订)》审视组内开发实施的课程，不断地优化、固化和系列化教研组课程体系；处室基于处室职能，将原来处室开展的较为成熟的学生活动按学校的课程开发要求转化为课程或者新建课程。

学校与各教研组共同开发、实施、固化、系列化课程，将研究型课程的顶层结构与由各教研组教师开发的260余门课程相向合拢，按照5大类别、17个领域，将所有研究型课程进行归类、整合，构建形成了完整的学校五育并举研究型课程体系，满足了学生的学习发展需求，学生100%参与"选课走班"。

**3. 课程开发与实施的研究性彰显策略**

川大附中坚持"立德树人 五育并举"高质量发展校本价值体系引领下的学校育人方式变革，以"培养-研究型"大学附中为发展特色，开发与实施的是研究型课程体系，因此，尤其重视彰显课程研究性。学校具体从"研究过程的规范落实、问题发现与问题表达、问题解决的思想方法、成果的提炼及其表达、学生的交互活动组织、校内外课程资源开发、课程并列或纵深递进"七个方面归纳并实施研究性彰显策略，在课程开发实践中运用它、检验它、反思它、改造它，使学生的研究意识强化、研究行为规范，以课程研究促进学生全面发展且学会研究。

学校开发并实施基于核心问题的五大类研究型课程，体系完善、特色鲜明、门类丰富。课程与课程之间相互配合，统筹为优质的育人载体，保证了学生发展的基础需要和个性化需求，促使学校、家庭、社会等全方位多要素协同育人，实现了学生全面而有个性的发展，达成了"全面发展、学会研究"的培养目标，有效落实了立德树人根本任务。

### （三）变革教学方式：以核心问题教学，促进学生不断沉浸在研究活动体验中学习发展

促进学生"全面发展、学会研究"的主阵地在课堂。坚持以学生核心素养为导向，深化课堂教学改革创新，是落实立德树人根本任务、坚持五育并举的有力工具和重要抓手。要在课堂上最大限度促进学生全面发展、学会研究，须系统变革教学方式。川大附中 20 多年基于核心问题的课程、教学和评价的持续变革实践，使得教师更为关注教与学关系的实质，关注学习的真实发生特别是问题导向思维的运用。这样的核心问题教学，以学生全面发展和学会研究为出发点，能促进学生不断沉浸在研究活动体验中学习发展，追求学科育人的实质，从而提高人才培养质量。

**1. 变革教学逻辑的核心问题教学思想**

核心问题教学思想在长时间的实践中已经变得更加成熟，现在的核心问题教学思想是：突破以知识讲授为逻辑主线的教学传统，实现以核心问题的提出和解决为逻辑主线的教学，使学生的学习活动以接受演绎为主变为归纳与演绎相结合，使学生的学习方式从单纯的接受性变为体验性与接受性相结合，让学生在活动的深度体验中全面发展且学会研究。

在学科课程中，核心问题教学思想具体化为：一节课中，在学习新知识之前，教师以一个核心问题调动学生活动，先由学生运用已有的显性知识和缄默知识，独立和合作地解决核心问题，在问题解决中产生体验；然后师生共同对问题解决全过程产生的体验进行反思，经表达、归纳、提升，再配合教师适当讲解，产生本节课预期的新知识、新方法，并适当运用评价。

在项目课程中，核心问题教学思想具体化为：一个项目中，师生融入与项目相关的真实生活情境，产生自己的问题，经过共同研究、资料查阅、分析评估，提炼出能研究、有价值、能坚持的核心问题；师生在共同搜集信息、提出假设、制订方案、实施研究以及寻求协助等活动中解决问题，然后共同对问题解决全过程产生的体验进行自主发掘，经表达、归纳、提升，整理撰写研究报告，并适当进行评价。

**2. 促进学生活动体验的核心问题要求**

（1）核心问题的基本定义。

核心问题，是由一个课时或一个项目的核心内容生成的、能够引导驱动整个课时或项目学生活动体验的中心问题或中心任务。

（2）核心问题的特征要求。

从问题的立意、情境、设问三要素归纳核心问题的特征并规范表达要求，使核心问题能够承担起激发学生开展研究活动并将学生体验导向深入的重要任务。

①立意的活动性与引导性特征，指设计核心问题时的价值取向，既要有利于激发和推动学生主动开展研究活动，又要有利于将学生体验导向深入。

②情境的真实性与整合性特征，指构成核心问题的背景是真实的生活情境、社会情境、生产实践、科研情境，或是教科书中真实的探索过程与教科书外相关内容整合后的产物。

③设问的适应性与发展性特征，指核心问题中的设问方式或任务呈现方式，既要适应学生问题解决的心理、知识和能力等学习基础，特别是学生已有的体验积淀或缄默知识基础，又要适应学生现在和将来多方面的发展需求，当然也必须适应教学环境的时空条件。这里的适应，既指要适合，也指要有意识地利用与促进。

（3）核心问题的表达要求。

核心问题由客观问题和学生活动方式两个要素组成，以学生为表达主体。核心问题是嵌入生活实践情境或学习探索情境的真实或仿真的客观问题，真实问题的解决往往需要很高的知识综合度和能力融合度，需要多门知识的综合运用，进而保证知识运用的综合性和学生发展的完整性。丰富的情境能给学生活动时空、活动内容的拓展留下空间，能够促进学生问题的纵向或横向拓展，走向更为深入的研究。问题是学生自己发现的新问题，容易促使学生形成力图解决问题的主动心态。核心问题中的活动又具有层次性和研究性，活动结果具有适当开放性，进而使每个学生都能全身心地投入交流合作、问题解决等活动中发挥自己的作用，形成问题意识、研究精神，获得研究态度或研究方法的深度体验，如"初识缄默知识，发掘视频中创新活动与缄默知识的关系，研讨后撰写小论文"等，这样表达核心问题的目的，是突出核心问题的活动性、引导性、真实性、适应性和发展性等特征，帮助学生在完整的研究过程中提高核心问题的发现、研究与解决质量。

**3. 引导深度体验的核心问题教学目标**

经系统研究，学校形成了自己的体验性目标表达方式，其陈述有四个要素：学习主体——学生；经历境遇——学生所经历的活动境况和遇到的问题情境；行为动词——学生心理的行为方式及其心智、情感的投入程度；行为对象——学生内部心理行为方式的指向。与结果性目标一样，体验性目标的陈述也可以省略其中的部分要素，但经历境遇这一要素是不能省略的。

在核心问题教学中运用体验性目标，能使学生个体在亲历活动中获得的理智与情感的、显性与隐性的、意识到与没有意识到的所有体验都进入教与学，能够引导每位学生心理性和身体性活动主动的、多方的、积极的投入，尤其是强调获得关联体验：一个是以个人为中心的关联，如个人与自然、个人与社会、个人与国家、个人与自身的相互关联；另一个是以知识为中心的关联，如知识与知识的相互关联、知识与思想方法的关联、知识与情感能力的关联、知识与各类问题的关联等，这能有力地促进学生在深度体验中全面发展且学会研究。

**4. 突出研究过程的核心问题和教学环节**

为了促进学生在全面发展的基础上学会研究，学校提出以"提出问题—解决问题—反思提升—评价反馈"作为核心问题的四个相互关联环节，统整学习过程与研究过程，引导学生以完整的研究成就完整的学习。学校在开发实施五育并举的研究型课程中，将学科课程中核心问题的"四环节"拓展为项目课程的"四环节十六个子环节"（如表1所示）。

表 1　五育并举的研究型课程实施环节

| 研究环节　研究子环节　研究形式 | 课题研究 | 项目设计 |
|---|---|---|
| 提出问题 | 发现问题 | 发现问题 |
| | 组建团队 | 组建团队 |
| | 尝试查新 | 尝试查新 |
| | 表达问题 | 表达问题 |
| 解决问题 | 搜集信息 | 搜集信息 |
| | 提出假设 | 制订方案 |
| | 制订方案 | 绘制图样 |
| | 实施研究 | 试制作品 |
| 反思提升 | 记录写实 | 记录写实 |
| | 整理资料 | 整理资料 |
| | 反思研讨 | 反思研讨 |
| | 撰写成果 | 撰写成果 |
| 评价反馈 | 自评互评 | 自评互评 |
| | 修改报告 | 修改报告 |
| | 资料入库 | 资料入库 |
| | 申请认定 | 申请认定 |

核心问题教学的四环节促进学生不论是在课堂学习中还是在课外实践中，都能够随时把自己的目光投向大自然、投向社会、投向生活，以寻找问题的眼光处处细心观察、时时用心思考，凡事都追问"是什么、为什么、怎么样"，沉浸在各种各样的提出问题、解决问题、反思提升和评价反馈的研究活动中，获得丰富多彩的信息来源和情

感体验，这为学生的全面发展、学会研究创造了良好机遇。

根据核心问题教学展开的"提出问题—解决问题—反思提升—评价反馈"四环节可有效推进师生研究型教与学活动，将学习体验层层深入，提高学生综合分析问题、解决问题的能力，实现学生在深度体验基础上的核心素养积淀，达成"全面发展 学会研究"培养目标。

**（四）融通教学评价：以核心问题教学文化融通教与学的评价，激励教学反馈和重新建构**

"立德树人 五育并举"引领下的育人方式变革坚持以评价促发展，以评价促进学生学会做人、学会做事、学会学习、学会研究。核心问题教学的基本价值是让学生在活动体验中学习与发展。因而核心问题教学评价的目标也是让学生在活动体验中学习与发展，促进学生全面发展且学会研究，将师生在核心问题教学中的共同表现从文化角度整合、提升为核心问题教学的文化蓝图，以此融通教与学的评价并引导师生的评价观念和行为。核心问题教学评价，指在有意识观察、认识核心问题教学活动的基础上，对其有利于核心问题教学文化的建构状况做出判断，并在反馈基础上重新建构的过程。

**1. 融通教与学的文化蓝图评价思想**

将教与学分开进行评价，无法有效利用教与学的本质联系形成有利于学生在深度体验中研究学习的环境。基于对教学文化力量的真切体验，学校选择以核心问题教学文化来融通教与学的评价：将教师与学生的教学表现从文化角度进行整合，勾勒出核心问题教学文化蓝图，用以引导师生教学评价观念和教学评价操作的变革。

**2. 教学形态及教学特质的文化蓝图内涵**

学校将核心问题教学文化蓝图分解为两个部分：一是形态蓝图，由核心问题、教学目标、教学环节三个要素及其相互匹配的关系构成；二是特质蓝图，与体验过程中的目标、活动、内容、反思、分享、评价六个维度对应。由于体验产生于完整的问题解决活动过程，因而虽然是以体验的要素勾勒核心问题教学文化蓝图，但其中也蕴含了丰富的教与学的研究文化。

**3. 两个评价表格、一个规范的评价工具**

基于教师评价素养现状调查情况，学校在核心问题教学评价基本价值主张的引领下，依据核心问题教学文化蓝图和教学评价方法，建构、实践和检验了两个表格、一个规范的评价工具。第一个表格是针对核心问题教学现场实况的评价，如"核心问题教学文化评价表"（见表2）。

## 表2　核心问题教学文化评价表

评价者信息　姓名_____　学科_____　学校_____
课堂内信息　教师_____　科目_____　时间_____　班级及其特征_____
课题名称_____
核心问题_____

| 评价目标 | 评价指标 | | | 评价方法/结果 |
|---|---|---|---|---|
| | 一级指标 | 二级指标 | 三级指标 | |
| 使学生在活动体验中学习与发展 | 具有核心问题教学形态 | 核心问题利于活动体验 | 内含客观问题和学生活动方式 | 每项指标最高评8分（满分为96分） |
| | | | 问题情境与真实生活密切相关 | |
| | | | 能引发新知识、新方法的生成 | |
| | | 教学目标价值引导恰当 | 两类目标正确、全面 | |
| | | | 关联体验目标恰当 | |
| | | | 目标价值引导恰当 | |
| | | 教学环节完整、合理 | 教学环节清晰、完整 | |
| | | | 环节内容合理、充实 | |
| | | | 学生活动时间充分 | |
| | | 教学要素相互匹配、相互促进 | 问题目标环节两两匹配 | 合计___分 |
| | | | 技术促进活动形式、内容合理 | |
| | | | 性质特点突出、氛围浓郁 | |
| | 具有核心问题教学特质 | 拓展学习视野 | 深度体验进入教与学目标 | 选择一个表现突出的二级指标，在相应三级指标引导下，以现场学生表现为主要依据，以其余指标为背景，写出150字以上的简要评价 |
| | | | 教学与真实世界紧密联系 | |
| | | | 师生关注并运用缄默知识 | |
| | | 投入实践活动 | 有真实完整的实践活动 | |
| | | | 全身心地沉浸在活动中 | |
| | | | 活动内容丰富 | |
| | | 感受意义关联 | 感受核心问题深层意义 | |
| | | | 事物间关联的感受运用 | |
| | | | 注重意义的发现强化 | |
| | | 自觉反思体验 | 实质性反思活动的开展 | |
| | | | 重构反思中的体验 | |
| | | | 反思体验推向接受学习 | |
| | | 乐于对话分享 | 乐于自我的表达与认真的倾听 | |
| | | | 乐于分享合作中的成果与思路 | |
| | | | 营造宽容氛围和生成双向交流 | |
| | | 认同体验评价 | 认可对体验的观察分析 | |
| | | | 参与体验的自评和他评 | |
| | | | 运用评价结果改善教学 | |
| 核心问题教学特质的简要评价（包括发展性建议）： | | | | |
| | | | | |
| | | | | |
| | | | | |

第二个表格是针对学生研究活动中关联体验获得情况的评价。将看似不相关的事物关联起来是重要的创造发明之道，因此学校将对事物间关系的体验称为关联体验，运用"研究活动的关联体验点检测表"（见表3）进行评价，即针对一次研究活动中的一个关联体验点的达成进行评价。检测者为任课教师，对象为参与活动的全体学生，检测在本次活动接近尾声时进行。关联体验是学生的心理感受，无法对其进行直接观察和测量，于是参考心理测量和表现性评价的相关理论，以满足相应条件的题目或任务作为检测工具，通过学生完成的表现划分等级，对学生体验情况做出分类推理判断。

**表3　研究活动的关联体验点检测表**

| 基本信息 | 执教教师 | | 科　目 | |
| --- | --- | --- | --- | --- |
| | 年　级 | | 上课时间 | 年　月　日 |
| 课题名称 | | | | |
| 核心问题 | | | | |
| 教学目标 | 结果性目标 | | | |
| | 体验性目标 | | | |
| 关联体验检测点 | | | | |
| 检测题目 | | | | |
| 分类标准 | A | | | |
| | B | | | |
| | C | | | |
| | D | | | |
| 检测统计 | 分类等级 | 学生人数 | | 百分比 |
| | A | | | |
| | B | | | |
| | C | | | |
| | D | | | |
| 检测分析结果运用 | | | | |
| 体验典型实例 | | | | |
| 检测反馈 | | | | |

**注意**：请将所有学生的检测答卷附于表后。

以下为关联体验点检测课例。语文课《奇妙的对联》的核心问题是"识别对联，梳理常识；品味名联，探究奇妙"，关联体验检测点是"对联奇妙之处与汉字特点和上下联关系的关联体验"，据此设计检测题目"从下面失散的上下联中选择一副你欣赏的对联，谈谈奇妙之处"。统计结果显示，92.5％的学生对对联的奇妙有体验，42.5％的学生对与汉字特点的关联有较好体验，20.0％的学生对与汉字特点和上下联关系的关联均有较好体验，说明今后应有意识地引导学生对上下联的整体赏析以培育高阶思维意识和能力。

　　一个规范的评价工具是针对教学设计的评价，如"五育并举的研究型课程教学设计规范"（见表4）。

表 4　五育并举的研究型课程教学设计规范

| 方面 | 项目 | 内容 |
|---|---|---|
| 教学分析设计 | 内容分析 | 　　从课程内容的视角厘清本次课内容的主旨、结构、产生背景以及在整个课程中的地位和作用；搜集可利用的相关拓展内容，如联系学生生活和问题的、联系自然和社会的、联系生产和科研的内容。<br>　　从课程育人的视角发掘活动的教育因素，如活动中蕴含的核心素养的培育、课程性质的体现、研究思想方法的运用、情感态度价值观的承载等。 |
| | 学生分析 | 　　从学习动机、兴趣、责任感、态度等方面，进行学习心理分析；从显性知识基础、缄默知识基础、研究能力基础等方面，进行学习基础分析。基于前述分析，结合课堂时空、资源条件，初步拟订本次课中的学生活动方式，包括身体活动、思维活动、人际交往及人境交互方式等。 |
| | 目标分析 | 　　根据课程方案、课程标准、指导纲要及《中国高考评价体系》，结合课程目标、本次课内容及学生分析设定本次课教学目标，以行为主体、行为动词、行为条件、表现程度等要素表达结果性目标；以学习主体、经历境遇、行为动词、行为对象等要素表达体验性目标；体验性目标要特别关注研究活动中学生对联系或者关联的体验，如体验以个人为中心的关联、以知识为中心的关联。 |
| | 资源分析 | 　　以为学生营造优质生活实践情境和学习探索情境的眼光开发课程资源，列出资源利用及媒体选用清单，包括物质、人力资源开发选用清单，说明开发利用设想及来源；包括现代、传统教学媒体选用清单，说明选用意图及来源。 |
| | 主题分析 | 　　结合教学目标和课次计划，将前面拟订的活动内容和学生活动方式搭配为本次课的活动主题。学科课程基于核心问题分析，项目课程基于课次主题分析。阐明核心问题/课次主题的问题解决活动及解决后的反思活动，实现结果性目标和体验性目标。 |

| 方面 | 项目 | 内容 |
|---|---|---|
| 教学实施设计 | 教学环节 | 学科课程以核心问题教学为逻辑主线，按核心问题教学四环节开发实施；项目课程按"五育并举的研究型项目课程开发实施规划纲要"确定的本次课所在环节及子环节开发实施。预设师生研究活动、技术与教育教学融合等以及相互的搭配。 |
| | 评价预设 | 依据"核心问题教学文化评价表"，就教学中教师对学生研究活动的、以口语为主的评价进行预设，尤其要针对学生可能出现的亮点或问题来预设相应内容。<br>依据"研究活动的关联体验点检测表"，就教学后的教学评价进行预设，选择自我评价、互动评价、行为观察、调查访谈等评价方法，就评价的对象、内容、工具进行预设。 |
| | 板书设计 | 正副板书泾渭分明且又相互配合，既呈现研究活动的路径及内容，又呈现研究思维的路径及方法；既呈现学生活动的要点，又呈现教师提升的讲解重点。 |
| | 教学流程 | 以规范的流程符号表达学生研究活动过程中学生、情境、教师、技术等要素间的协调融合。 |
| 教后评价设计 | 信息搜集 | 尽可能利用技术手段，从以下方面收集整理资料：学生研究体验的自评互评、自我描述、研究习作、课后反映等；现场观测记录、课堂实录、检测数据等；自我回忆及其他教师反映的原始资料。 |
| | 自我评价 | 结合教学目标特别是体验性目标及其中的关联体验目标，根据学生在课堂中的具体表现和所收集整理的资料，参照课后其他教师的评议，进行包含对技术与教育教学融合在内的自我评价。 |
| | 反馈调整 | 向学生、自身、课程反馈评价信息和评价结果，反馈包含技术融合在内的调整改善措施，使其有利于学生在研究活动中深度体验学习的基础上全面发展、积淀素养，有利于教师专业素养提升，有利于学校更好地达成育人目标。 |

以上要求，既是科学合理撰写教案的引导，也是针对教案进行评价的要求。日常教案的撰写，可根据教学内容的特点和自己的需要，将其中的某些项目合并，或者突出项目中的某些要求而弱化其他要求，使整个教案特点突出、逻辑清晰。

学校以核心问题教学文化融通教与学的评价贯穿新课程新教材开发与实施的整个过程，既有学校对教师的评价，也有教师的自我反思性评价；既有过程中教师对学生的评价，又有结束后学生对教师的评价。这些全方位、及时、有针对性的评价，对课程开发与实施的价值、操作、意义等进行判断并给予反馈，促进了课程开发与实施的新建构，以实现评价育人，促进五育并举，落实立德树人根本任务。

**（五）完善保障机制：构建五育并举的学校管理保障机制，切实促成学校育人方式变革**

学校在育人方式变革中，不仅要优化学校文化体系、课程体系、教学体系、评价体系等，还须构建五育并举的学校管理保障机制，以此切实促成学校育人方式变革。

### 1. 处室结构职能时代化

学校为全面落实基础教育国家课程方案，进一步在课程规划、教学组织、选课走班、班级有效管理、生涯规划以及相应的人事调配等方面变革，以育人方式变革为主线，梳理了现行机构的育人改革运行实际情况，重新构建学校机构体系，对学校行政处室的结构、名称、职能进行了调整，如教导处更名为课程教学处，德育处更名为学生发展处，努力提升行政团队在育人方式变革中的理论学习力、变革策划力、课程领导力、工作推进力、语言表达力。

### 2. 处室组织活动课程化

根据活动育人的需求，新建构课程要突破教室空间、学校空间，课程的开发与实施不单是任课教师的职责，更是处室教师应担之责。各个处室承担由于各种行政任务而生成的课程开发任务，将处室原来开展的较为成熟的学生活动，按学校的课程开发要求转化为课程，如军训、体育、艺术、科技、读书、公益及党团等活动，社会主义核心价值观、革命传统、思想品德、法治、生涯、仪式、心理健康等教育，都按课程规范转化为课程。同时，各处室还参与了原来只有学科教师参与的全校公开课展示和研究，如学生发展处开发的"一二·九纪念活动"系列课程以"高唱救亡爱国歌曲，抒发浓郁家国情怀"为核心问题开展，不但演唱者抒发了自己的家国情怀，而且现场师生也浸润在浓浓的家国情怀中，不少人热泪盈眶；又如课程教学处开发的处室课程"川大附中'IDEAS'课程节"；再如教育科研处开发的"创新活动探秘——创新活动中的典型思维及其应用"；等等。

### 3. 处室制度更新供给化

随着育人方式的变革，在原有现代学校制度基础上，学校需要多方面的制度保障，这促进了处室建立"有需要就供给"的机制。因此学校各处室站在立德树人的高度，自觉而及时地从课程开发、开设、实施、评价、发展等方面，新构建几十个指导性、规范性、激励性制度，以对基于核心问题的新课程新教材开发实施进行有效跟踪管理，规范教师的新课程新教材开发实施行为，规范学生的"选课走班"行为，保障课程安全、顺利、优质开展。

例如，"五育并举的研究型项目课程开发实施规划纲要"（见表5），是为解决项目课程无教材和多位教师合作开课的困难，由教育科研处和课程教学处联合创设的。该"纲要"将课程开发实施要素整合为程序性条目并以表格形式表达，教师逐一填写表格即可规范地构建所开发课程的框架，这促进了每位教师积极地投入课程变革。"纲要"除了引导教师开发课程，还提供课程申请和审批内容、学生选课内容，有利于师生实时把握课程目标及内容。

### 表5 五育并举的研究型项目课程开发实施规划纲要

课程首席教师（姓名　组处）：
课程参与教师（姓名　组处）：

| 课程名称 | | | | | | | |
|---|---|---|---|---|---|---|---|
| 课程类型<br>（勾选） | 必修的综合<br>实践活动课程 | | 必修的<br>劳动课程 | | 选修的<br>学科课程 | | 选修的<br>校本课程 |
| 实施对象 | | | 建议选课学生人数 | | | | |
| 课程课时及<br>上课时段 | | | | | | | |
| 课程背景 | 学生背景：<br>资源背景（含技术融合）： | | | | | | |
| 课程内容<br>（核心问题） | | | | | | | |
| 课程目标 | 结果性目标：<br>体验性目标： | | | | | | |
| 课次计划 | 课次 | 主题 | 研究环节 | 学生活动 | 课前课<br>后任务 | 活动地点及<br>技术融合 | |
| | 1 | | | | | | |
| | 2 | | | | | | |
| | 3 | | | | | | |
| | 4 | | | | | | |
| | 5 | | | | | | |
| 学生作品 | | | | | | | |
| 评价方式 | | | | | | | |
| 安全保障 | | | | | | | |
| 条件保障 | 课程开发组外部保障：<br>课程开发组内部保障： | | | | | | |
| 开发次第 | | | | | | | |
| 课程审批 | 1.课程教学处：　　　　　　　　　签　章　　　年　　月　　日<br>2.学生发展处：　　　　　　　　　签　章　　　年　　月　　日 | | | | | | |

从学校构建的五育并举学校管理保障机制不难发现，在育人方式变革的过程中，各个处室都自觉且及时地将做过的和需要做的工作总结形成或具有指导性或具有激励性或具有限制性的制度，并对制度进行时代性优化，以"制度构建"促进"管理文化创生"，以对育人方式变革进行有效跟踪管理，切实促成育人方式改革的落实。

### （六）创生优质境遇：学校育人方式变革落实，学生获得具有八大功能的优质学习境遇

在 20 余年的历程中，学校坚持以"立德树人 五育并举"引领育人方式变革，以核心问题为载体，统筹课程、教学、评价、管理等变革实践，突破教室局限、学科教师局限、单纯的显性知识育人局限以及以知识讲授为逻辑主线的教学局限，实现以核心问题的提出和解决为逻辑主线的教育教学，辅以核心问题教学文化蓝图的评价反馈和体验性目标达成点检测的评价反馈，创生基于核心问题的育人方式变革下的优质学习境遇：五育并举践行、统筹课堂内外、学习即为研究、人境交互激发、两类知识融合、思维层次提升、活动体验深化和研究素养积淀，使所有学生每天都能沉浸在丰富的校内外生活实践情境和学习探索情境中，在不断产生问题、解决问题的各种各样身心活动体验中全面发展且学会研究。

（1）五育并举践行。"以树人为核心，以立德为根本"的育人方式变革推进基于核心问题的课程、教学、评价等各环节不断完善，使每个学生的身体、情感都真实地沉浸在研究和交流活动中，使核心问题所承载的思维模式、行为方式和情感态度价值得以深入发掘，真正成为学生德智体美劳全面发展的肥沃土壤。

（2）统筹课堂内外。基于核心问题统筹课堂学习与课外实践的育人方式，促进了教育与生产劳动、社会实践的结合，进而使立德树人真正融入思想道德、文化知识和社会实践教育。

（3）学习即为研究。所有课堂内外的学科课程与其他实践课程的学习，均在师生的核心问题的发现与提出、解决与表达、反思与提升、运用与反馈中开展，在自己喜欢或擅长的、丰富多彩的、有规范引导的研究活动中开展，使学生能在学习中研究、在研究中学习。

（4）人境交互激发。育人方式的变革使学生学习的文化环境、物质环境和人力环境得到拓展和丰富，在核心问题教学中激发了学生与丰富多元的生活实践情境和学习探索情境的交互作用，使育人活动始于人境交互并从中获益。

（5）两类知识融合。在每天的研究与评价活动中，学生的缄默知识被激活、显现、检讨、修正和丰富，促成缄默知识与显性知识相融合，使显性知识因具有个人意义而

被灵活运用。

（6）思维层次提升。核心问题蕴含的情感态度、思想方法及价值意义使学生积极地在高阶思维中活动，重视思维过程的反思、追踪、监督与调控，思维层次得以提升。

（7）活动体验深化。在体验性目标和关联体验点检测评价的引导下，学生从活动中获得的认识和丰富的内心反应得以系统整合，进而内化为学生个体的深度体验并重新回到日用而不知的状态。

（8）研究素养积淀。学生每天都投入深深浅浅的研究活动中，促使其以研究的眼光看待自己和周围的事物，生发出对自己、他人、社会、国家、世界的责任意识，生成敢于质疑、勇于探索、乐于创新的进取精神，重视体验、经验、直觉和书本外的知识在发现和解决问题中的作用。学生的体验经常由事物现象的表层导向事物关联的深层，学生用来源于实践的知识和方法有效解决实际问题的能力得到提升。

## 二、"立德树人 五育并举"的实践效益

在"立德树人 五育并举"引领的育人方式变革中，学校对价值取向、课程设置、教学方式、教学评价、保障机制和优质境遇等关键环节和重点领域进行改革攻坚，创造性地走出一条普通高中育人方式变革的特色发展道路，形成了学生、教师、学校和校际蓬勃发展的教育生态。

### （一）学生发展：培育"全面发展、学会研究"的学生群体

学生整体实现德智体美劳高水平发展。学生崇尚社会主义核心价值观，坚定共产主义远大理想和中国特色社会主义共同理想，坚守中华民族优秀传统美德，以担当民族复兴大任为己任，每年考入军事院校的学生数在全市名列前茅，学校被教育部、中央军委政治工作部评为"全国国防教育示范学校"，综合素质评价优良率连续保持100%。学校在生源体量超大而学业入口又非"一流"的情况下，毕业出口跻身省市"一流"，连续获得市教学质量表彰奖励。学生体质健康达标率连续稳定在95%以上，普通学生能达到艺体类大学本科专业要求的每年高达10%以上，是全国10所体育后备人才基地校之一。学校作为四川唯一一所首批授牌学校，荣获全国首批"中国校园健康行动心理服务标准化示范单位"称号，为全国儿童青少年心理健康事业树立典型。学生100%参加社会实践，校青年志愿队多次被街道、社区党委评为"优秀志愿者团队"，学校被评为"四川省中学生志愿服务示范学校"，学生干部团队被评为"四川省名优团干工作室"。2020年省市教育部门检测发现，学校85.3%的学生对自己在校成长经历总体感受"非常满意"，认为自己在德智体美劳全面发展的基础上实现了高水平

发展。

大多数学生在"学会研究"方面表现出色。学习研究从"难以企及的领域"变成学生"日常生活的方式",很多学生认为"研究是我们为现在和未来准备的通解"。入选"全国中学生英才计划"的学生人数属全省最多,学生研究成果曾获国际一等奖、全国一等奖。多年来,学生优秀研究成果结集出版已达 8 种。

学生着眼于思维方法及关联体验的发掘与运用。完成《填球问题》论文的学生回顾说:"问题导向的思维方法在我头脑中生根,这种探索未知的科研生活,就是我想要的未来。"学生被一只蜜蜂蜇后,巧妙地将无人机与蜜蜂关联起来,设计的"蜂式无人机"获得全国一等奖。

学生乐于研究自己。大多数学生善于发掘生活和学习情境中的问题,并进行力所能及的研究。个个都有社会责任感、人人都有研究成果成为更多学生的选择。学校每年举办"课程节""思维节"等研究活动,促进学生将研究想法通过规范研究转变为研究成果,如"雅韵心声——经典古诗文与网络流行语速查转化工具""可拆卸犬只脱手报警及定位装置""便利公筷设计与制作""成都市共享单车停放装置设计研究""未来城市新型垃圾分类处理系统研究""基于罕见病肝豆状核变性检测的尿铜试纸研究"。学生在研究中体现出的社会责任感、创新精神和实践能力受到相关高校学者与省市专家的高度肯定。

学生积极将研究成果运用于改善社会生活,产生良好效果。如因目睹有人因心搏骤停去世的事故,学生开展"学校周边 AED 投放布局研究",并以研究成果向成都市卫健委问政,获得肯定回复。为迎接由成都市举办的第 31 届世界大学生夏季运动会,学生持续两年开展了"运动会火炬及点火装置制作研究",制成的火炬引起赛事组委会高度关注,被多家媒体采访报道。

立德树人的育人方式变革促进学生将个体发展与民族复兴联系起来,全面发展效果好、水平高。作为全国 16 所青少年航空实验学校之一,学校在坚持立德树人、践行五育并举的育人方式变革中成功地走出了一条复合型、创新型国防精英早期培养之路。面对进校学生基础参差不齐又无法"加班加点"的情况,学校连续超额完成国家下达的培养任务,共向空军航空大学输送了 100 名学员。航空实验班高考成绩、出飞率连续多年居于全国第一方阵。

"立德树人 五育并举"的育人方式变革卓有成效地培育了"全面发展、学会研究"的研究型学生群体。学校育人质量高位提升,学生近视率却连年下降,低于省市平均值约 10 个百分点。2021 年 4 月,全国综合防控儿童青少年近视暨学校卫生与健康教育工作现场会在学校特设近视防控专题会场,来自教育部体艺卫司、国家卫生健康委、体育总局青少司与东中西部各省教育厅等的数十位领导专家莅临学校交流，"育人质量升上去，近视比例降下来"的川大附中育人方式改革实绩受到与会领导专家的高度认可。

**（二）教师发展：建成"潜心研究、仁心育人"的教师团队**

在"立德树人 五育并举"的育人方式变革中，教师站在育人高度潜心研究、仁心育人，成就了职业道德水平和专业水平不断发展的研究型教师团队。

大多数教师投入时间多、状态活跃。部分教师每周研究时间达8课时以上，每年有超过一半（53%）的教师撰写的论文在省级及以上刊物发表，每年教师参与各级各类论文获奖120余次，有近八成（77.8%）教师为大成都高中教师开设过培训讲座，在全市处于领先地位。由于学校教师研究素养高、培训效果好，每年省市教育行政部门和教科院在学校举办大型教师培训现场会10余次，获得广泛的肯定和好评。

教师在各级各类赛课中喜获佳绩，参加国家级赛课的17位教师全部获一等奖。面积大、时间长、投入高、参与深的研究带来研究型教师团队的研究成果不断涌现，经省部级出版社正式出版的学校教师研究图书多达25种，逾870万字，涵盖立德树人五育并举的各类课程、所有学科，涉及课程、教学、评价、管理等育人方式变革的关键环节和重要领域。

高品质的专业研究塑造了高水平教师团队。学校教师一半以上的省市级及以上的骨干名优教师。2021年"锦观新闻"以《硕士博士上百人、半数教师很"高级"》为题专题报道了川大附中研究型教师团队。

仁心育人促进教师转型发展。全校教师坚守为党育人、为国育才初心使命，以仁爱之心投入教育教学。长期的改革实践使教师们在育人活动中能够不过分关注区分度高的程序性知识、考试分数等短期目标，而是重视社会责任感、创新精神、实践能力、高阶思维等长远目标。教师坚持立德树人的站位，通过五育并举研究型课程体系等多种恰当形式，为学生的全面发展和学会研究创造适合的育人环境，达成育人功能。

在"立德树人 五育并举"引领下的育人方式变革中，教师改变了惯有的职业样态，着眼于学生实时表现，养成了通过观察监测学生发展变化来评估并改进育人举措的习惯，成就了高品质的职业生命，收获了长久的职业幸福，形成了良好的职业发展样态。2020年的省市结题检测认为近八成（79.5%）教师"已经从教书到育人，实现了成长转型"，教师深受学生爱戴历年评教满意度高达95%以上。

**（三）学校发展：推动创建"培养-研究型"大学附中特色**

创建具有现代育人方式的学校。坚持立德树人、践行五育并举促使学校思考自身发展定位，结合时代特点和学校特色，学校致力推动"培养-研究型"大学附中内学品牌建设，并站在培育时代新人的角度主动变革育人方式。

为使众心所向的发展愿景成为有目共睹的发展实景，学校在处室功能、制度更新等管理机制的优化保障下，持续制定并践行落实五年发展规划促使学校在育人方式变革中实现了根植育人文化、贯穿育人关键环节、提升育人质量，形成了以研究型教师和研究型课程培养全面发展、学会研究的学生的基本格局，让川大附中成为具有适应时代、适应社会、育人为本的现代人才培养模式的研究型学校。

立德树人的站位、五育并举的实践使学校在育人方式变革探索中实现了创造性发展。学校作为省内中学代表接受来自教育部专家的调研，并得到高度肯定："川大附中育人方式变革抓住了牛鼻子，办学特色很鲜明，目标定位很准确，办学理念很深刻，走在全国新课程新教材实施的前列！"

育人质量表现优异，学校文化品牌的社会满意度高。在生源规模明显大于成都市中心城区省一级示范性高中生源规模平均值的前提下，近年来学校毕业学生全面发展水平高、毕业出口成绩好，因此，学校实现了育人质量高位稳定发展，向学生、家长和社会交出了一份满意的答卷，连续多年获全市高中教育教学工作优秀学校表彰，成为清华大学、北京大学、复旦大学等多所重点高校的优质生源基地校。

拔尖创新人才培养项目建设突出，研究文化品牌在全国、全省获得良好学术声誉。学校被中国科协和教育部评为"中学生'英才计划'十周年优秀中学""英才计划全国优秀组织实施单位"，"以研究润育英才"的"培养-研究型"大学附中目标正在一步一步成为现实。多年来，学校都以高质量的发展承担国家、省、市等各级改革示范培训任务，被上级授牌近百个，是国家、省、市、区各级各类改革示范校。2020年，经教育部遴选，学校成为全省三所"国家级新课程新教材示范校"之一。学校育人方式变革研究成果丰硕，28篇文章发表于《人民教育》《全球教育展望》等国家级期刊，多篇被《人大复印资料》等全文转载。

育人方式变革促进学校文化积极而勇敢地优化，学校凝练成了符合社会主义核心价值观的大学附中研究文化体系。育人方式变革的校本实践力图从历史的实践一步又一步地走向理想的实践，学校的文化追求则为这一步又一步的实践绘制理想蓝图，两者互激共生、辩证发展。这一认识更深层次地影响着所有人的价值取向、思维模式和行为方式，在校内外产生了越来越广泛且持久的良好影响，推动了"培养-研究型"大学附中办学品牌建设，讲好了新时代立德树人的"川大附中故事"。

### （四）带动发展：校际研究紧密、示范引领广泛、社会认可度高

校际研究紧密。学校先后与12所初高中建成集团联盟关系，以变革价值取向、课

程建设、课堂教学、教学评价、保障机制等为载体建设研究共同体。累计支持成员学校成功立项并成功结题省级课题 10 余个，参与集团学校公开课研究 300 余节。学校教育集团多次获得全市表彰，其中四川大学附属中学西区学校改革经验被中共中央办公厅、教育体改办、省委办公厅专报刊发，并得到中央领导肯定性批示。

示范引领广泛。长期以来，学校主动向全国各地分享其教育教学改革成果；省市主管部门多次针对学校改革成果召开专场推广会；多年来，学校受邀在国内、国际教改论坛进行专题发言达 100 余次。

学校主动承担国家级"双新"示范活动数十次，其中由学校担任主办单位在国家级平台"教研网"开展"双新"示范直播活动共 4 次，活动围绕育人方式变革及新课程新教材实施等关键环节展开系列专题研讨和课例研讨，全国范围内观看次数累计超过 15 万。经 2023 年教研网官方统计，川大附中位列"教研网全国合作学校直播时长 TOP10 榜单"第 9 名，在全国范围产生了良好影响。

2020 年新冠肺炎疫情期间，四川省教育厅组织力量面向高中生进行电视课堂录播，学校 26 位教师受邀录播电视课共计 106 节，录课教师占比高达 75％，授课节数居于全省第一，总时长超过 4000 分钟。课程通过 13 个电视频道面向全国播放，点击量达 1.3 亿。2021 年，学校 35 位教师通过"四川云教"智慧教育开放课堂面对全川开展全科、全程的在线教学直播，惠及全川 1100 多所接收端学校、23 万余名学生，使川大附中育人方式变革成果惠及更广地区、更多师生。

社会认可度高。教育部、空军总部、省委办公厅等部门的领导与专家多次到校调研，充分肯定学校育人方式变革取得的多方面效益。新华社、《人民教育》等主流媒体报道学校共计 177 次，《中国教育报》2019 年 9 月刊文报道学校"培养-研究型"大学附中办学特色。"研究"已经成为川大附中集团极深厚的文化底蕴，"立德树人 五育并举"引领下的育人方式变革成果影响显著，有美国、法国、澳大利亚等国以及北京、上海、香港等中国城市的 150 个访问团慕名到校学习。

川大附中坚持立德树人，践行五育并举，在国家政策理论指导下，在学校过去的历史实践与将来的理想实践之间凝练、优化办学文化，确定学校目前的办学价值取向和特色，这是育人方式变革的开端和引领。全校师生在育人关键环节和重点领域以核心问题变革教学、课程、评价、文化、管理等，坚持不懈地进行改革实践，这是育人方式变革落实的路径和方法。学校既承担使每个学生成为现代公民的社会责任，又肩负为国家培养精英人才的使命，培养会研究的全面发展的学生，使学生成为担当民族复兴大任的时代新人，这是育人方式变革的目标和结果。变革实践促进教师和学校文化与时俱进，这是育人方式变革的反哺和延续。

　　学校立足现在、面向未来，在育人方式变革与学校特色文化追求的互激共生中，走出了普通高中育人方式变革的特色发展之路，以"立德树人 五育并举"高质量发展的校本价值体系落实习近平总书记提出的六个"下功夫"，以"创新课程设置—变革教学方式—融通教学评价—完善保障机制—创生优质境遇"关键领域的突破，落实四川省教育工作会议提出的"五强"要求。学校实现了育人方式变革，实现了全员育人、全程育人、全方位育人，真正有效地落实了立德树人根本任务！

（撰稿人：米云林，正高级教师，四川省成都市第十二中学校长、

四川省教育学会学术委员会副主任；

熊文俊，正高级教师，四川省成都市第十二中学副校长；

冯小辉，高级教师，四川省成都市第十二中学副校长）

# 特殊教育立德树人的实践探索

## 一、准确把握当前特殊教育政策与核心指向

四川省地处我国的战略腹地，在国家发展大局特别是实施西部大开发战略中具有独特而重要的地位。当前，百年变局加速演进，四川省肩负着服务国家科技自立自强、建设新时代战略腹地、打造带动全国高质量发展的重要增长极和新的动力源等重大使命，须牢牢把握教育的战略属性。四川省为加快建设中西部教育高质量发展先行省，提出了立德树人强、培养体系强、支撑引领强、影响辐射强、动力活力强等"五强"要求。

不论是促进公平正义，还是社会文明进步，又或是建成教育强国，特殊教育发展起着举足轻重的作用，是促进教育协同高质量均衡发展的关键点之一。梳理总结四川省特殊教育立德树人、五育并举的优秀经典案例，对西南片区乃至全国特殊教育发展都具有重要参考价值与意义。从近年来的特殊教育育人实践案例来看，各校能够准确把握当前相关政策与核心指向，做到坚持立德树人根本任务、聚焦五育并举深刻意涵、把握差异和适应融合的教育目标导向，完成好特殊教育育人工作。

### （一）坚持立德树人根本任务

立德树人的理念深刻阐释了在新时代塑造民族文化传承人、培育德智体美劳全面发展时代新人的理论内涵。[①] 特殊教育作为国民教育体系的重要组成部分，同样应当落实立德树人根本任务，这是特殊教育人才培养过程中不可忽视的重要理念。《国家中长期教育改革和发展规划纲要（2010—2020年)》指出，应培养残疾学生自尊、自信、自立、自强的精神，这一精神可以说是特殊教育对立德树人根本任务的积极回应。党的二十大明确提出，要强化特殊教育普惠发展，加快建设高质量教育体系，发展素质

---

① 冯刚，史宏月.新时代立德树人的理论内涵及其价值意蕴[J].社会主义核心价值观研究，2019（5）：41-49.

教育。学习贯彻党的二十大报告关于人才培养和推进教育高质量发展的新论述及新要求，创新特殊教育育人方式和全面落实立德树人根本任务，是特殊教育战线面临的重大任务。然而，由于特殊教育对象的多样性、异质性、复杂性等因素，目前特殊教育领域落实立德树人根本任务尚存诸多困难。特殊教育发展如何助力教育强国战略，如何满足特殊需要学生的成长需求，如何借由学校立德树人举措促进特殊需要学生知、情、意、行的协调发展以及培育其健全人格，进而使其成长为助推社会良序发展的时代英才，是当前特殊教育高质量发展亟待解决的时代命题。

### （二）聚焦五育并举深刻意涵

坚持五育并举的理念，是新时代推进素质教育的重要原则，也是落实立德树人根本任务的重要途径。不论是理论研究还是教学实践，特殊教育领域中道德教育的"问题产生"比"情境预设"更多，理论研究滞后于特殊教育实践探索，特殊需要学生及家庭的现实需求远比供给侧的教育供给多且复杂。因此，落实立德树人根本任务和推进特殊教育育人方式改革，要以培养德智体美劳全面发展的社会主义建设者和接班人为目的，以遵循特殊需要学生身心特点和发展规律为依据，以破解特殊教育质量不高这一主要问题为突破口，坚持立德树人、全面发展、五育并举与多样性、独特性的辩证统一，全面贯彻党的教育方针，深化课程与教学改革。此外，特殊教育育人方式的改革不仅需要特殊教育教师脚踏实地的实践探索，更需要相关研究者和一线教师具有结合教育教学实践的总结、反思和表达的意识与能力。

### （三）把准适宜融合的教育目标导向

适宜融合，是基于学生立场提出的，我国的教育传统就提倡因材施教，只有适合每个学生发展的教育才能称之为公平教育。《"十四五"特殊教育发展提升行动计划》明确提出了未来特殊教育发展要"以适宜融合为目标，按照拓展学段服务、推进融合教育、提升支撑能力的基本思路，加快健全特殊教育体系，不断完善特殊教育保障机制，全面提高特殊教育质量"。为贯彻落实全国教育大会精神，教育部印发《特殊教育办学质量评价指南》，其中强调要坚持育人为本，以适宜融合为目标办好特殊教育。特殊教育学校要全力支持特殊教育德育建设，全过程、全环节、全要素地抓好学校育人工作，要根据全面发展的教育方针要求以及特殊学生的身心特点，不断提高教学质量。在全方位掌握教学情况的基础上，教师应注重挖掘特殊教育教材中的德育要素，优化教学方法，依据特殊学生需要采取多样化的教学手段，将集体教学与差异教学结合起来，注重因材施教，提高教学的针对性，从而促进学生的全面发展。

## 二、创新推进特殊教育育人实践的成效与特点

基于四川省近年相关特殊教育育人实践案例及成效的深入分析，梳理其特征特点，我们总结概括出四川省特殊教育发展在课程教学育人、文化环境育人、管理制度育人等方面比较突出的特点。

### （一）强化课程教学育人，追求全面发展与个性化相结合

有研究者指出，课程育人是立德树人的前提[①]。为贯彻落实党的十八大关于立德树人的要求，教育部于2014年出台《关于全面深化课程改革落实立德树人根本任务的意见》，其中明确指出，"课程是教育思想、教育目标和教育内容的主要载体，集中体现国家意志和社会主义核心价值观，是学校教育教学活动的基本依据，直接影响人才培养质量"。特殊教育同样应当以课程育人为首位，追求特殊学生全面发展与个性化相结合。

#### 1. 挖掘学科育人价值，建构学科融合课程体系

新时代推进教育聚焦于学生的核心素养。在这一背景下，育人方式发生变革，由传统的知识本位过渡为素养本位，着重强调学科育人价值，突出核心素养导向。[②] 教育部印发的《关于全面深化课程改革落实立德树人根本任务的意见》也指出，要"充分发挥人文学科的独特育人优势，进一步提升数学、科学、技术等课程的育人价值，同时加强学科间的相互配合，发挥综合育人功能，不断提高学生综合运用知识解决实际问题的能力"。相关政策的颁布实施推进素质教育发展进入新阶段。特殊教育作为教育体系的重要组成部分，理应贯彻落实立德树人要求，挖掘课程育人价值，追求素养立意，引领教学改进。特殊教育学校以三类特殊教育学校义务教育课程标准为基点，结合当地学情与教法，优化课程设置，推动跨学科主题学习，凸显育人功能。如成都市成华区特殊教育学校开设中高段转衔实践课程。这一课程是将传统的生活语文、生活数学、生活适应、劳动技能等多门课程统整形成的一门学科融合性综合课程，其目的在于促进培智学生从"学校人"到"社会人"的转化与塑造，以适应家庭、社区、社会生活，最大限度融入主流社会。学科融合能够避免"学科拼盘"式教学，强调知识学习的同时也重视行动实践，有效培养特殊学生跨学科思维，这使得融合课程更加适宜特殊学生需要，促进其适性发展。[③]

---

① 骆郁廷，郭莉."立德树人"的实现路径及有效机制[J].思想教育研究，2013（7）：45-49.

② 李天顺.推进育人模式改革 走中国式特殊教育现代化之路[J].现代特殊教育，2023（11）：4-7.

③ 王莹聪，李刚.义务教育阶段跨学科主题学习的特征、价值与设计逻辑[J].教学与管理，2024（3）：14-18.

**2. 深化课程教学改革，促进学生全面发展、协调发展**

为深入贯彻落实立德树人根本任务，切实将党的教育方针在特殊教育中落细、落小、落实，特殊教育学校以义务教育课程标准为基点，结合地区优势与学校特色，优化课程设置，落实国家课程校本化实施。学校在规范课程实施和教材使用的基础上，依据特殊学生个体差异的独特性，积极开设校本课程，增加国家课程实施的灵活性、针对性和适切性，把国家课程校本化、学本化、生本化。① 此外，特殊教育学校坚持五育并举，全面发展素质教育，创新教育方法、丰富教育内涵，建设高质量特殊教育育人生态，并积极主动吸收普通学校教育教学的最新成果，结合特殊教育学校实际深入推进课程改革，将德智体美劳五育要求渗透到特殊教育教学中，促进特殊学生全面发展，培养学生适应未来发展的价值观、必备品格和关键能力，帮助其最终融入社会。如广元市特殊教育学校构建"四维五心"育人体系，包括办五心学校、组五心团队、建五心课程和育五心学生四个维度。该校聚焦特殊学生发展核心素养，大力推进课程教学改革，基于当地特殊学生需求和社会发展需要，开设美容美发、茶艺、奥尔夫音乐、陶艺、感统课等校本课程，助力特殊学生德智体美劳全面发展。

**3. 兼顾学生个性发展，促进潜能开发与缺陷补偿相结合**

促进特殊学生全面发展，要坚持"三全育人"，注意克服"长于智、疏于德、弱于体美、缺于劳"的单纯缺陷补偿观念，结合特殊学生身心特点和认知规律，真正做到德智体美劳全面培养。② 教育部印发的《盲校义务教育课程标准（2016 年版）》《聋校义务教育课程标准（2016 年版）》和《培智学校义务教育课程标准（2016 年版）》，是我国第一次专门为残疾学生制定的一整套系统的学习标准，坚持遵循残疾学生的身心特点和学习发展规律，充分考虑不同类型残疾学生的多重需要，突出残疾学生的潜能开发和功能补偿，着力促进残疾学生更好融入社会。特殊教育学校秉承对特殊学生开展缺陷补偿与潜能开发的教育宗旨，在课程建设方面提高课堂教学的针对性和有效性，遵循特殊学生身心发展特点实施个别化、多元化评价情况，从而培养特殊学生健全高尚的人格、塑造理想的人性、创造美好的人生。如，攀枝花市特殊教育学校开设情绪与行为课程，根据国家课标，结合本校学生实际情况研发情绪与行为的校本教材，采用情绪行为故事、语言行为法、情绪行为绘本与绘本剧等途径提升特殊学生正确理解和适当表达情绪的能力，使其表现适当行为、减少或消除不适当行为，以满足学生日常生活及学习活动中人际交往的基本需求。内江市资中县特殊教育实验学校针对语言

---

① 唐旭.学科全息育人的内涵释要、逻辑指向及教学价值[J].教育理论与实践，2024（1）：49-54.
② 李天顺.学习先进典型 汲取榜样力量[J].现代特殊教育，2023（23）：1.

障碍学生的特殊情况，开设音乐课程，以奥尔夫音乐为载体，实施康复矫治，将音乐治疗融入语言发育迟缓学生的语言治疗中，提高了特殊学生的语言清晰度，强化了其语言词汇积累，提升了其语言表达能力。音乐课程使特殊学生在"乐中学""做中学"，达到寓教于乐、事半功倍的效果。

### （二）深挖文化环境育人，秉承素养导向与特色化相结合

在学校场域，除了课程教学发挥育人功能，校园文化环境还担负着育人功效。正如相关研究者谈及高品位、高层次且健康向上的校园文化环境，能够产生"随风潜入夜，润物细无声"的教育力量。[①] 特殊教育学校作为特殊学生日常学习、生活的场所，无论是校园环创设计还是校园文化塑造，都会对特殊学生产生育人功能。因此，特殊教育学校的软硬环境创设都应以学生为中心，秉承素养导向与特色化相结合的原则。以文化的基本结构为尺度[②]，校园文化包括精神文化、制度文化和物质文化三方面，三个方面相互作用、相互渗透、相互影响，以物质文化为基础，以精神文化为灵魂，以制度文化为保障，共同促进学校的整体与均衡发展。剖析四川省各特殊教育创新育人实践案例，可以挖掘出以下文化环境育人特点。

### 1. 建设文化育人空间，实现使用、审美、教育和谐统一

物质文化，包括学校的自然环境、建筑群落、活动设施、标志物等。作为校园文化之一的物质文化是校园文化存在和发展的物质基础。它以物质为载体，传递着学校的理念和价值追求，是学校文化存在和发展的物质保证，对学校文化建设起到支撑作用。如何利用有效的校园环境空间，打造兼备实用、美学与教育功能且和谐统一的文化环境育人空间，是每个特殊教育学校需要探讨与实践的议题。特殊教育学校校园文化空间建设是特殊教育学校校园文化建设的重要组成部分，已有的实践主要关注以下几个方面：第一是物理空间，在特殊教育学校中，物理空间的建设需要充分考虑特殊学生的需求，如适应不同感官需求的环境设计、无障碍设施的设置等，以确保学生能够方便、安全地使用校园基础设施。第二是文化活动空间，文化活动空间是校园文化空间的核心，包括各种文化活动、课程、节日庆典等形式。在特殊教育学校中，文化活动空间的设置需要注重特殊学生的参与和体验，让他们能够充分展示自己的才能和特长，增强自信心和归属感。第三是交流互动空间，交流互动空间是校园文化空间的桥梁，包括师生互动、学生交流、家校沟通等形式。在特殊教育学校中，交流互动空间的营造需要注重特殊学生的交流能力和社交技巧的培养，提供更多的机会和场所让

---

① 韩延明.强化大学文化育人功能[J].教育研究，2009（4）：89-93.

② 周晓阳，张多来.现代文化哲学[M].长沙：湖南大学出版社，2004：58.

他们与他人互动交往。第四是知识传播空间，知识传播空间是校园文化空间的拓展，包括图书馆、阅览室、网络平台等。在特殊教育学校中，知识传播空间的设置需要注重特殊学生的认知特点和信息获取方式，为他们提供更加便捷、多样化的知识传播途径。成都市成华区特殊教育学校以"让生活走进课堂·让学生走向社会"为核心教育理念，打造了"模拟小城市空间体验文化"，将成都的城市社区的核心环节要素，如地铁线路、城市地标建筑、社区常见的商店等元素，根植于校园文化当中，让学生潜移默化受到城市文化的滋养与浸润。文化育人空间作为一种物质环境，起着文化传承与传播、审美教育与提升、思想启迪与价值观塑造等作用，除了强调实用性和审美性，更应体现育人的功能。

**2. 营造文化育人氛围，实现素养与品牌文化相辅相成**

精神文化，体现为校园人所积淀的价值观念、知识体系、思维方式和道德情操，如办学理念、学校精神、校风、教风、学风等。作为学校文化建设的核心和主旨，它体现着学校的核心价值观和办学理念，是学校师生共同的精神追求。[①] 精神文化对学生的全面发展和个性发展具有重要影响，它可以培养学生的思想品质、道德观念、审美情趣和创新能力，提升学生的综合素质。文化育人更强调特殊学校的人文环境，即是指特殊教育学校应为特殊学生创造民主、平等、全纳的人际环境。只有形成人性化、包容、个性化的人文环境，特殊需要学生才能健康、快乐地成长。[②] 有研究者指出特殊教育学校校园文化建设的价值旨归是生命精神，一方面是超越缺陷，体验生命价值与生活意义；另一方面是走向他者，实现生命主体间的融合。前者要求特殊教育学校校园文化首先应引导学生理性认识自我，超越缺陷，把握自我，树立一种积极、乐观的生命态度，不断发掘生命的潜能、追求生命的价值与生活的意义。[③] 后者要求特殊学生积极把校园活动与社会时事相联系，走出学校大门，宣扬自身的群体文化，积极参与社会集体生活，逐步融入社会的主流。诸如成都市双流区特殊教育学校秉承"慢教育，真人生"的办学理念，坚持"尊重个体需求，提供专业服务，发展学生潜能，提升生活品质"的办学目标，以"回归真人生，享受慢成长"为育人目标，以实现"蜗牛的梦想，放慢的教育"为办学特色，大力推进课程改革，全面实施素质教育，学校"慢教育"蜗牛文化特色逐步彰显。从特殊教育学校文化育人实践案例中可以得出以下共同特征：第一，都树立正确的教育理念，比如坚持以人为本、全人发展的教育

---

① 顾文明.学校精神文化的人本建设路径探析［J］.教学与管理，2011（36）：31-32
② 李尚卫.特殊教育学校无障碍环境建设的特质研究［J］.现代特殊教育，2020（8）：3-7.
③ 毋改霞，易连云.特殊教育学校校园文化建设的价值旨归与路径建构［J］.中国特殊教育，2014（1）：24-28.

观，关注特殊学生的全面发展，注重培养学生的综合素质和适应能力。第二，建立了特色的品牌文化，每一所特殊学校应该根据自身的特点和优势，建立具有特色的品牌文化，通过品牌文化的塑造和传播，提升学校的知名度和美誉度；特色品牌文化与学校的育人目标一致，为学生的成长和发展提供有力的支持。第三，营造积极向上的文化氛围，通过开展各种文化活动、节日庆典等形式，激发学生的积极性和创造力，提高学生的文化素养和审美能力，且能加强师生互动、学生交流等，促进学校文化的传承和发展。

### 3. 构建文化育人体系，实现育人与生态文明建设融合

没有健全的文化育人体系，文化育人的成效便与期望相去甚远。[①] 特殊教育构建文化育人体系，基于已有的实践，离不开文化育人保障体系、文化育人环境体系、文化育人课程体系、文化育人实践体系四个方面。第一，文化育人保障体系强调整体规划和系统设计，特殊教育要实现以文化人的教育目标，就必须在经费投入、活动管理、环境营造等方面给予充分的重视与支持，提供必要的运行条件和基础保障，建设有力的文化育人运行保障机制。[②] 第二，文化育人环境体系主要是营造一个适宜、包容、平等和尊重的学习环境。学校应注重校园环境的无障碍设施建设，提供便捷的学习和生活条件。同时，倡导平等和尊重的文化氛围，鼓励师生之间的互动与交流，使特殊学生能够感受到关爱和支持。第三，特殊教育的文化育人课程体系应以学生的个性化需求为出发点，注重课程设置的多元化和适应性，做好校本课程建设与开发。一方面，校园文化为校本课程开发提供了指导思想与课程资源；另一方面，特殊学校校本课程的开发与实施也促进了特殊学校校园文化的建设。[③] 同时，课程设置应注重实践性和应用性，提高学生的实际操作能力和社会适应能力。第四，特殊教育的文化育人实践体系应注重特殊学生的社会实践和志愿服务活动。通过引导学生参与社会实践，提高他们的社会适应能力和公民意识。这有利于特殊学生社会技能的形成，为他们将来融入社会生活奠定基础。

### （三）落实管理制度育人，倡导制度保障与柔性化相结合

为加快落实立德树人根本任务，四川省内部分特殊教育学校建立了多层次的协同育人管理机制。一来落实党和国家的相关教育理念与政策，加强育人管理，明确教师岗位职责；二来通过制度进行考核评估，督促落实育人要求；三来育人管理制度兼具

---

① 钱吉奎.类型教育视域下高职院校特色文化育人模式的研究与实践[J].教育与职业，2021（24）：43-47.
② 刘鸿畅.新时代高校文化育人机制优化研究[D].武汉：华中师范大学，2022.
③ 颜廷睿.特殊教育学校校园文化建设思考[J].绥化学院学报，2014（4）：143-145.

弹性与张力，能够联动其他相关方，构建出特殊教育协同育人的新局面。

**1. 明确教师岗位职责，厘清特殊教育的育人目标内容**

百年大计，教育为本；教育大计，教师为本。"建设高素质专业化创新型教师队伍"是《中国教育现代化 2035》面向教育现代化提出的十大战略任务之一。教育现代化的根本目标是促进人的现代化，提升人的主体性。[①] 作为办好教育的第一资源，全面提高特殊教育教师素养是顺应时代背景的必然趋势，同时，在育人过程中亦有自我价值的体现。为践行落实立德树人根本任务，四川各地特殊教育学校依据《关于加强特殊教育教师队伍建设的意见》《特殊教育教师专业标准（试行）》等顶层设计，根据学校发展需要，规定了校本教师岗位职责，以便厘清育人目标与内容。各校特殊教育教师吸纳现代化的育人思想与理念、学习教育手段与计划，将时代背景要求与专业教育相结合，付诸于特殊学生的教育教学与康复中，满足个别化发展需求，落实立德树人根本任务。

**2. 联动其他群体参与，实现资源共享协同育人**

习近平总书记曾提出"办好教育事业，家庭、学校、政府、社会都有责任"，办好特殊教育亦如是，需以特殊教育学校为核心，在相关职能部门的支持与保障下，建立其协同育人机制，这是落实全员、全程、全方位"三全育人"的必然做法。据调查，四川省内部分特殊教育学校构建了学校、家庭、社区三位一体的育人脉络，打造了具有本土特色的创新性协同育人制度与机制。家庭环境是特殊学生生活成长的第一场域，《中华人民共和国家庭教育促进法》的出台明确了家长的法定义务，肯定了家长在学生发展成长过程中的关键作用与重要价值，而特殊学生的异质性决定了其家庭教育需要做出相应的调整与改变。相关特殊教育学校发挥专业能力，承担家庭教育指导工作，帮助特殊学生的家长树立正确的家庭教育与康复理念，维系良好家校关系。此外，特殊教育学校通过设置家长开放日、入户家访、成立家长委员会等，聚焦特殊学生的教育与康复，定期了解家庭的愿望与诉求，促进家校观念行动的一致，形成育人合力，促进特殊学生适应性教育发展。社区作为特殊学生走出家庭、学校，走向社会的过渡场所，配合辖区内特殊教育学校开展相关育人实践活动，如为特殊学生转衔提供场所等，实现了资源共享、协同育人。

### 三、深入探索特殊教育育人路径，顺应发展趋势

为贯彻党中央、国务院决策部署精神，结合本土发展需求，2022 年 12 月，四川

---

① 褚宏启.教育现代化的本质与评价——我们需要什么样的教育现代化[J].教育研究，2013（11）：4-10.

省教育厅等七部门联合印发《四川省"十四五"特殊教育发展提升实施方案》（以下简称《方案》），为切实推动四川省特殊教育高质量发展打下坚实的政策基础。四川省特殊教育发展在执行落实《方案》的基础上，结合近年育人特色实践案例，充分用好成渝双城经济圈的发展契机，客观分析省域内不同区位特殊教育发展不平衡的原因，进一步深入探索四川省特殊教育育人路径，顺应特殊教育发展趋势，提升特殊教育质量，突出四川省特殊教育发展的特色和优势。

### （一）遵循融合教育发展导向，提升特殊教育质量

党的二十大报告提出的"加快建设高质量教育体系"为我国教育发展指明了前进方向。可以说，高质量教育体系已成为各级各类教育的"生命线"，特殊教育作为教育体系的重要组成部分亦不例外。《方案》提出到 2025 年，初步建立高质量的特殊教育体系，全省特殊教育发展水平显著提升。而高质量教育体系的建立离不开学校、课程、教师等教育要素的发展与革新。

### 1. 特殊教育学校功能转型

随着经济社会的高质量发展和融合教育的全面推进，我国特殊教育正整体实现从"隔离"向"融合"的现代化转型。新时代特殊教育学校功能转型，是全面推进融合教育发展的需要，也是特殊教育学校由传统封闭隔离式教育机构向现代开放融合式教育机构转型的必由之路。世界范围内融合教育的快速推进是特殊教育学校转型的重要因素，发达国家的众多特殊教育学校都在发展中逐渐转型，成为融合教育的资源中心或支持中心。[1] 我国特殊教育也基本遵从融合教育发展导向。

四川省特殊教育学校在发展转型的过程中，在响应国家号召的同时，应进一步学习借鉴先进地区经验做法，形成区域特色。一方面，教育理念上应从强调缺陷补偿和康复治疗转向潜能开发和育德育才。党的十八大提出立德树人是教育的根本任务，特殊教育学校要以促进特殊学生全面发展为目标，注重培养特殊学生的社会适应能力和道德观念，使他们最终更好地走向并适应社会生活。另一方面，教育职能上应从单一学校教育机构转为提供多方面支持的场所，特殊教育学校作为独立法人机构除了履行教育教学的任务，还应指导整个片区的融合教育发展，做好特殊学生的安置评估、巡回指导工作。当前，附设在特殊学校的资源中心在整合区域优质资源、咨询指导融合教育、辐射区域特殊教育发展、提供专业支持和服务方面发挥了重要作用。[2]《"十四

---

[1] 李拉. 当代融合教育背景下的特殊教育学校功能转型[J]. 现代特殊教育，2021（22）：3-9.
[2] 王红霞，王秀琴，王艳杰，等.融合教育教师对区级特殊教育资源中心职能期望的调查研究[J]. 中国特殊教育，2018（12）：10-14.

五"特殊教育发展提升行动计划》等文件指出，建立从幼儿园到高中的十五年一贯制的特殊教育学校以及强调医疗康复、信息技术和特殊教育融合，传统特殊教育学校需要在师资、学生培养、管理模式、课程体系等方面做出转变，适应新的教育需求。

**2. 育人课程融合调整**

特殊教育学校的中心工作之一是教育教学，教学实施的重要抓手是课程①。课程作为落实学校教育教学行之有效的载体，要把立德树人作为教育的中心任务和根本目标，将五育并举的课程纳入学校课程规划，努力构建五育融合的育人新体系。② 为了达到课程育人目标，特殊教育学校的课程改革要根据立德树人的要求和融合教育的精神实质，积极构建以思想品德课程传授德育为主、其他学科课程渗透德育为辅的课程体系，通过课程整合实现全科育人，从而培养全面发展的人。

第一，以"六个下功夫"为指导。习近平总书记在全国教育大会上明确提出"六个下功夫"，即要在坚定理想信念上下功夫。要在厚植爱国主义情怀上下功夫；要在加强品德修养上下功夫；要在增长知识见识上下功夫；要在培养奋斗精神上下功夫；要在增强综合素质上下功夫。这是新时代人才培养的行动指南，也是新时代人才培养工作的着力点和落脚点。特殊教育学校应坚持"育人为本，德育为先"的教育理念，深化学校课程改革，实现课程知识教学与思想品德教育的有机统一。第二，以课标为依据。课标是当前及今后一个时期我国特殊教育教学改革的顶层设计，为特殊教育学校课程设立了标准与导向。特殊教育学校充分考虑不同类型残疾学生的认知能力、学习方式、个性特征和身心发展特点，有机融合了当代特殊教育新理念。在盲校和聋校的课程标准中设置了思想道德教育课程，提升学生道德水平，养成学生道德行为，培养学生道德情感。培智学校则将德育渗透至生活适应课程当中，锻炼学生培养基本生活能力。第三，特殊教育学校教师在日常教学过程中贯彻落实"育人先育德"的理念，将思想品德、礼仪教育与价值观念等融会贯通到课程教学与班级活动当中，使学生树立正确意识。以"理论结合实践"为准则，根据学生的个性化需求设计合适的实践活动③，从丰富的校内外活动当中，培养特殊学生知行结合意识，强化道德实践，养成行为习惯。

未来，特殊教育学校应全面推行五育并举课程，打破课程内容存在碎片化与割裂化的现状，充分发挥学科知识教学的主要作用，细化融合德育于各学科的教学当中，提升特殊教育课程质量。

①　雷江华.谈特殊教育学校全面落实立德树人根本任务[J].现代特殊教育，2021（23）：13-15.

②　李政涛，文娟."五育融合"与新时代"教育新体系"的构建[J].中国电化教育，2020（3）：7-16.

③　屈玲，冯永刚."五育并举"学校课程体系的构建及保障[J].中国电化教育，2023（12）：41-47.

### 3. 师资队伍提质增效

作为一名教师，教书育人是职责所在，而德育是教学过程中的重中之重，教师通过传道授业解惑，影响学生的知识建构与价值选择。[①] 为落实立德树人根本任务、推进特殊教育高质量发展，四川省在保障上优先投入、需求上优先满足，促进教师队伍建设呈现新格局。特殊教育教师队伍建设要主动适应教育的现代化要求，要大力弘扬教育家精神，牢记为党育人、为国育才的初心使命。在新时代发展背景下，我国特殊教育教师队伍建设正发生由量到质的深刻变化，教师教育的核心任务由扩大教师教育规模、解决师资短缺问题走向引领教师队伍高质量发展。[②]

其一，加快教师队伍专业化建设。教育部等五部门印发的《教师教育振兴行动计划（2018—2022 年）》中提出十大措施，促进教师综合素质、专业化水平和创新能力显著提升，为我国教师教育的长期可持续发展奠定了坚实基础。在特殊教育教学过程中，要发挥教师融合的纽带作用，教师不仅要掌握学科知识内容和特殊教育教法，还要掌握知识背后所蕴含的价值内涵，把握好"知"和"德"的度。[③] 其二，加快师德师风机制建设。严格教职员工准入查询和从业禁止制度，完善师德违规处理制度规定，坚持师德违规行为"零容忍"。落实师德培育常态化，将各类师德规范纳入新教师岗前培训和在职教师全员培训必修内容，为我国教师培训的师德师风建设机制奠定基础。特殊教育教师要不断加强自身建设，注重道德修养，创新育人方法，将知识教学与道德引导结合起来，帮助学生将课堂之"思"与课程之"德"融会贯通，加以践行，做到知行合一，落实课程育人。其三，提倡教师终身学习。教师与时俱进是教师教育持续发展的关键[④]，特殊教育教师根据时代背景，结合社会发展需要，传承巴蜀文化，承担时代赋予的任务和使命。教师教育的内容从最早的学历过关发展到如今聚焦教师核心素养的提升，表明教师教育发展要坚持"以人为本"，提倡终身学习。

特殊教育学校教师要以"四有好老师"为准则，严格要求自己，不断完善自己。以中华优秀传统文化为价值导向，浸润特教情怀，增强教师道德意识，提升教师队伍道德素养。

### （二）拓展特殊教育学段服务，搭建终身教育体系

终身教育的概念提出始于法国教育家保罗·朗格朗，自诞生之初就在世界各国备

---

① 刘清生.新时代高校教师"课程思政"能力的理性审视[J].江苏高教，2018（12）：91-93.

② 徐佳悦，孙立新.从探索发展到立德树人：中国教师教育百年历程解读[J].中国成人教育，2021（23）：64-70.

③ 王学俭，石岩.新时代课程思政的内涵、特点、难点及应对策略[J].新疆师范大学学报（哲学社会科学版），2020（2）：50-58.

④ 张萍，李晓华.论核心素养视野下教师课程领导力的回归与提升[J].当代教师教育，2018（1）：55-62.

受推崇，尽管没有形成统一具体的定义，但作为教育目的的一种价值取向在世界各国教育改革中产生了深远影响。[①] 当前，我国大力推进继续教育与学习型社会建设，以服务学习者终身学习的诉求。2023 年，教育部发布的《学习型社会建设重点任务》指出，各地要以促进人的终身学习和全面发展为出发点，汇聚各级各类学习资源，推进各类教育融通发展，构建终身学习公共服务平台。特殊人群在学业支持和社会适应上作为相对弱势群体，更应该将终身教育理念一以贯之。2021 年，教育部等部门发布《"十四五"特殊教育发展提升行动计划》，指出稳步发展高等特殊教育，畅通和完善残疾人终身学习通道。具体而言，在义务教育阶段和非义务教育阶段特殊教育都应得到重视。

### 1. 切实补齐学前特殊教育短板

学前教育作为人生正式教育的开端，是启智润心的关键，能为人的一生发展奠定坚实的基础。特殊学生尽管存在一定程度的身心障碍，但早发现、早诊断、早干预的原则仍然要求其接受适龄的教育教学和康复训练。两期特殊教育提升计划均指出，各地要将残疾学生学前教育纳入当地学前教育发展规划，支持普通幼儿园创造条件接收残疾学生，支持特殊教育学校和有条件的学生福利机构增设附属幼儿园。在融合教育背景下，大量的特殊学生进入普通幼儿园接受教育。有学者指出融合教育应从学生发展的早期开始，越早实施融合教育，残疾学生未来平等参与社会生活、享受有尊严的人生的可能性越高。[②]

发展学前融合教育，既是党和政府的要求，也是促进学前特殊学生身心健康发展的重要手段。学前融合教育的发展有助于促进特殊学生的身心发展，增强他们的自我价值感和社会适应性，同时也有助于培养普通学生的包容心和人文关怀意识，推动教育公平化进程。[③] 学前融合教育的内涵也需要不断深化，从为少数残疾学生提供个别化干预，到为处境不利的边缘学生提供强化支持，再到兼顾所有学生的个性差异与发展需要。[④] 残疾学生的学前教育是我国学前教育整体发展中的一个重要组成部分，已经被纳入国家和地方发展学前教育的行动计划。[⑤] 学前融合教育应该作为学前特殊教育的一种形态继续发展，不断夯实个体成长的基础。而立德树人作为教育的根本任务，

---

① 郭涛.改革开放四十年我国终身教育价值取向的变迁研究[D].武汉：华东师范大学，2019.

② 邓猛.推进学前融合教育高质量发展 助力实现教育现代化[J].中国听力语言康复科学杂志，2023（6）：561-562.

③ 庄鸿远，王晓燕，王凌云.基于融合教育理念的我国学前特殊教育发展对策与建议——评《特殊幼儿学前融合教育》[J].学前教育研究，2023（6）：95.

④ 张玲，邓猛.我国学前融合教育高质量发展的内涵、特征与行动理路[J].学前教育研究，2023（8）：1-9.

⑤ 方俊明.努力构建残疾人终身教育体系[J].中国特殊教育，2014（2）：19-20.

更应该从"娃娃"抓起，所谓"蒙以养正，圣功也"，体现了早期教育的重要性。

**2. 持续强化义务教育阶段特殊教育**

教育部统计数据显示，2021年全国特殊教育学校在校生人数达33.04万人，其中义务教育阶段在校生人数达31.2万人。可见，义务教育阶段是特殊教育对象数量最为集中的学段。对于该学段特殊教育发展的要求，第一期提升计划总结为扩大残疾学生义务教育规模，彼时特殊学生接受义务教育的机会还有待提高。此后，第二期提升计划指出要提高残疾学生义务教育普及水平，表明适龄残疾学生义务教育水平有了一定程度提升，更加关注普及状况。《"十四五"特殊教育发展提升行动计划》则强调持续提高残疾学生义务教育普及水平，对特殊学生进行全面规范评估并适宜安置。

当前，我国对特殊教育的安置形式有了新的要求：以普通学校随班就读为主体，以特殊教育学校为骨干，以送教上门和远程教育为补充，全面推进融合教育。尽管特殊教育学校相对隔离的安置模式招致批评，但是在承担地区中重度残疾学生康复训练和教育教学、发挥资源中心作用、为融合教育提供专业化支持方面意义匪浅，因此出现融合教育不断推进但特殊教育学校数量有增无减的现象。相关政策提出根据地区人口规模办好特殊教育学校，同时针对孤独症学生教育相对薄弱的现实情况，要合理布局孤独症学生特殊学校。而送教上门模式作为特殊学生教育安置类型的又一补充，我国开展此项工作以来，基本构建了以政府为主导的管理模式、组织结构、部门联动联席会议机制，各地坚持政府主导，出台指导文件，采取合理安置、属地负责、任务到校管理、提供专项经费、组建送教队伍等举措，有效推进送教上门工作的展开。[①] 未来还要健全该项制度，完善服务标准、规范形式和内容，从而提高送教服务工作质量。

**3. 积极推动职业教育与特殊教育融通**

职业教育作为与经济社会发展紧密结合的类型教育，是帮助残疾人发展职业能力、促进残疾人就业增收、助推共同富裕实现的有力支撑。[②] 同时，残疾人职业教育在提升弱势群体的受教育水平、促进教育公平实现、阻断贫困代际传递、帮助个体实现自我价值方面发挥着不可置否的作用。2018年，《关于加快发展残疾人职业教育的若干意见》指出，当前我国残疾人职业教育整体水平有待提高，未来要以中等职业教育为重点，不断扩大残疾人接受职业教育的机会，不断完善残疾人职业教育的专业设置，积极探索设置专业或方向，扩大残疾人就读专业的选择机会。同时需要加快发展残疾人高等职业教育。

---

① 李科，郭文斌.我国送教上门工作的现状、困境及建议[J].现代特殊教育，2023（10）：37-41.

② 张晓津，覃延鑫.残疾人职业教育赋能共同富裕的行动逻辑与实践路径[J].南方职业教育学刊，2022（5）：23-28+70.

有研究基于 28 个省"十四五"特殊教育发展提升行动计划的政策分析指出，未来我国特殊教育的工作重点之一是发展高质量残疾人职业教育，在目标要求上要凸显育人本质，倡导全面发展。[①] 立德树人作为教育的根本任务，无论对普通教育还是职业教育都是不可回避的议题。残疾人职业教育除了对教育机会、办学条件、就业指导方面需要加以关注，也应重视教育质量。未来，特殊人群的职业教育应当遵循职业教育规律和残疾学生的身心特点，把培育和践行社会主义核心价值观融入教育教学全过程，加强残疾学生思想道德教育和职业精神培养。

另外，还要努力探索残疾学生接受高等教育的相关制度建设、专业设置、培养模式等的创新与改革。

### （三）创建协同育人共同体，整合特殊教育资源

为加快特殊教育事业全面发展、促进教育公平、更多特殊学生能够分享优质教育资源，要积极推进"UGS"（U，university，即特殊教育高校；G，government，即教育行政部门；S，school，即特殊教育学校）协同育人的机制化，遵从"优势互补、目标一致、资源共享"的原则，采取相互协调、相互合作的工作方法，建立明确、具体的相关育人任务，形成以特殊教育学校为教育主体，特殊教育高校与地方教育行政部门按照各自的职能，以平等协商的约定组成育人共同体，从而实现育人功能的整体优化。

#### 1. 借力高等院校的智力资源

开办特殊教育专业的高等院校肩负着培养特殊教育教师的职能。高校优渥的资源与平台，为教师发展打下职前基础，同时亦能为其职后发展做好积淀。为推进特殊教育学校的高质量教育快速发展，地方高校应充分发挥特殊教育培养、科研等服务优势，在相较有利的政府支持条件下，结合自身资源，为特殊教育学校提供资源和支持。同时，高校职前培养阶段亦需要特殊教育学校作为实习实训基地，继而形成高校与一线学校协同育人、校地合作的双赢格局。具体来看，四川省各特殊教育学校可积极与当地开办特殊教育专业的高校（如四川师范大学、成都大学等）建立合作关系。特殊教育高等院校有着多年的特殊教育办学经验和丰富的特殊教育资源，一线学校可邀请高校师资组建集学术研究、师资培训、巡回辅导于一体的特殊教育专家团队，发挥其辐射功能，为特殊教育学校提供新鲜的力量与先进的理念，对教育教学实践、教研科研、

---

① 赵斌，陈鸿宇，高源. 发展高质量残疾人职业教育：我国特殊教育未来工作重点之一——基于 28 省"十四五"特殊教育发展提升行动计划的政策分析[J]. 中国特殊教育，2023（4）：3-9.

融合教育等进行有针对性的指导，为特殊教育学校高质量发展注入强劲动力。[①] 与此同时，高校可以通过深入一线特殊教育学校，调查了解特殊教育教师的发展需求，进而优化高校特殊教育培养方案，实现双赢。

**2. 发挥相关职能部门职权**

随着我国教育事业的发展，政府对特殊教育高度关注和关心，并为其发展提供了强有力的支持。其一，提供有力的政策支持与合理的制度保障。《"十四五"特殊教育发展提升行动计划》中提出要坚持政府主导，特教特办。落实政府主体责任，加强特殊教育统筹规划和条件保障，加大政策与资金向特殊教育倾斜力度。政府在学生发展中起着重要的导向作用，在政策制定和支持方面应多方面、多层次、多角度考虑问题，发挥自身的优势和职能，统一协调安排各地区的教育资源，为特殊教育学校的校园管理与科学规划提供政策支持和经费保障。[②] 相关政策和法律法规经过专家反复推敲、共同商讨而确定，是国家层面关注特殊群体、重视特殊教育工作的重要体现。其二，推行完整的监督评价机制。教育部印发的《特殊教育办学质量评价指南》中明确要求建立教育督导部门牵头、多方参与的评价组织实施机制，结合实际制订特殊教育办学质量评价标准。教育部门颁布的政策制度与实施的监督评价机制，其规范性和约束力保证了特殊教育学校合理的教学安排与正确的育人导向，规整了教育过程中的各种行为。[③] 国家教育部门可以进一步细化和深入特殊教育协同育人的培养方案，出台专门针对新时代特殊教育建设的意见、方案或纲要，从课程设置、教学方式、评价标准和辅助支持等多方面提供建议和指导。

**3. 创新学校育人体系**

特殊教育学校是培育特殊学生身心健康成长的重要场所，其传授的教育内容与思想观念对特殊学生影响深远。因此，特殊教育学校要立足于特殊学生的基本情况，依托高校专家指导，实施人才培养方案。其一，转变教育观念，坚持以人为本。特殊教育学校的培养目标不能仅关注提高特殊学生的成绩，而要积极转变自身的教育观念，始终把提高培养质量作为核心目标，把育人工作作为根本任务，在完成基本教学任务的基础上，注重培养特殊学生思想观念与文化素养。其二，加强校内合作，助力全员育人。特殊教育学校各部门之间应开展有效合作，实现育人效果的最优化，可将课堂教学与德育等工作有机整合，实现全员育人。其三，坚持人才培养全面性与特殊教育独特性相结合。全面深化特殊教育课程改革，着重发展学生的核心素养与关键能力，

---

① 秦铭欢，赵斌. 我国特殊教育资源中心发展现状调查研究[J]. 中国特殊教育，2022（4）：23-32+40.
② 李霞. "UGS"共育模式下师范生实践基地建设质量标准构建策略[J]. 中国成人教育，2022（9）：24-27.
③ 何沁. 特殊幼儿融合教育支持现状、问题及对策研究[D]. 南充：西华师范大学，2022：41-42.

同时要努力将课程目标要求与教育特殊学生的独特性相结合，增加学校课程的灵活性、多样性和适切性，加强校本课程建设，以满足特殊学生多样化发展与特殊需要。[①] 协同育人的重点在于"协同"，出发点和落脚点在于"育人"。因此构建协同育人机制要牢牢把握"育人"这一根本导向。[②] 未来继续探索和创新特殊教育全面发展，不断提高"UGS"协同育人的水平，聚力"高校—政府—特校"育人资源下沉，构建高质量、高效率的育人新体系。

### （四）加强尊重多样性与差异性的宣导，营造融合文化氛围

受后现代主义哲学和文化思潮的影响，融合教育成为全世界特殊教育发展的基本范式。[③] 我国的随班就读则是对国际融合教育的本土化回应，经由四十多年实践形成融合教育的中国实践特色。[④] 不同障碍类型以及不同障碍程度的特殊学生何以与普通学生融合？正是基于特殊学生的普遍性与广泛存在的差异性。当前，多元文化教育思潮有两个特点：一是针对不同文化背景族群；二是不同族群都有平等的受教育权，反对任何形式的教育歧视。融合教育中普特融合的理念与多元文化的主张不谋而合。鉴于此，融合教育未来应从文化多元、尊重差异、求同存异等价值导向出发，在政策法规制定、社会舆论宣传、校园文化建设方面采取相应措施。

### 1. 加强制度建设，完善运行机制

我国发布了三期特殊教育提升计划，有研究者基于三期特殊教育提升计划进行文本分析，发现我国融合教育政策演进过程中，融合教育目标主要是推进教育公平、促进残疾学生个体的发展；融合教育教学强调立足学生的个性差异，尊重残疾学生的不同，开发与其发展相适应的教学方式；融合教育服务始终以"零拒绝""无歧视"为基本原则，贯彻以人为本的价值理念；融合教育支持方面，主要涉及经费投入、教师队伍建设、办学条件提升等方面。[⑤] 当前，政策法规明确提出要以"适宜融合"为目标办好特殊教育，而我国随班就读存在"合而不融"的实际现状，体现在融合政策落实不到位、融合教师素养不足、融合教育实践成效不明显等方面。因此在政策导向上亟待提高特殊教育立法、司法、行政保障水平，各相关政策法规要进一步细化融合教育工作规定，科学研制融合教育安置模式、部门职能权限、残障诊断与评估、社会资源

---

① 丁勇.创新特殊教育育人方式，全面落实立德树人根本任务［J］.现代特殊教育，2023（9）：1.

② 徐畅，解旭东.产教融合视角下职业教育政校行企协同育人机制构建［J］.教育与职业，2018（19）：25-30＋32.

③ 于松梅.融合教育背景下特殊教育的认同危机与发展理路反思［J］.教育科学，2023（1）：62-68.

④ 张玲，邓猛.融合教育的本土意蕴解读：基于中国传统文化的视角［J］.教育学报，2023（4）：123-131.

⑤ 马春梅，雷江华.我国融合教育政策的演进特征及展望——基于国家三期"特殊教育提升计划"的文本分析［J］.现代特殊教育，2023（20）：16-26.

支持、法律责任与司法救济等实施细则。① 在制定和执行融合教育政策法律法规时，还需要注意，政府应该加大对特殊教育的投入，确保特殊教育的质量和效果；加强教师培训和专业发展，提高教师的专业素质和教育能力。

### 2. 加强社会宣导，营造文化氛围

目前，融合教育已经成为特殊教育乃至教育发展的美好愿景，也是文明社会发展的必然结果，其最终目的是建构融合的社会。② 通过多种渠道弘扬人道主义，营造人文关怀，提高全民素养，促进特殊教育内涵式发展，才能达成"关心和支持特殊教育的氛围"③。融合教育理念与习近平总书记提出的全新发展理念——"人类命运共同体"思想相契合。人类命运共同体思想的一个核心理念是强调尊重人类文化的多样性，平等对待不同文化。④ 而特殊学生同样生存在这个相互依存的共同体当中，绝不能因个体的差异性而被歧视、被隔离，社会应对其予以支持，使其被接纳、被平等对待。正如顾明远教授所提，发展特殊教育本身就是尊重人的多样性。⑤⑥ 特殊教育的本质在于尊重与包容，大众对于特殊教育的正向态度是其发展的新的生长点。当下参与到特殊教育工作之中的人只是少数，"外行"对于这一领域并不了解，缺乏关乎特殊学生的接纳与支持。而只有在文化意识层面理解特殊学生、理解融合教育，才能保证融合教育的可持续生长与发展，才能真正建立共生共享、人人平等、包容接纳、和谐的人文社会。公众的接纳与包容态度是融合教育顺利推进与实施的基本前提，已有研究表明，融合教育的成功实施取决于那些与特殊学生关系最密切的人的态度。⑦ 对融合教育的认知、对特殊学生的了解、社会舆论的宣导都是影响公众对融合教育态度的因素。多种形式的宣传和教育活动作为支持融合教育发展的重要途径，可以促进社会对融合教育的理解和认同，提高公众对特殊学生的关注和支持，为特殊学生提供更好的教育和发展机会。首先，需要提高公众对融合教育的认识和关注度：通过媒体、社交平台、宣传活动等方式，向社会大众传播融合教育的理念、成果和价值，一些融合教育办得较好的学校可以作为典型案例加以宣扬；其次，倡导平等和包容的社会氛围，消除对特殊学生的歧视和偏见，为特殊学生提供更好的社会环境，这要求全社会文明程度进

---

① 黄建辉，陈奕荣.构建残疾学生"适宜融合"的教育生态：价值意蕴、现实依据与路径举措[J].中国特殊教育，2023（7）：3-9.

② 邓猛.融合教育理论指南[M].北京：北京大学出版社.2015：18.

③ 赵斌，王琳琳.论特殊教育从人文关怀到行动支持走向[J].中国特殊教育，2013（1）：7-10.

④ 谈振好.推动教育在构建人类命运共同体中的使命担当[N].中国社会科学报，2019-08-19（8）.

⑤ 顾明远.发展特殊教育就是尊重人的多样性[N].光明日报.2020-06-29（8）.

⑥ 杨银，赵斌.生态系统理论视域下我国特殊学生融合教育发展路径探析[J].教育评论，2019（2）：30-34.

⑦ 赵楠，潘威.我国融合教育态度研究的分析与展望探微[J].成才之路，2023（33）：49-52.

一步提高；再次，鼓励社会组织和团体参与融合教育的宣传、推广和实践，提供资金、物资和技术支持，促进融合教育的快速发展；最后，学校、家庭和政府形成合力，共同推广融合教育的理念和实践，形成良好的教育生态。

### 3. 校园多元育人，形成融合文化

校园文化是以校园为空间、以师生为参与主体、以精神文化为核心的物质文化、制度文化、行为文化相统一的具有时代特征的一种群体文化。[①] 校园文化具有强大的隐形教育功能，对人的影响往往是潜移默化的。融合教育中尊重差异、接受不同的理念与当前普通中小学强调差异教育不无关联。融合教育发展在未来应该重视校园文化建设。第一，确立融合教育的核心理念，即尊重每个学生的个性差异，促进不同背景、不同能力的学生共同成长。这一理念应该贯穿于校园文化建设的各个方面。第二，营造包容和平等的教育环境，尊重每个学生的权利和尊严，消除对特殊学生的歧视和偏见。可以通过加强师生教育、制定平等对待政策等方式实现。第三，促进师生之间的交流与合作，鼓励教师关注学生的个性差异和需求，引导普通学生和特殊学生一起参与各种活动，促进相互了解和融合。第四，开展多元化的校园文化活动，如文艺演出、科技竞赛、文化节等，吸引不同背景、不同兴趣的学生参与其中，增强学生的文化交流和相互理解，促进学生间的互动和融合。

（撰稿人：赵斌，西南大学教育学部特殊教育学院院长；

刘静静，西南大学教育学部特殊教育学院在读硕士研究生；

杭飞，西南大学教育学部特殊教育学院在读硕士研究生；

张瀚文，成都市成华区特殊教育学校教师）

---

① 习近平.习近平谈治国理政（第3卷）［M］.北京：外文出版社，2020：32.

# 评价育人的实践探索

2018 年 9 月，习近平总书记在全国教育大会上指出："要深化教育体制改革，健全立德树人落实机制，扭转不科学的教育评价导向，坚决克服唯分数、唯升学、唯文凭、唯论文、唯帽子的顽瘴痼疾，从根本上解决教育评价指挥棒问题。"讲话明确了教育评价改革的方向。2020 年 10 月，中共中央、国务院印发了《深化新时代教育评价改革总体方案》（以下简称《总体方案》），这是中国第一个关于教育评价系统性改革的文件，也是指导深化新时代教育评价改革的纲领性文件。教育部负责人就《总体方案》答记者问时提到，"教育评价改革是一项世界性、历史性、实践性难题，涉及历史文化传统、经济社会发展水平、思想观念等多重因素，涉及到不同主体，牵一发而动全身，必须以攻坚克难的勇气、久久为功的韧劲，进行系统设计、辨证施治、重点突破"。目前，全国各地教育评价改革的探索方兴未艾，四川各级、各地、各校通过教育评价改革促进立德树人、五育并举的实践进行得如火如荼。

## 一、构建中国式教育评价体系，为立德树人明确目标

党的二十大报告指出，到 2035 年，我国将建成教育强国、科技强国、人才强国、文化强国、体育强国、健康中国，国家文化软实力显著增强。建设教育强国要坚持教育优先发展，坚持为党育人、为国育才，办好人民满意的教育。构建中国式教育评价体系既是建设教育强国的重点任务，也是教育评价改革的发展趋势。2023 年，教育部部长怀进鹏表示，从教育大国到教育强国是一个系统性跃升和质变的过程，教育部将发挥政策、制度、机制的驱动与牵引作用，用好教育评价这一指挥棒，纵深推进教育改革创新，扭转教育功利化倾向。

### （一）教育评价改革引领教育发展方向

为深入贯彻落实《总体方案》相关精神，教育部针对各学段教育印发了相关质量

评价指南，制定了各学段教育质量评估指标体系，为全国各地开展全学段教育质量评价工作提供了基本遵循。通过制定可操作的评价实施路径，明确了评价方法，也为全国各地开展教育评价改革提供了抓手，进一步引领新时代教育发展的方向。

立德树人是中国特色社会主义教育事业的根本任务。一系列国家政策文件，强调将教育评价改革作为实现立德树人的重要举措，坚持把立德树人成效作为根本标准，改革教育评价，引导确立科学的育人目标，确保教育发展方向正确。

五育并举是落实立德树人根本任务的关键举措，教育评价改革是促进五育并举的指挥棒。长期以来，我国教育存在育人机制不够完善，德育软、智育弱、体育虚、美育偏、劳育缺等问题。《总体方案》旨在通过改革党委和政府教育工作评价、学校评价、教师评价，从思想上扭转不同主体教育工作者的观念，促进五育并举观念深入人心；旨在从"树立科学成才观念""完善德育评价""优化智育评价""强化体育评价""改进美育评价""加强劳动教育评价"等方面改革学生评价，促进学生德智体美劳全面发展。从这个意义上讲，教育评价改革从制度上均衡了德育、智育、体育、美育、劳动教育的地位与价值，对实现人的全面发展提供了坚实保障。

### （二）教育评价改革的发展潮流

在中国知网（CNKI）以"教育评价改革"为关键词搜索文献，总体上，教育评价改革从局部性调整为全局性；内容主要包括更新教育评价观念、完善教育评价制度、变革教育评价方式三个方面。

**1. 更新教育评价观念：从注重"学业成绩"走向"全面发展"**

新中国成立后，在国家考试制度下，教育行政管理者确立了以学生在各种统一的大规模考试中的分数为依据的教育选拔评价管理体制。2001 年《基础教育课程改革纲要（试行）》改变了一直以来通过学业成绩实现甄别与选拔的功能，提出建立促进学生全面发展的评价体系。《总体方案》明确提出"改革学生评价，促进德智体美劳全面发展"。因此，教育评价改革逐步走向发展性评价。

**2. 完善教育评价制度：从"单一"维度走向"多元"评价**

《总体方案》指出要"改进结果评价，强化过程评价，探索增值评价，健全综合评价"，并建立了包括各级党委政府、学校、教师、学生以及用人单位在内的多元的教育评价制度，改变了原有的以管理者为评价主体的单一化弊端。[①] 现阶段，进一步完善和健全教育评价制度，对加快推进教育现代化、建设教育强国、办好人民满意的教育

---

① 张进良，杨苗，谈桂芬.智能技术赋能基础教育评价改革的实然困境与路径选择[J]. 中国远程教育，2023，43（2）：18-27.

至关重要。

### 3. 变革教育评价方式：从"纸笔测验"向"智能化测验"发展

教育评价方式突破了原有的纸笔测验形式，兴起了计算机辅助评价、在线评价、多元评价、数据驱动评价及智能评价[①]，实现了从传统的"纸笔测验"形式向"智能化测验"发展。

### （三）教育评价改革需要解决的几个关键问题

综合文献研究和四川省实践经验，就四川省范围看，教育评价改革需要解决以下几个关键问题：

### 1. 系统、科学的教育评价指标体系尚待完善

目前，国家虽然出台了《义务教育质量评价指南》《普通高中学校办学质量评价指南》，明确了相关学段的办学质量评价指标，但是评价的重点内容、关键指标等还比较宏观，尚未形成可操作的考查要点，因而，不少地区的教育质量评价简单粗犷或流于形式。此外，由于对五育评价的内容、标准等在认识上还存在差异，各地在实施五育评价时缺乏统一标准，结果解释也存在差异，使得五育并举的落实存在困难。

### 2. 共识、易操作的教育评价技术比较缺乏

《总体方案》指出，教育评价改革要"充分利用信息技术，提高教育评价的科学性、专业性、客观性"。在技术赋能教育评价改革时代，人工智能大模型、大数据等关键技术的发展，为教育测量与评价提供了新手段和新方式。以人工智能为背景探讨教育评价改革成为当前的热点，但是评价技术多由专业人士掌握，难以落地在教育教学现场。简单、易操作的教育评价技术已成为一线教育工作者的普遍诉求。

### 3. 各方责任主体的协同行动未形成合力

落实基础教育评价改革的责任主体包括专业人员、行政人员、教师。在评价组织的实施环节，强调责任主体的多元参与已成为不可避免的趋势，各责任主体间的沟通协商对教育评价的发展起着重要作用。但是，当前各方责任主体各自为营，缺乏持续性互动与实质性合作，缺乏沟通协商，教育评价工作的开展未形成合力。[②]

## 二、教育评价改革的"系统设计，多方聚力"省域特征

四川省始终坚持以教育评价改革牵引教育综合改革，统筹推进育人方式、办学模

---

① 杨宗凯. 新一代信息技术驱动的教育评价改革[J]. 中国考试，2024（1）：14-16.

② 辛涛，洪倩，李刚. 新时代教育评价体系的价值定位：国际趋势与中国方案[J]. 国家教育行政学院学报，2024（2）：13-21.

式、管理体制、保障机制改革。四川基础教育评价改革具有系统设计、行政及学术和群众多方聚力的省域特征，自上而下高效推进，自下而上持续实施。坚持深化重点领域、提升评价效力，激发改革活力；坚持系统思维、专业引领、创新实践；坚持丰富评价内容，创新评价方式，检验评价改进。

在自上而下的教育评价改革路线中，行政力量发挥总体指导作用，学术力量突出专业引领，群众力量彰显落地实施，多方力量共同聚力促使教育评价改革全面落实。

在自下而上的教育评价改革路线中，群众力量充分发挥主观能动性，主动实践探索，学术力量专注于专业引领和帮助，行政力量着力采纳、推广、运用教育评价改革的实践经验，多方力量互相融合推进四川省教育评价改革的完善。

### （一）教育评价改革的系统设计特征

随着国家教育评价改革系列文件的发布，省级层面迅速行动、系统设计。一方面，系统部署推进，保证教育评价改革上下畅通；另一方面，设计全省教育评价改革的行动方案和具体措施。

针对国家层面的教育评价改革要求，四川省建立了党委统一领导、党政齐抓共管、部门各负其责的教育评价改革领导体制，顶层设计全省教育评价改革的总体任务，分解改革任务，明确各方改革责任，合理配置教育评价改革资源，自上而下推进改革进程。

按照国家、省级层面教育评价改革要求，紧抓区域内教育评价改革落实。在推进全国教育评价改革任务的基础上，四川省在全国率先开展省级教育评价改革试验试点工作，布局建设 3 个市级改革试验区、9 个县级改革试验区，积极创新、探索具有四川特色的改革路径。在"面"上推进的基础上，思考谋划布局一批改革试点项目，着力寻求"点"上的突破，自下而上提供教育评价改革优秀经验。

### （二）教育评价改革的多方聚力特征

落实教育评价改革，需要多方聚力。四川省充分聚集行政力量、学术力量、群众力量等多方评价力量，充分发挥"有权之士、有识之士、有为之士"的作用，形成了教育评价改革的多方聚力特征。

#### 1. 行政力量：自上而下，部署推进

教育评价改革的行政力量主要包括省级党委、政府及教育行政部门。行政力量自上而下的部署推进主要包括以下几个方面：

（1）绘制蓝图，细化措施：增强教育评价改革的先导性。从明确教育评价改革责任、培训评价专业队伍、推进改革试点三方面着力。首先，自上而下绘制全省教育评

价改革"施工图"。《总体方案》出台三个月内，印发贯彻落实任务分工方案、任务清单、负面清单和年度工作清单，系统设计目标任务，累计细化改革举措 240 余项。同时，针对推进改革重点、难点任务存在的短板弱项，加强专题培训。还将《总体方案》内容和精神纳入校长、教师"国培""省培"相关计划，培训人次突破 100 万。

（2）标准引领，重点评估：聚焦立德树人改革学校评价。四川省先后出台了示范性幼儿园、义务教育优质发展共同体领航学校、示范性普通高中遴选管理办法，推进分类评价、增值评价，完善基础教育学校教学质量评价办法。针对不同学段、不同类别建立学校评价指标体系，构建以立德树人成效为根本的评估标准，重点对党的建设、课程教学、五育并举、师生发展等方面进行评估。落实立德树人根本任务，强化基础教育学校内涵发展，构建"幼有优育、学有优教"的四川教育新格局。

（3）强化过程，守护健康：关注学生成长改革评价。运用信息技术建立学生成长档案，推行过程性评价，以关键表现记录学生德智体美劳成长历程，提高综合素质测评分值及权重，促进"育分"向"育人"转变。同时，在对学校评审时，对教师有严重违反职业道德行为，如虐待、体罚等，停课、停教、严重侵犯学生权益、伤害学生身心健康并造成过恶劣社会影响的，实行"一票否决"。

**2. 学术力量：上下衔接，专业引领**

学术力量主要指各级各类教科研机构、相关学术机构和高校，包括四川省教育评估院、四川省教育科学研究院、四川省教育学会等。学术力量在深刻认识各级各类行政力量总体部署的基础上，对幼儿园、中小学等基层教育单位开展以教育评价改革促进立德树人、五育并举进行专业性引领和创新性谋划。具体包括：

（1）构建覆盖"学校、专业、课程、学生"省级监测评估体系，建立"四位一体"省级监测评估工作机制和强化数据赋能等。

（2）开展专题培训，建立全省教育评价改革人才队伍。开展"国培计划"委托项目和"评估师"教师高级研修班，建立全省义务教育质量监测试题命制人员（含团队）库、监测专家库等。

（3）持续开展"立德树人优秀创新实践案例的征集与展示"学术活动。这个活动从 2019 年开始，每年一次，至今有超过 10000 名幼儿园、中小学教师参与，参与教师遍布四川各地。

（4）推广评价改革案例，服务教育强省建设。出版发行《四川省基础教育立德树人创新实践》及《四川教育评价改革案例》等书，以评价推进立德树人根本任务的全面落实，提炼总结教育评价改革的四川行动。

### 3. 群众力量：自下而上，实践探索

群众力量主要指一线的学校及教师。群众力量坚持实践探索，形成以教育评价改革推动立德树人、五育并举的"点线面体"群众合力进阶范式。主要包括：

（1）基层单位、一线教师对教育评价改革关注度高。采用质性分析法，对四川省教育学会收集到的 2019—2023 年五年的四川省基础教育立德树人创新实践案例进行词频分析，发现"评价"在立德树人创新实践案例中计数超过 1000 次。由此可见，教育评价改革已经成为落实立德树人的主要抓手之一。

（2）基层单位、一线教师按照"点线面体"的不同路径，开展了有作为的实践尝试。将教育评价改革作为切入点，选择课程建设、劳动教育等某一专题为线索深入探索；学校依据评价内容，结合大数据、信息技术等手段，探索综合性评价、过程性评价、增值性评价等多样化评价，拓展探索面；围绕课程内容、评价方法、学生激励、教师发展等方面对现有的教育评价体系进行立体化改革探索。这些探索不断聚焦、深化、拓展，展现了落实教育评价改革的具体措施，展示了地方、学校的真实实践，形成了丰富的教育评价改革一线经验。

## 三、教育评价改革的"主动融合，因地而动"区域特点

四川省各地区的发展水平、文化背景、教育特色等区域性差异明显。但是，各区域结合自身的实际问题及需求，积极寻找区域内教育评价改革的生长点，立足解决本区域内教育现场的真实问题，主动融入全省教育评价改革进程，使得四川省教育评价改革形成了"主动融合，因地而动"的区域特点。

### （一）注重顶层设计，聚焦组织化推进

省内相关区域围绕立德树人根本任务，对教育评价体系进行全面、系统规划，组建专业队伍，探索评价措施，注重顶层设计，聚焦组织化推进。宜宾市教育和体育局从教育评价改革实验开始，成立了全市教育评价改革专班，增设质量评价科，组建教育质量评价专家库。出台《宜宾市中小学（幼儿园）"五育并举"评价改革试点方案》等。德阳市实行"政校"同步评价，调整评价指挥棒，将评价重点由单一评价学校转向同步评价区（市）县政府和教育行政部门。成都市温江区教育局通过加强与第三方专业评价机构合作，不断完善五育并举评价指标体系、健全五育并举评价制度体系，努力实现让学生全面发展。

### （二）注重多样化、多主体评价，聚焦学生成长过程

服务立德树人，落实五育并举，要求教育改革摒弃"唯分数"论的传统顽疾，更

加关注学生德智体美劳全面和谐发展，更加关注每一个学生个性和潜力的发挥。我省不少区域积极探索多样化的教育评价，强化过程性评价、增值性评价、表现性评价（包括项目作品、团队合作和创新实践等，积极探索多元主体的评价，特别关注自我评价、同伴评价、教师评价以及家长评价等）。乐山市将艺术教育过程与评价相结合，激发学生的艺术兴趣和特长；将学科知识与趣味活动相结合，激发学生在知识学习中保持继续学习的欲望，关注学生在轻松愉快的学习氛围中意识到自我的成长。眉山市不仅关注学生的学习成果，更重视学生在学习过程中的表现、参与度和进步情况。眉山市有学校还充分利用学生的成长记录册、课程学本等，采取可视化的评价方式，让学生直观地看到自己的成长历程和进步情况，通过自我评价激发其学习动力和自信心，并让教师站在学生立场，更好地理解学生的学习和成长，为学生学业成长提供更好的支持，提升教学指导的针对性。

### （三）注重增值性和综合性评价，聚焦学生综合发展

增值评价的核心在于从动态的视角观察学生的发展，重视学生在学习过程中的进步和改进，而不是仅仅关注学生单一的、静态的成绩输出。通过增值评价，教育工作者可以更加深入地理解每位学生的学习轨迹，识别学生在学习中的潜力与挑战，并据此提供更为精准和个性化的教学支持。绵阳市建构了"学业水平－学习状态－学习环境"学业质量监测评价指标体系，并基于此探索建立学生学业成长动态增值评价模型，通过持续追踪监测和动态评价，全面把握学生的学习成长过程，促进学生的进步，赋能学生的发展。

综合评价的基本特征是评价内容、手段和主体的多元，强调对学生德智体美劳的发展过程和结果进行全面评价。广安市通过大数据统计分析，结合校情、学情，总结提炼出"阳光五好少年"的"一三六"小学生综合素质进阶评价模型。对一个"阳光五好少年"，以评选"文明之星、学习之星、运动之星、艺术之星、劳动之星、科创之星"六星为一阶，让学生人人都有获"星"的机会，再以"阳光小学者、阳光小达人、阳光小公民"为晋级二阶，后以"阳光五好少年"为晋级三阶。三阶晋级中，借助"学生综合素质评价"平台的数据功能，全方位、全流程、网络化、数据化呈现学生的成长轨迹，形成学生成长图谱。成都市青羊区借助大数据、人工智能等技术，开发区域学生综合素质评价系统。采取定性、定量评价相结合的方法，对警戒指标和基础指标实行等级评定，对发展指标实行定量评估，为学校规划出梯度工作目标。在具体指标的计算中，以增值评价为理念衡量学校效能。

### （四）融合地方文化，探索特色评价

教育评价与地方特色文化相结合，让学生体验"乡土味"，感受对家乡文化的认同

感。眉山市系统梳理本地的历史沿革、风土人情、地方名人、传统故事等文化元素，提炼特性，把它们融入德育评价中，建构了一套符合校情的评价指标体系。评价体系包括学生的自身性格、艺术特长、能力素养等多个方面，同时还包含了学生活动的参与度、实践成果、对地方的文化理解与感悟、创新能力等方面的评价。在评价方式上引入观察记录、作品展示、自我反思、同伴互评等多种评价方式，充分体现了五育并举的教育理念。

### （五）信息技术与教育评价深度融合，创新学生"画像"

信息技术为教育评价提供了新的视角和方法，提高了评价的规模和效率，增强了评价的准确性。评价过程"数据驱动—智能刻画—实时反馈"深度融合，对学生的学习行为、学习效果予以全面记录和深度分析，助力学生个体化"画像"评价体系的形成。

绵阳市涪城区政府主导建立"涪城教育智脑"学生数据平台，实现了评价数字化、智能化。平台整合多种教育场景数据，运用大数据分析、云计算和人工智能技术，精确监测学生五育发展状况，为各方提供实时、全面的学生"画像"。同时，允许教师、家长以及管理者获取实时、全面的学生"画像"评价信息，帮助他们更好地理解并支持学生的全面发展。

德阳市在探索"政校生"多维评价改革中，信息技术的运用成为改革的亮点和关键，特别是在学生全面评价方面，信息技术发挥了核心作用。通过构建五育并举综合育人体系，利用大数据分析和智能化评价工具，对学生的德智体美劳五个方面进行多维度、个性化的学生"画像"评价，为教师提供更精准的教学反馈，为学生提供更个性化的学习指导。

### （六）注重"评价—反馈—应用"闭环，聚力教学改进

评价结果及时反馈，教师对结果准确认知，基于认识自觉改进教学，是"以评促改"由理想变为现实的实施路径。各地更加注重"评价—反馈—应用"闭环效应，把评价作为改进教育教学的工具，将评价的阶段判断功能扩展到牵引全程教育教学的发展。

成都市青羊区的"联动·分类·整合"监测评价结果联动反馈系统，在反馈形式上实现了从单向反馈到多向互动的转变。在监测评价结束后，质量监测中心不仅将数据反馈给学校管理者，还鼓励学校管理者基于这些数据将学习情况进一步反馈给教师和学生，形成一个多层次、全方位的反馈体系。同时构建了学生综合素质评价监测体系，追踪调查学生的品德、智慧、艺术素养、体质健康等方面发展情况。通过增值性

评价全面评价学生个体发展和成长，同时，将学校促进学生发展转化的"幅度"作为衡量学校效能的重要指标之一。

绵阳市探索实施"持续追踪监测—动态增值评价—三级教学改进"路径，从规律性数据中发现学生学习成长的可靠变量，为教师改进教学提供科学性指导。通过收集和分析学生的学习成长数据，发现学生学习成长的规律性特征，调整教学策略，以更好地满足学生的学习需求。

### （七）注重评价和行政督导相结合，聚力评价结果落地

专业评价是对教育过程、结果全面而客观的评价。通过专业评价可以了解教育活动的效果，发现问题，提出改进措施，促进教育质量的提高。行政督导则是教育行政部门对学校教育工作的监督和指导，可以确保学校按照教育政策和规定进行教育教学活动，保证教育质量。专业评价与行政督导二者相辅相成，是实施评价的有力保障，让评价真正成为改进教育教学、落实立德树人的有力工具。四川省多地聚焦学校发展、教育质量提升等主题，综合发挥督政、督学、监测评价一体化职能，为推进区域义务教育均衡、质量提升等发挥了很好的作用。成都市的行政、督导、学校、教师、研修、家长"六方聚力"，评价者、被评者、研究者、反馈者、改进者"五维一体"评价结果应用机制，测、研、评、改、督一体运行，相互支持和促进，最大程度保障评价结果的运用，可有力地促进学生全面发展。

综上，在教育评价改革实践中，四川省各地主动回应《总体方案》，主动探索教育评价五育融合，根据地方实际，结合地方特点，形成了一批各具特色的区域创新实践案例。从整体来看，各地教育评价不仅关注学生的学业发展，也考查学生的思想品德、身心健康、艺术修养、劳动实践等综合素养，五育并举的评价机制逐渐形成。以教育评价改革深化立德树人、促进五育并举成为四川省区域实践的鲜明特点。

## 四、教育评价改革的"立足需求、契合理念"学校实践

学校是教育评价改革的重要实践主体。学校层面教育评价改革实践引领学校教育规范和实践，直接影响五育并举的落地和立德树人根本任务的落实。纵观四川省自2019年以来的基础教育立德树人创新实践，不难发现，各级各类学校已经基于现实需求，主动开展教育评价改革，探索形成了比较丰富的实践成果。

### （一）教育评价改革成为学校立德树人的共识

采用质性研究 NVivo14.0 分析工具，对四川省教育学会收集到的近五年的四川省基础教育立德树人创新实践案例进行词频分析。结果发现，在四川省基础教育立德树

人创新实践案例中，"评价"的频率及加权百分比已超过"德育""生活""管理""班级""家庭"等主题（见图1）。由此可见，教育评价探索已处在蓬勃发展中，教育评价改革已经成为学校落实立德树人根本任务的重要举措之一。

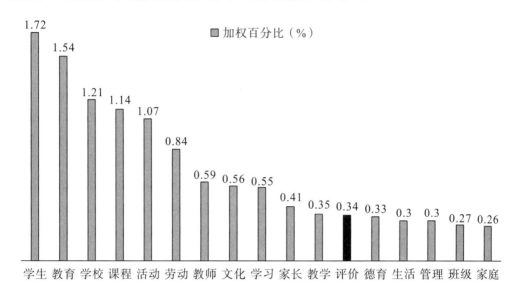

图1　2019—2023年四川省基础教育立德树人创新实践案例词语云分析结果

### （二）学校层面教育评价改革的"主色调"

进一步分析教育评价改革的学校实践，可以发现学校层面主要围绕课程建设、学生发展、教师发展、课堂教学、多元化评价办法等展开教育评价改革实践。

**1. 着力课程建设，全面深化学校教育改革**

校本课程开发是学校课程管理的重要组成部分。校本课程的开发要立足学校的办学理念和资源现状，以满足学生的个性发展需求、提高学生综合素质和彰显学校的办学特色为出发点和归宿，要体现多样性和选择性。校本课程建设需要课程评价的参与，以此研判学校文化与课程建构、育人目标与课程架构、资源调配与课程实施、质量提升与课程管理的关系，促进校本课程改革朝着整体育人、全面育人的方向发展。

成都市双流区西航港小学探索建立"三层三评"德育校本课程评价体系，"三层"即促进学生、教师、学校各层级的发展，"三评"即校本课程、课程实施和学生发展的评价。成都高新区实验小学制定了三项评价原则、四维评价目标、多元评价主体、多种评价方式的四维劳动教育评价路径。由此，以教育评价改革为引领，引领校本课程建设，驱动教师专业素养提升，落实立德树人的根本任务。

南充市西河路小学以文化人、以文育人，确立"水润生命，美行未来"的育人理念，构建"水润生命"校本课程，培养德善智明美少年。学校对学生的学习过程、艺术修养以及品格形成进行多元化评价，制定系列评价方案和评价制度，利用"成长记录袋"记录学生学习历程和情感体验。

攀枝花市特殊教育学校秉承"一切为了儿童的康复"的教育理念，建立了"康教医"发展性课程。特别是研制相应的学前智力障碍儿童发展性课程评量手册，聚焦四大领域能力，建立评估标准，强化过程性评价，评估教育辅助支持的效果。儿童不能完成的能力点则作为下一阶段的目标，由此逐步实现儿童康复和发展。

此外，四川大学附属中学的五育并举研究性课程体系、成都高新区锦城小学的"乐群"课程体系、四川省旺苍中学"1351"德育课程体系建设、成都市新津区五津中学"津津乐植"育人体系等，均以评价引领课程建设，推动学生五育并举发展。

**2. 着力学生发展，完善全面发展育人体系**

学校基于自身实际，针对学生德智体美劳发展特点，构建相应的评价指标和考察点，形成学校的育人评价指标体系。依据评价结果，针对育人现状中存在的问题，深入推进教育教学变革，促进学生健康全面成长。

泸州市教育实践基地以"乐学无界、践知有为"为办学理念，积极探索中小学"营地教育"的示范引领作用，形成了以"一核引领、三为育人、四链支撑、五维聚力"为主要内容的实践教育营地名片。基地以立德树人为导向，让学生审视自我行为后做出反思性评价，并参照他人行为做出对照性评价；让参与实践活动全过程的教师做出阶段性评价和终结性评价。活动结束后，营地还根据学生每项活动的表现，汇总课程评语、学生课表、住宿情况等，生成学生成长档案和营地学分证书，以此构建"自评＋小组评＋教师评"与"营地证书＋实践档案"相结合的多元评价体系。

成都市龙泉驿区实验小学以五育并举评价导向引领学生全面发展，建构由德育（品格力）、智育（学习力）、体育（竞争力）、美育（审美力）、劳动教育（创造力）5个A级指标、15个B级指标、50个C级指标组成的"五力共美"的教育评价模型，制定《"五育并举"学生评价制度》。

成都市双流区实验小学结合育人目标，确定了"阳光风貌""果敢精神""自主能力""合作态度"4个维度，"身体健康""心理阳光""艺术素养""公民素养""自主管理""合作能力"等10个方面，分解为"身体机能"等30余项具体指标；通过研究评价总表和分年级评价表，为学生"画像"，明晰学校育人质量的标准，建设有标准的幸福学生评价体系。

此外，宜宾市南溪职业技术学校的品德素养自主提升的实践研究、巴中市中坝小学的家校融合劳动教育、内江市第十小学校的应急救护教育实践、成都高新区益州小学的学生全面发展评价改革与实践等均以学生为评价主体，构建校本多元的育人评价体系。

### 3. 注重课堂教学，以评促教提升育人质量

学校从教学目标、教学内容、教学方法和教学效果等多个维度，对教师的教学和学生的发展进行全面评估，帮助教师改进教学，提升育人质量。

四川省简阳中学建立高三课堂教学评价机制，由微观课堂观察、宏观课堂评价构成。其中，微观课堂观察聚焦课堂结构、学习任务（问题）群、教师调控和学生状态四个内容；宏观课堂评价则从问题、过程和效果三个维度，从学科核心（关键）问题、自主状态、合作状态、课堂调控、引导点拨、课堂评价和生成效果等 7 个方面，对课堂教学进行全面评价。同时还建立了高三主要课型的教学过程评价表。

叙永县摩尼中学以校本茶山劳动教育实践基地为资源，把教育与生产劳动和社会实践相结合，全面提升学生综合素质。学校开展综合评价，根据茶山劳动教育课程实施情况，以学生自评、互评为主，辅之以学校评价，并适当引入家长、社会共同对师生开展评价，以促进课程目标的实现。茶山劳动教育课程评价的原则是重过程、重态度，着重对学生的参与过程、参与程度进行评价，突出对学生参与课程的效果进行评价，体现融合性。同时注重情感评价，以激励为主，提升学生的成就感、幸福感。

此外，成都高新区尚阳小学的跨界融合、成都市棕北中学西区实验学校的"以劳育心"教育、电子科技大学实验中学附属小学的小学英语单元整体教学探索、成都市武侯实验中学附属小学的构建阅读场域、成都市解放北路第一小学的"棋之道，育人之道"、泸州师范附属小学城西学校的课后服务、内江市第十小学的"扬博雅艺术，筑博爱校园"、成都高新区益州小学的小学生财经素养教育等，均围绕某一学科或某一专题领域，开展教学评价的研究，以评价引领驱动立德树人根本任务的落实。

### 4. 聚焦教师发展，提升教师育人能力

《总体方案》从师德师风、教育教学、学生工作、科研和荣誉五个方面构建教师评价体系，确保教师承担应尽义务，促进教师履行核心职责，激发教师发展活力，明确教师发展的价值取向。各学校的探索主要围绕这五个方面展开，各有侧重。

电子科技大学实验中学附属小学回应国家要求，锚定学校发展需要，立足教师队伍实际情况，确立了"三态三能"教师美育专业发展的核心内容。"三态"包含教师的职业心态、职业形态和职业行态，"三能"包括推动课堂育美的教学能力、实现以美育德的教育能力和培育审美素养的学习能力。学校制定了《师德师风践行能力》《教师教学水平定级制》《德育水平职级制》等多维分层评价制度，基于民主管理需求，采用评价主体多元化方式，强调多主体的共同参与：党支部协同行政办、

教职工代表大会评价教师师德师风践行能力；教导处教科室协同学术委员会、教研组评价教师学科教学和科研能力；德育处协同少先队大队部、年级组评价教师综合育人能力。最后，学校基于教师自我诊断发展需求和各类评价结果，形成教师专业成长综合画像，使评价指标分层化、评价结果可视化，有效指导教师思考下一阶段的发展方向。

内江市第十小学在《内江十小工作年度考核评价办法》《内江十小教师绩效年度考核实施方案》等教学管理制度的引领下，形成了科学有效的评价激励机制。教师获奖纳入绩效奖励，将教师作品评级结果作为教师外出学习观摩的依据，有效调动了教师的工作热情。

**5. 利用多元评价办法，呵护学生全面而个性化发展**

学校依据评价需求、评价内容，利用大数据、信息技术等手段，探索综合性评价、过程性评价、增值性评价等多样化评价，以科学、专业、客观的评价结果指导教育教学变革。

成都高新区中和小学根据党的教育方针，结合学术界的研究成果，依托信息技术手段，采用数据形式，输入、记录学生课程活动中的表现，开发了"和美三性"综合素质智能画像数字系统，完成了"和美学生"综合素质画像，形成了"和美学生"综合素质发展报告，建构了"五育共生"的综合素质评价体系，从而建成了数字化的评价系统。

新都一中实验学校探索出初中学生成长规划指导的过程性评价策略，由学生对照自身成长达成度进行反思总结和自主评价；成长导师（班主任、专业导师）在相应的时间段（半期、学期末）对指导学生进行评价；同时引入同学评价、家庭评价，综合多方面的过程评价结果，及时调整学生成长规划指导工作。

成都市泡桐树小学（天府校区）运用增值评价，提升生命教育效能。教师借助成长档案袋、正向反馈法等质性评价方式，对学生开展动态评价；借助"生命树"表现性任务库资源，从学生生命认知、态度情感、行为表达、价值形成等方面记录学生的收获、成就。同时引入学生、教师、家长、管理者和教育专家交互进行评价，共同关注学生成长变化情况。

此外，攀枝花市特殊教育学校的学前智力障碍儿童发展性课程的开发与实践、攀枝花市实验幼儿园的"TPPS四位一体"①智能活动课程开发与实践等均采用了多元化的评价办法，呵护学生五育并举发展。

---

① "TPPS四位一体"指时间（time）、全体人员（personnel）、项目（project）、学科（subject）四位一体。

### （三）学校教育评价改革的特点及生长点

#### 1. 学校教育评价改革的特点

基于四川省教育学会收集的 2019—2023 年四川省基础教育立德树人创新实践案例，发现学校教育评价改革的探索具有以下特点：

（1）学校教育评价改革的内容及方法等，回应国家要求，符合学校需求，契合学校文化及发展理念，充分发挥评价的指挥棒作用，落实立德树人根本任务。

（2）学校教育评价改革的研究内容多聚焦某一主题或专题。选择学生、教师、某一学科、某一专题的校本课程建设等方面开展教育评价改革探索，以评促教、以评促改，以评价来促进学生五育并举全面发展，促进学校教育高质量发展。

（3）学校教育评价改革与信息技术深度融合。学校聚焦评价内容和需求，充分利用信息技术，开发了数字化的教育评价体系，促使教育评价改革落地实践，充分发挥教育评价的改进作用。

#### 2. 学校教育评价改革的未来生长点

（1）进一步丰富教育评价改革内容。现有实践成果更多聚焦课程评价、学生评价、教师发展、教学评价等方面体系的建立，而聚焦学校教育质量评价、系统化全学科评价体系的建立、运用评价结果改进教育教学等方面还需进一步强化。未来，学校的教育评价改革还需贯穿到学校教育教学的方方面面，更加充分地发挥教育评价的指挥棒作用。

（2）进一步提升教育评价改革的整合性、系统性。各地教育主管部门、教研机构要更加关注和加大推进学校教育评价改革的实施进度，进一步整合行政督导和专业引领作用，各校要更加细化校本需求，全面推进、探索校本化教育评价体系的构建，最大限度地发挥教育评价的指挥棒作用，以教育评价牵引学生五育并举全面发展，落实立德树人根本任务，由此促进学校教育高质量发展，推动四川教育高质量发展。

（撰稿人：龚林泉，绵阳市教育科学研究所正高级教师；

朱殿庆，绵阳市教育科学研究所副所长、高级教师；

邱熙，绵阳市教育科学研究所高级教师；

陈潇，绵阳市教育科学研究所一级教师；

杨睿，绵阳市教育科学研究所一级教师）

# 乡村温馨学校的育人探索

近五年，四川省教育学会农村教育分会在坚持立德树人的教育宗旨，落实四川省教育学会立德树人培育、评选、推广系列学术活动任务中，总结各地农村教育实践经验，提出"建设乡村温馨学校，促进农村学校立德树人"的发展模式的主张。其所努力倡导构建的是一个充满人文关怀、注重全面发展和社区协同的乡村教育新生态，有利于为农村孩子提供公平而优质的教育，有利于实现教育公平和促进乡村振兴。

## 一、乡村温馨学校建设的实践缘起

乡村温馨学校建设的实践探索，既体现了对党和国家系列教育改革发展政策的坚定遵循，也反映了四川省教育学会农村教育分会和众多农村学校致力促进农村学生的健康全面发展、提升农村学校治理效能、推动农村教育迈向高质量发展的不懈努力。

### （一）乡村温馨学校建设符合农村教育高质量发展的要求

四川省教育学会农村教育分会长期关注和研究农村教育的现实问题。从 2020 年起，四川省教育学会农村教育分会成立课题组对全省农村教育发展进行跟踪调查。研究发现，全省乡镇行政调整后启动新一轮学校布局调整，农村教育资源供给趋于动态平衡，乡村教育格局被重塑，小规模学校不断削减，一部分城区学校规模进一步扩大，寄宿制学校成为农村学生就读学校的主要类型；农村学校办学条件持续改善，农村教师待遇得到较好保障。调研中也对农村教育存在主要问题进行了总结，主要有：一是农村寄宿制学校办学条件亟待改善，寄宿制学校学位难以满足学生需求，生活条件较为简陋，农村寄宿制学校运行保障机制尚不健全；二是城乡教师资源配备存在失衡倾向，以学区制治理推进师资流动面临错位难题，农村教师专业培训困难较多，针对性不强，农村教师内生动力较弱；三是农村学校校园欺凌现象较为突出，农村留守儿童的不良卫生习惯和不良行为问题较多，孤独感和被抛弃感较强；四是农村学校发展脱离乡土文化，学校传承乡土文化的功能加速衰减，农村学校发展与社区存在割裂现象，农村教育与社区未实现深度互动，家校社协同育人机制不健全，农村教育育人合力不足，乡村振兴文化根基有待夯实。[①]

农村教育作为整个教育体系的重要组成部分，其质量直接关系到农村地区孩子的未来和整个社会的均衡发展。而在农村教育体系中，农村学校的高质量发展无疑是实现农村教育高质量发展的核心和关键。首先，农村学校高质量发展是提升农村教育整体水平的基础。学校是教育的主阵地，学校的教学质量、师资力量、教育资源等直接影响着学生的学习效果和未来发展。农村学校只有实现了高质量发展，才能为学生提供更优质的教育服务，进而提升整个农村教育的质量。其次，农村学校高质量发展有助于缩小城乡教育差距。由于历史、经济、文化等多方面的差异，农村地区与城市在教育资源、教学质量等方面存在较大的差距。通过推动农村学校高质量发展，可以逐步缩小这种差距，让更多的农村孩子享受到与城市孩子同等优质的教育资源，促进教育公平。最后，农村学校高质量发展是推动农村社会经济发展的重要动力。教育是人才培养的摇篮，而人才是推动社会经济发展的关键因素。农村学校高质量发展可以培养出更多具备高素质、高技能的人才，为农村地区的经济社会发展提供有力的人才支撑。课题组认为，农村学校高质量发展是农村教育高质量发展的重中之重。只有通过不断提升农村学校的教学质量、师资力量和教育资源，才能真正实现农村教育的整体提升。基于此，提出了建设乡村温馨学校的主张。

### （二）先期实践增强了乡村温馨学校实践探索的信心和力量

经多次深入研究讨论，我们形成了建设乡村温馨学校的共识，认为随着教育理念的进步和社会变迁，乡村教育正面临着深刻的转型。在这一背景下，乡村温馨学校作为一种新样态为农村教育注入了新的活力和希望。在教育理念的创新上，乡村温馨学校能够在教育理念上实现创新。它不再仅仅关注学生的知识掌握，而是更加注重学生的全面发展。这种全面发展不仅包括学生知识能力的提升，还涵盖学生的情感态度、实践技能以及社会适应能力等方面。这种理念的转变，可推动乡村教育从应试教育的桎梏中解放出来，更加贴近学生的实际需求和社会的发展。在教育环境的营造上，与传统乡村学校相比，乡村温馨学校不再是单调、刻板的教学场所，而是变得温馨、舒适，充满了人文关怀。身处农村的校园绿树成荫，教室被布置得既宽敞又明亮，学生在此舒适地学习生活。这种温馨的教育环境，不仅可以满足学生的情感需求，提高学

---

[①]　材料来源：《四川省农村教育现状及乡村温馨学校建设的地方实践研究报告》，该课题主研人员：吉文昌、李小融、焦蒲、曾宁波、邢秀芳、卢同庆、杜玉萍、冯艾、罗媛、杨瑶、王朝贤等。

生学习积极性，还有助于培养他们的审美情趣和人文素养。在教学的方式上，乡村温馨学校展现出了新的特点。它摒弃了传统的填鸭式教学，更有条件引入多元化、互动式的教学方式，如通过小组合作学习、项目式学习等方式，激发学生的学习兴趣和创造力。学校依托乡村教育资源注重实践教学，鼓励学生走出教室去参与社会实践活动，培养他们的动手能力和社会责任感。在师生关系上，乡村温馨学校也呈现出了新的面貌。教师关注每个学生，特别是留守儿童的个体差异和情感需求，用心去理解每一个学生，为他们提供个性化的教育支持。这种和谐的师生关系，使得学生们更加愿意与教师沟通交流，从而增强了教育教学的效果。在学校与村社关系上，乡村温馨学校注重与社区协同育人，充分利用社区资源丰富教育内容。学校组织各种社区活动，让学生们在实践中学习知识和技能；鼓励家长参与到教育中来，形成家校共育的良好氛围。社区与学校紧密结合，使得乡村教育更加接地气、有活力。

2020 年 12 月，四川省教育学会农村教育分会首届农村学术年会在广元召开。在发出的农村教育发展"广元共识"中，首次提出了乡村温馨学校建设的主张，倡议提出四项建设路径。第一，乡村温馨学校建设重在观念创新和体制机制建设，应着力构建乡村温馨学校建设支持保障体系，搭建平台，多维评价，强化激励，吸引和留住优秀校长、教师，增强农村教育发展动力。第二，乡村温馨学校建设应坚持开门办学，探索政府、乡村、家庭、学校"合作共治"的农村教育办学模式，将乡村学校打造成为农民的"精神家园"和乡村社区的"文化枢纽"，促进学校与社区共生发展。第三，乡村温馨学校建设应充分挖掘农村的地方特色优势，传承与创新乡土文化，将乡土资源与村落文化转化为重要的教育资源，让学生通过乡土课程的学习与参与式体验，在大自然、大社会中建立对生活知识与科学的整体认知；通过实施全纳教育，从整体上促进农村学生健全人格的养成，为农村学生的终身发展奠定良好基础。第四，乡村温馨学校建设应发挥乡村小规模学校"天然小班"的优势，探索以探究创新为主轴、以学生为主体的小班化教学改革路径，关注每一个学生的个性化发展；以信息化为抓手，共建共享教育资源，在更大范围、更广区域办好优质均衡的农村教育。乡村温馨学校建设的主张在与会代表和农村学校中引发了广泛的共鸣。

**（三）乡村温馨学校建设是对打造乡村温馨校园的承继与超越**

2019 年，中共中央、国务院印发的《关于深化教育教学改革全面提高义务教育质量的意见》提出要"打造'乡村温馨校园'"，提高义务教育质量。2020 年，教育部办公厅印发《关于推进乡村温馨校园建设工作的通知》。2020 年教育部等十部门印发的《关于进一步加强控辍保学工作健全义务教育有保障长效机制的若干意见》进一步提出，要"重点加强乡镇寄宿制学校和乡村小规模学校建设，着力打造乡村温馨校园"。在此背景下，一些省份启动乡村温馨校园创建工作。从 2020 年起，教育部每年评选 100 所乡村温馨校园建设典型案例，四川省每年约有 3～4 所学校入选。

我们使用"乡村温馨学校"而不是"乡村温馨校园"基于以下理解：从定义上看，校园是指学校范围的地面或学校的园地，泛指整个学校范围，其均指向学校的空间和物质属性。据此理解，乡村温馨校园主要是指乡村学校在物理空间上让人感知到的温馨环境，与学校的建筑、设施设备等办学条件及文化氛围有关。乡村温馨学校之"学校"作为教育系统一级实体单位，比"校园"更能强调学校整体层面的规划建设和育人体系之构建。因此，乡村温馨学校继承了乡村温馨校园营造的理念，有利于在教育资源整合、教学方法创新和校园文化建设等方面实现超越，为乡村教育注入新的活力和内涵。

## 二、乡村温馨学校的内涵阐发

温馨是个体在乡村学校获得的一种积极主观感受，指温和芳香、温暖，温馨蕴含着美好、爱、自由、希望等因素。从这一用语使用语境的广泛例证看，温馨多指向"家"或像家一样的场所。"家"不仅是栖息之所，也是包容之地，让人安全、放松、舒适、温暖，没有负担。

因此，乡村温馨学校是让人体验到爱、自由、美好、有希望的学校。乡村温馨学校包括三个主要方面的含义。首先，指向人的生命成长，反映了人与自我、人与他人、人与社会、人与自然的和谐关系，温馨的学校让人安全、安心、安身。其次，指向人的情感的需要，乡村温馨学校的建设需要情感的投入，其功用是为了不同教育主体在情感上的满足。最后，指向人的精神家园。乡村温馨学校是乡村社会中儿童和青少年生命发展厚植可持续发展的精神根基。在乡村学校有 30% 左右的学生是留守儿童，他们面临家庭亲情的缺失、生活的艰难，温馨学校让他们虽身处"逆境"，但仍可以积极、乐观、热情地学习生活，而这本身就是幸福生活的要义。

### （一）乡村温馨学校更加重视满足学生健康发展需要

近年来，我们对农村和城市学生的发展进行了深入的调查研究。结果显示，农村地区父母外出务工的情况相当普遍，这使得留守儿童的比重依然较大。在我们调查的样本中，有 64.3% 的农村学生父母双方或其中一方外出务工，其中双方都外出的占比高达 28.7%，一方外出的占比为 35.6%。值得注意的是，如果父母中的一方外出务工，父亲外出的比例明显更高，达到了 29.9%，而母亲外出务工的仅占 5.7%。对于那些父母双方都外出务工的学生来说，与父亲或母亲见面变得尤为不易。在我们的调研中，有 51% 的学生表示，他们需要半年甚至更长的时间才能与父母见上一面。这种情况无疑对这些孩子的成长和教育带来了不小的挑战。通过对 307 篇农村教师自述故事的深入研究，我们发现留守儿童普遍存在着一些身体健康和卫生习惯方面的问题。比如，低血糖、营养不良、冻疮、打哆嗦等不健康症状，以及不洗澡洗头、不剪指甲、不勤换衣物等不良的卫生习惯。在教师们的眼中，这些留守儿童普遍缺乏安全感，他们中的很多人经常感到孤独和被抛弃。在这样的背景下，农村学校中的寄宿生和留守儿童更容易出现心理问题。调研数据显示，农村学校学生的抑郁检出率高达 22.13%，而城区学校学生的抑郁检出率则为 19.89%，具有显著的城乡差异（P＜0.001）。此外，农村学生平时使用手机的时间较长，调查发现，28% 的农村小学生和 39% 的农村初中生周一至周五每天看手机的时间在 30 分钟以上，而城区小学生和初中生的这一比例分别为 18.3% 和 31.8%。农村学校的学生更多地反映出存在被同学孤立、与同学之间发生矛盾无法解决等问题，被同学孤立的学生占比为 10.4%，与同学发生矛盾无法解决的学生占比为 20.5%，而城区学生对应的占比则分别为 6.6% 和 16.2%。

这一系列数据清晰地揭示了农村学生在身心健康发展方面面临的严峻问题。对于农村学生来说，他们面临的挑战远不止学业上的压力，亲情情感缺失、家庭经济困难、营养不良、卫生条件差等，都是他们需要面对的现实问题。因此，乡村温馨学校应将学生的健康全面发展作为首要任务，致力提供一个能够支持学生全方位成长的环境，而非仅仅关注学业成绩的表现，更重要的是培养健康的体魄、积极的心态和良好的社交能力，帮助他们建立自信，提升自我价值感，从而更好地应对生活中的各种挑战。

### （二）陪伴教育可作为乡村温馨学校的理想教育模式

乡村温馨学校的核心理念在于为学生提供一个温馨、关爱和陪伴的成长环境，这种环境不仅关注学生的知识学习，更重视学生的情感需求和全面发展。从这个角度来看，乡村温馨学校本质上可以被视为一种陪伴教育。陪伴教育强调的是教育者与学生之间的情感联系和互动，通过持续、深入的陪伴，促进学生的全面成长。陪伴教育有助于弥补学生因家庭、社会等因素造成的情感缺失，为他们提供一个更加健康、和谐的成长环境。陪伴教育具有三个特点：一是榜样性。在乡村温馨学校中，教育者通过自身的言行举止为学生树立榜样，传递积极向上的价值观和态度。这种榜样作用对于学生的成长具有重要影响，有助于他们形成正确的道德观念和行为习惯。二是情感性。陪伴教育强调教育者与学生之间的情感交流，这种交流有助于学生感受到关爱和支持，从而培养他们的自信心和归属感。在乡村温馨学校中，这种情感性的教育模式尤为重要，因为它能够为学生提供一个充满爱的学习环境。三是个性化。陪伴教育关注每个学生的个体差异和需求，提供个性化的教育服务。这种教育模式有助于发掘学生的潜能和特长，促进他们的全面发展。在乡村温馨学校中，由于学生家庭背景、学习基础等方面存在差异，因此个性化的陪伴教育显得尤为重要。

在农村学校的教育环境中，陪伴教育不仅是一种教学方法，更是一种全面、深入的教育理念。它强调教育者与学生之间的紧密互动和情感联系，为学生的成长提供持续、温暖的陪伴。这种教育模式与乡村温馨学校的教育理念高度契合，使得陪伴教育能够成为乡村温馨学校理想的教育模式。陪伴教育的核心理念在于关注学生的全面发展，尊重每个学生的个体差异，并通过与学生的深入交流和互动，促进他们在知识、技能、情感态度等各方面的成长。在乡村温馨学校中，由于学生人数相对较少，教育者有更多的机会和时间与学生进行一对一的互动，从而更加深入地了解学生的需求和困惑，为他们提供个性化的指导和支持。陪伴教育强调家校合作，共同为学生的成长提供支持。在乡村地区，家庭教育资源相对有限，通过家校合作，教育者可以与家长共同关注学生的学习和生活情况，为他们提供更全面的陪伴和支持。陪伴教育以其独特的教育理念和操作模式，可作为乡村温馨学校的教育模式。它不仅有助于促进学生的全面发展，还能够满足乡村学生的实际需求，为他们的健康成长提供有力保障。

### （三）乡村温馨学校建设导向从客观外在标准转向主体发展需求

虽然城乡教育资源配置不均衡，但对乡村教育的评价，长期以来仍然采取考试成绩和升学率的单一标准。然而，对于留守儿童这样的特殊学生群体，他们还面临较大的生活和学习压力。这些孩子更渴望得到情感上的支持、心理上的关怀以及全面的发展机会。同时，过度追求这种单一标准也给乡村教师带来了巨大的压力。在资源有限的工作环境中，他们往往难以达到城市教师那样的教学成绩，这可能使他们缺乏归属感和职业成就感。加之部分乡村教师对乡村的认同感不强，他们参与乡村治理的意愿也显得不足，这进一步加深了乡村教师与乡村教育之间的疏离感。

鉴于此，我们提出乡村温馨学校建设应从外在的生硬的单一评价指标向以满足内在教育主体需求评价转变。这种转变不仅体现了对农村教育发展模式的价值追寻，更旨在通过更加贴近学生、教师和社区的实际需求和期望，来推动教育公平、提升教育质量，并助力乡村振兴。从传统学校的标准化建设来看，教育投入是关键部分。但在实现城乡义务教育基本均衡发展的背景下，教育投入与教育质量并非呈现正相关关系。课题组近年来对我省区域教育质量监测结果与教育投入的分析表明，二者呈现非显著相关关系。这主要与教育投入的方向与滞后有关，而对农村地区教育发展来讲，教育经费在教师发展、学生成长、课程教学改革等与教育高质量发展的关键环节上投入不足有密切相关。因此，农村教育发展需要从过去主要依赖硬件投入和外部支持的模式，转变为更加注重满足学校内在需求的策略。

乡村温馨学校建设的教育性、乡土性和情感性本质属性主要体现在美丽、有爱、有希望和有精神上。这表明，要实现乡村教育的高质量发展，我们就必须超越那种以考试成绩为中心的传统教育模式，转而更加关注学生的全面发展和他们的幸福感。乡村温馨学校建设强调了以满足师生的发展需求为导向，一方面，可以由学校给予农村学生更多的情感关怀、心理支持和生活技能的培养，引导学生建立自信、培养兴趣爱好、提升个人能力，为适应社会生活做准备；另一方面，可有助于激发教师的教学热情，还能提升他们的职业认同感，增强他们对乡村教育事业的认同感和归属感。

总的来说，乡村温馨学校建设从客观的外在标准向主体内在需求的转变，不仅更加贴近了农村学生和教师的实际需求，还为乡村教育的全面发展和质量提升注入了新的活力。通过全方位地关注学生的成长、教师的进步以及乡村治理的完善，有望共同为农村教育打造一个更加温馨、和谐且充满活力的教育环境。

### 三、从自发探索到自觉实践：乡村温馨学校建设的发展之路

乡村温馨学校建设最初源于农村学校的自发探索，努力试图为农村孩子提供一个更加温馨、人性化的学习环境。随着四川省教育学会的倡导和成果推广，其逐渐演变为一种更加自觉、系统的教育实践。对全省建设乡村温馨学校的实践样例进行分析发现，这些学校既体现了农村学校内涵发展的要求，又具有鲜明的区别于城市学校发展的特征，昭示了四川农村学校发展的一种新趋向和新样态。

#### （一）市域实践案例：广元市"美丽乡村学校建设"

20世纪初，在国家实施农村学校布局调整背景下，广元市实施"因地制宜调整农村义务教育学校布局"的教育资源配置政策，农村教育的"水土"不断流失，村空、镇弱、城挤现象突出，农村中小学由2200余所锐减到782所，农村教育质量不断下滑。2014年12月，广元市成立了微型学校发展联盟，抱团取暖，整合资源相互帮助。这一探索为农村小微学校突围提供了很好的思路和解决方案，得到了国内一些科研院所、教育机构和公益组织的高度重视，并在全国引起广泛关注，被相关省份借鉴推广。在此基础上，广元市先后成立了"同质横向联盟"和"异质纵向联盟"，全域大力推进美丽乡村学校建设，使农村学校全面实现标准化建设，农村教师岗位的吸引力和稳定性进一步增强。截至2020年底，广元市成功创建"美丽乡村学校"107所，其中部分

学校具备乡村温馨学校的基本特点，促进区域农村教育质量得到整体提升。

广元市"美丽乡村学校建设"的主要做法有：一是强化农村学校发展保障。广元市人民政府印发《关于加强农村小规模学校建设与管理的意见》，明确办好老百姓家门口的学校的价值取向，改变传统按人头拨付生均公用经费办法，对农村小规模学校每年按 20 万元标准保底拨付公用经费，村级校点每年运转经费不少于 5 万元，并通过政府购买服务等方式，为农村小规模学校提供保安、工勤和教学辅助服务。鼓励社会捐资助学、对口帮扶，让农村校长不再为"缺钱"而奔忙。建立城乡义务教育学校教师编制统筹配置和县区内跨乡镇调整机制，支持学校按政策规定招聘急需紧缺学科和特色专业教师，将小规模学校教师周转房建设纳入当地政府住房保障体系。二是激发农村学校发展活力。促进农村学校联盟合作发展，到 2020 年"同质横向联盟"达 14 个，联盟内学校间实现共享资源、共享研修、共享管理，有效解决了乡村学校教师资源不足的问题。组建学校"异质纵向联盟"16 个，以"大"带"小"，以"强"扶"弱"，龙头学校从办学理念、教师培养、文化建设、特色培育等方面对成员学校进行帮扶。鼓励学校创新育人新方法，在小规模学校探索小班化教学，增加阅读课教学时间，充分发挥劳动实践活动功效，完善学生综合素质评价体系，形成农村小规模学校教育教学多种模式，教育质量不断提升。完善农村学校考核评价。建立统一的教育教学质量监测和反馈体系，定期进行教育教学质量分析研究，教育主管部门对联盟学校进行捆绑考核，推行考核评价一体化。三是提升农村学校育人成效。支持学校开发乡土课程，鼓励学校因校制宜开辟劳动场所，让学生体验农耕文化。充分利用乡村的历史文化遗迹，组织广大农村学生开展以长征足迹、蜀道古迹、自然奇迹、科技发展轨迹、川北文化印迹为主要内容的"探寻五迹"研学实践活动。关爱留守儿童，创办全国首份《留守儿童报》，构建留守儿童精神家园和展示交流平台。动员社会力量依托农村学校建立留守儿童之家，开展星级留守儿童之家评选。目前全市已评选星级留守儿童之家80 所、"读书驿站"330 个、"爱心小屋"300 余间。

**（二）县域实践案例：大邑县"办美丽而有温度的乡村教育"**

2017 年，面对乡村教育发展的"空心化"问题，大邑县基于乡村教育的发展不能缺少乡村社会的支持和认识，明确提出要推进发展"美丽而有温度"的县域乡村教育，认为乡村教育是以乡村良好的教育生态为基础，以服务乡村振兴为价值为引领，以学生的全面发展为目标，以环境温馨美、管理和谐美、教师风范美、文化特色美为基本特征的县域高质量教育。大邑县"办美丽而有温度的乡村教育"，引起了全国各地教育同行的广泛关注。几年间，大邑县接待了全国各地慕名而来的教育同行 5000 多人次，

《中国教师报》《行知纵横》《教育新视界》《四川教育》在内的媒体记者走进大邑县的乡村学校进行采访报道。

大邑县"办美丽而有温度的乡村教育"的主要做法有：一是以区域建设标准引领农村学校办学实践。大邑县制定《美丽而有温度的乡村学校建设标准》，调动了乡村学校办学的积极性、主动性和创造性，打开了乡村学校办学思路，激发了乡村学校办学内生动力，培养真正扎根乡土、富有乡情的"有根者"。二是顶层设计乡村学校建设行动。以一系列重大举措为抓手形成了一套区域乡村学校建设的"大邑方案"。推进乡村学校校舍改造和设施升级，共享乡村学校优质资源，实施乡村学校师资支持计划；改善乡村学校面貌，让乡村学校越来越美，增进学生的校园幸福感和安全感；强化乡土课程建设，充分挖掘利用农村独特的资源，把乡土历史、乡土民俗、乡土人文、乡土文脉、乡村美景等纳入课程资源，形成了一系列的特色课程、精品课程；优化校园文化培育，充分体现乡村学校独有的精神环境和文化氛围；推进农村学校治理改革，打通由管理走向治理的乡村学校现代化建设之路，积极探索学生综合素质评价改革，不以简单的学业成绩评价学生的优劣。

### （三）学校案例：20 所实践乡村温馨学校理念的样本学校分析

课题组选择 20 所群众满意度高、校园文化氛围好、教育质量较高、初步具有乡村温馨学校特征的典型农村学校（简称"样本学校"），对座谈、访谈及案例材料进行分析，发现样本学校具有如下特点：

在办学理念方面，坚持以学生为中心，把促进儿童的健康成长作为学校发展的核心任务。如范家小学提出"积极为学生创造充满关爱与鼓励的成长环境，为每一个孩子得到最好的发展服务"的办学理念；新苗实验学校提出"一个也不能少，一个也不能差"的办学宗旨；泥溪中学提出要把学校办成一所"适合农村学子生命成长的乐园"；绵竹市广济学校提出以"为孩子创造一个幸福、快乐而完整的童年"的办学目标。

在学校环境方面，多所样本学校提到要将学校营造成为像家一样温暖、舒适、安全的温馨处所。如范家小学实践"班家文化"；清河小学着力构建"家校文化"，让校园每一处细节散发温暖的气息；柳溪小学营造"家庭式的关爱氛围"，教师陪伴低年级学生在宿舍生活；金盆小学提出建设"如家校园"。此外，几乎所有的样本学校均提到了要"陪伴学生"。

在人才培养方面，样本学校探索适合农村特点的课程资源和教学方法。调研发现，几乎所有样本学校均提到了要开发基于农村学校实际的校本课程，强化综合实践活动。

如永宁镇中心小学依托乡村少年宫开设的"多彩的校园"综合实践课程；文江镇中心小学建设两个劳动教育基地，成立了 36 个艺体类社团；蔡场小学实施"新六艺"课程。此外，范家小学和柳溪小学推进教学改革，分别开展小班化教学和小学高低段体育复式教学探索。

在教师发展方面，样本学校均重视农村教师内生力量的激发，将教师的专业发展作为学校教育质量提升的重中之重。柳溪小学和蔡场小学校长上任后均将教师管理、教研作为学校发展的重要任务；泥溪中学注重改善教师的教学生活环境，吸引教师到校任教；来复镇漾溪小学强调在管理中突显对教师的尊重，通过专业阅读来引领教师的成长。

在提升学校治理效能方面，样本学校均强调家校社协同。清河小学建立家校合作新模式，定期开展线上家长会；永宁镇中心小学校开办家长云校，通过网络向家长开放"每天一课"；新苗实验学校与社区各单位结对共建、实现资源共享共生，学校校长、教师深度参与社区公共事务；广济学校与当地政府、社区协同开展家庭教育，家庭的改变带动了村风和民风改善；蔡场小学召集学校、社区干部、企业协会、家长代表、社会贤达等人员，组建"家校合作委员会"。

在发展保障支持方面，大部分样本学校得到了当地教育行政部门的政策支持和经费投入支持，同时寻求更广泛的社会组织、慈善机构的帮助。如泥溪中学在政府支持、公益组织基金帮助下，极大地改善了办学环境；柳溪小学争取到慈善组织和爱心人士对困难学生"一对一"结对帮扶。

### （四）乡村温馨学校建设的基本经验

第一，坚持以人民为中心是建设乡村温馨学校的基本价值立场。大规模"撤点并校"后，留在偏远农村的是以留守儿童为主体的"走不出去的学生"、专业水平相对低下的"不愿走的老师"、教学条件落后的"质量拿不出手的学校"。建设乡村温馨学校是向农村提供基本教育公共服务，农村教育发展要践行以人民为中心的教育发展理念，千方百计为"走不出去的学生和不愿走的老师"办好乡村温馨学校，让人民群众真正享有办在家门口优质而公平的教育。

第二，促进乡风文明是乡村温馨学校建设应当承载的重要功能。伴随农村"空心化"现象的加剧，农村优秀传统文化传承明显弱化，断代之忧日益显现，不利于乡村振兴战略的实施。办好农村教育是守住乡村文明文化高地的现实需要。广元市将乡村文化传承与学校教育有机融合，采取乡土课程开发、非物质文化传承、民间技艺进课堂等系列措施，一方面使乡村文明成为农村学校内涵发展的重要支撑，另一方面乡村文明传承的根基和土壤通过学校的传承不断夯实。

第三，政府的政策扶持与资金投入是乡村温馨学校发展的根本保障。广元市域、大邑县域农村教育质量得到整体提升，一批优质特色的乡村学校脱颖而出、持续发展，得益于政府对农村教育发展的科学认识和准确研判、务实的政策制定和持续的教育经费保障，如：广元市每年按 20 万元标准保底拨付公用经费；大邑县整合乡村学校现有资源，投资 2000 余万元在乡村学校建成八大课程资源共享中心，促进了农村学校可持续发展，同时还支持学校以多种途径筹措经费，解决学校的发展难题。

第四，促进家校社协同是营造乡村学校良好教育生态的重要支撑。乡村教育是在乡村的教育，需要得到家长、老百姓的理解和支持。农村学校的校长、教师应深度融入乡村地方各类活动中，既要发挥乡村教育塑造文明乡风的功能，为乡村社区发展建言献策，为乡村建设提供智力支持；也要引入乡土教育资源，促进教育内容生活化，增强生活自信，丰富乡村儿童精神世界和情感世界；特别是要采取多种方式建立学生、学校与家长的多向互动沟通，为学生的健康成长建立平等友好的家校合作关系。

第五，校长和教师两支队伍是建设乡村温馨学校建设的关键因素。12 所农村学校的发展表明，乡村温馨学校建设的核心关键在于要有一位有领导力、热爱教育、关爱学生的校长。在一些地方，由于校长调离，农村学校原来的发展偏离了应有轨道。调研发现，具有"温馨"特征的乡村学校，均有一个志同道合的教师团队，教师不但具有共同的教育共识和价值追求，而且能够在学校的教师共同体中得到尊重、发展，具有归属感和价值意义。

（撰稿人：吉文昌，四川省教育学会副会长兼秘书长；

焦蒲，四川省教育科学研究院副院长）

# 成都市推进立德树人的实践探索

立德树人是发展中国特色社会主义教育事业的核心所在，是培养德智体美劳全面发展的社会主义建设者和接班人的本质要求。"培养什么人、怎样培养人、为谁培养人"是教育的根本问题。长期以来，成都市坚持以习近平新时代中国特色社会主义思想为指导，全面贯彻党的教育方针，坚持教育为社会主义现代化建设服务、为人民服务，把立德树人作为教育的根本任务，践行"为党育人，为国育才"的使命，以文化人、以德育人，将立德树人落实在各科课堂教学之中，渗透在校园生活的各个环节，延伸到学生发展的方方面面。广大青年学子的思想水平、政治觉悟、道德品质、文化素养不断提高，可以应对日趋复杂的国际国内形势，从而为实现中华民族伟大复兴提供源源不断的动力。

## 一、引言

"十四五"时期是世界处于百年未有之大变局的深度调整期，也是我国积极应对国际政治经济格局变化、国内社会主要矛盾转变的战略机遇期。在伟大时代变革的大背景下，推进五育融合是实现"为党育人，为国育才"的必然要求，也是我国教育长期治理实践探索的逻辑必然。基于此，国家出台系列文件，强调立德树人、五育并举对实现中国式教育现代化、构建高质量教育体系、推进教育优质均衡发展的重要性。

2014 年，教育部印发《关于全面深化课程改革 落实立德树人根本任务的意见》，指出要根据学生的成长规律和社会对人才的需求，把对学生德智体美全面发展总体要求和社会主义核心价值观的有关内容具体化、细化，深入回答"培养什么人、怎样培养人"的问题。

2018 年，习近平总书记在全国教育大会上指出，要培养德智体美劳全面发展的社会主义建设者和接班人，首次对德智体美劳教育内容和新时代人才培养目标提出了明确的要求，特别强调要强化体育、美育和劳动教育，努力构建德智体美劳全面培养的教育体系，形成更高水平的人才培养体系，为基础教育如何通过五育并举、融合育人，高效促进学生全面发展这个根本问题指明了方向。

《中国教育现代化2035》提出"坚持五育并举，全面发展素质教育，促进德育、智育、体育、美育和劳动教育的有机融合"。

2019年2月，中共中央、国务院印发《关于深化教育教学改革全面提高义务教育质量的意见》，提出坚持五育并举，全面发展素质教育。2019年6月，国务院办公厅印发《关于新时代推进普通高中育人方式改革的指导意见》，提出要通过突出德育时代性、强化综合素质培养、拓宽综合实践渠道、完善综合素质评价等来构建全面培养体系，课程是育人的重要载体。

党的十九届五中全会提出，"十四五"时期我国将进入新发展阶段，开启全面建设社会主义现代化国家的新征程。新发展阶段会面临新的机遇和挑战，同时也给我国教育带来了新要求与新任务。为适应新发展阶段的战略需求，需要建设高质量教育体系，培养德智体美劳全面发展的社会主义建设者和接班人。

基于此，成都市深入细致学习领会文件要求，扎实探索推进立德树人、五育并举路径，在更广阔的教育空间，以更宽阔的育人视野、丰富的教育内涵、创新的育人方式，突破学科间壁垒，融合育人多要素，积极探索五育融合的成都样态。

## 二、德智体美劳全面发展的成都探索

### （一）以德为先，健全德育长效机制

近年来，成都市高度重视德育工作。2023年指导全市中小学校结合"双减"工作编制完善学校德育工作方案，评选推广68个优秀德育案例。

（1）重视传统文化的宣传和教育。联合市委宣传部、市文化广电旅游局和成都大学，成立天府文化传承"百校联盟"，130余所学校加盟，全面推动传统工艺融入中小学素质教育。中央电视台以"四川成都：建百校联盟 促传统工艺进课堂"进行专题报道。

（2）强化社会主义核心价值观宣传教育。组织高校师生和中小学校长参加成都市首场"青春大讲堂"思政活动，并通过中小学思政课堂播放45分钟跨年演讲视频，引领师生与城市发展同心同行。还组织师生代表在成都市烈士陵园参加向人民英雄敬献花篮仪式，万名师生和家长国庆节在天府广场迎着第一缕晨光观看升旗仪式，组织首批师生代表参观桂溪生态公园、交子金融博物馆、成都规划馆等活动，各级各类学校也结合重要时间节点开展形式多样的群众性爱国主义教育活动。组织实施文明成都、喜迎大运、蓉耀少年三大系列共19项青少年主题实践活动，引导学生践行社会主义核心价值观、传递城市文明、喜迎大运盛会。以"梦想之'成'·万千气象"为主题，

组织百万师生上好秋季开学第一课，全网 10 余个平台累计观看人次达 528.58 万。联合市委宣传部启动"以文化人 匠心铸魂"2023 传统工艺传承普及课程进校园系列活动，推出 6 门创新公益课程，百校联盟成员学校达到 143 所。

（3）打造中小学生成长讲座品牌活动。市教育局联合市文化广电旅游局、市体育局、市总工会等七部门印发《成都市中小学举办成长讲座工作方案》，聚焦家国情怀、人际沟通、困难挫折等六大学生成长主题和内容，以"成长博物馆"为核心，依循"重内容、精形式、强互动"的整体思路，努力打造兼具舞台效果、教育意义和品牌价值的精品讲座活动。2023 年，成都市开展 4 期市级成长讲座活动，邀请大国工匠、奥运冠军、博物馆馆长、科幻作家以及学长学姐等 20 余位嘉宾进行分享，用正能量的故事、身边的榜样启迪青少年的成长智慧，活动面对面影响中小学生 1000 余名，覆盖近 200 万青少年，直链 60 余万市民家庭。

（4）扎实推进校本德育样态。成都市第三十六中学针对中学生价值观念有偏差、教师教学方法形式化等问题，坚持以习近平总书记关于思政教育的指示精神为纲领，培养能担当民族复兴大任的时代新人，引导学生弘扬"三种文化"，坚定"四个自信"，增强"五个认同"，践行社会主义核心价值观，实现爱党、爱国、爱人民、爱社会主义的高度统一。学校基于思政教育的根本特性，建构了思政教育价值观结构模型，包括三个维度：一是人—自身，表现为人生价值观、自我奋斗观等；二是人—社会，表现为平等共生观、和谐共处观等；三是人—世界，表现为生态价值观、人类价值观等，从而引导学生建构由"小我"到"大我"的正确价值观，形成对人—自身、人—社会、人—世界的正确认知，坚定信念和自觉行动。学校基于思政教育的根本特性和价值观建构机制，进一步探索出了中学思政课价值观教育的"三步五环"教学模式及策略。学校成果《中学思政课价值观教育的"三步五环"教学模式》荣获 2022 年国家级基础教育教学成果二等奖。学校红色主题教育等课程已供全国 3000 余所中小学、600 余万学生学习借鉴，被《中国教育报》等媒体报道。

### （二）以智为要，锚定问题探索能力养成路径

社会的发展和进步对学生的智育水平提出了更高的要求。在成都市统合鼓励下，各校开展了围绕学生综合素养形成的智力培养方案。例如，成都市第七中学初中学校围绕"关键学习能力的自我生长"问题，着重解决学习能力培养实践中的边缘化、散点式、表层化、外控性问题，构建起学生学习能力自我生长的参与模型：实践参与是学习能力自我生长的根本途径，问题解决是学习能力自我生长的基本方式，主动参与是学习能力自我生长的动力源泉，深度参与是学习能力自我生长的助推力量，自我意

识是学习能力自我生长的核心要素。同时，着眼于学生的可持续发展，形成了关键学习能力三维结构模型，以高阶思维为核心，包括知识建构、问题解决和身份建构三个维度。经过学校的改革实践，学生自主、自控、自律意识不断增强，自主学习能力得到有效提升，在学科实践、生活实践、自我实践中取得优异成绩。学校成果《为了学生的持续发展——关键学习能力的自我生长模式及其实践》荣获2022年国家级基础教育教学成果二等奖。

成都市华阳中学针对中小学科技创新教育教学活动融合性不足、创造性培养落实不够、发现和培育体系不健全等问题，构建起从全员普及到个性培育的进阶式融合课程，探索以创新思维为核心的科技创新能力实践路径，践行科技创新后备人才层级式培育策略，为培育科技创新人才和具备科学家潜质的青少年群体奠定了良好的科创素养基础。学校确立了"融合实践·思维发展·层级提升"的科技教育观，聚焦"群众性＋精英性"的科创教育，重在育人、育情、育思：育人指科技教育并非面向部分少数学生、尖子生，而应该面对所有学生；育情指培养学生科技创新的兴趣、态度；育思指培养学生以创新思维为核心的科技创新能力。学校坚持素养导向，以问题为起点，着力发展学生创新思维和实践能力，构建了从全员普及到个性发展的"3＋1"进阶式融合课程（见图1）。"学科拓展、工程技术、主题探究"三类普适性课程旨在激发学生科技兴趣，培养学生创新意识，帮助学生掌握科学研究的基本方法；"主题科研"个性发展课程主要针对个体兴趣特长进行个性化培养。2014年以来，学生获国际奖5项、国家级奖62项、省级奖267项，39人次入选国家中学生科技后备人才培养计划，26人通过国家遴选公派参加国际青少年科技竞赛或交流。研究成果《融合实践、思维发展、层级提升：中小学生科技创新能力培养的探索》荣获2022年国家级基础教育教学成果二等奖。

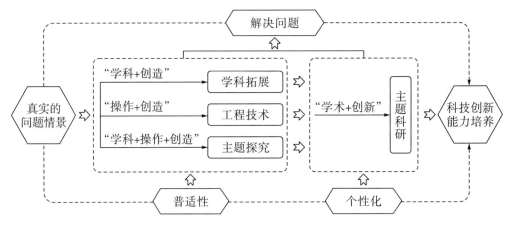

图1　成都市华阳中学"3＋1"进阶式融合课程

### （三）以体筑基，奠定学生长效发展基础

在现代社会，促进学生的健康发展十分关键。在实际教育过程中，成都市不断落实体育与健康课程实施方案，开展阳光体育活动，鼓励各地各校整合校内外资源，丰富课堂教学内容，创新教学方式，让学生在体育课堂中有更多选择，感受到运动的快乐。

电子科技大学附属实验小学针对落实健康第一缺位的问题，从抓"健康"出发，开展了系统的体育实践探索，形成了以培养目标为导向的"主张—机制—课程—评价"一体化的小学育人体系。学校以"动起来、生命更精彩"为核心主张，以"全员共育、课程共频、保障共振"为育人机制，以"基础课程、拓展课程、发展课程"为实践系列，以"健康是第一标准的评价方案"为导向，形成了小学落实健康第一的"主张—机制—课程—评价"一体化的"一核三共三层一案"的育人体系。"动起来，生命更精彩"的主张着眼于培养身体好、情商高、学习能力强的学生，"动起来"指身体解放，以体动带动全身心动态一体，参与学习。"生命更健康"指不仅要培养身体健康的人，还要提升生命的社会价值；以体健为基，精神及社会性得到持续健康向上成长，德智体美劳五个基本面整体发展。学校成果《健康第一的小学育人体系》荣获 2022 年国家级基础教育教学成果二等奖，学校获评"全国学校体育工作示范学校""全国首届百强特色学校""四川省阳光体育示范校"。

成都市成华区积极探索区域整体推进校园足球的创新实践，以落实立德树人、促进学生身心健康发展。基于"小足球·大教育"区域整体推进理念，以推进校园足球作为深化学校体育改革和全面落实立德树人的重要抓手，让足球运动融入日常教学中。从幼儿园起不断激发学生对足球运动的喜爱，使学生习得基本足球技能，着眼于终身锻炼习惯的养成。区域构建了"幼—小—初—高"全学段足球课程，以奠定学生终身体育基础，实现体育的育人价值；建立了"政府牵头、教研联动、学校参与、家长配合、社会支持"的推进机制，让足球运动融入日常教学中，加强体育与教育的深度融合，实现资源融合、理念融通、课程贯通、方式互补，形成育人合力（见图 2）。成果《区域整体推进校园足球的创新实践》荣获 2022 年国家级基础教育教学成果二等奖，被评为全国校园足球试点区和首批全国"满天星"训练营，区域 70% 以上中小学被评为全国青少年校园足球特色校。

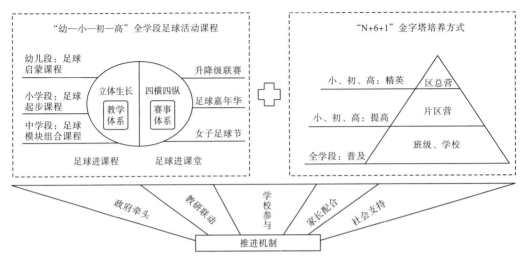

图 2　成都市成华区"小足球·大教育"育人体系

### （四）以美化人，涵育学生正确价值观

蔡元培指出，美育是一种最重要、最基础的人生观教育。美育对发展人的感性和个性，提升审美素养，增强审美感受力和创造力，塑造完整健全的人格，培养社会主义公民应该具有的良好的道德情操、审美修养和行为习惯，形成平衡和谐的心理素质，传承民族文化的审美心理特质具有重要作用。成都市结合时尚优雅的天府文化内涵，开展系列美育探索。

成都市成华小学持续开展美育探索，从艺术教育、课堂美育、美育文化、课程美育、美育创新等多维度入手，逐步构建起"尚美"教育体系。学校针对美术教育功利化、技术化现状，探索"以美育人"路径：课程建构"以美润心"——立足社会主义核心价值观，采用社会主义现实主义风格，传承中华美育精神，开发校园文化、蓉城文化、川地文化、家国文化"四域文化"美术课程，厚植师生家国情怀；课程实施"以美培元"——在建设美术馆式校园、打造校园美育文化的同时，开展整合式、项目式、沉浸式教学，提升学生审美与人文素养；课程评价"以美化人"——研发"标准—课程—课堂—应用"全过程评价系统，教学评结合，体现美术立德树人。学校成果《小学特色美术校本课程创新与实践探索》荣获 2022 年国家级基础教育教学成果一等奖。学校获"全国中小学艺术教育先进单位""全国首批中华优秀文化艺术传承学校"等 23 项省部级殊荣，被央视报道 4 次；学生参加国内外美术大赛获奖 1920 人次，2 幅学生作品被联合国永久收藏，7 个课例 25 幅作品入选国标义务教育美术教材。

四川省双流艺体中学和成都市教育科学研究院为充分发挥地方音乐"以美育人、以美化人、以美培元"的价值，彰显音乐教育对地方音乐文化的浸润作用，增进学生对优秀传统文化的理解与认同，树立文化自信，涵育文化立场，厚植家国情怀，落实国家音乐课标"将本地区民族民间音乐运用到音乐课程"的要求，首次对四川省地方音乐课程资源进行系统开发，构建起集"专业开发—学校实践—项目连线—典型培育—示范推广—深度应用"为一体的联动机制，形成了具有多视域、多场域、多民族、多路径、多形态特色的资源开发与应用策略，构建起地方音乐课程体验式育人模式（见图3）。成都市7000余名音乐教师深度参与，108所实验学校分别被市委宣传部、市教育局认定为非遗传承学校（52所）、川剧特色学校（26所）、四川曲艺特色学校（30所），创编作品在联合国纽约总部、林肯中心、悉尼歌剧院展演。成果《地方音乐课程资源开发与应用的策略体系》荣获2022年国家级基础教育教学成果一等奖。

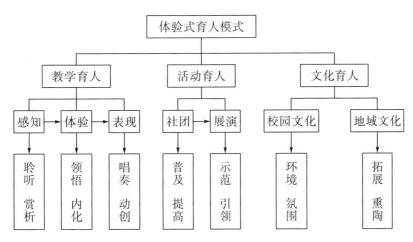

**图3　地方音乐课程体验式育人模式**

### （五）以劳夯基，全面提升学生劳动素养

成都市作为全国中小学劳动教育实验区，通过构建"全域推进"的落实机制、建设"融合创新"的劳动课程、打造"多元开放"的实践场所、健全"安全高效"的保障体系等方式，扎实推进劳动教育。2019年，成都市教育大会召开，明确提出加强五育，将劳动教育纳入重要议事日程。2020年，成都市将五育融合作为《成都教育现代化2035》十大工程之首，推进劳动教育组织体系、路径体系建设。2021年，成都市委全面深化改革委员会审议通过《关于全面加强新时代大中小学劳动教育的若干措施》，明确提出成都市劳动教育发展5年工作目标。2021年10月，全国中小学劳动教育现场推进会在成都召开，推广成都经验。2022年1月，教育部印发简报《四川省成都市探索创新劳动教育模式 为学生全面成长蓄力赋能》，对成都市劳动教育措施进行推广。2022年10月，成都市金牛区、四川天府新区被认定为四川省中小学劳动教育实验区，成都市全兴小学校等5所学校被认定为四川省中小学劳动教育实验校。

### 1. 重视机制建设，筑牢发展根基

一是强化组织管理。建立市委教育工作领导小组，定期研究劳动教育工作机制，建立集教师培训、资源整合、课程建设、活动指导于一体的组织架构，完善市县校三级推动劳动教育组织体系。依托 13 个试点区县、94 所试点学校，形成"试点＋示范"层级推动的工作模式。二是完善人员结构。建设指导专家库、市区教研员、学校教研组、校外特聘教师 4 支劳动教育人才队伍，形成以专职教师为主导、兼职教师协同开展工作的课程实施队伍。三是加强培养培训。定期开展主题教研活动及专项培训活动，提升教师队伍专业化水平。每月一次孵化站主题培训，培育一批劳动教育教师"种子"。每月一次主题教研。从政策解读、课程研发、课堂展示、课题研究等方面提升教师专业能力。

### 2. 研制劳动课程，丰富教育内涵

一是发布项目清单，配套作业设计。2022 年底，成都市发布《大中小学劳动教育项目清单（试行）》，按照 3 个大类 10 个任务群设定相应年段适合的劳动项目，并提出具体实施建议。二是征集精品课程，建设数字资源库。2021 年起，每年征集精品课程，成立课程研发指导小组，形成精品课程资源库。同时，通过成都市级教研课程、数字学校课程、"微师培"等信息平台，建立完善劳动教育数字资源库。三是区县基地发力，全面开发课程。成都市锦江区编辑出版了全国首套县域"劳动教育指南"丛书；成都市全兴小学校发布劳动教育绘本课程"趣田园·悦劳动"并正式出版校本读本；成都市石笋街小学打造"悦劳动·学科融合劳动教育教学设计"专项课程并正式出版教材。成都市武侯区综合教育基地水韵园结合劳动板块的匠心制作工坊，开设了"金工创心""厨味爱心""服务巧心""木工道心""陶瓷文心"5 类基地课程，此外，还有 100 余所学校根据《成都市大中小学劳动教育项目清单（试行）》《义务教育劳动课程标准（2022 年版）》形成了 500 余门校本课程。①

### 3. 整合教育资源，拓宽实践渠道

通过多种形式引导学生走出课堂、走入城市、走进生活，将育人潜移默化地渗透到实践活动中，增强学生的真实体验和感悟。联合市文化广电旅游局推动成都市研学旅游协会正式成立，构建由政府准入和监管、行业和协会开展自律和规范、学校企业积极参与的研学旅行模式。依托主管部门和行业协会加强中小学研学旅行信息化管理，发布 10 个研学新场景、10 条研学新路线以及"成都市研学实践教育管理平台"，推动研学旅行课程、路线等资源开放共享。以青少年"城市观察"为主题，联合市网络理

---

① 肖慧，罗亚和.以劳夯基 促进学生全面发展——新时代劳动教育落地生根的"成都探索"［N］.中国教育报，2023-06-08（4）.

政办组织开展 5 期 12345 热线学生教育培训体验活动，覆盖大中小学生 200 余人，大家通过实地参观、沉浸式体验和座谈交流等，从"一个电话服务一座城"的运转中深刻感受到一座城市的温度和速度。与成都杜甫草堂博物馆合作，充分利用现代教育技术，以线上线下有机结合的网络化泛在学习新模式，在成德眉资同城开展"杜甫草堂·云端研学"主题活动。结合环城生态区的自然禀赋和资源优势，把劳动教育和研学旅行等实践活动"搬进"大自然，培育农业科普基地等 10 余个综合实践基地，分学段发布 20 项共享课程、40 项活动清单，年均开展劳动教育主题活动 1000 余场，开展三星堆云端研学、大运探馆之旅等研学实践活动 30 余次。

**4. 开展特色活动，推进融合实施**

成都市着力开展特色实践活动，推进劳动教育与体育、职业教育等的融合实施，促进学生全面发展。2022 年 2 月，成都市教育科学研究院发布《职普联动开展中小学职业体验的教学指导意见》，从职业体验基地学校建设、精品课程开发、专项导师培育等方面探索出市域统筹、区域推进、学校实践的中小学生职业体验格局。成都市龙泉驿区山泉小学等 10 所学校入选成都市首批中医药文化传承基地校，将中草药的种植引进学校劳动教育实践基地，形成集识、种、养、制、创于一体的青少年中医药文化素养培育全链条。市域层面积极探索专题开展融合教研活动，通过体劳融合、职普融通、学前劳动研讨等专题教研活动，培育体育教师融合渗透劳动教育的能力、职业教育教师开展职业启蒙及职业体验教育的能力、学前教育教师注重习惯养成的综合教育教学能力等。

**5. 学校积极探索，丰富实践样态**

四川省成都高新区实验小学充分发挥劳动教育培根铸魂、启智润心、综合育人的独特功能，以任务群为基本单元，分学段建立由自理劳动课程、服务劳动课程、生产劳动课程与创新劳动课程构成的"润育"劳动课程体系，共计 12 个类别的课程，实现知行合一，整体提升劳动育人价值。四川师范大学附属中学外国语学校构建了"三色劳动课程"体系；一是从日常生活劳动、生产劳动和服务性劳动三个方面设置劳动任务群和劳动项目，分年级由浅入深、螺旋递进设置课程；二是以课题研究为抓手，深度开发劳动课程；三是构建家、校、社三位一体的劳动实践场域。

## 三、五育融合的成都样态开发

### （一）体劳融合，提升实践育人实效

成都市积极探索基于真实或模拟劳动场景开展体育跨学科主题学习活动，积极发

挥体育和劳动教育的综合育人价值。例如，在成都市磨子桥小学分校体育老师唐国淋执教的"插秧"课堂上，学生用轮胎做犁、用毽球模拟秧苗，模拟犁田的动作、插秧的劳动，既锻炼了孩子们的下肢力量和反应力，也模拟了农民插秧的场景，实现了体劳有机融合。成都市盐道街小学 528 校区通过职业体验课程实施来落实"体劳融合"。为解决学校门口的交通拥堵问题，学校和属地的交通管理部门——成都交警三分局一起开发了小小交警职业体验课程。警官进校园、下班级，手把手教授"交警手势操"，学校组织专项运动会——从入场式开始，适时融入交通元素，让孩子们在生动有趣的体育活动中体验交警职业，学习交通安全知识，达成育人目标。①

成都市泡桐树中学始终坚持立德树人、五育并举，以"一个核心、两个部门、三大场域、四类课程"为路径，构建起"技能精通、学科融通、全域畅通"的劳动教育课程体系，并以培养学生劳动素养为核心，开发与实施基础课程、学科融合课程、实践活动课程、课外职业体验课程四大类课程，涵盖陶艺、木艺、铁艺、服装设计、3D打印等数十个劳动项目，学生在劳动实践中夯实学科知识、追寻美学意蕴、发扬创新精神。②

### （二）五育并举，探索融合新方式

成都持续开展以发展素质教育、实现学生完整生命为目标，对五育中不同学科、不同领域、不同学段的内容、知识、思想、经验以适合学生发展的方式有机融合为一体的实践探索，促进五育并举及五育融合。

成都树德中学坚持五育并举，改革育人方式，于 2018 年在全国率先提出"整全育人"教育方略，形成了"树德树人，整全育人"的教育理念，构建起"一体四维"的整全育人行动框架，即活动育人、整合学习、整全课堂与五育融合，致力育人系统性变革。学校形成了具有内在教育品质的"五度"（长度、宽度、高度、厚度与温度）教育，建构起了全维度立体化的育人体系；坚持适"性"、适"度"与适"时"的"三适"教育，关注每位学生的充分发展，富有鲜明的教育生态特色。整全育人既重视纵向的贯通发展思维与横向的融通发展思维，更强调内在的变通发展思维。具体说来，关注学生的纵向发展，注重教育的长度；关注学生的横向发展，注意教育的宽度；关注学生的人生意义的发展，注意教育的高度；关注学生思想的发展，注意发展的厚度；关注学生思想的发展，注意教育的温度，具有人文性与理性的有机融通与智慧生成。

---

① 罗亚和，肖慧. 体劳融合 提升实践育人实效［N］. 教育导报，2023-05-09（3）.

② 肖慧，罗亚和. 以劳夯基 促进学生全面发展——新时代劳动教育落地生根的"成都探索"［N］. 中国教育报，2023-06-08（4）.

成都市实验小学以"大课程"体系建设为抓手，全面推进课程与教学改革，建设学校课程整体育人体系。学校教育所要达成的德智体美劳五育共生目标是依据人的全面发展理论、人的个性发展理论以及整体主义哲学观，通过学校课程建设以及教育教学实践，使学生在智慧、体能、情感、意志、审美、道德精神等方面得到全面、和谐、充分的发展。其内涵与特征为五育一体，强调整体性。五育非割裂，非简单相加，非各自为政，是一个整体；五育融合强调协调性，五育交叉渗透，有机融合，你中有我，我中有你；五育共长强调可持续性，牵一育蕴五育，五育共生共长，共促人的全面发展。学校以五育共生为核心价值和实践指引，构建具有整体性、系统性特征的"大课程"，主要包括学科课程、跨学科课程和超学科课程，三类课程形态的划分兼顾五育要素，实现全科育人；兼顾活动形态与学科形态，实现全方位育人；兼顾三级课程融通共生，实现育全面发展的人。学校课程建设指向学生核心素养发展的实践转化与内化生长，培养内外兼修、慎思明辨、兴趣广泛、积极创新的世界公民，培养德智体美劳全面发展的社会主义建设者和接班人。学校成果《五育共生：小学"大课程"体系建构与育人实践》荣获 2022 年国家级基础教育教学成果二等奖。

成都市双流区立格实验学校开展了"实践育人"体系化建构与改革实践。第一，学校确立了以立德树人为导向、以实践育人为基础的教育理念和价值追求，提出以培养具有正确价值观、必备品格和关键能力的时代新人为目标，确立了实践育人教育观、课程观、发展观和评价观，创新了以学生为中心、全面提升学生行动力及其健全人格的学生观，创造了一切为了每一位学生发展的生活化、社会化、融合化的课程观，创建了以实践育人为突破口推进绿色开放共享创新的学校发展观，建构了初中生综合素质结构模型且细化了健全人格和多元能力表现标准。第二，学校形成了"一核两翼三层四维"全面发展导向的实践育人目标模型。"一核"是指核心素养，核心素养乃是学生德智体美劳全面发展的核心；"两翼"是指健全人格和多元能力；"三层"是指健全人格结构：意识倾向、心理特征和行为风格；"四维"是指多元能力的结构：学会学习、学会合作、学会创新和学会生活。学校成果《从学科到广域：实践育人课程体系建构的中学样本》荣获 2022 年国家级基础教育教学成果二等奖。

**（三）关注评价，创构监测新路径**

建立五育融合育人效果评价指标体系是监测人才培养质量的重要手段，基于此，成都市积极探索，致力创构出兼具多样性与科学性的评价方法。首先，注重评价主体多元化，在加强校内评价系统与校外评价系统的协同基础上，找到不同教育类型中评价的核心要点，在评价理念上达成一致性，建立体系化、标准化、科学化的五育融合教育评价新体系。以整体主义为视角，规定五育融合评价的主体不仅仅是专家、研究者，也包含教师、学生以及学校管理者等相关人员。其次，注重评价内容的整体性与差异性。不仅追求五育各自的学科价值，更注重五育之间的融合渗透，主要关注五育各学科的评价和五育融合的总体评价，在各年段评价内容的横向和纵向上也应体现出差异性。再次，注重评价规模的层次性，构建出区域层面和课堂教学层面两种评价模式，结合宏观评价和微观评价的双重优势。最后，在评价工具上，充分借助信息技术手段搜集多模态有效证据，利用成都共享教育"七朵云"中的"观课云""乐培云"系统，充分发挥大数据优势，教学过程诊断评估由模糊向清晰、由定性向定量转变，从单一静态分析到多维动态分析，从教师个体应用到多群体共享评价结果，为精准化、个性化教学提供可能，寻找五育融合实施中的多重效果，科学评价五育效果（见表1）。

**表1　成都市共享教育评价平台发展历程**

| 系统 | 问题解决 | 时间节点 | 过程与方法 |
|---|---|---|---|
| 乐培云 | 个性化精准分析学生学习，共享学习评价结果 | 2012年 | 乐培云平台上线，包括学业质量基础分析、家校调查问卷、学习效能分析等功能。 |
| | | 2015年 | 实现全市高三学生诊断考试可视化数据分析；乐培家长APP上线，合理定位学生成长 |
| | | 2016年 | 乐培教师APP上线，促进教师教学行为改善 |
| | | 2017年 | 开发教学质量监测分析报告，增加基于成长值和分级模型的深度分析 |
| | | 2018年 | 研发出基于选课班的学业质量监测反惯系统 |
| | | 2020年 | 开通直询公众号；形成学生个性化学习资源包；提供生涯规划指导 |
| 观课云 | 常态化采集观课数据，共享实证教研路径 | 2012年 | 开展循证教学，创编"课堂观察动态记录单"，研发"课堂执教评估系统" |
| | | 2015年 | 观课云1.0上线，实现多维度数据采集及常态化课堂观察 |
| | | 2016年 | 观课云2.0上线，支持观课可拍照、录音、录像、手写，课堂数据可量化、追溯、分享 |
| | | 2020年 | 升级为"云观课"，云观课APP上线，完善后台管理系统和移动端研发 |

## 四、结语

作为超大城市和国家中心城市之一，成都市一直致力教育改革和创新的高质量发展，注重立德树人、五育并举教育理念的落实与践行。首先，以立德树人为教育基本使命和目标，从学生个体品质的培养入手，强调道德与智慧的统一，注重品德、观念和精神世界等各方面培育，并以此作为成都市教育改革包括教学模式、课程设置和实践教育的首要遵循。其次，注重五育的并举融合，将知识教育、品德教育、心理健康教育、身体健康教育、美育作为教育有机体，以全面、科学的方法培养学生，促进学生身心健康全面发展。在具体实施过程中，成都市通过加强教师职业化培训、教育数据化管理、学校设施提升等方式，为学生提供多样化且高质量的成长环境。

目前，在立德树人、五育并举的理念推动下，成都市教育事业得到了蓬勃的发展，促进成都教育赋能成都高质量发展。未来，成都市将会继续秉承立德树人、五育并举教育的基本原则，持续创新改革，进一步加强德育工作，推进五育融合的教育模式，加强家庭教育和社会教育的融入，注重培养学生品德修养，强化学生自律和自我管理能力，大力推进我国教育高质量建设和现代化进程发展。

（撰稿人：赖石梅，成都市教育学会会长）

# 成都市金牛区推进立德树人的实践探索

成都市金牛区全面贯彻党的教育方针，以落实立德树人根本任务为关键，秉承"办好每一所学校、教好每一个学生、成就每一位教师、服务每一户家庭"的教育发展理念，着力构建德智体美劳全面培养的育人体系，完善全生命周期教育公共服务体系，推动德智体美劳全方位、全过程渗透和贯通，培养堪当民族复兴重任的时代新人。

## 一、推进对立德树人、五育并举的认识

### （一）立德树人、五育并举的文化逻辑

党的二十大报告指出，"坚持和发展马克思主义，必须同中华优秀传统文化相结合。只有植根本国、本民族历史文化沃土，马克思主义真理之树才能根深叶茂。中华优秀传统文化源远流长、博大精深，是中华文明的智慧结晶，其中蕴含的天下为公、民为邦本、为政以德、革故鼎新、任人唯贤、天人合一、自强不息、厚德载物、讲信修睦、亲仁善邻等，是中国人民在长期生产生活中积累的宇宙观、天下观、社会观、道德观的重要体现，同科学社会主义核心价值观主张具有高度契合性"。文化具有浸润、涵泳、滋养、哺育等作用，对于落实立德树人根本任务，中华优秀传统文化发挥着举足轻重的作用。

成都市金牛区作为天府文化发端的根基之一，域内有以金沙遗址为代表的古蜀文化遗址，有见证巴蜀文明与中原文化开放融合的金牛古道，有延续一千多年的九里堤，等等。自强不息、厚德载物，重视培育人的品性德行是中华民族走过五千多年历史的重要的特点之一。这一重要的特征为新时代立德树人提供了丰富的养分，也是金牛区落实立德树人最丰厚的思想智慧。

因此，金牛区将中华优秀传统文化作为落实立德树人根本任务的重要基础，扎根本民族历史文化沃土，充分整合利用区域文化资源，紧紧围绕"培养什么人、怎样培

养人、为谁培养人"这一根本问题，充分挖掘中华优秀传统文化中蕴含的教育资源，推动中华优秀传统文化全方位融入思想道德教育、文化知识教育、艺术体育教育、社会实践教育各环节，贯穿教育各领域，加强社会公德、职业道德、家庭美德、个人品德教育，引导学生在传承中华优秀传统文化的过程中，扣好人生第一粒扣子。

### （二）立德树人、五育并举的国际视野

当今世界，人类命运更加休戚与共。习近平总书记秉持"天下一家"的情怀，提出人类命运共同体理念。这一理念汇聚了各国人民对美好生活向往的最大公约数，得到国际社会的普遍欢迎和认可。党的二十大报告把推动构建人类命运共同体作为中国式现代化的本质要求之一，呼吁世界各国弘扬和平、发展、公平、正义、民主、自由的全人类共同价值，促进各国人民相知相亲，尊重世界文明多样性，以文明交流超越文明隔阂、文明互鉴超越文明冲突、文明共存超越文明优越，共同应对全球性挑战。

教育传承过去、造就现在、开创未来，是推动人类文明进步的重要力量。当前，中华民族伟大复兴战略全局与世界百年未有之大变局历史性交汇，中国与世界的关系发生深刻变化。中国对世界的影响，从未像今天这样全面、深刻、长远；世界对中国的关注，也从未像今天这样广泛、深切、聚焦。因此，中国的教育发展不仅为自身全面建设社会主义现代化国家提供基础性、战略性支撑，也为全世界推进教育现代化提供有益经验。

在国际视野下认识立德树人、五育并举，需要我们站在构建人类命运共同体的高度，秉持兼容并蓄的理念，不断加强国际理解教育和跨文化沟通教育，为教师和学生提供相互学习、交流互鉴的平台和机会，帮助他们沟通心灵、开阔眼界、增进共识，积极学习和吸收各类先进文化知识，在对多元文化的接触、认知、掌握和欣赏中提升素养，让教育为民心相通助力，厚植构建人类命运共同体的民意基础。

在国际视野下认识立德树人、五育并举，需要我们从"以和为贵，和而不同""和衷共济、和合共生""美美与共、天下大同"等中华优秀传统文化中接受启迪，引导一代又一代的学子秉承开放包容、公平正义、和谐共处、多元互鉴、团结协作的人类命运共同体价值，为构建人类命运共同体"接力跑"，奋力书写人类命运共同体新图景。

### （三）立德树人、五育并举的时代使命

党的二十大发出了为全面建设社会主义现代化国家、全面推进中华民族伟大复兴而团结奋斗的动员令。提出从现在起，中国共产党的中心任务就是团结带领全国各族人民全面建成社会主义现代化强国、实现第二个百年奋斗目标，以中国式现代化全面推进中华民族伟大复兴。

新时代对人才的战略定位。党的二十大站在推进中国式现代化的战略高度，首次将教育、科技、人才集中部署和系统谋划，明确"教育、科技、人才是全面建设社会主义现代化国家的基础性、战略性支撑"，彰显出教育、科技、人才在应对国际、国内复杂形势和支撑社会经济发展中的重要战略性功能。党的二十大报告强调，必须坚持科技是第一生产力、人才是第一资源、创新是第一动力，深入实施科教兴国战略、人才强国战略、创新驱动发展战略，开辟发展新领域新赛道，不断塑造发展新动能新优势。这对教育事业发展提出新的更高的要求。

新时代立德的内涵不断丰富。党的二十大报告指出，育人的根本在于立德。新时代立德树人实践应以社会主义核心价值观为价值准绳，并以此达成价值认同，将国家大德、社会公德和个人私德统一起来，既不能顾此失彼，也不能厚此薄彼。具体而言，一是培养深明国家大德的人。就是把国家的富强、民主、文明、和谐作为一种大德倡导，并且使其深入学生内心，使其更好成为社会主义建设者和接班人。二是培养弘扬社会公德的人。个体社会化是社会发展对每一个个体提出的基本要求，努力创建自由、平等、公正、法治的良好社会环境和风尚。三是培养持守个人私德的人。培养一个个爱国、敬业、诚信、友善的守私德的学生。

### （四）立德树人、五育并举的改革要求

2018 年，习近平总书记在全国教育大会上强调，要努力构建德智体美劳全面培养的教育体系，形成更高水平的人才培养体系。要把立德树人融入思想道德教育、文化知识教育、社会实践教育各环节，贯穿基础教育、职业教育、高等教育各领域，学科体系、教学体系、教材体系、管理体系要围绕这个目标来设计，教师要围绕这个目标来教，学生要围绕这个目标来学。凡是不利于实现这个目标的做法都要坚决改过来。

在推进教育改革发展过程中，金牛区坚持"全要素立德树人"理念，以"践行和培养社会主义核心价值观"为牵引，坚持"人人都是德育工作者、行行都要有德育功能、门门都要有德育渗透"的三个原则，构建"大中小幼一体化的大思政""课程—课堂—教材""区域—学校—基地—家庭""教研—培训—科研"四条联动链条，着力培养有理想、有本领、有担当的德智体美劳全面发展的社会主义建设者和接班人。

具体来讲，构建"大中小幼一体化的大思政"联动链条，就是尊重不同学段学生特点和成长规律，充分运用不同学段在学科知识体系设计上的衔接优势，以接力式的久久为功，使立德树人的根本任务步步为实。构建"课程—课堂—教材"联动链条，就是彰显教材是课程内容的主要载体，课程是实现育人目标的重要基础，教学是实现育人目标的重要手段，守好课堂主阵地，围绕立德树人根本任务，课程体系、教学体

系、教材体系协同发挥育人作用。构建"区域—学校—基地—家庭"联动链条，就是强调用好城区育人资源，构建学校与区域科教资源互动机制，学校与新时代文明实践基地等各类实践育人基地的场景育人机制，盘活立德树人实践的单调局面，让立德树人实践真正在社会真实情境中得以深刻体悟，让学校立德树人通过社会实践、家庭教育得以巩固、彰显，形成家校社协同育人机制。构建"教研—培训—科研"联动链条，就是突出立德树人的专业化和科学性，构建全员培训、教研提升、科研引领的教师队伍发展机制，把教师这一落实立德树人根本任务最核心主体、最宝贵资源、最重要支撑培育好。

### （五）立德树人、五育并举的城区担当

城市的核心是人，这是城市发展永恒的价值取向。让人民生活更美好，服务所有人的个性化需求，是城市发展的目标取向。党的二十大提出推动成渝地区双城经济圈建设。成都作为成渝地区双城经济圈的"一核"，金牛区作为成都市的主城区之一，当前，面临着成渝"双核"联动联建、成德眉资同城化发展提速、公园城市示范区深化建设等重大机遇，将进一步创新城市现代化建设的工作举措和实践路径。按照目标，金牛区将着力建设践行新发展理念的天府成都北城新中心，全面提升城市综合实力、创新活力和区域魅力，建设成渝双城首位城区、向美而生公园城区、都市产业特色城区、安居乐业首善城区、营商环境示范城区。

教育事关城市发展的未来，是城市竞争力、软实力的重要支撑，是惠及千家万户的民生大计。一方面，金牛区建设践行新发展理念，培养能够适应成都发展、推动金牛区经济社会高速发展的更加全面发展的人。另一方面，作为成渝双城经济圈建设中具有重要区位优势的中心城区之一，金牛区在落实立德树人、推进五育并举工作中，站在更为深远、更为全局的维度进行谋划，勇担使命，大胆探索，不断创新，着力构建扎根中国大地、源自本土历史文化，符合超大城市主城区人才培养定位，具备全国一流教育强区水准，在双城经济圈中具有先行示范和辐射引领功能的立德树人机制和模式。

与此同时，城市的发展也必然要为人的发展构建日趋完善的教育生态系统。金牛区把教育作为最大的民生，积极应对超大城市对优质教育资源均衡配置提出的挑战，将城市发展产生的资源红利，努力为立德树人、五育并举赋能增值。金牛区着力从学校立德树人能力、社会立德树人环境、家庭立德树人氛围、城市文化风貌、经济产业发展、社区治理等方面系统设计，着力构建起全主体、全维度、全时空、全周期的立德树人、五育并举全要素落实系统。

## 二、金牛区五育并举的思考与探索

近年来，金牛区充分认识推进五育并举、落实立德树人根本任务的重要性和紧迫性，准确把握全面深化教育改革总体要求，着力推进关键领域和主要环节改革，聚焦建设"全国一流教育强区"的目标，从理念、支撑、策略、机制、路径五个维度发力，探索构建五育并举的育人体系，描绘党全面领导的"一体共建、两翼驱动、三联共促、四位一体、五育融合"的立德树人金牛样态。

### （一）树立"一体共建"的协同理念

新时代党的教育方针强调，培养德智体美劳全面发展的社会主义建设者和接班人。人的全面发展是马克思理想社会的价值目标，也是马克思的终极人类关怀，人的全面发展是一个动态的发展和实现的过程。基于这样的理论认识，我们认为人的生命过程就是实现全面发展的过程，因此，"一体化"是教育的底层逻辑遵循，也必然成为新时代教育发展的必然趋势。因此，教育实践中，我们坚持全员、全过程、全方位育人，探索建立"全主体参与、全学段贯通、全学科融合"的一体化贯通培养体系。

#### 1. 打破主体边界，全员发展一体

立德树人，五育并举的践行主体不应仅仅是学生，而应该包括教育工作者、家长及全体社会成员。五育并举的教育工作者才能培养出全面发展的学生，教师应以"四有"好老师为目标导向，细化"四有"指标和研修主题，设计课程专题，涵养师德，提升素养。五育并举的家长也才更有可能养育出德才兼备的子女，家庭教育是推进以德树人、全面育人的首要阵地，家庭教育应注重家长自身的发展，为孩子提供积极的榜样和支持，共同推动全家的全面发展和成长。五育并举的教育生态构建还离不开全体社会成员自觉践行社会主义核心价值观，社会应该创造多样化的学习环境和机会，鼓励全员积极参与教育活动，实现个体和社会的共同发展，形成人人是教育工作者、人人是教育受益者的教育生态。

#### 2. 打破学段壁垒，学段贯通一体

树立终身学习理念，建设学习型城区，是适应知识经济时代新形势新任务的必然要求。金牛区针对传统教育学段衔接不畅的现状，探索构建中小幼一体贯通的培养体系，推动跨学段协同育人，促进学生个性、全面、可持续发展。我们在推动学前教育普及普惠的基础上，抓好婴幼儿照护服务人才培养，加强婴幼儿照护服务体系建设，大力发展 3 岁以下婴幼儿早期教育，创新早教服务模式。建立幼儿园与小学、小学与初中、初中与高中教育科学衔接的长效机制，丰富幼、小、初、高衔接教育内涵，强

化教育教学的交流与合作，构建衔接课程，全面提高教育质量，营造科学衔接的教育生态，促进学生德智体美劳全面发展和身心健康成长。建立全生命周期社区教育课程和服务体系，推动社区教育学校、工作站规范化建设，组建市民自主学习社团，形成"人人皆学、处处能学、时时可学"的终身学习格局，稳步提升居民素养，助推学习型城区建设。将社区教育深度融入社会治理，打造市民双创学院、摄影学院、老年大学等社区教育品牌；培育"慧育·亲子成长""光影金牛市民摄影"等终身学习品牌；孵化"公园课堂""楼宇老年大学"等终身教育项目，实现"金牛道·全龄学"终身学习品牌新增量，全面加强新时代语言文字、继续教育、网络教育等工作。

**3. 打破学科藩篱，课程融合一体**

牢固树立五育融合教育观念，积极探索"跨育"课程融合实践，提升教师五育融合、跨学科教育的实践能力，用足用好各教育资源，打破德智体美劳五育边界，建设基于生活实际的融合课程。基于解决真实且复杂问题而进行学科融合，探索问题解决类、主题贯穿类、项目驱动类、学科拓展类等学科融合模式，将融合路径贯穿课程实践，打造出"未来科学家教育""大同·育人""外语教育特色""融合课程育人""五育融合社团"等系列五育融合课程。

**（二）发挥"双翼驱动"的支撑作用**

教育"一体化"是一个伟大的、社会变革的教育工程，不会一蹴而就，必须落实在具体的教育实践中，完善于日常的教学活动中。课堂和教师作为推进立德树人、五育并举的主阵地和主力军，必须"两翼驱动"，才能支撑和促进教育高质量发展。

**1. 守好课堂主阵地**

立德树人，五育并举的主阵地在课堂。立德树人的课堂改革应思想正、方式活、成效实、表达畅，是充满人文故事、闪耀人文思想、富有人文底蕴的人文课堂，是有教育智慧、科学思想、人生启迪的智慧课堂，是自然生成、智慧生成、灵动生成的生成课堂，是抽象知识具体化、枯燥知识生活化、乏味知识趣味化的灵动课堂，是有思想信仰、情怀温度、情感深度的魅力课堂，是涌动着诗的灵性、洋溢着诗的浪漫、弥漫着诗的芳香的诗意课堂。我们基于对课标的清晰解读、对学情的深入分析、对教材的透彻理解、对教学要素的完整设计，研究制定《金牛区学校"三课"提质工程实施方案》，打造金牛好课堂，优化课堂教学方式，以参加省、市精品课评选及学科教学比赛等活动为抓手，着力推动人文课堂、智慧课堂、生成课堂、灵动课堂、魅力课堂、诗意课堂"六个课堂"建设。

**2. 建好教师主力军**

中共中央、国务院印发的《关于全面深化新时代教师队伍建设改革的意见》，强调遵循教育规律和教师成长发展规律，加强师德师风建设，培养高素质教师队伍，倡导全社会尊师重教，形成优秀人才争相从教、教师人人尽展其才、好教师不断涌现的良好局面。金牛教育紧紧抓住影响教师队伍建设的教师结构、培育模式、管理机制等突出问题，聚焦优化队伍结构提升原动力，通过招聘优秀毕业生、引进优秀教育人才、改革职称岗位管理、提升在职教师学历等方式优化教师结构。聚焦创新育人模式提升战斗力，印发《关于进一步加强新时代教师队伍师德师风建设的实施意见》，完善师德党建引领机制，夯实"月度季度年度"师德教育三级体系，建全"个人、学校、社会"师德监督网络；以关键行为评价为突破口，健全全域、全员、全生命周期教师评价体系，有效激发教师专业成长内生动力；深入实施"名师闪耀工程"，通过"名师好课"、特级教师"云"讲堂、"师徒结对"和"名优教师共享"等方式，充分发挥名优教师的示范、引领和辐射作用；持续开展"创新人才培训班"项目，不断提升青年骨干教师专业素养。聚焦健全管理机制提升内驱力，出台《金牛区创新教师编制管理的实施方案（试行）》等文件，积极探索"编制＋员额"管理模式，推进校际教师交流与合作，鼓励义务教育学校干部教师到乡村学校和薄弱学校支管、支教。认真落实《成都市金牛区教育人才激励政策实施细则》，对引进的国家级、省级名优教师及市特级教师按标准给予安家费和人才津贴，落实人才激励政策。

**（三）推行"三联共促"的实践策略**

我们锚定加快构建幼有优育、学有优教的高质量基础教育体系这一目标，立足新时代，紧扣新课程，探索新教法，坚持课程、教材、教学三维发力，区域、学校、基地三级联动，教研、培训、科研三位一体，着力深化课程教学改革，着力扩大优质教育资源供给、构建优质均衡基本公共教育服务体系。

**1. 课程、教材、教学联动促改革深化**

在课程论视域下，依据古德莱德的课程形态理论来分析课程、教材和教学之间的关系，可以发现，通常所谓的课程其实就是"理想的课程"，引导着教材的编制；教材则是"正式的课程"，承载着"理想的课程"的价值所系；教学则可以视为是一个"领悟的课程""实施的课程"和"体验的课程"的过程综合体，依据"正式的课程"，指向"理想的课程"。因此，实践层面上的课程（包括教材）和教学之间，就像一枚硬币的两个面，是相互依存的关系，无法分离或分割。课程提供了教材编制和教学的指导方向，教材承载了课程的理念和目标，而教学则是将课程和教材转化为学生实际学习的过程。只有课程、教材和教学紧密衔接、相互配合，才能实现教育的目标和理想课程的落地。教育工作者应当深入理解这种关系，不仅要关注课程和教材的设计，还要注重教学的方法和过程，通过不断反思和改进，提升教育质量，促进学生成长和发展。

**2. 区域、学校、基地联动促机制优化**

通过优化区域、学校和基地的联动促进机制，可以实现教育和产业的良性互动，打破关门办教育的局限，促进人才培养和经济发展。可以尝试从以下几方面优化机制：一是建立区域教育产业联盟。区域内的学校、基地和相关产业企业可以组成一个联盟，共同制定发展计划和政策，促进合作和资源共享。二是加强学校和基地的合作，学校和基地之间可以建立长期合作关系，例如签订协议，共同开展项目研究和技术转移。三是增加产学研合作项目，学校、基地和相关产业企业可以共同申请研究项目，进行产学研合作。四是建立实习和就业推介平台，学校可以与基地合作建立实习和就业推介平台，帮助学生与企业对接，增加学生的实践机会和就业机会。

**3. 教研、培训、科研联动促成果转化**

通过教研、培训和科研的联动，可以加强学术与实践之间的联系，促进成果的转化和应用，推动教育高质量发展。一是促进教学内容和方法的优化。学校通过教研、培训和科研成果的转化，可以优化教学内容和方法，提高教育的质量和效果。教师可以借助最新的教学理论和实践经验，更新教学内容，采用更有效的教学方法和策略，满足学生的学习需求，提高学生的学习效果。二是促进师资队伍的专业发展。学校可以组织教师参与教研项目、培训课程和科研活动，提升他们的学科知识和教学能力。三是促进教育资源的优化配置。学校可以根据最新的教育研究成果，合理配置教育资源，确保资源的充分利用和最大化效益，提升教育的质量和可持续发展。四是促进创新教育模式的推广。学校可以借助最新的科研成果，探索和实践新的教育理念、教育技术和教育模式，提供更适应时代需求的教育方案。

**（四）构建"四位一体"的共育机制**

习近平总书记在全国教育大会上指出："办好教育事业，家庭、学校、政府、社会都有责任。"金牛区着力构建"政府统揽、学校主导、家校共育、社会参与"的"四位一体"育人机制，形成了"优先发展，强化保障"的好政风、"立德树人，全面发展"的好校风、"培养习惯，用心陪伴"的好家风、"齐抓共管，合力兴教"的好社风，合力培育德智体美劳全面发展的社会主义建设者和接班人。

**1. 政府统揽，下好区域教育一盘棋**

金牛区始终把教育作为重要的民生工程来抓。健全党建引领机制，出台《区级党员领导干部联系指导基层党组织工作制度》，区级党员领导干部每年到联系学校开展 1 次调研、进行 1 次辅导、参加 1 次活动；健全责任落实机制，构建"区委统一领导、党政齐抓共管、部门各负其责"推进机制。坚持教育优先发展，区委、区政府先后出台《关于"建教育强区、办品牌教育"的实施意见》等文件，印发集团化办学、校园安全等10余个配套文件，制定《金牛区学校建筑设计导则（试行）》，实施中小学建设"三年攻坚"等行动计划，把教育作为财政支出的重点领域优先保障。近三年财政教育拨款总数达到54亿元，高水平实现"两个只增不减"。

**2. 学校主导，建好"五育并举"主渠道**

金牛区按照立德树人的根本要求，抓好教育质量提升，努力办好每一所学校、教好每一个学生。金牛区按照"建项目、创特色、优品质、树品牌"的思路，以学校品牌项目建设为抓手，通过实施"一校一品"特色发展行动，创新区域性推进策略、特色化培育模式、全周期评价机制，推动学校以小切口进行微改革，努力办好群众家门口的学校，助推区域教育品质升级，打造出"全景思政""课堂变革""科技赋能""以体育人""以劳塑人""以文化人""铸造铁军""五育融合"等系列品牌，开创了"一校一品""一校多品"的学校品牌发展新局面，实现了名校品牌增量提质、五育融合精彩纷呈、示范项目多点开花。针对优质教育供给不平衡、不充分的矛盾，金牛区以集团化办学改革为抓手，2009年启动集团化办学改革，2019年区政府出台《关于加强优质学校集团化办学的实施意见》，2021年区政府出台《金牛区集团化办学改革方案（试行）》，财政、编制、人社等部门配套制定"1＋4"改革方案，创新"一校多区型""领办托管型""辐射引领型""城乡共建型"等办学模式，依托12个市级基础教育名校集团，带动成员学校56所，受益学生近5万人。

**3. 家校共育，绘好"五育并举"同心圆**

坚持"四级"联动健机制，制定《建设家庭教育生态圈三年行动计划（2019—2021年）》《家庭教育指导机构（家长学校）建设标准》，有效构建党委政府高位统揽、街道部门协同联动、学校社区主导、家长全面落实的"四级"联动工作格局。坚持"三个"强化夯基础，抓好队伍建设，设立讲师团队资源库，成功培育家庭教育指导师、近视防控师、生涯规划师。坚持"三方"融合出成效，融合家庭、学校、社区教育活动，开展亲子美博计划、音乐聆听计划、亲子劳动、绿道上的亲子时光等家庭教育活动，印制《一干多支，五力共振金牛区家庭教育课程方案》等，着力构建"小学、初中、高中12年一体化"家校社贯通育人模式。

**4. 社会协同，谱写五育并举新篇章**

金牛区以"12345"工作机制为抓手，积极推进全国学校家庭社会协同育人实验区建设。抓住一条主线，纵深推进家访工作，做实"六个环节"、编制"五张清单"、细化"九条指引"、抓好"成果转化"，推动学校和社区进家庭、家庭进社区和学校，真正体现家访工作的"全过程惠民暖心"。构建二类矩阵，开发健康教育、近视防控、安全教育、中华优秀传统文化教育、劳动教育、生涯教育等课程及读本，形成"线上＋线下"课程矩阵。开展生涯规划、家校阅读、职业体验等活动，形成全过程育人活动矩阵。打造三支队伍，组建高校及行业专家团队、学校讲师团队、家长志愿者团队，开展业务能力提升和协同育人服务指导。建设四级站点，制定区、街道、学校社区、院落四级协同教育指导服务站点建设标准，全面推进协同育人标准化、示范性建设；广泛利用图书馆、博物馆等社会资源。夯实五项保障，形成党政主导、教育统筹、部门联动、社会参与、家庭主体的组织保障机制；完善《关于健全学校家庭社会协同育人机制的工作方案》等制度保障机制；健全以政府投入为主、社会资金为辅的经费保障机制；建立将协同教育工作列入部门、街道、学校年度考核的督导保障机制；强化总结推广、正面引导的宣传保障机制。

### （五）打通五育融合的有效路径

"人的全面发展"的思想是马克思主义最高价值理想，是未来社会的价值目标。金牛区聚焦全面育人目标，将德智体美劳作为不可分割的整体，坚持五育并举、立德树人，出台《金牛区落实"五育并举"构建全面培养教育体系实施方案》，创新实施"六全"育人行动计划，以全德育、全课程、全运动、全尚美、全劳动、全阅读"六全"路径，推动德智体美劳相互渗透、有机融合、协调发展，促进全员育人、全程育人、全方位育人。

#### 1. 以全德育为抓手，增强区域德育实效

在区域内落实《中小学德育工作指南》，坚持全员德育、全程德育、全学科德育的原则。深化课程育人、文化育人、活动育人、实践育人、管理育人、协同育人，推动学校课程教学和活动全面渗透，师生家长全员参与，学生从入学到毕业全程受益。打造"人人爱德育、时时做德育、事事有德育"的全德育品牌。完善学校德育体系，推动学校德育工作个性化、差异化发展，大力开展理想信念、社会主义核心价值观、中华优秀传统文化、心理健康等教育。深化品德修养教育，培养学生良好行为习惯和法治意识。发挥共青团、少先队等组织在育人方面的作用。

#### 2. 以全课程为抓手，提升区域教学质效

强化"课程是育人载体、课堂是育人主渠道"的意识，严格落实国家课程标准，推进国家课程校本化实施，规范校本课程建设，打造具有特色的学科品牌。落实《中小学教材管理办法》，严格执行国家和地方关于教材管理的政策规定。引导教师深入理解学科特点、知识结构、思想方法，推动深度教学，培养学生高阶思维，促进学生系

326 / 立德树人五育并举的理论与实践：四川基础教育的创新探索

统掌握学科基础知识、基本技能、基本方法，培养适应终身发展和社会需求的正确价值观念、必备品格、核心素养和关键能力。探索新时代课堂教学全流程体系，推动课堂教学改革。深化阅读教育，建设具有特色的阅读课程，持续提升学生阅读质量，推动师生家长全员阅读。统筹做好中小学生课后服务。

### 3. 以全运动为抓手，促进学生身心健康

树立健康第一的教育理念，落实《国家学生体质健康标准》，引导师生家长全员运动，形成人人爱运动、坚持运动的良好氛围。幼儿以增强适应能力、动作协调、体态和情绪健康等为重点，小学以培养运动兴趣爱好、养成坚持锻炼习惯等为重点，中学以掌握运动技能、培养强壮体格等为重点，成人以养成运动健身习惯等为重点，构建中小幼学段全衔接、从幼儿到成人一体连贯、师生家长全员参与的健康促进与教育模式。推进学校体育课程改革，加强与改进体育课教学，科学安排体育课运动负荷，合理控制运动强度，提升学校体育教学水平，促使每位学生掌握 1 至 2 项运动技能，构建"1＋4＋N"体育课程格局，帮助学生在体育锻炼中享受乐趣、增强体质、健全人格、锤炼意志。总结并用好青少年校园足球改革试点等经验，加强与体育部门的常态化沟通，探索场地、培训、竞赛体系等资源融合利用的有效办法。统筹利用社会资源，依托生态公园、绿廊绿道、社区绿地等校外场地开展运动。积极通过运动改善学生肥胖、近视等现状。

### 4. 以全尚美为抓手，实施美育提升行动

将美育渗透到环境各方面、融入教育全过程、贯穿中小幼全学段，坚持学校、家庭、社会三位一体互补衔接，构建学校加强美育、家庭重视美育、社会倡导美育的大美育格局。深化学校美育课程教学改革，构建以审美和人文素养培养为核心的美育课程体系，幼儿园组织好美育活动，中小学按照课程方案开齐开足美育课程。推进学校美育活动课程化，健全美育实践活动课程化机制。深化美育资源全域统筹、课程全科融合、质量全效评价"三全美育模式"，用好美术馆、艺术馆等社会资源，定期举办学校美育节会，推进高雅艺术进校园、学生艺术展演等系列活动，打造美育特色项目和特色学校品牌，让每位学生学会 1 至 2 项艺术技能，会唱主旋律歌曲。支持中小幼艺体美等教师跨学段任教、跨校"走课"，用好成都大学中国—东盟艺术学院等资源，鼓励高校、艺术院团和社会艺术专业人才充实学校美育力量。

### 5. 以全劳动为抓手，加强学校劳动教育

加强劳动教育研究，深化对劳动与劳动教育价值内涵的认识，将崇尚劳动、热爱劳动、善于劳动、塑造劳动品格的育人价值贯穿全学段、融入全课程，完善全学段融合贯通的劳动育人体系，健全劳动教育制度机制。深化"一核引领、双向贯通、三轨

同步、四轮驱动"的"全劳动"教育模式，丰富"全区域推进、全课程融入、全主体参与、全路径实施、全过程评价"的劳动教育内涵，构建劳动教育高质量发展的"全劳动"生态。成立学生未来发展联盟，加强学生社会实践、劳动技术和职业体验教育，确保综合实践活动课程劳动教育课时不少于一半。培养专、兼职劳动教育指导师，打通校内校外、课内课外、线上线下资源整合渠道，实现校内教育、校外实践、家庭劳动全路径推进。以"云端劳动护照"为载体，推动劳动教育多元评价。

**6. 以全阅读为抓手，涵养全民精神力量**

一个人的阅读史，就是他的精神成长史。2019 年，金牛区发布《关于打造"全阅读"品牌建设书香金牛的实施方案（征求意见稿）》。"全阅读"指"学校阅读＋家庭阅读＋社区阅读"，即以儿童阅读、教师阅读"两手抓"来开展学校阅读，以学校阅读为主阵地，辐射和影响家庭阅读、社区阅读，实现阅读主体的"全员"。从阅读内容的角度来说，"全阅读"指"传统的纸质阅读＋电子阅读＋生活阅读"，实现阅读的"全容"；从阅读方式的角度来说，"全阅读"指视觉、听觉、触摸等多种感觉器官的共同参与，实现阅读的"全息"；从阅读空间的角度来说，"全阅读"指"线下阅读＋线上阅读"，实现阅读的"全域"；从阅读效果的角度来说，"全阅读"指"师生多元智能协同发展＋终身学力茁壮成长＋心灵丰盈明亮"，实现阅读的"全面"。金牛区将以阅读联盟为抓手，通过学段融通（幼儿园—小学—初中—高中）、课程融合（国家学科阅读课程—校本阅读课程—课外阅读）、环境融洽（固定书屋—书香校园—漂流书屋—文润社区和线下阅读—线上阅读）、人员融汇（阅读种子教师—阅读指导师—阅读名家）来打造阅读新名片。

（撰稿人：李森浩，成都市第四十四中学一级教师；

谢洛冰，成都市第三十六中学校中学一级教师）

# 广元市旺苍县推进立德树人的实践探索

广元市旺苍县始终坚持不懈用习近平新时代中国特色社会主义思想铸魂育人，坚定落实立德树人根本任务，构建五育并举育人体系，树立"幸福师生，优教旺苍"的教育目标，聚焦德育为首、智育为重、体育为本、美育为根、劳动为荣五个维度，着力提升育人质量，持续促进学生全面发展，让师生过幸福完整的教育生活。

## 一、遵循立德树人、五育并举的内涵规律

中共中央、国务院《关于深化新时代教育评价改革总体方案》中指出，全面贯彻党的教育方针，坚持社会主义办学方向，落实立德树人根本任务，遵循教育规律，系统推进教育评价改革，发展素质教育，强化体育评价、改进美育评价、加强劳动教育评价。广元市旺苍县坚持五育并举，全面发展素质教育，突出德育实效，深化课程育人、文化育人、活动育人、实践育人、管理育人、协同育人，强化体育锻炼，增强美育熏陶，加强劳动教育，聚焦学生的核心素养和个性化教育的评价体系，从而提高区域教育教学质量。一是构建高效的育人机制，在保证学生在校期间完成基本课业和学业的同时，补充完善各类活动性课程及实践性课程。二是构建以评价体系为指挥棒、以课后服务日常工作为载体、以赛事活动为抓手促进五育并举的课后服务育人机制。坚持以德为先、能力为重、全面发展，坚持面向人人、因材施教、知行合一，创新德智体美劳过程性评价办法，完善综合素质评价体系。三是修订完善义务教育质量考核奖励办法和学校目标绩效考核办法等一系列教育考核制度，优化各项考评细则，引导树立科学教育质量观，实施教育质量"专项考核＋单项考核"模式。四是搭建家庭注重习惯养成、学校聚力培养兴趣爱好、主管部门搭建展示平台的三方协同平台，促进学生个性化教育，提升教育教学质量。

## 二、筑牢立德树人、五育并举协同效应

2020 年以来，广元市旺苍县注重改革学校评价，推进立德树人根本任务，健全学校内部质量保障制度，坚决纠正重智育、重分数、轻素质等片面办学行为；创新德智体美劳过程性评价办法等举措。构建五育并举育人体系，全面推进素质教育，务必考虑其有机整体性，不分先后主次，五育协同发展、协同推进，在教学中相互渗透融合，育人方式上统筹兼顾，评价注重过程性评价。努力构建适应当前域内实际情况的五育并举质量保障体制机制，关键是协同上下环节，共同筑牢立德树人基石。构建由县级教育行政部门主导、业务部门主建、县域各中小学校主理的三级联动机制，着力抓住红色思政、多元智育、游戏体育、乡村美育、劳动实践五大课程重心。

### （一）强化自然教育

天地大舞台，大自然也是学堂，我们提倡走出学校、走出家庭、走进自然的教育理念，解放学生们的手、口、脑、腿，带领学生们去认知新奇世界、了解万事万物，触摸自然的脉络，感受生命的美好。旺苍县东河小学开展"重走长征路"实践活动，在"飞夺泸定桥""爬雪山""四渡赤水""强渡大渡河""胜利会师"障碍通关体验活动中，学生们感受到长征途中的艰难，学习了红军坚强不屈的意志，牢固今日有我、奋斗不止的奋斗目标。

### （二）强化体验教育

"百闻不如一见"，让学生亲身实践、亲身体验和亲身品味，方能循事物之理，明德于物外。搭建舞台，让学生自我表现、自我发展和自我超越，发展生存生活能力，全面提升学生的自信。旺苍县佰章小学在南阳书院劳动实践基地开设"认识农作物、农具、家禽家畜""厨艺""种植"等特色课程，让学生在亲身体验劳动过程中感受到劳动最光荣、劳动最美丽。

### （三）强化家庭教育

家庭是人类实现自身发展的最小单位，家庭教育具有启蒙性、个别性、生活性、随机性、隐潜性等特点，在学生成长过程中具有非常独特的意义。在人的品格形成方面，家庭教育与学校教育相互补充，并发挥不可替代的"首任教师"作用。旺苍县张华镇中心小学校开办"新父母学校"，学校与社会公益组织"微光支教"团队开展家校共育活动，帮助每一位家长更好地理解教育、参与教育，树立正确的育人观，提升家长自身综合素质和育儿能力水平，帮助父母与孩子一起成长，从而提高家庭教育质量。

#### （四）强化学校教育

学校教育的基本功能是育人，要回答"培养什么样的人"的问题。如《大学》所写："大学之道，在明明德，在亲民，在止于至善。"学校要把"明德""亲民"作为教育的主要功能，把人格的不断完善作为教育的终极目标。[①] 既读有字之书又读无字之书，兴之所至，信手随笔，学校之所学均可在研学之中善思善用，把课本搬上研学剧场，课堂内外相统一，互为弥补，从而获得深度发展。旺苍县石桥小学将"品格教育"融入五育中，以课堂为阵地，以活动为抓手，以常规为载体，以评价为杠杆，铸就学生品格。学校自创"品格操"，让学生在做操的过程中加深对品格教育的理解，形成条件固化并反射到行动中。学校品格教育用学生们喜闻乐见的方式实现了《中小学德育工作指南》中对德育工作的引领，教育学生成为有教养、有智慧、有能力的社会主义接班人。

#### （五）强化社会教育

知识世界是从生活世界提炼出来的，是为生活服务的，教育只有融入社会才能真正体现课程的本职功能。社会即学校，取之不尽用之不竭的社会资源丰富了学生的生活世界。旺苍博骏公学开设生活课，分阶段、分内容，循序渐进加强学生自理能力的培养。开展"自理能力大比拼"活动，通过穿叠衣服、系鞋带、整理书包、叠被子等项目比赛，培养学生动手能力，提升自理意识，树立"靠自己、我能行"的思想观念，增强自信，让学生健康快乐成长。

### 三、坚持立德树人、五育并举的实施路径

#### （一）德育为先，以德立人

根据中共中央办公厅、国务院办公厅印发的《关于深化新时代学校思想政治理论课改革创新的若干意见》和教育部发布的《中小学德育工作指南》相关要求，旺苍县印发了《关于深化新时代全县中小学道德与法治课改革创新的若干意见的通知》，全县教育系统把思想政治工作贯穿教育教学全过程，以社会主义核心价值观为引领，坚持教育与管理相结合，知与行相统一。[②]

#### 1. 营造环境，坚持党建引领

2022 年全国教育工作会议强调，把学习贯彻习近平新时代中国特色社会主义思想

---

① 刘雪松. 深入推进"五育并举"，落实立德树人根本任务[J]. 教育家，2024（9）：49-51.
② 黄雨芳. "五育"并举 全面育人[J]. 湖北教育（政务宣传），2024（2）：68-69.

作为首要政治任务，坚持以高质量党建引领育人，着力以风清气正的环境育人。旺苍县围绕"德育为先"的教育理念，开展丰富多彩的活动，提升育人实效。一是各学校细化德育常规活动，开展新生入学典礼、毕业生结业典礼、成人仪式等活动，让学生在庄重的仪式中成长。旺苍县国华中学开展"忠、孝、诚、雅、礼"主题教育活动，增强学生道德规范意识和高尚的道德情操，培养学生做爱祖国、知感恩、守诚信、讲文明、懂礼仪的好学生。二是构建"红色＋"思政课育人模式，让学生增强思想意识，爱党、爱国、爱校、爱家、爱自己。青少年是祖国的未来、民族的希望。办好学校思政课，事关中国特色社会主义事业后继有人，是培养一代又一代社会主义建设者和接班人的重要保障。[1] 旺苍县东河小学长期坚持"红色育人"的治校策略，不断探索把"红色旺苍"的红色资源优势转化为"红色＋"思政课育人路径，开展"小水兵筑梦东海""小红军体验节"等系列特色德育活动，在省内外产生了较大影响。学校探索实践的"红色文化，铸魂育人"工作经验被教育部评为全国中小学德育工作典型经验，号召全国中小学校借鉴学习。"学校'红色＋'思政课育人模式"被《人民日报》、四川电视台、教育导报、"学习强国"平台等多家媒体报道。三是利用学雷锋纪念日、清明节、劳动节各种节日开展丰富多彩的爱国主义教育、社会主义核心价值观教育等活动，提高学生的理想信念。木门小学以"木门军事会议纪念馆"为红色教育主阵地，开展"缅怀革命前辈，传承优良品质"主题活动，向革命先烈敬献鲜花、庄严宣誓，激发学生对英烈的崇敬之情，从而珍惜无数革命先烈用鲜血和生命换来的幸福生活，引导学生树立正确的人生观、世界观，培养学生爱国主义情怀。

**2. 加强培训，提升工作效率**

每年开展一次德育论坛，邀请部分学校作经验交流和相关专家对学校德育工作作指导。将品格教育融入学校德育工作中，组织学校教师参加品格教育培训，让教师先学，再引领学生成长。联合团县委开展团（队）干部培训，使团（队）干部队伍工作有阵地、活动有场地，切实提升团（队）干部工作水平。各学校加强培训，通过阅读、交流等方式开展多形式的分享活动，使德育工作迈上新的台阶。

**3. 齐抓共管，注重心理健康**

根据教育部《中小学心理健康教育指导纲要》，制定了《旺苍县中小学生心理健康教育和心理疏导工作方案》《旺苍县中小学心理危机干预工作手册》。投入 100 余万元成立旺苍县青少年心理健康成长指导中心，建成 3 个名师工作示范室，建成 7 个工作站及多个学校心理咨询室，形成了"137N"青少年心理健康教育工作体系。开展"一

---

① 谷嫦瑜.铸魂育人 立德树人［N］.延安日报，2024-03-18（1）.

查三访一建立"常规心理健康测评机制，确保学生心理问题"预防、预警、干预"工作落到实处。德育中的心理健康教育，首先应把立德树人放在第一位，在此基础上进行心理健康教育工作的具体设计和开展。[①] 全县心理健康教育工作主张"不独唱"，要全员参与"大合唱"的工作方法，聚焦育心、知心、连心、护心，夯实课堂主渠道、赋能心理主阵地、拓宽活动主力军、健全家校社结合，护航学生心理健康成长。2023年4月成功申报中国成人教育协会"家校社协同育人项目"第一批实验基地，参与成渝地区双城经济圈"阳光校园，快乐家园"心育共同体建设。同时，"米仓心语"——青少年心理健康教育项目获广元市"终身学习品牌"，被四川开放大学确定为首批"金课工程"项目。

### （二）智育为重，以智慧人

智育是传授系统的文化科学基础知识、训练基本技能、发展智力、培养能力的教育，它不仅让学生获得知识，更重要的是让学生获得智慧，激发学生的好奇心，提升学生的观察力、思维能力和创新精神。

#### 1. 深耕责任田，优化新课堂

为全面推进教育提质，带动我县课堂教学变化，我们深耕"责任田"，优化新课堂。近年来，持续推进局长、股长、校长"三长"进课堂，从六大维度对课堂进行解析，开展"录展评"活动，精品课不断涌现；落实专递课堂、名师课堂、名校网络课堂，全面推行"互联网＋"教学模式，开展直播教学、在线教研，在线巡课，促进教育高质量发展。形成"三环五要素""趣味体育课堂""红星照我心思政课"等新课堂样态，课堂焕发新生机。全县学校以构筑理想课堂为行动主题，各学科老师们不断优化课堂教学的六维度，积极尝试自主探究式教学策略。课堂上老师以学生为主体，善于启发引导学生，注重学以致用、讲练结合。课堂上体现"教要生动，学要主动"，教师做探究活动的设计者、辅导者、合作者、评价者，真正做到精讲多练。注重校本课程开发，开发"三色教育"校本课程36门，包括必修4门、选择性必修18门、选修14门，其中红色教育实践课程等20门课程开设稳定。"智能导盲杖"获得第35届四川省青少年科技创新大赛一等奖。

#### 2. 书香润心田，开启新读写

现实教育中最可怕的是"一些不读书的校长，带着一群不读书的老师，却要一群又一群的孩子拼命读书"。为了改变这样的局面，广元市旺苍县构建了教师成长"三

---

① 唐芊尔，王夏雯．五育并举，将促进心理健康贯穿育人全过程[N]．光明日报，2024-03-12（13）．

专"模式，组建旺苍教育悦读汇，共读《陶行知教育文集》《我的教育理想》《生活与教育》等专著。校长共读活动开展 60 余期，参加者 2300 余人次。越来越多的中小学校长以自身的实际行动，发挥榜样引领作用，带领学校教师广泛阅读，并开展了一系列丰富多彩的阅读主题活动，这对提高教师综合素养、营造书香校园的良好氛围颇有裨益。[①] 每年举行师生共写随笔征文比赛，把共写随笔和生命叙事相结合。师生共写随笔讲述师生成长故事，展示学校的发展变化，书写新教育在旺苍大地上的华章。《旺苍新教育》期刊引领各校校刊百花齐放，旺苍县九龙镇中心小学校的《山花》讲述山区师生如花绽放的故事；旺苍县七一中学《涌泉文学报》第 42 期以专刊形式感恩祖国、感恩中国共产党，把感恩文化根植于学生心中；旺苍县水磨小学《尚水》周刊已出版 173 期，讲述大山深处一群孩子的幸福故事。

### 3. 浇灌百花园，打造新教室

环境是学生成长无声的老师，为了让学生有一个舒适的学习环境，各校积极打造完美教室。构建班级文化建设体系，倡导通过班级的课程、庆典、活动、共读共写共生活，将班级文化一点一点展现出来；编写操作手册，班徽、班旗、班歌、班诗等应运而生，把红色传统、茶乡绿韵等本土文化根植在师生的心灵深处，守护一方乡情；从班名创意、班级课程、活动体系等多维度进行评价，用底线加榜样的方式，让教室成为土壤，生命在知识与精神的交汇中绽放。旺苍县东河小学以"打造红色完美教室"为纽带，把新教育十大行动进行有机整合，形成"学校文化＋红色历史＋年级风格＋班级特色"的完美教室体系。旺苍县七一中学党建文化完美教室、嘉川小学农耕文化完美教室、黄洋小学将军文化完美教室这类具有本土特色的完美教室，承载着旺苍这方山水的文化密码。

### 4. 聚焦微小校，构建新学区

一是优化学区制布局调整，推进教育整体发展。印发《关于进一步加强和改进基础教育学区制管理的实施意见》《关于调整旺苍县基础教育学区制管理联合党支部的通知》，按照以强带弱、以大带小等原则建立学区教研联盟，校际联盟应运而生。联盟形成工作机制，组建管理团队，开展实践活动，组织专题讲座、同课异构、走校教学、成果展示等一系列活动，解决农村微小学校单打独斗的发展困境，优质教育覆盖面不断扩大，持续提档升级旺苍教育"软实力"。二是探索实施农村微小学校改革。旺苍地处山区，学校分散，学生分布呈现"城挤、乡弱、村空"的现象。着力打造让学生

---

① 白薇. 让阅读成为学校最美的风景——加速学校发展系列线上圆桌论坛实录（7）［J］. 教育家，2023（S1）：137-140.

"留得下、学得好"，让教师"留得住、乐心教"，家长"忧愁解、安心放"的乡村全寄宿制学校。县委县政府投入 500 万元，创新性创办乡村全寄宿制小学校，实行全年 365 天托管，真正做到了"让家长在外安心工作，让学生在校健康成长"的教育目的。自 2023 年 9 月开学以来，解决了来自全县 17 个乡镇百余名无人监管、家长看护难、有外出务工需求的家庭子女教育问题。

### （三）体育为本，以体健人

习近平总书记指出："要树立健康第一的教育理念，帮助学生在体育锻炼中享受乐趣、增强体质、健全人格、锤炼意志。"五育中的体育是一个极具特殊性的教育和学科，它在功能上与德育、智育、美育及劳动教育有着深刻内在的结构性联系。[①] 学校要以促进学生身心健康、增强学生体质为目标，培养学生掌握体育的基本知识、运动的基本技能，养成终身运动的习惯，从而培养学生坚强的意志、刚强的性格、顽强的拼搏精神、积极向上的团队意识，使之成为体魄强健的时代新人。

#### 1. 强化师资，补强配齐专业队伍

一是配强师资队伍。加强特色人才、特色教师的引进力度，加强县域体育教师队伍，先后招引优秀体育教师 100 余人。同时，借助课后服务平台聘请校外优秀教练员、辅导员 20 余名，提升体育社团建设。二是建立考核机制。建立体育教师与文化课教师工作量核算同要求、岗位设置同标准、职称评定同比例、学习培训同权利、绩效考核同待遇、评优选模同机会"六同"机制，有效保障体育教师福利待遇。三是强化师资培训。全面推进国家、省、市、县、校"五级"教师培训体系，落实县域体育教师培训全覆盖。每年开展一次体育教师培训，开展一次艺体教师技能测试。近年来，参加国家、省级项目培训，累计培训 1000 余人次。建立市级"艺体名师工作室"8 个，县级 3 个；培养省级艺体骨干教师 3 人，市级骨干教师 12 人。充分发挥艺体名师、骨干教师示范引领作用。

#### 2. 加大投入，补齐场地设施短板

一是加大运动场地建设。根据《四川省义务教育学校办学条件标准》要求，坚持做增量、增总量、提质量原则，进一步标准化做好运动场地新建、改建工作。近年来，县委县政府投入 1.1 亿余元用于建设和改善学校体育运动设施。新建旺苍县东河小学室内篮球馆、旺苍县黄洋小学运动场、旺苍县国华中学风雨操场和运动场，改造维修县内东凡中学、白水中学、英萃中学等 16 所学校运动场，新建、改建运动场面积达 7.8 万平方米。二是增添体育器材设施。按照《四川省中小学教育技术装备标准》规

---

① 查萍，梁凤波. 中国式学校体育现代化中的"五育并举"[J].武汉体育学院学报，2024，58（3）：20-25.

定，配足配齐各中小学校体育器材。县教育局把场地和器材建设作为开展各项体育活动的基本前提和条件，严格落实中小学体育器材设施配备目录要求。

**3. 狠抓课堂，补齐教学质量短板**

一是抓教学方式。根据学生兴趣，创新教学模式，实施分年级选课"走班制"教学，充分激发学生积极主动参与体育教学和运动锻炼的激情，保证学生掌握不同的运动技能，达到掌握两项基本运动技能目的。二是抓教学内容。围绕每天一节体育课、每周一节选修课、每生自备一种体育器材、每班建立一支特色队伍、每校组建一批运动训练队伍"五个一"目标，全县中小学在保证学生每天一个小时体育锻炼的基础上，每学年召开春季、秋季两次运动会，并积极组织学生参加省、市各类运动会。三是抓教学时间。严格落实国家课程标准，全面开足、开齐体育课程，采取课时公示、定期检查和随机督查等多种方式，坚决杜绝削减、挤占、挪用体育课现象。同时，严格落实早操、阳光大课间、眼保健操、每天一个小时体育锻炼，有力保证了学生体育课时和每天不低于一个小时校内体育活动时间。

**（四）美育为根，以美化人**

美育是审美教育，也是情操教育和心灵教育，不仅能提升人的审美素养，还能潜移默化地影响人的情感、趣味、气质、胸襟，激励人的精神，温润人的心灵。美育与德育、智育、体育、劳动教育相辅相成、相互促进。中共中央办公厅、国务院办公厅印发《关于全面加强和改进新时代学校美育工作的意见》，就全面贯彻党的教育方针、加强和改进新时代学校美育工作进行了系统设计和全面部署。在小学美术学科开展教学与创新上，以美启智、以美化人，培养全面发展的时代"真人"。[①] 我们将美育纳入全学段培养全过程，通过美育深入地影响学生的情感、想象、思想、意志和性格，提升青少年一代形象美、语言美、行动美、心灵美的素质。

我们把舞台还给孩子，让孩子站在舞台中央。通过祭孔大典、童话戏剧社、校园采摘节、小红军体验节、社团活动成果展示等活动，让孩子把热爱转化成能力，把日常凝聚成荣耀。旺苍县代表团参加广元市第十届中小学生艺术展演活动，42 件艺术作品全部获奖。近年来，旺苍县在美育领域荣获国家级奖项 2 个，省级奖项 53 个，市级奖项 308 个。

**（五）劳育立荣，以劳塑人**

劳育是作为学校教育教学活动的重要领域之一，它与德育、智育、体育、美育共

---

① 刘月.用陶行知美育思想培养全面发展的时代"真人"——以小学美术教学为例［J］.小学生（中旬刊），2024（3）：103-105.

同承载着综合育人的目标。[①] 劳动是创造物质财富和精神财富的过程，是人类特有的基本社会实践活动。劳动教育是发挥劳动的育人功能，对学生进行热爱劳动、热爱劳动人民的教育活动。一是制订劳动教育行动计划。为落实立德树人根本任务，推动并强化劳动教育在各中小学校的落地实施，出台了《中共旺苍县委 旺苍县人民政府〈关于加快推进教育强县建设的实施意见〉》和《旺苍县中小学劳动教育工作行动计划》。二是全面落实劳动教育课程计划。各学校站在课程视角，在综合实践活动课程视域下回归劳动教育原点，构建学校劳动教育特色课程体系，实现劳动教育制度化、规范化，呈现出劳动教育新样态。将劳动教育纳入课程计划，定课时、进课表并严格实施，注重课程及校本教材开发，现已开发精品劳动课程 4 个，较成熟劳动校本教材 32 本（篇）。着力将劳动课程与地方文化相结合，把农耕、竹编、端公戏、锣鼓戏、陶艺等地方文化以及红色文化的传承纳入劳动课程计划。三是强化劳动教育活动开展。采用校内技能劳动、校外实践劳动、家务操作劳动相结合的方式进行活动开展。校内劳动以劳动课、劳动社团开展校园卫生保洁和校园绿化美化为主，同时开设校园种（养）殖；校外劳动以每学期组织 1～2 次校外劳动实践活动为主，组织学生学工学农学商。城镇学校参加公益劳动和志愿服务，农村学校组织参加相关农业生产劳动；家务劳动以劳动家庭作业的方式，保障每天不少于半小时的家务劳动。

广元市旺苍县地处农村，山林田野、乡土风情，都是天然的特色课堂。能够以学校为主导，家庭为基础，社会共协同，全面拓展课堂空间。通过整合校内外资源，围绕日常生活，增设"厨艺堂""屋顶农场""现代种植区"等特色课堂，做到"校校有基地、人人能实践"，开展有序列、成体系的劳动教育，让学生真正懂得"劳动创造美好"的含义，以劳育人，让朴实的劳动教育展现出别样的魅力。

全县各学校新课堂趣味横生，山坡上，玉米成行；沟田里，瓜果飘香。实验小学、嘉川小学、高阳小学的孩子们带上在劳动实践基地"六彩农场""初心园""向阳农场"里栽种收获的新鲜茄子、番茄、辣椒、丝瓜等蔬菜，在食堂厨师的指导下将其烹饪，学习烹饪出番茄炒蛋、白油丝瓜、青椒土豆丝、小白菜豆腐汤等 12 道家常小菜，用旺苍家常风味演奏出劳动教育的交响乐章。2022 年，旺苍县佰章小学成功申报全国中小学劳动教育实验基地。2023 年旺苍县实验小学"六彩农场"被评为省级优秀示范学生劳动基地。

---

① 王飞.劳动教育纳入"五育"的战略分析——基于劳育与德育、智育、体育、美育内在逻辑的视角[J].劳动教育评论，2023（1）：1-14.

## 四、聚焦立德树人、五育并举育人新格局

习近平总书记指出，教育最突出的问题是中小学生太苦太累，办学中的一些做法太短视太功利。学生负担过重是扼杀学生天性，制约教育发展的"拦路虎"，为此，广元市旺苍县认真贯彻落实立德树人根本任务，始终把"双减"作为一项重要政治任务，加强源头治理、系统治理、综合治理，让"双减"工作落地生根，力促学生全面发展健康成长，努力培育旺苍教育烂漫春色。

### （一）立德树人培根本

才者，德之资也；德者，才之帅也。人无德不立，育人的根本在于立德。2024年全国教育工作会议强调，着眼人口变化趋势加强前瞻性布局，深化基础教育提质扩优工程，巩固深化"双减"成果，为学生全面发展和社会全面进步、为国家富强和民族复兴筑牢根基、积蓄后劲。"双减"政策的出台是落实立德树人重要保障，也体现了国家对教育改革的决心和力度。这也将减轻家长的负担，让"还孩子一个快乐的童年"有了希望。我们凝聚合力，加强组织领导，定期召开专题会议研究"双减"工作，协调解决工作中存在的困难和问题，推动"双减"工作持续深入开展。一是给学校减负，让校长、教师更专注于本职工作。教育局提出"三减负一加强"的具体措施。对校长减负就是少开会，每学期教育系统只召开三个大会，即开学前期召开工作安排会、中期召开工作推进会、结束期召开工作总结会，平时不允许擅自召开其他会议；对教师减负就是少发文件，让教师专注于教育教学，变文件通知为电话通知；对学校减负就是优化评价方式，采用日常综合的评价考核，减少纸质测验和年终的软件资料，把教育无关的事务解放出去，更加去关注学生的学习品质，关注学生的全面发展。加强校外培训机构监管，全面推行"黑白名单"管理，严格执行"双减"政策，确保"双减"政策不走样。二是给学生减负，让学生健康快乐成长。在"双减"背景下，为学生德智体美劳全面发展提供支持，以学生全面发展作为目标，利用学习资源和环境，在多元化的教学模式下，进一步推动五育并举。① 减负不减质，减负不减乐，严格落实作业管理，提高课后服务水平。出台《旺苍县2021年中小学教育教学专项督查实施意见》，挂牌督导"双减"工作，并将之纳入对学校的年度目标绩效考核，对查摆出的问题严查严办、即查即改，从源头上减轻学生课业负担，让学生有更多的精力和时间全面发展。积极探索学生作业管理新模式，县内黄洋小学推行"321"学生作业管理模式，双河中学实施作业交叉辅导，实验小学、佰章小学开展作业设计比赛等"双减"

---

① 章鑫."双减"背景下落实"五育"并举的思考[J]. 湖北教育（政务宣传），2024（1）：48.

新模式、新做法。认真抓好全县 56 所学校 3.2 万余名学生参与课后服务，创新推出"长短课"、学生社团建设课程化等新办法，让学生走出培训机构，走进运动场、阅览室、美术室、实验室，增强学生体质，陶冶学生情操，培养学生综合能力，提升学生学习幸福感和获得感。

### （二）五育并举育春色

持续推动立德树人，抓实五育并举，促进学生健康成长、全面发展，全力保障每一位学生在学思践悟中幸福成长。课后服务是推进五育并举培育孩子烂漫春色的一项重要举措。为认真贯彻国家"双减"政策，通过推行课后服务工作，致力于满足学生课外需求，促进学生健康、快乐、幸福成长。[①] 一是以课后服务为载体，打造"一校一品"。依托自身资源，充分挖掘特色项目，纵深推进"一校一品"建设，打造五权小学花样跳绳、化龙小学舞狮社团、幼儿篮球操等特色社团 10 余个。创建全国校园足球特色学校 11 所，全国校园篮球特色学校 3 所，省市阳光体育示范学校 14 所。二是建立课后服务课程体系，服务于学生，助力立德树人，并在课后服务中落实学生作业辅导、自主阅读、体育训练、艺术审美、科普活动、劳动实践，以及娱乐游戏、拓展训练、社团及兴趣培养、社会实践研学活动、观看适宜儿童的影片等学生自助式、菜单式活动课程。一方面保证学生在校期间完成大部分作业内容，对于学习中的疑惑能获得学科教师的及时解答；另一方面基于学生兴趣的拓展性主题活动课程采取跨学科、项目式、探究式、协作式、体验式的课程组织形式，让学有余力的学生获得专业性的指导，促进其高阶思维与社会性的发展。三是探索开发课后服务多元的课程体系。出台了《旺苍县中小学全面实施课后服务课程设置指导方案》，在实施过程中依据学校实际和特色，个性化选择课后服务内容。创新县域农村义务教育阶段课后服务管理体系，做到"管、办、评"分离，逐步完善县域课后服务督导评价体系，先后出台《旺苍县课后服务章程》《旺苍县课后服务管理办法》《旺苍县课后服务费管理暂行办法》《旺苍县中小学课后服务考评量化细则》等文件，促使课后服务"三级"联动，实实在在减轻学生、家长负担，满足学生多样化需求，共同探寻符合时代要求与学生发展需求的育人体系。

坚守育人初心，五育并举赋能立德树人。落实立德树人、五育并举，推行素质教育，我们是践行者，更是受益者。几年躬耕，学生眼里光更亮，教师心中爱更深，学校发展势更强，全县教育教学质量连年攀升。旺苍教育已成为全市教育的一张靓丽名片，这些成绩的取得是推进立德树人、落实五育并举带给我们的额外奖赏。

---

① 童建芬."双减"背景下"5+2"课后服务工作模式的实践[J]. 新教育，2024（S1）：35-36.

行动，就有收获；坚持，才有奇迹。旺苍教育初步构建完善的德育、智育、体育、美育、劳育工作体系，形成了"真、实、美、好"的教育新格局，努力践行让师生过上幸福完整的教育生活。

（撰稿人：殷才昌，广元市旺苍县委教育工委书记，县教育局党组书记、局长）

# 立德树人案例的实践意义

　　立德树人案例是四川省基础教育立德树人优秀创新实践案例的简称。立德树人案例是在案例研究的基础上，以案例的形式呈现教师在育人实践中的创新性做法、创造性成果，包括教师个人的教育教学实践成果和教师集体（学校或教育单位）创生的立德树人实践成果。

　　自 2019 年以来，四川省教育学会将推动全省中小学全面落实立德树人根本任务作为重点工作，切实做好四川基础教育怎样为党育人、为国育才这篇重大政治文章，并在指导学校立德树人工作，明确"培养什么人、怎样培养人、为谁培养人"，总结推广立德树人"四川经验"等方面成效明显，对提高四川基础教育育人质量产生了积极影响。

## 一、案例研究溯源

　　案例并不是一个新鲜的事物，因为案例所反映的教育事实、揭示的教育问题、列举的教育事例并不是今天才出现的，只是过去没有用案例的字眼来表述，没有以案例的形式来表达而已。

　　追根溯源，人们对案例的研究大体上有以下三种情形。

### （一）案例作为一种教学方法

　　最早将案例引入教学的学者，可追溯到古希腊著名哲学家苏格拉底。他通过具体事例向学生提问，不断揭示对方回答问题中的矛盾，引导学生总结出一般性的结论。因此，案例教学法又称"苏格拉底式教学法"。

　　一般而言，案例在医学界使用最早，后来随着社会对法律法规的强调被引入到法学界，英美法系常常以案例来立法。将案例作为一种教学方法引入到教学中是 20 世纪初的事情。当时美国麻省理工学院就在原子能研究中运用案例教学。后来，哈佛商学院的管理者和教师意识到，一味地讲授各种各样的管理理论并不为学生接纳；相反，请当地的工商管理人士走进课堂，向学生现身说法，讲自己在管理中遇到的问题与对策时，学生会兴趣盎然，印象深刻。1921 年，律师出身的校长多汉姆鼓励全校教师使用案例进行教学。迄今为止，运用案例进行教学在工商管理学界最为彻底，案例的经典写作方式及对案例本身的研究也主要来自工商管理学界。

19 世纪 70 年代，哈佛大学法学院第一任院长克里斯托弗·哥伦布·兰德尔把案例分析引入法学专业教育。此后一百年间，案例分析作为专业教育的基本方法在医学、法学、管理学等领域得到广泛应用，其有效性也得到公认。20 世纪 70 年代，案例分析作为教师教育方法被引入教育领域。美国卡内基教育基金会 1986 年出版的报告《准备就绪的国家——21 世纪的教师》中明确指出，教师教育中应当采用的方法，就是在法学和管理学得到充分发展，但在教师教育中却几乎陌生的案例分析。提示了大量教学问题的案例教育，应当作为讲授的主要焦点加以开发。案例教学对案例的需要催生了以案例描述、分析与讨论为核心的案例研究。与此同时，教育研究领域开始注重"自下而上"的定性研究方法，研究人员开始走进学校和教师一起研究教育教学问题。在此背景下，案例研究成为教育研究领域的新宠。

在我国，大连理工大学在 2007 年率先提出"全案例教学"理念，致力于案例教学覆盖学习全过程的本土化实践与探索，形成了一套适应中国国情的特色案例教学体系。2013 年，基于企业案例分析实践课程、企业诊断咨询实践课程等实践教学变革，情境教学课程体系被大连理工大学创造性地引入到教学中，并将其纳入实践教学的必修环节。目前，大连理工大学已形成以真实或模拟的企业运营情境为背景，以企业管理实践信息为知识载体，以学生主导的协作和交流为核心，以教师的引导和协助为依托的情境教学体系。情境教学有效地激发了学生的学习兴趣，提高了学生分析和解决实际问题的能力，达到了灵活掌握和运用知识的效果。

### （二）案例作为一种研究方式

20 世纪 70 年代，不少西方理论工作者深刻地感受到教育理论与教育实践之间存在着鸿沟，抽象的教育理论与丰富的教育实践之间有巨大差异，鼓励教师成为研究者，把行动和研究紧密结合。在这种情况下，教师如何去从事研究、用什么样的方式来展示自己的研究就成了一个问题。显然，长篇大论的理论探讨并非教师所长，而生动鲜活的事例却是教师研究的宝贵资源。于是，以发生在教师身边的事件为研究对象的案例就逐渐进入了研究者以及教师的视野。

案例作为一种研究方式，主要用于研究设计中。案例研究设计一般包含五个要素。

一是确定研究问题。问题是案例研究的基础与前提。研究者事先对已有研究文献进行审查和评估，以了解在此之前其他人是否意识到或研究过这个问题，研究到什么程度，以及还有哪些问题是他们没有提出或没有能够回答。然后，将所要研究的问题用"怎么样"或"为什么"的形式表述出来。二是陈述理论主张（理论假设）。在少数情况下，虽然一些研究没有任何理论主张，但是也应该有一个明确的研究目的，并基于此对数据的收集进行决策。三是界定分析单位。对分析单位的界定与对研究问题的界定及研究对象的选取是相关的。例如，若研究者根据研究问题选取的研究对象一位是专家教师，另外两位是合格的教师，还有一位是新教师。很显然这里研究者是将教师个体作为分析单元。四是数据的收集和分析。在案例研究中，大部分的资料数据都是由研究者本人与个案的近距离接触和联系而直接收集的。常用的数据来源是文献资料、访谈、观察、档案记录和课程教学材料等。资料的分析与资料的收集同步，在分析基础上识别每个案例的关键特征和主题，最后进行跨案例分析。五是撰写研究报告表达研究的成果。研究者常常在研究报告中用教师或学生成长的具体事例佐证自己的研究成果，案例就成了研究成果的表达方式。

### （三）案例作为一种成果表达

案例研究是一种质性研究，其最终成果既可以是案例描述本身，即以案例作为研究，也可以是通过案例描述，最终获得案例分析结论，即通过案例进行研究。

将案例用于表达研究成果，常见于课题研究报告或调研报告之中。在课题研究报告中以案例为佐证，前面已经叙述。这里，着重谈调研报告的案例运用问题。

中国共产党对调查研究极为重视，早在大革命时期和中央苏区时期，毛泽东同志就带头深入一线开展调查研究，亲手写就《湖南农民运动考察报告》《寻乌调查》《兴国调查》《长冈乡调查》等大量光辉著作，留下"没有调查，没有发言权"的至理名言。

1927年1月4日至2月5日，毛泽东同志专程到湖南做了32天的考察，写就了《湖南农民运动考察报告》。全文用大量的事例阐述了"农民问题的严重性"等问题。考察报告认为"所有各种反对农民运动的议论，都必须迅速矫正。革命当局对农民运动的各种错误处置，必须迅速变更。这样，才于革命前途有所补益"。指出中国的几万万农民"将冲决一切束缚他们的罗网，朝着解放的路上迅跑"。"一切帝国主义、军阀、贪官污吏、土豪劣绅，都将被他们葬入坟墓。一切革命的党派、革命的同志，都将在他们面前受他们的检验而决定弃取。"报告最后指出："嘴里天天说'唤起民众'，民众起来了又害怕得要死，这和叶公好龙没有什么两样！"

以习近平同志为代表的新一代中国共产党领导人继承了我党注重调查研究的光荣传统。2023 年 3 月，中共中央办公厅印发了《关于在全党大兴调查研究的工作方案》，号召全党以事例为载体开展调查研究，作为习近平新时代中国特色社会主义思想主题教育的重要内容。习近平总书记强调指出，调查研究是谋事之基、成事之道，没有调查就没有发言权，没有调查就没有决策权；正确的决策离不开调查研究，正确的贯彻落实同样也离不开调查研究；调查研究是获得真知灼见的源头活水，是做好工作的基本功；要在全党大兴调查研究之风。习近平总书记这些重要指示，深刻阐明了调查研究的重要性，为全党大兴调查研究、做好各项工作提供了根本遵循，全党涌现出了许多典型案例，为中国共产党新时代治国理政，以中国式现代化全面推进强国建设、民族复兴伟业写下了浓墨重彩的一笔。

我国著名社会学家费孝通先生长期从事调查研究，是将案例用于表达研究成果的大师。费先生从事社会学、人类学研究，写下了数百万字的著作。在其众多学术著述中，《社会调查自白》可谓"一个科学工作者对自己工作的自白"，费先生以长达半个世纪的学术探索为标本，毫无保留地将自己"解剖"给读者，凝结了他对社会调查方法的深沉思考和智慧。费先生从"我的一生是怎样从事社会调查的，以及这些调查是怎样影响我的思想的"讲起，系统介绍了社会调查、民族调查、农村调查、家庭调查、小城镇调查、知识分子和智力资源调查、社会学的重建和发展等领域的研究和反思，给出了在理论和方法指导下开展社会调查的具体路径。费孝通先生的社会调查案例，从一个侧面反映了案例研究在成果表达中的巨大作用。

## 二、立德树人案例的基本内涵

党的十八大以来，习近平总书记基于对世情、国情、党情、校情、学情深刻变化的准确研判，提出了一系列关于学校立德树人的重要论述，科学回答了新时代中国特色社会主义教育为谁培养人、培养什么人、怎样培养人这个根本问题，突出了旗帜鲜明的政治方向，彰显了执着坚定的人民立场，展现了高瞻远瞩的战略思维，凸显了攻坚克难的问题意识，蕴含了精深厚重的文化底蕴，体现了笃行担当的实践指向。[①]

在教育的三个根本问题中，"为谁培养人"要解决人才培养的方向问题，"培养什么人"要解决人才培养的规格问题，"怎样培养人"要解决人才培养的路径问题。立德树人案例的征集、评审、展示和推广，就是要以案例研究的方式，探索人才培养的实践路径，把立德树人根本任务落地落实，培养担当民族复兴大任的时代新人。

---

① 林锋.习近平总书记关于学校立德树人重要论述研究[D].神州：福建师范大学，2022.

### （一）立德树人概念溯源

**1. 立德树人的提出**

2013 年 9 月，《人民论坛》发布了当时最具价值的 20 个汉字，"德"列第一位。这不是偶然的，表明经过几千年的实践，国人对"德"是做人的根本、是国人的核心素养的观念已普遍认同。据专家考证，"立德"和"树人"最早分别出现在《左传》和《管子·权修》中。可见，"立德"和"树人"的思想古已有之，但二者独立存在，各表其意，尚未合为一个术语。新中国成立以来，德育被反复强调。"立德"与"树人"被合体使用始于当代。2012 年 11 月，党的十八大首次将立德树人写入大会报告并将其确定为教育的根本任务。

党的十八大以来，立德树人的地位被提到了一个新高度。具体表现在：肯定立德树人作为教育根本任务的地位和作用，指明各级各类学校在落实立德树人根本任务中的作用，提出了落实立德树人的具体措施，强调思政课是落实立德树人根本任务的关键课程等。总之，立德树人是对我国传统教育思想的传承与发展，是中国特色社会主义教育的本质体现，是办好人民满意教育的根本要求。

**2. 立德树人的本质内涵**

党的十七大提出"坚持育人为本、德育为先"，党的十八大提出"把立德树人作为教育的根本任务"，党的十九大要求"落实立德树人根本任务"。显然，立德树人在党的教育方针中占有极其重要的地位。立德树人的本质内涵表现在四个方面。

第一，立德树人是对教育方针的创新发展。一是将立德树人的定位置于全面发展之上，用立德树人统率德智体美劳全面发展，这是立德树人作为党的教育方针的重要组成部分最重大的意义。二是立德树人是德智体美劳各育的共同任务，不能把立德树人与德育画等号，要把立德树人融入思想道德教育、文化知识教育、社会实践教育各环节来开展全部教育教学活动。三是更加强调德育在人的全面发展中的重要地位。把立德树人作为教育的根本任务，无疑是对人的德行成长和德育工作的重视。正因为如此，习近平总书记强调，落实立德树人根本任务，要在坚定理想信念、厚植爱国主义情怀、加强品德修养、增长知识见识、培养奋斗精神、增强综合素质等六个方面下功夫。

第二，立德树人是对教育本质的创新认识。教育是培养人的社会现象。教育如何培养人？用康德的话说，教育就是让人成为人。在这里，康德讲的第一个"人"是生物的人，第二个"人"是社会的人。一个人从生物的生命体，到完成社会化的"人"，最大的变化是什么？是适应社会的文明、习俗、礼仪、道德等，这一切最根本的，就是人的德行的成长。习近平总书记曾强调："国无德不兴，人无德不立。"无疑，立德树人是对教育本质的一种新认识。

第三，立德树人是我国教育的光荣传统。《礼记·大学》讲："自天子以至于庶人，壹是皆以修身为本。"《论语·学而》曰："弟子入则孝，出则悌，谨而信，泛爱众，而亲仁。行有余力，则以学文。"孔子要求他的弟子回家孝顺父母，在外长幼有序，做人做事谨言慎行、讲诚信，仁者爱人、推己及人。把这些要求做好了，再跟着他"学文"，即学习礼、乐、射、御、书、数这六门课程。显然，孔子主张先教人做人、后教人读书。这充分说明，立德树人是我国教育的光荣传统。

第四，立德树人是人才成长的根本规律。立德树人揭示了道德发展与人的全面发展的辩证关系，强调德行成长是人的全面发展的根本保障。司马光在《资治通鉴》中强调："才者，德之资也；德者，才之帅也。"他还按才、德的不同构成将人才进行分类："才德全尽谓之圣人，才德兼亡谓之愚人，德胜才谓之君子，才胜德谓之小人。"在这里，司马光深刻阐述了德与才二者相生相辅、辩证统一的关系，即才是德的基础，德是才的灵魂，并提出了德才兼备的人才观。习近平总书记在 2018 年北京大学师生座谈会上强调：人无德不立，育人的根本任务在于立德。这是人才培养的辩证法。办学要尊重这个规律，否则就办不好。

### （二）立德树人案例的基本内涵

四川省教育学会开展立德树人案例的征集、评审、展示和推广活动，是要以案例为载体，总结、提炼、展示、推广全省中小学将立德树人根本任务落地落实的创新性实践成果。概括地说，立德树人案例具有方向性、时代性和导向性三个基本特性。

### 1. 方向性

方向性是立德树人案例最基本的特性。我国社会主义学校应该培养的是社会主义建设者和接班人，而不是社会主义制度的掘墓人，这是首先要把握的根本性方向。立德树人作为教育根本任务是应对世界百年未有之大变局的必然要求，是服务于中华民族伟大复兴战略全局的现实需求，青少年学生正处于"拔节孕穗期"，最需精心引导，立德树人工作刻不容缓。

把握立德树人案例的方向性，在撰写立德树人案例时要做到：

第一，要牢牢把握社会主义办学方向。全国教育大会用"九个坚持"来概括新时代坚持中国特色社会主义教育发展道路的核心要求，其中第一条就是坚持社会主义办学方向。这是新时代坚持和发展中国特色社会主义教育的根本原则。办好中国特色、世界水平的现代教育，最重要的就是在事关办学方向的问题上站稳立场。

第二，要始终如一树立科学的德育观。今天的教育工作者至少应当从以下三个角度去认识德育的重要性。一是德育是一切教育的根本，无德育即无教育。智育没有德育做基础，智育就是犯罪的帮凶；体育没有德育做基础，体育就是暴力的前卫；美育没有德育做基础，美育就是腐化堕落的催化剂。二是人人都是德育工作者。任何一种管理活动、任何一节自然科学课程都有"直接德育""间接德育"和"隐性德育"的作用，学校每一位管理者、教育工作者都应当清醒地认识到，"人人都是德育工作者"是一个教育的事实，而非仅仅是一种价值的倡导。三是德育是工作更是灵魂。只有从骨髓里、血液里认识到教育与德育须臾不可分离的本质，管理者、教育工作者才可能真正理解德育的重要，真正发自内心地承担教书育人的使命、立德树人的责任。

第三，要坚持五育并举，扎实推进五育融合。习近平总书记在 2018 年 9 月举行的全国教育大会上旗帜鲜明地指出"努力构建德智体美劳全面培养的教育体系"。从此，立德树人，五育并举，培养德智体美劳全面发展的社会主义建设者和接班人的任务成为新时代全体教育人的共同目标。2019 年，中共中央、国务院发布了《中国教育现代化 2035》，进一步提出"更加注重全面发展。大力发展素质教育，促进德育、智育、体育、美育、劳动教育有机融合"。五育并举是对教育的整体性倡导，是目标和要求。五育融合则着重于实践方式，致力于学科贯通。要打破"加法式"思维习惯，通过学科内、学科间的融合，实现五育并举的育人目标。

### 2. 时代性

立德树人案例具有鲜明的时代性。培养能担当民族复兴大任的时代新人是新时代中国特色社会主义教育的时代要求。做好立德树人工作，应回答好对新时代学校立德树人"如何看"和"怎么办"两个层面的逻辑思考。新时代学校必须紧紧围绕立德树人根本任务，紧密围绕服务于人才培养这个核心使命展开教育教学。

把握立德树人案例的时代性，在撰写立德树人案例时要做到：

第一，要以德立身、以德立学、以德施教。教师承载着塑造灵魂、塑造生命、塑造新人的时代重任。理想指引人生方向，信念决定事业成败，在价值多元多变的当今社会，教师作为学生的引路人和行为模范，要切实承担相应的社会责任，满怀对受教育者的真心关爱，自觉践行社会主义核心价值观，做真善美的践行者和传播者，以深厚的学识修养赢得尊重，以高尚的人格魅力引领风气，在为祖国为人民立德立言中成就自我、实现价值。要向学生传递坚定的力量、思想的光芒，引导学生树立爱国主义理想信念，更好构筑中国精神、中国价值和中国力量。

第二，要以治学为基、求真学问。"所谓大学者，非谓有大楼之谓也，有大师之谓也。"大师的高水平离不开严谨的治学。因此，教师既要有高尚品德，还得有真才实学。这就需要刻苦钻研学问真知，不断提高学术创新能力，以扎实学识支撑高水平科研和教学。为学要贵在勤奋、贵在钻研、贵在有恒。基础教育的教师应始终秉持实事求是的科学精神和严谨的治学态度，将立德树人融于教书育人的实践中，营造诚实守信、追求真理、崇尚创新、勇攀高峰的良好氛围。

第三，要以理明德、以理释德、以理树德。扎实的知识功底、过硬的教学能力、勤勉的教学态度、科学的教学方法是老师的基本素质。作为教师，最根本的是传道授业解惑。在知识来源无限丰富的信息化时代，学生早已不再满足于课堂上知识的机械传授，这就要求教师时时探索和追求新知，以高水平科学研究支撑高质量人才培养，不断琢磨和挖掘教学方法，善于运用现代信息技术，勇于改革和创新教学模式，形成独具特色的教学风格。

**3. 导向性**

立德树人案例具有明确的导向性。近年来，四川省基础教育领域认真学习贯彻习近平总书记关于立德树人的重要论述，在立德治校、教书育人的实践中和落实立德树人根本任务中涌现了一大批先进典型。总结、提炼、推广全省中小学在落实立德树人根本任务中创新性做法、创造性成果是立德树人案例最根本的价值追求。

把握立德树人案例的可操作性，在撰写立德树人案例时要做到：

第一，要以科学的育人理论为指导。习近平总书记关于立德树人重要论述是对马克思主义教育本质的理性回归，它超越了现实培养人中出现的狭隘的工具理性与功利主义，是对教育中人文精神缺失、道德行为失范现象的深刻反思。新时代学校必须坚持用马克思主义的立场观点和方法来达成人的全面发展。因此，立德树人案例要以案说理，以案例的形式说明具体育人做法背后的理论依据。

第二，要解决教书育人实践中的现实问题。立德树人命题的提出具有强烈的现实针对性，一方面是我国现实教育在立德树人方面面临严峻挑战和存在严重误区，另一方面是实现中华民族伟大复兴对人才的需求比以往任何时候都更加迫切。研究习近平总书记关于学校立德树人重要论述是解决学校立德树人面临现实困境的迫切需要。因此，立德树人案例要反映育人实践中可复制、可推广的成功经验，供他人学习借鉴。

第三，要在案例交流中大力弘扬教育家精神。教育家精神并不仅是只有极少数教育家才能拥有的精神，而是每一位教师通过努力学习与扎实践行也能够达到的精神境界。通过立德树人案例，教师要在实践中探索教育家精神的养成，寻找教育家精神的实践路径，学习借鉴优秀教师的实践经验，在案例交流中探寻涵养这一崇高精神的方法路径，是立德树人案例的教育价值所在。

## 三、立德树人案例的基本特征

"案例在其内容上有这样几个鲜明的特征：一是发生的事件；二是事件中包含有问题或疑难在内；三是事件具有典型性；四是事件是真实发生的。"[①] 立德树人案例是在育人实践中的典型事例，具有实践性、创新性、典型性、情境性和教育性五个基本特征。

### （一）实践性

立德树人案例是在立德树人教育实践中产生的，源于实践、指导实践是立德树人案例最基本的特征。基础教育是立德树人的事业，是党和国家教育事业的根本，是四川经济发展、社会进步的基石。近年来，全省中小学积极探索立德树人实践路径，旗帜鲜明地加强思想政治教育、品德教育，加强社会主义核心价值观教育，引导学生自尊自信自立自强，努力培养担当民族复兴大任的时代新人。在此过程中产生了大量生动的事例，立德树人案例是其中的典型代表。

### （二）创新性

立德树人案例的另一个基本特征是创新性。把握立德树人与创新实践的互动关系是基础教育实现创新驱动发展的基本议题。立德树人是创新的重要保证，创新为立德树人注入新的时代内涵与活力，创新通过对立德树人的时代使命、任务重点、实践效果等来促进与检验立德树人的成效。在此探索过程中，全省中小学有许多创新性的做法，立德树人案例就是要展示其中的创造性成果。

### （三）典型性

立德树人案例所呈现的是一个个典型的教育事例，典型性是其基本特征之一。典型案例之所以"典型"，一是案例类型的典型性，选择反映问题多、实践需求急的典型事例，如爱国主义教育中的红色基因传承问题、心理健康教育中的情绪管理问题、留守儿童的特殊关爱问题等，给予重点关注。二是实践指导的典型性，选择的案例应反映当前立德树人教育实践中亟须解决的问题，如五育并举的实施路径、课程思政的学科落实问题等。

### （四）情境性

立德树人案例是根据事件发生、发展、高潮、结尾等情节编写的案例，应具有情境性。所呈现的案例，应置于特定的教育情境中，把立德树人融入思想道德教育、文

---

① 郑金洲.案例教学：教师专业发展的新途径[J].教育理论与实践，2002（7）：36.

化知识教育、社会实践教育各环节中，以"真"的价值教育人，以"美"的形象陶冶人，以"情"的力量感染人，以"思"的精神引领人。

### （五）教育性

一个好的教育案例，就是一个生动的教育故事加上精彩点评，并给人以启迪。因此，立德树人案例应具有教育性，在一定程度上反映近年来四川基础教育领域落实立德树人根本任务的实践创新成果，案例所反映的成功经验是可复制、可推广的。

## 四、立德树人案例的撰写要点

教育案例是一种独特的教育文体，其主要特性是以案说事、以案说理。在撰写立德树人案例时要遵从学术文献的写作规范，简洁明了地说明典型教育事例及其背后所包含的道理。

### （一）基本要求

撰写立德树人案例，要遵循"选择典型事例—进行内容分析—明确研究问题—确定表达方式—撰写案例初稿—进行反思修改"的程序。前三个步骤解决"写什么"的问题，后三个步骤解决"怎样写"的问题。

**1. 选择典型事例**

在内容上，立德树人案例应反映所在学校（单位）在课程育人、管理育人、协同育人、文化育人、活动育人及实践育人某一方面的典型事例。但要注意主题鲜明，不面面俱到。

**2. 进行内容分析**

撰写立德树人案例，要在对案例内容进行分析概括的基础上准确提炼主题，围绕主题组织材料。提炼主题，就是将从材料中得来的思想认识加以集中和深化，进而形成一篇案例所要表达的中心思想。提炼主题的过程，也就是从感性认识上升到理性认识的过程。

**3. 明确研究问题**

立德树人案例是在案例研究的基础上产生的。对问题的研究是立德树人案例撰写的基础。因此，立德树人案例一定要有问题感，反映问题的底层逻辑，反映解决问题的思路和办法，使读者易于学习借鉴。

**4. 确定表达方式**

一般地说，撰写立德树人案例有四种文本表达结构。一是时间结构。根据时间顺序组织材料；也可倒叙，但时间逻辑不变。二是情节结构。真实完整地描述案例情节，点明案例所内含的矛盾冲突。三是叙述结构。清楚地交代前因后果，娓娓道来，使案例具有可读性。四是说明结构。依据相关原理进行理性分析点评，使案例具有典型性。

**5. 撰写案例初稿**

确定文本表达方式后，要静下心来撰写立德树人案例的初稿。需要说明的是，撰写初稿前一定要拟定写作提纲。提纲要反映案例各部分之间的逻辑关系，最好有三级标题，使层次清晰。同时，案例撰写要注意叙述简洁，把大道理融入娓娓道来的故事叙述和有理有据的反思评析之中。

**6. 进行反思修改**

好文章是改出来的。立德树人案例的修改，最核心的是进一步提炼主题和润色语言。主题不鲜明，案例很难出彩。同样，如果语言不精练，案例的可读性也会存疑。润色语言可以分两步进行。一是从细微处推敲词句，力求去尽瑕疵，直到自己满意为止。二是注意案例表达的规范，使语言符合逻辑、符合语法、符合修辞，合乎案例文体。

**（二）撰写要点**

案例是对真实事件的描写，并能够引起读者的思考和争论，富含启发性。撰写立德树人案例应拟定一个好的标题，对案例内容进行简洁的描述和恰当的点评。要特别注意不能将案例写成论文并避免情绪化的描述。

**1. 拟定准确点题的标题**

标题是案例的"眼睛"。好的案例标题或画龙点睛，或引人入胜，或开门见山。立德树人案例标题要求短小活泼、富有文采并准确点题。在拟定案例标题时要注意两点。一是标题一般不超过 20 个汉字，必要时可以加副标题，如"今天换我当妈妈""让熊孩子在鼓励中成长""给人鱼公主一个美好的结局——幼儿园戏剧课程故事案例"等。二是标题要能准确反映内容，切忌文不对题，如"爱的教育"围绕一名后进学生的转变娓娓道来，标题只有四个字却展示了师爱无疆的主题。

**2. 写好结构完整的正文**

立德树人案例要真实生动、结构完整并具有故事性，其内容一般应包括开场白、背景描述、特殊情景介绍、所面临的问题、相关解决办法、反思评价等。开场白需用简洁的语言引出要叙写的案例。背景描述是要交代案例发生的背景。有的案例是在特殊场景中出现的，要交代清楚案例发生的特殊情景。案例隐含矛盾冲突，要说清楚案例所面临的问题和解决问题的办法。更重要的是，案例一定要有反思评价。这是案例研究的价值所在。"其实一个案例就是一个老师、一个示范，所以它提供给广大教育工作者的不仅仅是一个事件而更多的是一种启示。"①

### 3. 注意事实的充足性和数据的准确性

撰写立德树人案例，要注意用事实和数据说话。一是要用事实说话，用立德树人实践中的典型事例充分反映事实。引用要准确，尽量引用原话，注意保护隐私。二是要用数据说话，要仔细核对案例中的相关数据，最好能提供原始数据佐证。

### 4. 避免将案例写成论文

案例和论文在写作方式上是不一样的。

表 1　案例与论文的写作差异

| 类型 | 写作文体 | 写作方法 | 写作思路 |
|------|----------|----------|----------|
| 案例 | 记叙文 | 以事说理 | 归纳思维 |
| 论文 | 议论文 | 以理说事 | 演绎思维 |

论文是以说理为目的，以议论为主的；而案例则以记录为目的，以记叙为主，兼有议论和说明。也就是说，案例是讲一个故事，通过故事来说明道理。因此，从写作的思路和思维方式上来看，二者也有很大的区别。论文写作一般是一种演绎思维，思维的方式是从抽象到具体，而案例写作是一种归纳思维，思维的方式是从具体到抽象。从四川省第五届立德树人创新实践案例征集到的文章来看，有近三分之一的文章都将案例写成了论文或其他经验文章，必须引起高度重视。

### 5. 避免将案例写成工作汇报

从四川省第五届立德树人创新实践案例征集到的文章来看，不少应征案例没有故事情节和反思点评，完全将案例写成了经验文章或工作报告。

表 2　案例与工作汇报的写作差异

| 类型 | 写作文体 | 写作方法 | 写作思路 |
|------|----------|----------|----------|
| 案例 | 记叙文 | 以事说理 | 就事论事 |
| 工作汇报 | 应用文 | 说成绩、说问题、说努力方向 | 全面阐述 |

实际上，工作汇报是工作人员向上级汇报工作的书面材料，其文体属于应用文。而立德树人案例是在案例研究的基础上，通过一线教师讲述鲜活的立德树人案例并进行反思评价得出的研究成果，"有故事、有评价"是撰写立德树人案例最基本的要求。

需要指出的是，立德树人案例的最后需要有一句结束语。写结束语的目的是使读

---

① 商利民.试论新课程改革中的教学案例及其研究价值[J].教师教育研究，2004（6）：59.

者回到篇首所提到的内容中去，达到结束全文、前后呼应的效果。

## 五、立德树人案例的实践意义

五年来，四川省教育学会牢牢把握立德树人案例的方向性、时代性和导向性，致力于总结提炼四川基础教育落实立德树人根本任务的实践成果，丰富了立德树人内涵，创新了立德树人观念，开拓了立德树人思路，破解了立德树人难题，把基础教育立德树人工作推进到一个新的水平。总的来说，可以用四个"有助于"来概括立德树人案例的实践意义。

### （一）有助于深化对立德树人内涵的认识

在研究习近平总书记关于立德树人重要论述核心要义的基础上，全省基础教育领域的学校和教师围绕"怎么培养人"的教育方法论问题，在课程育人、管理育人、协同育人、文化育人、活动育人及实践育人等方面大胆探索，在案例中总结提炼出了很多新思想、新方法，深化了对马克思主义教育思想和习近平新时代中国特色社会主义教育思想的认识。实践证明，立德树人案例有助于进一步拓展马克思主义教育思想中国化成果。

### （二）有助于守好课堂立德树人主阵地

课堂是学校落实立德树人根本任务的主阵地。每一门课程、每一位教师都必须在课堂上不折不扣地贯彻落实党的教育方针，确保课堂坚定正确的政治方向。用习近平总书记关于学校立德树人重要论述引领课堂，用社会主义核心价值观指导课堂，是新时代课堂教学的基本要义。立德树人案例，把习近平新时代中国特色社会主义教育思想和社会主义核心价值观融入课堂教学之中，起到了守好课堂立德树人主阵地，唱响主旋律、传播真善美、汇聚正能量的作用，使学生的信仰之基更牢固、精神之钙更充足、思想之舵更稳固，基础教育立德树人课堂育人生态已初步形成。

### （三）有助于拓展落实立德树人的实践路径

习近平总书记关于学校立德树人重要论述，源泉来自丰富生动的教育实践活动，动力来自不断解决教育问题的现实需求。五年立德树人案例的征集、评审、展示和推广的实践，从党的领导主心骨、教师队伍主力军、课程建设主渠道、校园文化主阵地、教育评价主攻点、家校政社主链条等方面进一步深入探讨和展开，许多学校和教师在案例中呈现了立德树人实践中的创新性做法、创造性成果，进一步拓展了学校落实立德树人的实践路径，为落实学校立德树人根本任务提供一个可行性的运行模式。

### （四）有助于破解当前教育存在的一些难题

当前，"唯分数、唯升学、唯文凭、唯论文、唯帽子"的现象仍存在，这些做法失去了学校育人为本的教育价值，背离了教书育人的教师本心，脱离了教育科学发展的基本轨道。习近平总书记关于学校立德树人重要论述是立足世情、国情、校情、学情的复杂变化，是对学校使命和职能的深刻反思，是党中央全面深化改革战略布局在教育领域的具体贯彻和落实。通过立德树人案例，研究习近平总书记关于学校立德树人重要论述，正是解决当前教育实践问题的思想武器。五年立德树人案例的征集、评审、展示和推广的实践，在一定程度上解决了当前学校和教师中存在的"五唯"问题，破解了当前教育存在的一些难题，使学校和教师初步实现了从"育分"向"育人"的转变。

著名教育家吕型伟先生生前留下了振聋发聩的时代之声："德育是未来教育最大的难题，这不是我一个人的担心，因为这是一个国际性的问题。人类可以享受科技带来的成果，可以让飞天不再是梦想，可以克隆自己的生命，但有一个问题没有解决好，就是道德。"面对这样的时代变局，以习近平同志为核心的党中央高瞻远瞩，把为谁培养人、培养什么人、如何培养人作为教育的首要任务，强调把立德树人作为教育的根本任务。四川省教育学会开展立德树人案例的征集、评审、展示和推广活动，就是要回应时代之问，就是要通过实实在在的行动，总结提炼"立德树人、五育并举"的四川样态，把立德树人根本任务真正落到实处。

（撰稿人：朱远平，正高级教师，四川省教育学会副秘书长、学术部主任）

# 近五年四川省教育学会立德树人学术活动的总结与展望

## 一、四川省教育学会立德树人学术活动背景

### （一）教育改革发展背景：推动立德树人根本任务的落地落细

在党的十七大、十八大、十九大和二十大报告中，关于教育有重要论述，最终确定了立德树人是新时代教育的根本任务。

党的十七大报告指出："教育是民族振兴的基石，教育公平是社会公平的重要基础。要全面贯彻党的教育方针，坚持育人为本、德育为先，实施素质教育，提高教育现代化水平，培养德智体美全面发展的社会主义建设者和接班人，办好人民满意的教育。"

党的十八大报告提出："教育是民族振兴和社会进步的基石。要坚持教育优先发展，全面贯彻党的教育方针，坚持教育为社会主义现代化建设服务、为人民服务，把立德树人作为教育的根本任务，培养德智体美全面发展的社会主义建设者和接班人。"

党的十九大报告明确："建设教育强国是中华民族伟大复兴的基础工程，必须把教育事业放在优先位置，深化教育改革，加快教育现代化，办好人民满意的教育。要全面贯彻党的教育方针，落实立德树人根本任务，发展素质教育，推进教育公平，培养德智体美全面发展的社会主义建设者和接班人。"

党的二十大报告强调："教育是国之大计、党之大计。培养什么人、怎样培养人、为谁培养人是教育的根本问题。育人的根本在于立德。全面贯彻党的教育方针，落实立德树人根本任务，培养德智体美劳全面发展的社会主义建设者和接班人。"

从党的十七大报告首次提出"育人为本、德育为先"，到十八大报告明确把"立德树人作为教育的根本任务"，再到十九大报告强调落实"立德树人根本任务"，最后二十大报告进一步强调落实"立德树人根本任务"，并指出"育人的根本在于立德"，是

以习近平同志为核心的党中央对党的教育方针的重大发展。四川省教育学会作为会员众多、影响广泛的省级学术团体，在推动中小学校落实立德树人根本任务方面，既有资源、平台和专业优势，也是学术组织的责任担当。

### （二）教育学会发展背景：践行"学术立会"的办会理念需要创建学术品牌

2019 年 5 月 6 日，四川省教育学会召开了第四次会员代表大会，顺利完成换届工作，成立了第四届理事会。

新一届理事会确定了"规范建会、学术立会、服务兴会、开放办会、创新强会"的办会理念，提出了聚焦立德树人这一根本任务，围绕加快推进四川教育现代化、建设教育强省这一战略目标，充分发挥学会的资源优势和平台优势，有规划、有组织、有系统地开展基础教育改革发展研究，更好地服务教师专业成长、服务学校改革发展、服务政府教育决策，建设新时代新型教育智库的工作思路和发展愿景。

为此，在 2019 年 5 月 20 日召开的第四届理事会第一次会长办公会上，充分商讨了学会的学术发展、品牌活动建设问题。确定本届理事会期间，围绕"落实立德树人根本任务"这一时代主题，持续、深入开展"四川省立德树人优秀创新实践案例征集评选与展示研讨"系列学术活动，力争通过 5～10 年时间，建成省内有影响力、省外有知名度的品牌学术活动。

## 二、四川省立德树人学术活动实施方略

### （一）实施体系和流程

**1. 组织单位**

由四川省教育学会联合四川省教育科学研究院、中国德育杂志社共同主办，市（州）、县（区）教育行政部门、教育学会、教育科研院（所）协办，普通中小学校（幼儿园、特殊教育学校）承办。

**2. 学术保障**

由四川省教育学会学术委员会全程提供学术指导与支持，包括：确定年度主题；组建主要由学术委员组成的专家团队，进行优秀案例评审；展示现场（学校）的考察、审定，展示案例遴选；现场展示的准备工作指导与展示活动中的学术主持、学术点评；优秀案例结集出版过程中的修订与点评等。

**3. 活动流程**

第一步：案例征集。

第二步：案例评审。

第三步：案例展示。

第四步：案例出版。

第五步：案例推广。

## （二）征集案例

### 1. 征集对象

2019 年第一届立德树人学术活动面向所有的中小学教师征集案例，2020—2023 年的第二、三、四、五届仅向四川省教育学会会员征集案例；第一届面向单位和个人征集案例，第二、三届仅向单位（会员单位）征集案例，第四、五届面向单位（会员）和个人（会员）征集案例。

从征集对象的变化来看，从最初的面向基础教育学校的教师征集，到仅向会员征集，体现了社会组织要聚焦服务会员的办会理念和基本遵循。从最初的征集区域、学校、教师多主体落实立德树人的典型案例，到仅征集区域和学校层面整体落实立德树人的典型案例，再回到征集区域、学校、教师多主体落实立德树人的典型案例，案例征集关注多主体、多层面、多领域立德树人的实践创新，体现了"三全育人"的思想理念。

### 2. 征集方式

推荐申报。从第一届到第三届案例征集，在学校（单位）和个人申报的基础上，由各市（州）教育学会或教科所（院）根据下达指标，限额择优推荐。第四届案例征集由各市（州）教育学会或教科所（院）和本会分支机构根据下达指标，限额择优推荐。学校（单位）和个人根据属地或所属分支机构择一申报。

自主申报。从第五届开始，不限额，学校（单位）或个人的案例经所在单位签章后，直接向省教育学会申报。

从推荐申报到自主申报，更大范围和更大程度地满足了服务会员参与学术活动的需要，涌现了更多的优秀创新实践案例。

### 3. 案例要求

基本要求。案例要体现全面贯彻党的教育方针，落实立德树人根本任务，发展素质教育，把立德树人融入思想道德教育、文化知识教育、社会实践教育等各个环节，体现学校、家庭、社会协同育人和全员育人、全程育人、全方位育人的"三全育人"要求，具有实践性、创新性、典型性、情境性和教育性等基本特征。

特别要求。在符合教育改革发展基本方向、基本思想和理念、基本特征的基础上，特别强调四个方面的要求：

（1）实践效果明显。即在立德树人实践中解决了重要且普遍存在的具体问题和矛盾，方式方法有创新，效果明显，且经过了三年以上连续实践的检验。

（2）社会影响广泛。具体做法解决问题效果好，受到家长、学生、教师及社会普遍好评，获得了奖励或新闻媒体正向报道。

（3）可操作、可复制。案例具有可操作性，有实施结构化的流程、方法、策略和路径，具有示范推广价值。

（4）有特点有亮点。在全面落实立德树人基础上，重点突出一个或两个方面的特色经验。

### （三）案例评审

#### 1. 制定评审方案

在学术委员会的指导下，由四川省教育学会秘书处制定评审工作方案。包括：组建评审委员会及办公室，制定评审标准和评审办法、组建评审专家组等。

评审委员会由四川省教育学会会长、副会长、秘书长、学术委员会主任组成，负责专家评审结果的审定。评审委员会下设办公室，由学会秘书长、副秘书长、秘书处人员组成，具体负责评审工作的实施。评审专家组主要由学术委员以及相关领域的专家学者组成。

#### 2. 制定评审标准

为了在专家评审过程中"尺度"统一，达成客观、公正评审的目的，制定优秀案例评审参考标准，要求专家从六个方面（"六性"）对参评案例进行评判。

（1）方向性。符合社会主义办学方向，全面贯彻党的教育方针，落实立德树人根本任务，发展素质教育，促进学生全面发展。

（2）真实性。必须是针对在五育并举过程中政府、教育行政部门、学校、教师面临的具体问题所开展的真实的实践活动。

（3）科学性。遵循教育规律和学生年龄特点，具有先进的教育思想、教育理念和科学的教育理论支撑。

（4）创新性。在五育并举上形成的具体策略、育人模式等富有创意，有独到的见解，在落实立德树人根本任务方面有一定的创新。

（5）操作性。探索形成的应对策略、解决方法，或总结形成的有效经验与方法，具有较强的操作性，具有一定的推广价值。

（6）实效性。在促进学生全面健康发展上产生了明显成效，对政府、教育行政部门办教、学校办学等方面有着积极推动作用，在当地或更大层面产生了较好的社会效应。

### 3. 评审程序

第一步：资格审查，包括申报人资质（是否会员）、材料完整性等。

第二步：专家评审，包括专家个人评审和小组合议。

第三步：评审委员会办公室查重。

第四步：评审委员会审定。

第五步：评审结果公示与异议处理。

第六步：评审结果公布与颁发证书。

### （四）案例展示

#### 1. 确定展示地点

四届案例展示先后在成都、南充、泸州、广元举行，第五届将在成都双流举行。这些市（州）在推动落实立德树人根本任务方面，各具特色，具有先进性、代表性，如成都在全省基础教育领域处于领先地位，泸州的教育综合改革、广元的乡村小规模学校建设等独具特色。

#### 2. 遴选展示点位（学校）

第一步：由展示地的教育行政、教育学会、教科所（院）提出拟展示学校名单；或由展示地所属学校提出申请，展示地的教育行政、教育学会、教科所（院）审定，提出拟展示学校名单。

第二步：省教育学会组织学术委员对拟展示学校立德树人工作特色或亮点、举办展示活动的基本条件等进行现场考察。

第三步：由省教育学会和展示地的教育行政、教育学会、教科所（院）共同商定展示点位（学校）。

确定为案例展示学校需具备以下三个基本条件和要求：

一是案例具有先进性，特色鲜明。参加四川省立德树人优秀创新实践案例征集评选，获得一等奖。

二是案例具有可看性。案例可以通过文本、介绍、活动、教学、成果等形式，多层面、全方位地让学习者可知、可看、可悟。

三是具有举办展示活动会场或场地。在满足三个基本条件的基础上，确定展示点位（学校）需要做到两个兼顾：①兼顾学段，即兼顾高中、初中、九年义务教育学校、小学、幼儿园、特殊教育学校等，满足不同学段（领域）参会者的学习需要；②兼顾展示案例主题，即每个展示点位的案例主题不重复，全方位展示四川省立德树人的创新实践。

**第一届案例展示，六所学校的展示主题分别是：**

活动育人（案例：动起来 让每个生命更精彩）；

课程育人（案例："感恩伴我成长"课程开发与实践）；

文化育人（案例：整合视野下娇子小学校"文化育人"的探索与实践）；

实践（劳动）育人（案例：开劳动之源 育完整之人——劳动教育特色实践育人体系构建）；

管理育人（案例：多维一体的德育管理创新与实践）；

协同育人（案例：追逐梦想 从心绽放——基于金沙文化背景下的"协同育人"机制研究与实践）。

**第二届，六所学校展示的主题分别是：**

"劳育"育人（案例：执劳动之手 培五育之花）；

"心育"育人（案例：办有温度的学校 做有故事的教育）；

"体美"育人（案例：文明其精神 野蛮其体魄——南充五中"体美"并举育全人的实践探索）；

"整体"育人（案例：五星精神铸师魂 五育并举树新人）；

"融合"育人（案例：抓住融合并举关键 实施全育课程体系）；

"课程"育人（案例：水润生命 让每一滴水都折射出七彩光芒）。

**第三届案例展示，五所学校展示的主题分别是：**

"营地"育人（案例1：融合共生的"营地教育"育人生态；案例2：高水平推进五联五育 高质量推动实践育人——综合实践基地立德树人实践探索）；

"基地"育人（案例1：劳动教育区域协同推进的纳溪实践；案例2：家校协同 让家庭劳动教育顺势回归；案例3：中小学研学课程"三方·三化"开发；案例4：依托基地做劳动 塑魂育能谱新篇）；

"心育"育人（案例1：以心育心，为学生终生发展奠基；案例2：师生心理健康服务"校医共建"的德阳实践；案例3：看见生命 遇见未来——小学生命教育核心主题课程）；

"服务"育人（案例1：课后服务助成长 五育之花并蒂开；案例2：下足"四个功夫"，打好课后服务组合拳；案例3：让课后服务成为学生的美味"加餐"；案例4：回归儿童真实生活）；

"协同"育人（案例1：凯风沐浴 家校共育；案例2：馆校协同育人的"宽领域

'立体化'实践模式"）。

**第四届案例展示，八所学校展示的主题分别是：**

以生为本，修行育人（展示案例1："四修四行"为学生润心铸魂——四川省广元外国语学校主体德育实践探索；案例2：让每个生命有更好的可能——民族地区初中学校"走心"德育课程建设；案例3：培根铸魂，以美育人——整体构建学校美育体系的实践与探索）；

劳以润心，实践育人（展示案例1：强基研学问道 培元德技双修；案例2：实践育人课程体系建构的"立格"探索；案例3："汇行"培责 研学育人——融入地方文化元素的研学旅行课程开发与实施）；

关爱生命，全纳育人（案例1：构建"四维"五心育人体系：让每个生命发出独特亮光；案例2：点亮"心灯"成就梦想——"融合理念"下欠发达地区特校职业教育模式；案例3：尊重生命 以行育人——智力障碍儿童积极行为支持策略）；

耕读传承，劳动育人（案例1：让劳动之花竞相绽放；案例2：立足农耕文化传承的校本课程建设；案例3：基于劳动育人的"耕""读"课程建构）；

根植红色，文化育人（案例1：一城一校一精神 读书立品 红色育人——旺苍县东河小学"红色＋"育人模式；案例2：利用"三色"校园文化铸牢师生中华民族共同体意识；案例3：深耕德文化 厚植善品行——中学德育文化建设的多重向度）；

铭记党恩，全面育人（案例1：讲好奠基石故事 续写新时代华章；案例2："三全"选课走班——普通高中育人方式改革的棠中实践；案例3：高中生学业成长的动态增值评价改革实践）；

向上向善，家风育人（案例1：以"礼"为核的家风育人创新实践；案例2：共建向上向善家风 共育全面发展新人——协同育人视域下的家风建设学校支持体系；案例3：成长有方 共育有道——资源建设提升家庭教育指导力的旌阳实践）；

胸怀家国，乡土育人（案例1：承家乡文化 润家国情怀——运用剑门古蜀道文化资源构建园本课程的探索；案例2：审美感知 创意表达——幼儿园传承民间艺术"花锣鼓"活动体系；案例3：一核双线五环：幼儿园民间手工艺园本课程开发模式）。

**3. 展示准备指导**

由四川省教育学会秘书处联合展示地的教育行政、教育学会、教科所（院）等单位组织学术委员对展示活动主会场和各展示点位（学校）的准备工作进行全方位、全程指导。

会议集中指导，对展示活动的时间、内容、方式，活动资料、场地布置等提出统一要求。

学校个别指导，为每一个展示点位（学校）遴选匹配一名指导专家，对展示案例文本的修订、展示内容与方式进行指导。

会务准备指导，由省教育学会秘书处对展示活动的材料印制、议程安排、场地布置等进行指导。

会议接待指导。由省教育学会秘书处指导展示地的教育行政、教育学会、教科所（院）和展示点位（学校），制定活动方案，做好会议住宿、交通等准备工作。

### 4. 活动展示

（1）活动时间。展示活动时间为一天半，分为三个半天进行，即主会场集中展示（第一个半天）、分会场分散展示（第二个半天）、主会场集中展示（第三个半天）。

（2）活动内容与方式。展示活动包括案例成果展示（展示学校的现场观摩与考察）、专家报告、案例介绍、学术沙龙、专家点评等，此外，对获得当年度立德树人案例征集评选一等奖的获得者进行颁奖，举行由省教育学会领导、承办本届活动的市（州）县（区）教育行政和学会领导、承办下届活动的市（州）县（区）教育行政和学会领导参加的立德树人学术活动会旗的交接仪式。

### （五）案例推广

在展示活动中，除通过活动、课堂教学，主会场、分会场的案例介绍等进行推广以外，还通过以下方式进行推广。

### 1. 编辑成册

将每一届现场展示活动中主会场和分会场交流、分享的优秀案例编辑成册，供参会者活动中、活动后学习借鉴。

### 2. 结集出版

组织专家和专业编辑，对五届征集、评选出的立德树人优秀案例重点进行修订、专业编审，对每个案例进行学术性点评，撰写板块"导言"，由四川教育出版社出版。

### 3. 开辟专栏

在四川省教育学会、重庆市教育学会联合会刊《全视界·教育》上开辟"立德树人"专栏，刊载获得一等奖的立德树人优秀创新实践案例。

### 4. 微信推送

通过四川省教育学会微信公众号向广大会员和教育工作者推送获一等奖的立德树人优秀创新实践案例。

## 三、四川省立德树人学术活动成效

**表 1  四川省立德树人优秀创新实践案例评审情况**

| 届　　次 | 参评案例（个） | 获奖案例（个） | 一等奖（个） | 二等奖（个） | 三等奖（个） | 备　　注 |
|---|---|---|---|---|---|---|
| 第一届（2019） | 379 | 323 | 53 | 177 | 93 | 教师，限额推荐 |
| 第二届（2020） | 116 | 114 | 21 | 23 | 70 | 会员单位，限额推荐 |
| 第三届（2021） | 133 | 112 | 25 | 47 | 40 | 会员单位，限额推荐 |
| 第四届（2022） | 252 | 191 | 42 | 66 | 83 | 会员，限额推荐申报 |
| 第五届（2023） | 1755 | 945 | 167 | 312 | 466 | 会员，自主申报 |
| 合计 | 2635 | 1685 | 308 | 625 | 752 | |

**表 2  四川省立德树人优秀创新实践案例展示活动情况**

| 届　　次 | 参加人数（人） | 展示学校（所） | 专家报告（场） | 交流案例（个） | 学术沙龙（场） | 展示活动（节） |
|---|---|---|---|---|---|---|
| 第一届（2019） | 500 | 6 | 8 | 11 | 8 | 47 |
| 第二届（2020） | 900 | 5 | 4 | 10 | 7 | 109 |
| 第三届（2022） | 400 | 5 | 3 | 21 | 5 | 48 |
| 第四届（2023） | 800 | 8 | 4 | 30 | 8 | 85 |
| 合计 | 2600 | 24 | 19 | 72 | 28 | 289 |

### （一）参与学校面广、参与教师人数多

第一届至第五届立德树人优秀创新实践案例征集评审，共征集优秀案例 2635 个。案例来自全省各级各类的中小学校、教科研和教师培训部门，涵盖全省 21 个市（州），包括普通高中、初级中学、小学、幼儿园和特殊教育学校等。第一届至第四届立德树人优秀创新实践案例展示活动线下参加的教师达 2600 余人次。

### （二）拓展了广大教师立德树人的理论视野

在四届展示活动中，华东师范大学终身教授、博士生导师、中国教育学会副会长袁振国，北京师范大学教育学部学术委员会主任、北京师范大学公民与道德教育研究中心主任、教授檀传宝，教育部"长江学者"特聘教授、南京师范大学教育科学学院副院长、教授冯建军，教育战略规划专家、中国教育学会副秘书长高书国，四川省教育学会学术委员会主任、享受国务院政府特殊津贴专家、二级教授李小融，四川省教育学会学术委员会副主任、四川省学术技术带头人、四川省教育科学研究院研究员（二级教授）曾宁波，四川省教育学会学术委员会副主任、四川大学教授罗哲，四川省教育学会学术委员会副主任、四川师范大学教授李江源等专家学者，做了《健全立德树人的落实机制》《富裕时代对于德育的挑战与应对》《立德树人的时代内涵与学校落实机制》《五育融合整体育人的理论思考和实践》《立德树人：家庭学校社会协同育人的价值引领与实效探索》《耕读教育与人的发展》《新时代教育发展态势》等 19 场专题报告，举行了 28 场学术沙龙，为广大教师落实立德树人根本任务带来了新思想、新理念，引发了广大教师落实立德树人根本任务的新思考、新行动，提升了广大教师落实立德树人根本任务的理性认识和自觉意识。

### （三）一大批优秀案例得到表彰

第一届至第五届立德树人优秀创新实践案例征集评审，共有 1685 个案例获奖，其中一等奖 308 个，二等奖 625 个，三等奖 752 个。

### （四）一批立德树人先进学校和优秀案例得到展示、交流

四届展示活动中，全省有 24 所学校（包括普通高中、初级中学、小学、幼儿园和特殊教育学校）的立德树人成果通过展板、学生活动和课堂教学（289 节）、校园文化、环境创设等方式进行了全方位展示；来自全省的 72 个优秀案例在展示活动中进行分享、交流。此外，还有上海市山阳中学、南京市金陵汇文学校、重庆市人和街小学、重庆市南岸区教师进修学院、重庆市玉带山小学等学校的"立德树人"案例、经验在展示活动中进行分享、交流。

### （五）一大批优秀案例得到推广

四届展示活动共编辑了 4 册《"立德树人"优秀创新实践案例集》，收集各级各类学校的优秀案例 72 个。

由四川教育出版社出版《四川省基础教育立德树人创新实践》第一、二、三辑，共收集优秀案例 301 个。

截至 2023 年底，四川省教育学会、重庆市教育学会的联合会刊《全视界教育》开

364 / 立德树人五育并举的理论与实践：四川基础教育的创新探索

辟"立德树人"专栏，刊载优秀案例 15 个。

通过四川省教育学会微信公众号，向广大会员和教育工作者推送、推广立德树人优秀创新实践案例 75 个，共有 52000 多人次阅读。

### （六）立德树人案例学术活动影响广泛

立德树人优秀创新实践案例征集评选与展示活动得到四川省教育厅的大力支持和充分肯定，相关领导和负责人亲临四届展示活动现场，充分肯定立德树人案例征集评选与展示活动在推动全省基础教育改革发展特别是落实立德树人根本中的积极意义和深远影响。市（州）教育行政部门、教科所（院）、教育学会和广大学校、教师踊跃参与，积极申报案例，积极参加案例交流、分享，积极承办、协办展示活动。中国教育学会、中国教育科学研究院、重庆市教育学会和陕西省教育学会给予活动以支持和肯定，派领导、专家出席展示活动，或带队参加展示活动，做专题报告，高度赞扬四川省立德树人学术活动的积极意义和实践成效。《中国德育》杂志社、《四川教育》、四川教育电视台、《全视界》杂志社等媒体对立德树人活动深度关注和广泛宣传、报道。

历时五年的四川省立德树人优秀创新实践案例征集评选与展示活动在省内外产生了十分广泛的影响，学术品牌特性日益彰显。

## 四、四川省立德树人学术活动创建的实践体会与未来展望

### （一）实践体会

回顾活动的创立与发展过程，推动立德树人学术活动的持续实施和提升活动实效性，需要做到"五个走向"。

**1. 案例征集对象，要从单一主体走向多元主体**

立德树人是每一个教育人的责任与担当。立德树人优秀创新实践案例不仅仅是德育工作案例、班级管理案例、实践活动案例，更应该是学校的整体育人、课程育人、文化育人、教学育人等的优秀创新实践案例。案例征集对象要面向所有教育工作者，体现全员育人、全程育人、全方位育人的思想理念。

**2. 案例展示要从市（州）单一主体走向全省性多主体**

第一、二届案例展示活动中，展示案例主要以展示地所在市（州）案例为主。如在成都举行的第一届案例展示活动，11 个案例全部来自成都的成华区、武侯区、高新区、青羊区等；在南充举行的第二届案例展示活动中，展示的 10 个案例除南充市的 5 个之外，还有来自重庆市人和街小学、成都市金牛区教育局、武胜县教育科学研究室、叙永县摩尼镇新苗实验学校、西昌阳光学校等 5 个学校（单位）的案例，仍然是以展示地所

在市（州）为主体。从第三届案例展示活动开始，由市（州）单一主体走向全省性多主体展示。如，在泸州举行的第三届案例展示活动展示的 21 个案例中，除泸州的 7 个案例之外，还有 14 个来自其他市（州）和重庆的案例。在广元举行的第四届案例展示活动中，除广元的 9 个案例之外，还有 21 个来自其他市（州）的案例。

由市（州）单一主体走向全省性多主体案例展示，更能体现区域性、全省性的活动特点，更能全面展示四川省基础教育落实立德树人的真实现状，更能保证展示案例的质量。

**3. 案例展示要从一个点位（学校）一个案例，走向一个点位一个主题一类案例**

在第一、二届立德树人案例展示活动中，每个点位（学校）仅仅展示该校的案例，无论是现场活动、展板介绍、案例推介，还是学术沙龙、专家点评，都围绕这个案例进行。如，电子科技大学附属实验小学的案例展示活动围绕该校的《动起来 让每个生命更精彩——推进"活动育人"的创新实践》案例进行；成都棕北中学举行的案例展示活动围绕该校的《开劳动之源 育完整之人——劳动教育特色实践育人体系构建》案例进行；四川省南充高级中学举行的展示活动围绕该校的《执劳动之手 培五育之花》案例进行。

总结经验，回应更多学校展示、交流案例的强烈诉求和参会者学习多样化案例的需要，在第三、四届案例展示活动中，根据展示所在学校的案例主题，遴选 2～3 个案例同台展示、交流、研讨。第三届展示活动，根据 5 个展示学校的案例确定了"营地"育人、"基地"育人、"心育"育人、"服务"育人、"协同"育人等 5 个不同的展示主题，围绕主题为每个展示点位（学校）遴选案例 2～3 个。如，在四川省泸县第二中学举行的展示活动，围绕主题"'心育'育人"，展示、交流了《以心育心，为学生终生发展奠基》《师生心理健康服务"校医共建"的德阳实践》《看见生命 遇见未来——小学生命教育核心主题课程》等 3 个来自不同学校的案例。

第四届展示活动，根据 8 个展示学校的案例确定了"以生为本、修行育人""劳以润心、实践育人""关爱生命、全纳育人""耕读传承、劳动育人""根植红色，文化育人""铭记党恩、全面育人""向上向善、家风育人""胸怀家国、乡土育人"等 8 个主题，围绕主题为每个展示点位（学校）遴选 2～3 个案例，如广元市朝天区羊木镇小学举行的展示活动围绕主题"耕读传承、劳动育人"，展示、交流了《让劳动之花竞相绽放》《立足农耕文化传承的校本课程建设》《基于劳动育人的"耕""读"课程建构》3 个来自不同学校的案例。

从一个点位（学校）一个案例展示，走向一个主题一类案例展示，不仅是展示案例数量的增加，更是满足了展示者、学习者的需要，聚焦"主题"，提高了案例展示质量。

### 4. 案例展示要以实践呈现，走向实践呈现与理论探讨相结合的综合性学术研讨

从学校、教师层面来说，落实立德树人根本任务的重心在于实践。立德树人案例征集与展示，重点也在于实践的呈现（文本的、现场的）与学习。但是，我们认为落实立德树人根本任务，离不开政策解读与理论指导、实践反思与理性思考，需要我们的教师认识到成功（优秀）案例背后的规律与原因。为此，我们在案例展示活动中，坚持主体是教育实践者——教师、学校领导、教育行政领导、教科研人员等之外，在全国范围内遴选知名专家学者，通过专题报告、学术沙龙、学术主持、学术点评等方式，提高广大教师的政策与理论水平。

### 5. 案例征集与展示要从实践落实，走向实践落实与回应热点、难点相结合

基础教育改革的热点、难点问题，也是落实立德树人根本任务中的热点与难点问题。在立德树人优秀创新实践案例的征集与展示活动中，我们必须及时予以关注和回应。在第三届立德树人案例展示活动中，我们回应了国家"双减"政策的要求，确定了案例展示主题"立德树人、五育并举——'双减'政策背景下中小学育人生态建设的实践探索"，并在泸州师范附属小学城西学校举行了主题为"'服务'育人"的案例展示、交流，展示了《课后服务助成长 五育之花并蒂开》《下足"四个功夫"，打好课后服务组合拳》《让课后服务成为学生的美味"加餐"》《回归儿童真实生活》等案例。在第四届立德树人案例展示活动中，我们关注到了"高质量发展"这一教育改革发展的时代要求，我们确定了案例展示活动主题"立德树人、五育并举——建设高质量四川基础教育育人体系"。

无论是"双减""课后服务""作业设计"，还是"高质量发展"，核心要义是回答培养什么人、怎样培养人、为谁培养人等教育的根本问题，是坚持为党育人、为国育才的教育根本遵循，是落实立德树人根本任务和实施素质教育的基本要求。通过对基础教育改革热点、难点问题的回应，更加彰显了立德树人学术活动的价值和意义。

### （二）未来展望

#### 1. 进一步推动立德树人的整体实践与创新

从学校层面看，立德树人具有整体性，受学校的文化、课程、教学、条件、评价等诸多因素的影响。落实立德树人根本任务，需要全局着眼、整体推进。从我们征集到的实践案例来看，体现学校整体落实、推进立德树人的案例量少、创新不够。

#### 2. 进一步推动立德树人的区域实践与创新

从县域层面看，立德树人具有区域性，受区域教育资源配置、教育评价、教育生

态等诸多因素影响。落实立德树人根本任务，需要社会、家庭、学校协同，需要构建区域良好的教育生态，需要均衡配置教育资源，需要有正确的教育质量观和科学的教育评价手段。从征集案例来看，县级教育行政和教科研部门落实立德树人的案例还极少。

### 3. 进一步推动薄弱地区立德树人的实践和创新

四川教育发展的不平衡性在立德树人方面得以充分体现。从区域来看，在参加征集评选和获奖的案例、优秀（一等奖）案例中，成都地区的案例超过了60％，农村地区、民族地区的案例很少，特别是优秀（一等奖）案例极少。立德树人的创新实践与教育发展水平强相关。

### 4. 进一步推动薄弱领域的立德树人实践与创新

美育、体育、劳动教育是学校教育不可或缺的重要的组成部分，在促进人的身心健康和全面发展中，具有特殊的、不可替代的重要作用。在大力推进五育并举、融合育人的背景下，学校美育、体育、劳动教育还存在一些功利思想和重知识、技能（技艺）的倾向，启智润心育德的综合育人价值没有得到充分的发挥。在案例征集中，美育、体育、劳动教育等立足学科课程，落实立德树人根本任务的案例较稀少，与其应有的育人地位和价值极其不符。

### 5. 进一步推动薄弱环节的立德树人实践与创新

立德树人不仅强调德育（德育课程、德育活动）、学科德育（课程思政）、文化与环创等，强调全员育人，而且更需要全程育人。在学校教育的各环节中，立德树人还存在短板：课堂教学、作业设计、教学评价等在落实立德树人方面的实践与创新不够，一定程度影响了全程育人的有效实施。

（撰稿人：刘怀明，正高级教师，四川省教育学会副会长、副秘书长）

# 参考文献

[1] 黄月细，聂英华."立德树人"的内涵辨析与新时代要义[J].深圳社会科学，2020（2）：8.

[2] 詹玉荣.按照保持共产党员先进性的要求加强党性修养[J].学习论坛，2009，25（4）：21-24.

[3] 冯建军.立德树人的时代内涵与实施路径[J].人民教育，2019（18）：6.

[4] 谢冰松.厘清立德树人内涵实现立德树人任务[EB/OL].（2022-11-15）[2024-07-15].https://news.dahe.cn/2022/11-15/1133353.html.

[5] 王嘉毅，张晋.立德树人的科学内涵与现实要求[J].中国电化教育，2020（8）：1-6＋40.

[6] 王慧霞.立德树人目标下学校育人方式的转变[J].天津教育，2021（1）：34-35.

[7] 袁振国.立德树人的理论内涵与落实机制建设[J].人民教育，2021（23）：41-44.

[8] 薛新国.论社会主义价值与制度统一的内在逻辑[J].西华大学学报（哲学社会科学版），2022，41（1）：1-8.

[9] 杨国庆."十四五"我国竞技体育发展的时代背景与创新路径[J].武汉体育学院学报，2021，55（1）：5-12.

[10] 何虎生.伟大建党精神的深刻内涵与时代意蕴[J].党的生活（黑龙江），2021（9）：15-20.

[11] 李政涛，王晓晓.高质量教育体系建设的中国特色与中国贡献[J].国家教育行政学院学报，2022（7）：27-32＋39.

[12] 孙迪亮，潘金倩.中国共产党对实现人的全面发展的百年理论探索[J].山东干部函授大学学报（理论学习），2021（6）：18-20.

[13] 冯刚，史宏月.新时代立德树人的理论内涵及其价值意蕴[J].社会主义核心

价值观研究，2019，5（5）：41-49.

［14］石中英.努力培养德智体美劳全面发展的社会主义建设者和接班人［J］.中国高校社会科学，2018（6）：9-15.

［15］王秋辰.创新发展高校思想政治理论课的新时代意识与路径探析［J］.思想政治课研究，2020（5）：99-104＋71.

［16］冯建军.“培养什么人、怎样培养人、为谁培养人”的中国答案［J］.教育研究与实验，2021（4）：1-10.

［17］王鉴，姜纪垒.中国共产党立德树人教育思想的百年历程与基本经验［J］.教育研究，2021，42（7）：16-26.

［18］习近平.在庆祝中国共产党成立100周年大会上的讲话［N］.人民日报，2021-07-02（2）.

［19］宋洁绚.教学学术：课程思政教师评价的逻辑起点［J］.教育科学探索，2022，40（1）：6.

［20］培兰.蔡元培“五育并举”的教育思想［J］.历史教学，1995（3）：44-45.

［21］毛泽东.关于正确处理人民内部矛盾的问题［M］.民族出版社，1957.

［22］柳建辉，曹普.中国共产党执政历程.1976—2011年［M］.人民出版社，2011.

［23］朱开轩.关于《中华人民共和国教育法（草案）》的说明［J］.人大工作通讯，1995（7）：31-34.

［24］宁本涛，杨柳.以“五育融合”之力撬动基础教育高质量发展——来自第二届全国“五育融合”研究论坛的观点［J］.教育探究，2021，16（6）：60.

［25］郝志军.新时代五育融合的路径与方式［J］.新华文摘，2022（20）：5.

［26］四川省教育学会.四川省基础教育立德树人创新实践·第一辑（2019—2020）［M］.成都：四川教育出版社，2021.

［27］四川省教育学会.四川省基础教育立德树人创新实践·第二辑（2021—2022）［M］.成都：四川教育出版社，2023.

［28］《天津教育》编辑部.全面加强改进美育工作，提高学生审美能力和人文素养［J］.天津教育，2021（3）：1.

［29］顾宏伟.坚持以党建引领育人推动区域“五育融合”新发展［J］.上海教育，2020（19）：30-31.

［30］钱欢欣.星天地新天地：上海市金山区海棠小学创意体验课程的探索［M］.上海教育出版社，2019.

［31］王建强，张显国.融创课堂：探究课堂教学深层变革［J］.中国教育学刊，2022（6）：5.

［32］颜源.融创课堂，开启教学"新境界"——记四川省"融创课堂"的校本实施与区域推进［J］.教育家，2021（22）：29-33.

［33］王栻.严复集：第1册［M］.北京：中华书局，1986.

［34］梁启超.新民说［M］.北京：商务印书馆，2016.

［35］姚淦铭，王燕.王国维文集：第三卷［M］.北京：中国文史出版社，1997.

［36］舒新城.中国近代教育史资料：上册［M］.北京：人民教育出版社，1981.

［37］杨贤江.杨贤江全集：2［M］.郑州：河南教育出版社，1995.

［38］毛泽东.毛泽东选集：第五卷［M］.北京：人民出版社，1977.

［39］中共中央国务院.关于教育工作的指示［J］.北京师范大学学报（办学经验总结党号），1958（61）：1-5.

［40］邓小平.邓小平文选：第二卷［M］.北京：人民出版社，1993.

［41］中华人民共和国国家教育委员会.中华人民共和国义务教育法实施细则［J］.人民教育，1992（5）：2-5.

［42］中共中央，国务院.中国教育发展和改革纲要［EB/OL］.（2005-06-21）［2024-07-15］.https://jyt.hunan.gov.cn/sjyt/xxgk/zcfg/flfg/201702/t20170214_3989929.html.

［43］中共中央，国务院.中共中央 国务院关于深化教育改革全面推进素质教育的决定［EB/OL］.（2005-07-13）［2024-07-15］.https://jyt.hunan.gov.cn/sjyt/xxgk/zcfg/flfg/201702/t20170214_3989930.html

［44］习近平.习近平谈治国理政：第二卷［M］，北京：外文出版社，2017.

［45］皮亚杰.皮亚杰教育论著选［M］.卢濬，译.北京：人民教育出版社，2015.

［46］怀特海.教育的目的［M］.庄莲平，王立中，译.上海：文汇出版社，2012.

［47］马克思，恩格斯.马克思恩格斯全集：第三卷［M］.中共中央马克思恩格斯列宁斯大林著作编译局，译.北京：人民出版社，1979.

［48］黄荣怀，杨俊锋.教育数字化转型的内涵与实施路径.中国教育报［N］.2022-04-06（4）.

［49］陈丽，张文梅，郑勤华.教育数字化转型的历史方位与推进策略［J］.中国电化教育，2023（9）：6.

［50］习近平.决胜全面建成小康社会夺取新时代中国特色社会主义伟大胜利——在中国共产党第十九次全国代表大会上的报告［N］.人民日报，2017-10-28（1）.

［51］坚持中国特色社会主义教育发展道路［N］.人民日报，2018-09-13（10）.

［52］余孝其.打造加快教育强省建设的四川路径［J］.中国教育报，2024-02-26（4）.

［53］司马迁.史记［M］.王耀祖，仝晰纲，译．武汉：崇文书局，2007.

［54］曾子.大学［M］.东篱子，译．北京：北京时代华文书局，2014.

［55］阎丽.董子春秋繁露译注［M］.哈尔滨：黑龙江人民出版社，2003.

［56］上海人民出版社.贾谊传注［M］.上海：上海人民出版社，1975.

［57］谢维和，李敏.小学教育原理［M］.北京：教育科学出版社，2021.

［58］朱旭东，刘乔卉."不变"中求"变"：中国共产党立德树人百年发展经验探赜［J］.中国远程教育，2024（1）：3-12.

［59］中国中共党史学会.中国共产党历史系列辞典［M］.北京：中共党史出版社，党建读物出版社，2019.

［60］肖慧，罗亚和.以劳夯基促进学生全面发展——新时代劳动教育落地生根的"成都探索"［N］.中国教育报，2023-06-08（4）.

［61］莫衡.当代汉语词典［M］.上海：上海辞书出版社，2001.

［62］董大年.现代汉语分类大词典［M］.上海：上海辞书出版社，2007.

［63］张焕庭.教育辞典［M］.南京：江苏教育出版社，1989.

［64］教育部关于印发《幼儿园保育教育质量评估指南》的通知［EB/OL］.（2022-02-11）［2024-07-15］.http://www. moe. gov. cn/srcsite/A06/s3327/202202/t20220214 _ 599198. html.

［65］教育部关于印发《特殊教育办学质量评价指南》的通知［EB/OL］.（2022-11-03）［2024-07-15］.http://www. moe. gov. cn/srcsite/A06/s3331/202211/t20221107 _ 975922. html.

［66］教育部等六部门关于印发《义务教育质量评价指南》的通知［EB/OL］.（2021-03-04）［2024-07-15］.http://www. moe. gov. cn/srcsite/A06/s3321/202103/t20210317 _ 520238. html.

［67］教育部关于印发《普通高中学校办学质量评价指南》的通知［EB/OL］.（2022-01-05）［2024-07-15］.http://www. moe. gov. cn/srcsite/A06/s3732/202201/t20220107 _ 593059. html.

［68］习近平.论党的宣传思想工作［M］.北京：中央文献出版社，2020.

［69］项贤明.劳动教育的理论意蕴［J］.华东师范大学学报（教育科学版），2023，41（8）：44-52.

［70］高瑞泉. "劳动"：可作历史分析的观念[J]. 探索与争鸣，2015（8）：26-28.

［71］西蒙. 劳动、社会与文化[M]. 周国文，译. 北京：中国经济出版社，2009.

［72］李化方. 欧美劳作教育思想史[M]. 郑州：河南人民出版社，2016.

［73］程文广. 新征程中我国学校体育教育评价的理论遵循与实践方略[J]. 北京体育大学学报，2023，46（1）：105-115.

［74］张晓林，关清文，舒为平.《体育之研究》融入体育课程思政的具身认知、价值意蕴及实践向度[J]. 西安体育学院学报，2022，39（5）：618-624.

［75］傅轩，吕凌. 认识"以体育人"的重要价值［J］. 人民教育，2022（Z2）：76-78.

［76］于素梅，黎杰. 幸福体育是新时代学校体育的价值追寻与改革方向——"四位一体"目标要求的本质解读[J]. 天津体育学院学报，2023，38（5）：525-532.

［77］毛振明，付晓蒙，叶玲. 论体育立德树人和体育课程思政的策略与方法（3）：师德、文化、素养[J]. 体育学刊，2023，30（5）：9-15.

［78］康有为. 学记[M]. 北京：人民教育出版社，2016.

［79］习近平. 高举中国特色社会主义伟大旗帜为全面建设社会主义现代化国家而团结奋斗——在中国共产党第二十次全国代表大会上的报告[M]. 北京：人民出版社，2022.

［80］习近平在联合国教科文组织总部的演讲［EB/OL］.（2014-03-28）［2024-07-15］. https://www.gov.cn/xinwen/2014-03/28/content_2648480.htm.

［81］习近平. 习近平谈治国理政（第二卷）［M］. 北京：外文出版社，2017.

［82］习近平在北京大学师生座谈会上的讲话［EB/OL］.（2014-05-05）［2024-07-15］. https://www.gov.cn/xinwen/2014-05/05/content_2671258.htm

［83］赞可夫. 论小学教学（第 3 版）［M］. 俞翔辉，译. 北京：教育科学出版社，2019.

［84］谢维和，李敏. 小学教育原理[M]. 北京：教育科学出版社，2021.

［85］黄济，劳凯声，檀传宝. 小学教育学[M]. 北京：人民教育出版社，2019.

　　《立德树人五育并举的理论与实践：四川基础教育的创新探索》是四川省教育学会五年来开展立德树人优秀创新实践案例征集、提炼、展示、推广活动的理论概括和实践反思，由一批基础教育专家和一线优秀教育实践者撰稿，李小融、曾宁波、陈理宣、朱远平等统稿。本书是对五年来四川省教育学会立德树人五育并举创新实践活动的回顾和总结，在本书完成编写之际，我们对四川基础教育在立德树人、五育并举中所取得的成果感到由衷的高兴，更期望本书能对未来基础教育改革发展发挥一定的引领作用。

　　过去五年，四川基础教育立德树人、五育并举的进程波澜壮阔。各类基础教育学校注重培养学生的道德品质和人文素养，通过课堂教学、社会实践、校园文化建设等多种途径，引导学生树立正确的世界观、人生观和价值观。其中，特别注重培养学生的综合素质和创新能力，通过多元化的课程设置和实践活动的融合，落实德智体美劳五育并举，让学生在实践中体验成功的喜悦，培养他们的自信心和责任感，提高他们的各项核心素养，为学生的全面发展和终身发展奠定坚实的基础。与此同时，产生并提供了大量可供我们学习、概括、研究与提升的案例和经验。

　　在这一过程中，许多学校不断创新教育理念，丰富教育手段，优化教育资源，为学生的成长提供了有力的支持和保障，取得了一系列显著的成果。这些成果不仅体现在学生的综合素质和创新能力上，更体现在学校的办学水平和社会声誉上。通过四川基础教育优秀创新实践案例征集与展示活动，许多学校已经成为社会认可、家长满意、学生喜爱的优质学校，为四川乃至全国的基础教育事业做出了积极的贡献。

　　通过五年的活动，我们也深切地认识到，基础教育落实立德树人根本任务还有很长的路要走，需要不断的理论积淀与实践创新。我们需要致力于构建符合新时代特征和要求，更加科学、全面、富有创新性的立德树人高质量教育体系；需要更加注重培养学生创新精神和实践能力，引导学生积极探索未知，勇于挑战自我，成为具有全球视野和竞争力的时代新人；还需要教育活动的融合创新，利用人工智能、大数据等先进技术手段，提高教育教学的效率和质量，努力构建基础教育良好育人生态，为学生提供更加个性化、精准化的学习支持，让每个孩子都能公平地享受到优质的教育资源，都能实现适合自身特质和社会需要的发展。正是在这些丰富材料、基本认识与学校需求的基础上，我们编写了本书，以求面对现实与未来，在党的教育方针及立德树人、五育并举价值取向指引下，尽力做一些理论结合实践的探索，为基础教育高质量发展服务，为建设四川教育强省出一份力。

感谢积极参加和支持立德树人优秀创新实践案例征集与展示活动的地方教育部门，特别是众多的学校校长和教师！你们鲜活的教育理念、丰富的实践经验和生动的育人故事为本书提供了丰富的素材。可以说，本书凝聚了四川基础教育同人的智慧和汗水，是大家共同探索和实践创生的结晶。它不仅从一个方面记录了四川基础教育在立德树人、五育并举方面的探索历程，更展现了我们对未来基础教育改革发展的坚定信念和不懈追求。

感谢四川省教育厅对立德树人案例征集与展示工作的指导，感谢中共四川省委教育工委副书记、四川省教育厅党组成员、副厅长崔昌宏为本书作序。四川省教育厅相关领导根据国家教育方针，指导制定工作规划，对立德树人案例征集与展示工作进行方向性引领，确保活动能够紧密围绕当前四川基础教育发展改革的重点、热点和难点，确保活动能够有序、高效地进行。

感谢四川省教育学会各位会长、副会长对立德树人案例征集与展示工作的领导，感谢刘东会长为本书作序。四川省教育学会第四届理事会顺应新时代落实立德树人根本任务需要，将立德树人案例征集与展示活动纳入新一届理事会工作规划，并作为重点工作推进。四川省教育学会通过制定工作方案、召开专题会议、明确目标任务等方式，加强对该项工作的组织领导，确保各项措施得到有效落实。吉文昌副会长主持本书编写工作，吉文昌、刘涛、李化树、刘怀明四位副会长撰稿，起到了引领表率作用。

感谢四川省教育学会学术委员会的专家们。本书从筹划到撰稿再到统稿，都凝集了学会学术委员会专家的心血。学术委员会主任李小融教授撰写书稿框架，学术委员会副主任和学术委员亲临书稿框架讨论会现场，其后多次反复研讨，提出了撰写原则和要求，确定了撰稿人。在编写后期阶段，经几次研究，提出改稿要求，安排了审稿和统稿程序并顺利地完成了全部过程。四川省教育学会学术委员和川内数十位专家精心撰稿，反复易稿改稿，最终在要求的时间内保质保量地完成了各项任务。他们都是多年活跃在基础教育领域专业，素养高深且具有丰富经验的专家，其中大多参与了我们的五年活动。在此，衷心感谢所有相关专家学者的智慧和经验分享！

本书的编写参考了不少文献和研究成果，我们均尽力一一标注出处。特向这些文献的作者与成果的研究者们表示敬意与感谢！

　　四川教育出版社雷华社长、卢亚兵分社长和编辑团队对本书的出版给予了鼎力协助，提出了重要的编写和修改意见，为本书的完成和出版付出了辛勤的努力，许多机构和个人在我们研究过程中提供数据和资料支持，你们的帮助让我们的研究更加深入和全面。

　　由于研究水平和条件所限，本书的内容和表述一定有很多不足之处，敬请各方读者批评指正，我们会虚心接受并改正。请大家相信，我们将继续努力，不会就此停步。

　　最后，向所有为四川基础教育事业付出辛勤努力的人们致以最崇高的敬意和衷心的感谢。正是因为有了你们的无私奉献和不懈努力，四川基础教育才能取得今天的进步。让我们携手共进，不忘初心，砥砺前行，为四川建设教育强省而努力奋斗！

编著者

2024 年 5 月